帝国主義日本の対外戦略

Kanji Ishii
石井寛治【著】

名古屋大学出版会

帝国主義日本の対外戦略　目　次

序章　帝国主義日本の歴史をどのように捉えるか

二一世紀はアジアの世紀だと言われる。しかし、そのアジアの中での日本の地位はもはや二〇世紀後半のそれとは同じではない。政治的・軍事的には二〇世紀後半と同様にアメリカ合衆国の事実上の支配下にあって独自の外交戦略と言えるものはほとんど見当たらない点をひとまず置くとして、これまで優位を誇ってきた経済面でアジア最大の大国の地位を二〇一〇年には中国に譲り渡したからである。しかしながら、二一世紀の日本にとってアジアの隣人との関係は切っても切れないばかりか、ますます重要性を高めるはずであり、日本がアジアの隣人と如何なる関係を取り結んでいくかは、日本の針路にとって重要であるだけでなく、世界の将来をも大きく左右するものとなろう。そうした関係の構築にあたっては、一九世紀後半から二〇世紀前半にかけてのアジアにおいて日本の果たした歴史的役割についての正確な把握が必要であることは言うまでもない。ところが、その問題に関する日本での理解は、近隣アジア諸国での理解と、しばしば大きなギャップがあり、それを埋めようとする歴史研究者の努力にもかかわらず、必ずしも成功しているとは言えないように思われる。それには、さまざまな理由が考えられるが、単純な実証不足という問題の底に、そもそも歴史について何をどのように捉えるかという基本的な方法上の問題についての歴史研究者の反省が必要なのではないかと思われる。

もちろん、そうは言っても、これまでの先人たちの研究の蓄積から学ぶべき点が数多くあることは当然のことであるし、学ばなければならない。一八五三年（嘉永六）のペリー来航から、一九四五年（昭和二〇）の敗戦に至る近代日本の歴史は、一言でいえば、欧米列強の圧力に対抗しつつ日本が帝国主義への道をたどり、近隣アジア諸国へ支配圏を押し広げた末、あえなく挫折・崩壊した歴史であった。そうした帝国主義日本の歴史の総過程を構造的に把握する試みは、一九二〇年代以来の長い研究史をもっている。その総決算とも言うべき成果として、東京ないしその近辺の諸大学に所属するマルクス主義の方法的立場に立つ主要な日本経済史家の協力によって作成された大石嘉一郎編『日本帝国主義史』全三巻(1)を挙げることができよう。同書は、大石嘉一郎編『日本産業革命の研究』上・下巻(2)の執筆者が中心となり、より若い世代を加えて作成したものである。私自身がそれらの研究会に参加し、大石氏らに教えられつつ両書の執筆に参加しているので、そこで学んだことを踏まえての反省ということになるが、『日本帝国主義史』三部作の完成後、国内の経済主体に関する研究や、植民地朝鮮・台湾、あるいは中国東北部（いわゆる満州）などに関する研究が、個別的には随分深められたにもかかわらず、経済構造を含む帝国主義総体に関して、同書を超える新しい把握が現れないのは、大石編『日本帝国主義史』における日本帝国主義の把握方法にも何らかの問題があったためではなかろうか。

このように言うと、読者は、『日本帝国主義史』第二巻（一九八七年刊）と第三巻（一九九四年刊）の刊行時点の間に生じた社会主義体制の崩壊による冷戦体制の解体という画期的事件によって、マルクス主義経済史学のパラダイム全体が崩壊し、帝国主義日本といった「大きな物語」はもはや成り立たなくなったと思うかもしれない。確かに二〇世紀に出現したソ連型社会主義が崩壊し、中国型社会主義も市場経済を導入することにより共産党の政治支配の側面で「社会主義」の看板を残しているという状況を考えると、それら二〇世紀社会主義の現実をマルクスの想定した社会主義そのものだと見做すようなタイプのパラダイムは崩壊した。しかし、そのことは、冷戦の他方の当事者である資本主義列強のしばしば「帝国主義」的ないし「帝国」的とされる現実までが消滅したことを意味するものではないし、いわんや「帝国主義」の歴史自体が虚像に過ぎず、存在しなかったことを意味するものでは決してない。

一九九〇年代以降に目立つようになったのは、マルクス主義の立場から相対的に自由となった多様な「帝国」論や「帝国」史の出現であり、「帝国」概念を緩やかなものとして捉え、そのさまざまな類型を考察する試みであった。山本有造編『帝国の研究』[3]は、日本におけるその代表的な研究成果と言えよう。同書は、「人類史を通じて帝国主義に免疫性のある社会構成体などは皆無であった[4]」という認識から、帝国主義の通時的特質を強調するとともに、時代的特質についても無視するつもりはないと断っている。私としては、いずれかと言えば、一九世紀後半以降における近代帝国主義の世界体制としての独自性を重視しており、本書では、そうした共時性のもとでの日本帝国主義の固有性を問題としたい。その点では、本書の立場は、木畑洋一『イギリス帝国と帝国主義[5]』の見解に近いが、ただ、木畑説が継承するとされる江口朴郎氏の世界史的規定性を重視する見解については、「一国帝国主義の特殊性や能動性を世界体制の普遍性に解消する危険をいかに克服するかが明確でなかった[6]」という疑問をかねてより抱いていたことを記しておこう。この問題は、第3章において具体的に指摘する。

最近の「帝国」史研究の特徴は、従来の帝国主義史研究が、経済面や政治面に関心を集中しがちであったのに対して、社会面や文化面に研究の視野を広げ、また、本国＝中枢から植民地＝周辺への膨張の分析だけでなく、植民地支配そのもののあり方と、それが本国に及ぼす反作用の分析を試みる点にあり、それ自体は研究史を大きく前進させるものと言えよう。しかし、その反面で、日本においては、帝国主義史研究において蓄積された経済・政治過程に関する成果との関係を問う姿勢が後退していることを問題として指摘しなければならない。そうした問題点は、かつては帝国主義研究に遅れをとっていたイギリス史研究者によって、「自由貿易帝国主義」論や「ジェントルマン資本主義」論のような政治・経済・文化にまたがる壮大な帝国主義研究が現れたことと対比するといっそう明白となろう。その意味での「帝国主義研究と帝国研究の断絶」をいかに架橋していくかが、「現段階における日本植民地研究の課題」であると、二〇〇九年においても指摘される状況にあるのであり(7)、本書の課題は、帝国主義研究を手掛けてきた者の一人として、そうした架橋をいささかなりとも試みることである。

では、大石編『日本帝国主義史』の方法的問題点とは、何であったのか。私の見るところでは、第一の問題は、経済史分析と政治史分析をつなぐ思考と実証の回路が十分に練られていなかったことにあったように思う。もちろん、そこで帝国主義世界体制との関連のもとでの資本蓄積と対外進出を論ずるさいに、政府の経済政策や軍部の対外政策の問題もかなり詳しく扱われており、例えば昭和恐慌と満州事変の関連については、恐慌からの脱出路を中国への軍事侵略に求めたという単純な見方とは異なる理解が示されているし、戦時統制下の経済総動員に関する分析は、政治と経済がまさに一体となった過程についての詳細な検討である。しかしながら、同書における経済史分析は、主として資本蓄積や政策活動の諸結果を追跡し明らかにするにとどまり、さまざまな選択肢の中から経済主体や政治主体がどのような意識と戦略によって特定の行動を選択し、それによって如何なる結果が生まれたのかという分析には立ち入っていなかったように思われる。

そのような分析は、政治史固有の研究領域だという暗黙の了解があったのであろうが、いまから反省すると、経済史研究者のそうした自己限定こそが、経済の深みから歴史の全体像を構築することを困難にしていたように思われる。さらに言えば、マルクス主義に立脚する経済学ないし歴史学においてしばしば用いられる「構造的必然性」という言葉が、いつの間にか人間の主体的行為とは別個の「運命論」を示すように理解され、経済史はそうした意味での「構造的必然性」を明らかにすることを課題とすると考えられてきたのではあるまいか。経済主体の意思決定とそれを支える経営組織の分析を重視する経営史の研究者が、日本では社会経済史学会のメンバーによる経済史研究から分立し、経営学研究者と協力して経営史学会を立ち上げるに至った背景には、マルクス主義の影響の強かった日本の経済史研究のもつ上述のような自己限定という事情が横たわっていたのではないかと思われる。さらにまた、政治主体の方向選択と政策行動を明らかにしようとする政治史の研究者からすれば、「運命論」的に理解された「構造的必然性」なるものを提示されたのでは、結果が決まっている以上、政治史固有の領域は否定されることになってしまうであろう。最近の政治史研究が、政治過程の詳細な分析に没頭し、経済や社会との関連をあまり問わなくなった背景には、マルクス主義的な経済史研究のそうした欠陥が作用しているように思われる。

いま、「欠陥」と述べたのは、「構造的必然性」をあたかも人間世界の「運命」が経済的に決定され尽くすかのように見做す考え方は誤った理解だと思うからである。この点について、私は、大塚久雄『社会科学の方法』[8]におけるる大塚氏のカール・マルクスとマックス・ヴェーバーの方法についての理解に教えられるところが大きいのであるが、その延長線上で考えると、「構造的必然性」なるものは、一定の幅をもつ幾つかの客観的可能性＝選択可能性の束であり、そうした意味での「必然性」を「現実性」に転化させるのは、人間主体の自由な活動にほかならない、ということになろう。「必然性」の幅は、客観的に規定された「構造」によって制約されており、それを「現実性」に転化させる人間の自由も制約されているとはいえ、そこには如何に限定されているにせよ何らかの主体的選択が存在しており、だからこそ歴史における人間の責任も問われるのではあるまいか。

本書において、満州事変に向けての帝国主義日本の対外戦略を、もっぱら軍部に引きずられた一本道の過程として捉えるのではなく、関東軍が主導する半官半民の南満州鉄道投資を軸とする領土拡張路線とともに、関西紡績ブルジョアジーが主導する上海中心の在華紡投資を軸とする民間直接投資路線という二つの路線が緊張を孕みつつ共存するものとして把握しようとするのは、対外膨張にも複数の膨張路線があり、満州事変ではいずれの利害を選択するかという対外戦略が鋭く問われたと考えるからである。

大石編『日本帝国主義史』の方法的問題点の第二は、帝国主義世界体制による規定性を重視するとしながら、その面に関する考察が不十分だったことである。例えば、第一次世界大戦が日本経済に及ぼした影響について、同書は、経済の重化学工業化の進展が、かつて主張されたような先進国からの輸入圧力の低下という一過性の条件の下での「水膨れ的」なものではなく、その成果は大戦後にも継承される段階的変容であったことを正しく指摘し、さらに日本の「重化学工業化」なるものが、自動車という「耐久消費財を生み出すアメリカ重工業の一段階前の水準を追いかけていた」[9]ことを一応指摘しながらも、そのことがもつ世界史的意味についての立ち入った分析を試みていない。戦車・飛行機の出現に示される第一次世界大戦の戦闘方法の画期的変化を支えたものは、自動車工業におけるエンジンの開発にあったのであるが、自動車工業を生み出す段階の「重化学工業化」が如何にして可能となるかという問題についての日本政府と軍部の認識はどのようなものだったかが考察されなければならなかったと思われる。アジア大陸への進出のもっとも重要な狙いとして、重化学工業に必要な地下資源の確保があったことは通説化しており、私も賛成であるが、そうした資源確保による重化学工業化の水準と、それによる兵器の近代化の関連について、政府・軍部がどのような認識をもっていたかは必ずしも明確でない。本書で、第一次世界大戦の客観的意義だけでなく、その意義についての主観的認識にまで立ち入って考察するのは、帝国主義日本の膨張戦略の基礎認識のあり方を探るためである。

帝国主義世界体制による規定性という点では、『日本帝国主義史』が前提とした『日本産業革命の研究』所収の村上勝彦「植民地」論文の把握方法についても改めて検討する必要があるように思われる。そこでは、日清・日露戦争を画期とする朝鮮・中国への帝国主義支配による綿糸布市場と鉄鉱石資源の確保が、日本資本主義の確立の不可欠の条件であったとする山田盛太郎『日本資本主義分析』[10]の主張を継承しつつ、日本産業革命と植民地支配の関連について実証的に深める試みがなされている。しかし、下関条約において日本が獲得した権利は、列強諸国も最恵国条項によって直ちに入手したのであり、日本による市場や資源の確保は、それら列強との激しい貿易・投資競争に勝ち抜いて初めて実現したことが留意されなければならない。それ故、賠償金獲得や台湾領有を除けば、日清戦争の勝利という軍事的優越が、直ちに日本帝国主義のみに有利に働き、資本主義を確立させたと短絡的に考えることはできない。そこには、近代帝国主義固有の市場競争のルールが存在し、そうした帝国主義世界体制の基礎の上での市場分割の争いが展開するのであって、直接・間接の資本輸出はそのさいの公認の支配手段として決定的な役割を演ずると見なければなるまい。本書では、帝国主義日本の成立過程についても言及し、支配手段としての資本輸出の役割と資本輸出を可能にした条件について再検討したい。

大石編『日本帝国主義史』の最後の問題点は、同書が、山田前掲『日本資本主義分析』の欠陥として、「財閥コンツェルン・諸カルテルの成立や銀行資本の集中など私的独占資本の成立・確立過程がほとんど問題とされていない」[11]ことを指摘しながら、満州事変に始まる戦争に対して、それら「私的独占資本」がどのような態度をとったのかという問題を十分に分析していないことである。もちろん、満鉄社長の山本条太郎が「総資本」的立場から日本経済のうち脆弱な重化学工業部分を満鉄に補完させようとした位置付けが軍部・政友会の見解と一脈相通じていたことや、「ブルジョアジーの側では幣原の対中国不干渉政策を一貫して支持する勢力はきわめて弱体であった[12]」ことなどは一応指摘されている。しかし、いずれも簡単な指摘にとどまり、今日から考えれば正確さを欠く部分も見られることが問題であろう。

実は、山田氏が『日本資本主義分析』において、プロレタリアートについては、「最も良く透視のきく」革命的プロレタリアートが生まれると予想しているのに対して、ブルジョアジーについては、「脆弱」な「日本型ブルジョアジー」しか現れていないと論じたのは、「巨大財閥」といえども国家権力に対する自立性がきわめて乏しいこと、さらに戦争を阻止する力のないことを指摘したかったためであった[13]。したがって、このような把握を根底から批判しようとするならば、『日本帝国主義史』は、単に「私的独占資本」の経済力がますます強力になったことを指摘するにとどまらず、彼らの政治力もまたますます強力になり、対外膨張を主導したことを明らかにする必要があったが、それはできなかった。実際には、ブルジョアジーのほとんどは、軍部主導の満州事変からアジア太平洋戦争への経済的には非合理的な路線に追従していったのであるが、そうだとすれば、何故に彼らが自らの経済的・合理的利害を権力に向かって主張しきれなかったのかという問題に答えなければならなくなろう。

この問題は、日本側の戦争責任を取り上げた極東軍事裁判において、満州事変以降の軍人と政治家のみが問題とされ、天皇と経済人は問題とされなかったことに関連する重大問題である。本書が経済人の活動結果だけを追うのでなく、活動にさいしての主体的選択を問題とする方法的立場を貫こうとするならば、侵略と戦争についての経済人の責任問題は避けて通ることのできない課題と言えよう。この課題については、これまでも個々の経済主体の言動から探ろうとする試みがあったが、本書では、近代日本の経済人が、自己の経済活動の正当化をどのように行っており、そうした経済価値の位置付けを自らの全価値体系の中でどのように行おうとしていたかという角度から接近することにしたい。そのためには、分析の視野をやや広く取って、近世から近代にかけて問題を歴史的に考察しなければならない。

以上、私も執筆に参加した大石編『日本帝国主義史』の内容の反省として、政治と経済の関連のさせ方の問題、世界史的条件の規定性の問題、および、ブルジョアジーと戦争との関係についての問題、の三点を指摘した。いずれもきわめて大きな問題であり、本書によって解明し尽くせるとは到底思われないが、今後ともさらに検討されるべき課題として、本書において私なりの分析と問題提起をしたいと思う。

そのための本書の叙述方法は、一八五三年のペリー来航による幕末維新の動乱期から始めて、一九三七年の盧溝橋事件勃発までの帝国主義日本の総過程を、順次たどる形で論じたいと思う。日本帝国主義を帝国主義日本と記し、かつ帝国日本と記さないのは、一方では経済過程に重点を置く意味で、従来の帝国主義研究の方法的・実証的蓄積を継承することを示したいためであり、他方では従来の帝国主義研究の方法的限界を少しでも克服して、帝国日本に関する諸研究とのつながりを付けたいと思うからである。

注

(1) 大石嘉一郎編『日本帝国主義史1　第一次大戦期』(東京大学出版会、一九八五年)、同編『日本帝国主義史2　世界大恐慌期』(同、一九八七年)、同編『日本帝国主義史3　第二次大戦期』(同、一九九四年)。
(2) 大石嘉一郎編『日本産業革命の研究——確立期日本資本主義の再生産構造』上・下巻(東京大学出版会、一九七五年)。
(3) 山本有造編『帝国の研究——原理・類型・関係』(名古屋大学出版会、二〇〇三年)。
(4) 同上、二五頁。
(5) 木畑洋一『イギリス帝国と帝国主義——比較と関係の視座』(有志舎、二〇〇八年)。
(6) 石井寛治「戦後歴史学と世界史」歴史学研究会編『戦後歴史学再考——「国民史」を超えて』(青木書店、二〇〇〇年)三三頁。
(7) 河西晃祐「書評・研究動向『日本植民地研究の現状と課題』と『イギリス帝国と二〇世紀』」『日本植民地研究』第二一号、二〇〇九年六月。
(8) 大塚久雄『社会科学の方法』(岩波新書、一九六六年、『大塚久雄著作集』第九巻、岩波書店、一九六九年、所収)。
(9) 大石嘉一郎編前掲『日本帝国主義史1　第一次大戦期』一二五頁。
(10) 山田盛太郎『日本資本主義分析——日本資本主義における再生産過程把握』(岩波書店、一九三四年、岩波文庫版、一九七七年)。文庫版三二、四八頁。
(11) 大石嘉一郎編前掲『日本帝国主義史1　第一次大戦期』九頁。
(12) 大石嘉一郎編前掲『日本帝国主義史2　世界大恐慌期』四九頁。
(13) 産業革命史研究会(一九六四年六月二六日)の席上での山田氏の発言。この研究会は、大石嘉一郎・安良城盛昭両氏を中心とするメンバーが事前の研究会で予め準備して述べた質問に対して山田氏が順次答える形をとった。その記録は安良城氏がテープレコーダーにとったものがあったが火災で焼失したようで残っていない。ここでは私の「研究会ノート（2）」の簡単なメモによった。一「『分析』の方法論」、二「I・II・III編の関連」、三「各編の内容」からなる質問の第三番目「各編の内容」のII編に関する、②「日本型ブルジョアジーとしているのに日本型プロレタリアートがない理由」、③「段階規定を国家権力と経済過程の関連からとらえている理由」という質問への答えで、山田氏は、「日本型プロでは支配されている側面しか出ない。変革の側面はプロとしての資格である」「日本では本格的な金融資本が成立しえない。著しく国家独占の様相を帯びている」「鉄道国有は地方の地主、高利貸の地方鉄道投資の集中であり、生産点同士の結合」「軍需工業動員法は全経済の総動員可能の体制を作り上げた」「日本では国家（=絶対主義）の演ずる役割が大きいのでレーニンの『帝国主義論』のような金融資本概念では解明しえない」「民間の財閥といえども作ってもらったのであり、それ自身は国家権力に依存している。区別する段階に達していない。民間の資本の力は比重としては大きくなろうが、国家権力の動きを阻止しえない（例：戦争）」「八・一五〔敗戦と戦後改革——引用者注、以下同様〕は、ブルジョアジーそのものも解体し、戦犯も処刑・追放し、天皇制を解体し、土地改革を行ったが、ブルジョアジーは一言も抗議していない」と述べた。

第1章 「日本型ブルジョアジー」の系譜とエートス

一 近世日本と近代日本をつなぐ「商人的対応」

帝国主義日本の進路の選択にさいして、日本政府・軍部にとどまらず、日本の経済人とくにブルジョアジーの役割が検討されるべきだとすれば、近代日本の経済を担ったブルジョアジーはどこから現れ、どのようなエートスの持ち主だったかが問題となる。この場合、ブルジョアジーという言葉によって、企業を企画し経営する企業家を意味する場合と、企業の創設と経営に必要な資金を提供する資産家を意味する場合があるが、先進資本主義国のように両者を兼ねる資産家的企業家が、小規模経営からスタートしてしだいに経営規模を拡大していく場合が多いのと異なり、日本を含む後進資本主義国では、近代企業を設立するために必要な投資額が多く、その資金調達が起業のさいの成否を決するため、資金に乏しい企業家は、一部の政商の場合は別として、株式会社に代表される会社制度を利用して、資産家から資金を集めることが多かった。したがって、企業家の系譜と資産家の系譜の双方について検討しなければならない。

土屋喬雄『日本資本主義の経営史的研究』[1]やヨハネス・ヒルシュマイア『日本における企業者精神の生成』[2]が問題にしたのは、前者の企業家の出自であった。すなわち、土屋氏は、「明治実業家の出身身分別考察」を試み、実業界の指導者渋沢栄一・五代友厚・中野武営はいずれも武士出身、三井財閥の基礎を築いた大番頭の三野村利左衛門・益田孝・中上川彦次郎・団琢磨・池田成彬、あるいは三菱財閥の創始者岩崎弥太郎、幹部の石川七財・川田小一郎・近藤廉平・豊川良平・荘田平五郎も、いずれも武士や準武士（郷士ら）出身であり、さらに、明治前期に活躍したそのほかの二七名の代表的実業家の出自も武士と豪農が各一〇名、醸造業三名、医師三名で、純粋の商人は一名（高島嘉右衛門）に過ぎないことを指摘し、「要するに、新日本の実業界をきずき上げるには、旧幕時代の商人は、與るところもっとも少く、與るところもっとも多かったのは、武士であったということができる」[3]と結論している。ヒルシュマイア氏は、日清戦争（一八九四―九五年）前に多少とも成功した代表的企業家五〇名（うち三三名は土屋氏の対象と重複）を選んで、その出自を調べた結果は、士族二三名、農民一四名、商人一三名であり、人口の七％が士族、三％が富農、五％が商人であることを考慮すると、「各階級からの出身が驚くほど均等である」こと、したがって、「出身階級は企業者を形成する場合の決定的に重要な要因ではなかった」[4]という結論を導き出す。土屋氏が醸造業出身とした古河市兵衛・藤田伝三郎や、武士とした川崎正蔵を、それぞれ商人出身者に数え、川崎八右衛門・森村市左衛門・鈴木藤三郎・田中長兵衛・弘世助三郎・鹿島万平・田中市兵衛・平沼専蔵・若尾逸平らを高島嘉右衛門とともに商人出身者としてリストアップしたために、土屋説よりも商人出身者数がいちじるしく多いが、富農階層や士族階層に比べると商人階層からの企業家の出身比率は若干低目である。企業家の出自については、ヒルシュマイア説の方が、いずれかと言えば妥当な判断であろう。幕末の自生的な経済発展段階と、到達すべき世界史的な経済段階の差は、そう簡単に埋められるものではない。近代的企業を設立し経営するためには、出自の如何を問わず、文字通り命がけの飛躍が必要であった。それ故、系譜論による企業家分析の射程は、意外と限られていることが留意されなければなるまい。

これに対して、資産家についての系譜分析は、近代からと近世からの双方向で行われている。近代からのアプローチは、一八九八年当時の綿紡績会社の大株主に関する研究が最初のものであり、大株主は綿業関係者ら商人が中心であることが指摘された⑤。一八九九年当時の株式会社の大株主についての分析、あるいは、八七年・九八年当時の高額所得者リストの分析⑥も、華族や地主に比較しての商人の地位の高さを明らかにしている。しかし、一九〇〇年当時、紡績業（七〇社、払込資本金三四〇〇万円）よりもはるかに資本金額が大きい鉄道業（四一社、同一億八一〇〇万円）、銀行業（一八〇二行、同二億三九〇〇万円）の株主の中心が商人であるかどうかは必ずしも明らかでない。

表1は、五大私鉄のうち、関西鉄道、山陽鉄道、九州鉄道の株主の地域分布を所有株数で示したものである。株主数は合計一万五千名近くに達する。これだけの多人数の株主の身元を調べるのは大変な仕事なので、ここでは東京府、大阪府、京都府の株主の圧倒的部分が商人を中心とする商工業者であることに着目し、それら三府の株式の比率を見ると、いずれの鉄道会社でも過半を占め、平均して五七％であることが分かる。三府以外の地域の株主は地主が多い可能性があるが、地方都市の商工業者による投資もかなりあるので、全体として株式の大半が商人を中心とする商工業者によって所有されていることは間違いないと言えよう⑦。

次に、銀行業の株主構成を調べたいが、官庁統計で分かるのは銀行券の発行特権をもつ国立銀行の株主だけなので、それに銀行券を発行できない普通

表1　関西・山陽・九州鉄道株主の地域分布（1901年9月30日）

	関西鉄道	山陽鉄道	九州鉄道	合　計
東京府	59,325	140,115	363,858	563,298
大阪府	176,801	106,606	161,425	444,832
京都府	18,244	12,742	20,635	51,621
小計・A	254,370	259,463	545,918	1,059,751
合計・B	424,000	480,000	951,000	1,855,000
A/B（%）	60.0	54.1	57.4	57.1

出典）各社営業報告（老川慶喜ほか編『明治期私鉄営業報告書集成』(3) (4) (5)，日本経済評論社，2005-06年）。
備考）単位はその地域の株主の所有株数。

表2　国立銀行の株主別払込資本金と普通銀行の払込資本金

（千円）

	国立銀行					普通銀行
	華族	士族	平民	（うち商業）	合計	合計
1880. 6末	18, 572	13, 418	10, 121	（6, 252）	42, 111	＊6, 280
1885. 12末	18, 656	10, 290	15, 510	（10, 668）	44, 456	18, 758
1890. 12末	19, 125	10, 464	18, 302	（9, 932）	47, 891	18, 976
1895. 12末	18, 088	10, 134	20, 704	（10, 891）	48, 926	49, 807

出典）後藤新一『日本の金融統計』（東洋経済新報社，1970年）43頁，『明治以降本邦主要経済統計』（日本銀行統計局，1966年）199頁。
備考）＊は1880年末。

銀行への投資額を付記した表2を見よう。国立銀行の株主で華族の比重が高いのは、華族の金禄公債を集めて、資本金一七八二万円の第十五国立銀行が設立されたためであり、旧藩の家臣団が設立した国立銀行に旧大名が参加したケースは例外的であった。続いて士族の比重が高いが、商人中心の国立銀行も東京、大阪、京都、横浜などには多く、しかも、年次を追って全体としての士族株主の比重が低下し、平民とくに商人の比重が高まっている。さらに、主として旧両替商を含む商人によって設立された普通銀行の資本金額が増えて、一八九五年末には国立銀行の資本金額を上回った。したがって、一八九五年末には、国立銀行と普通銀行を合わせると、銀行資本金のほぼ三分の二が、商人によって提供されていたことになる。

このように、明治中期には、紡績・鉄道・銀行などが商人を中心とする株主によって設立され、産業革命が進んだことを明らかにした。日本の産業革命は、第2章で詳しく検討するように、基本的には外資に頼らずに自力で行われるが、それは商人の手に蓄積された資金が、株式会社制度を介して産業に投資されたことによって可能になった。では、その商人は、明治維新前から活動していたのか、それとも明治維新後に新しく登場したものなのであろうか。

この点に関して、一八四九年（嘉永二）から一九〇二年（明治三五）にかけての五時点の全国長者番付による資産家構造の変化についての宮本又郎氏による大量観察⑧の結果によれば、幕末開港以降に輩出した新興資産家は、そのほとんどが一九世紀末にはリストから脱落しており、開港前からの都市特権商人・両替商ら老舗資産家のもつ「ある種の強靭性をむしろ再認識すべきであるかもしれない」[9]という注目すべき仮説が提示されている。ここで留意したいのは、先に言及したヒルシュマイア氏の選んだ明治前期の有力企業家五〇名のうち、一八八八年（明治二一）の推定資産額三〇万円以上の有力資産家一〇二名のリストにも記載されている資産家的企業家は、岩崎弥太郎・弥之助、大倉喜八郎、安田善次郎、藤田伝三郎、広瀬宰平の五名に過ぎないということである。企業家としての資産形成には時間がかかることを考慮して、一九〇二年（明治三五）の推定資産額五〇〇万円以上の一〇二名をとってみても、有力企業家五〇名と重なるのは、上記五名に、川崎正蔵、平沼専蔵、高島嘉右衛門、川崎八右衛門、渋沢栄一、雨宮敬次郎、浅野総一郎、森村市左衛門、古河市兵衛を加えた一四名に過ぎない。つまり、有力資産家のうち著名な企業家として活躍していたものは、資産家一〇名につきほんの一、二名なのであって、このことは、商人・金融業者を中心とする有力資産家は近代的企業の形成とは無関係であったとする土屋喬雄説を裏付けるかのようであるが、実際はそうではない。近代からのアプローチに関連して述べたように、明治期における株式会社の株主の多くは商人であって、有力資産家としての商人・金融業者は、株式投資を通じて近代企業の形成を支えていたのである。

それにもかかわらず、近世以来の商人・金融業者のかなり多くが幕末維新期あるいは松方デフレ期に没落しているる事実をもって、彼らと産業革命の担い手たる企業家・投資家とは断絶しているという見方が今日でも根強いのは、近世史研究と近代史研究が二分されていて、連続・断絶の実態そのものが不明確だったためのように思われる。例えば、近世最高の資産家として長者番付の最上位を独占する三都の有力両替商について、近代にかけての連続と断絶の実態が明らかになったのは、つい最近のことなのである。

両替商の活動がもっとも盛んであった大坂についての実証研究[10]によると、表3のように、一八六四年（元治元）当時の幕府御用金納入額による上位一四名のうち、八八年（明治二一）までに没落したのは、銀八〇〇貫納入の階

表3　大坂の有力両替商のその後

氏　名	1857年番付	1864年御用金	1868年募債	1888年資産
鴻池善右衛門		銀　1,200貫	金　22,650両	300万円
加嶋屋作兵衛		1,200貫	18,489両	
加島屋久右衛門		1,200貫	19,638両	60万円
米屋平右衛門		1,100貫	15,950両	60万円
辰巳屋久左衛門		1,100貫	5,900両	60万円
米屋喜兵衛	小結	1,000貫	20,930両	40万円
千艸屋宗十郎		1,000貫	12,320両	70万円
炭屋安兵衛	大関	800貫	250両	
炭屋彦五郎	関脇	800貫	300両	
鴻池庄兵衛	大関	800貫	16,020両	30万円
鴻池善五郎		800貫	3,700両	
鴻池市兵衛		800貫	6,600両	
平野屋五兵衛		800貫	10,250両	
嶋屋市之助		800貫	4,975両	

出典）石井寛治『経済発展と両替商金融』（有斐閣，2007年）240頁。

層を中心とした七名であり、銀一千貫以上を納入した最上層を中心とする七名は存続して、そのうち三名は銀行（第十三国立銀行＝鴻池銀行、加島銀行、第三十二国立銀行＝浪速銀行）を設立しているのである。

没落した有力両替商の代表は、幕末の両替商としての商人相手の活動規模が「大関」とランク付けされていた炭屋安兵衛家である。同家は、会津藩の資金を預かっていたため、鳥羽伏見の戦いで旧幕府軍を追って大坂に入った官軍が、その預り金を戦利品として「分捕」ったため、資金ショートを起こして閉店、それが引き金となって商人金融を担当していた両替商の間で激しい連鎖閉店が生じた。この当時、最上層の七店はいずれも大名金融に特化していたため、商人金融を行う両替商の連鎖閉店の波及を免れ、加嶋屋作兵衛家も存続して一時は陸軍省や府県為替方にも進出し、商業活動を試みたところで失敗・挫折するのである。その意味では、御用金一千貫以上の両替商は全員とりあえず維新の動乱を乗り切ったと評価することもできよう。なお、三井大坂両替店も幕府御用を勤めていたため、官軍による「分捕」に遭ったが、同店では幕府預り金を別勘定としていたため、一万五千両ほど奪われたにもかかわらず、経営は安泰であった。

近世の繊維関係商人の経営活動の継続・断絶の分岐を検討した谷本雅之氏の研究[11]によれば、幕末維新期には、一七世紀以来の「伝統的集散地問屋」の一部が何とか存続する一方で、一九世紀に登場した小林吟右衛門商店（丁吟）や伊藤忠兵衛商店（紅忠）に代表される「新興問屋」が積極的に国内市場を拡大する新たなビジネスモデルを実践し、北前船のような「冒険的商人」の活動を圧迫していくのであって、「開港を契機とする制度変化の大波の以前から、新たな経営行動を志向していた主体の存在」に注目すべきだと主張している。谷本説を受けて、ここでは、「新興問屋」に属する尾張国知多郡半田村の小栗富治郎（一八〇五―一八九〇）の場合を紹介しておこう。「知多郡中第一般富ノ地[12]」とされた半田村で、江戸へ木綿・清酒を運び肥料を持ち帰る海運業を行っていた小栗富治郎は、一八五九年（安政六）に横浜が開港されるや、持ち船七隻を総動員して輸入品の回漕に従事した。広田三郎『実業人傑伝』（一八九七年）は、当時の輸入品引取・回漕業務を次のように記している（傍点は引用者、以下同様）。

安政六年幕府横浜、長崎開港の令を下す。君率先して横浜に航し、外商の動静を窺ひ竊かに考案を運らす。……是より専ら外国貿易に従ひ、井口半兵衛なるものを挙げて船員を督し、専ら航海の衝に当らしめ、羅紗、呉絽服、唐縮緬、唐糸、金巾、の類を横浜に積み、之を関西各地に販ぐ、利益する所最も多し。世人漸く外品の効用を知り、同業者漸く増加するに至るや、君は自ら貿易を為すことを止め、専ら船来品の回漕をなし、貨物は総て為替積とせり。現今の所謂荷為替是なり。当時未だ銀行の設なきを以て船主自ら銀行の業務を営み、荷主に対して貨物の代金を支払ひ、買主より貨物引替に之を受取るの制なり。而して為替積は船主危険を負担するが故に、比較上多額の運賃を収得し、恰も銀行、保険、運漕の三者を兼業したる者と云ふべし。当時の船主は概ね資産に乏しく為換積を為すの資力なきを以て、舶来品の中国に輸送するものは殆ど独占に帰し、七艘の巨船を以て常に横浜に往復するも尚ほ足らざるの有様なりしと云ふ。君僅かに数年にして能く巨萬の富を増殖し、茲に始めて小栗家百代の基礎を固むるに至れり。慶応元年君六十一歳にして退隠し、家督を其子富治郎氏に譲る。[13]

横浜での輸入品は外国商人から現金決済を求められたため、引取商は資金調達に苦慮し、資力のある大都市の旧特権商人が引取商になったり、上方と結ぶ江戸の両替商が引取商の依頼に応じて逆為替の取組を行ったりして対応したとされてきたが、[14]これによれば、知多の新興商人である小栗富治郎が、回漕業務にさいして金融業務も行っていたことになる。「中国」地方に向けての輸入品取引に関しては、京大坂と江戸との為替ネットワークの利用も困難だったのであろう。それまで知多の肥料問屋が江戸との取引決済にさいして知多木綿や知多清酒などの出荷元による江戸問屋宛の為替手形を買い取って、江戸の肥料問屋へ送付することが日常的に行われており、両替商抜きでの手形決済に習熟していたために、[15]明治初期に三菱会社が盛んに行う荷為替金融を、幕末段階で小栗富治郎が実行できたのであろう。ただし、この小栗富治郎家は一八九八年に名古屋に小栗銀行を設立するなど知多郡随一の巨商として発展し、その配下にあった井口半兵衛も肥料商として清国・朝鮮に仕入店舗を広げるが、一九〇七年（明治四〇）恐慌の打撃でいずれも破綻した。

宮本説・谷本説の経営史的考察で欠けているのは、江戸期の有力商人が開港のショックを潜り抜けることができた構造的契機の説明である。この点については、これまで繰り返し指摘してきたので、[16]簡単に述べるにとどめるが、一八五八年に諸列強と締結した修好通商条約において、外国商人の国内通商を禁止したことを前提に、その規定を実効あらしめるような国内と居留地での有力日本商人の活動が求められ、当時勢力を失墜しかけていた大都市の旧特権商人・両替商が貿易品の取引と決済にも進出し、外国商人の内地侵入を阻止したことが挙げられよう。国内的・階級的には没落し始めていた有力商人が、対外的・民族的な新たな役割を担って再生・復活の機会を与えられたと言ってもよい。このように、条約によって外国商人の国内通商を禁止するという「権力的対応」に支えられつつ、日本商人が外国商人の国内侵入を阻止する「商人的対応」に成功したことは、日本商人の手元への資本蓄積を可能とし、彼らによる産業投資の前提条件を作ったのであって、日本が独立を維持しつつアジア最初の産業革命を達成する上で重要な意味をもつので、次章において改めて論じよう。近世日本の経済発展は、小生産者の自生的発展という「民衆的対応」によっては、先進列強との巨大な格差を埋められず、一種の構造的断絶を経験せざるをえなかったのに対し、商人レベルにおいては、いま述べた意味での「商人的対応」の成功によって近代日本の経済発展とつながっていくのである。[17]

二　近世商人の活動を支えた石門心学

このように近世における商人的蓄積による対応が、開港後の外国商人の国内侵入を阻止する実際上の防壁の役割を果たし、貿易を通ずる一層の蓄積を可能にしたとすれば、そうした商人活動を支えたエートスはどのようなものだったのであろうか。この問題については、まず、石田梅岩（一六八五―一七四四）を創始者とするいわゆる石門心学の果たした役割の大きさとその限界に注目したい。

石田梅岩は、将軍吉宗の享保改革によって商人の活動が抑圧されていた最中の一七二九年（享保一四）に、京都において町人の生きる道を説き始め、商人の得る利益は武士がもらう禄のようなもので、「士農工商」は、当時の通念であった農本主義に基づく商人蔑視の意味での「身分の上下」ではなく、「職分の相違」に過ぎないと論じ、商人の活動を正当化し、擁護した。『都鄙問答』の中で、梅岩は、「士農工商」について、次のように述べている。

士農工商ハ、天下ノ治ル相《タスケ》四民カケテハ助ケ無カルベシ。四民ヲ治メ玉フハ君ノ職ナリ。君ヲ相ルハ民ノ職分ナリ。士ハ元来位アル臣ナリ。農人ハ草莽ノ臣ナリ。商工ハ市井ノ臣ナリ。臣トシテ君ヲ相ルハ臣ノ道ナリ。商人ノ売買スルハ天下ノ相ナリ。細工人ニ作料ヲ給ルハ工ノ禄ナリ。農人ニ作間《サクアイ》〔耕作の利益〕ヲ下サルルコトハ是モ士ノ禄ニ同ジ。天下万民産業ナクシテ、何ヲ以テ立ツベキヤ。商人ノ買利モ天下御免《ユル》シノ禄ナリ。夫ヲ汝独《ヒトリ》、売買ノ利バカリヲ欲心ニテ道ナシト云ヒ、商人ヲ悪《ニク》ンデ断絶セントス。何以テ商人計リヲ賤メ嫌フコトゾヤ。(18)

すなわち、梅岩に言わせれば、「商工は町にある臣下であり、臣下として君主を助けるのがその道である」「商人の利益も公に許された俸禄である」と、君主を助ける点では、商人も武士や職人・農民と全く同じであり、商人の利益は武士の俸禄と同じものとして正当なものだと論じたのである。さらに、梅岩は、このように町人が武士と対等の存在理由を主張できるのは、町人が人間としての道を誤らない場合だとして、「正直」で「勤勉」で「倹約」に生きる態度が必要であり、そのためには人間の本質である自分の「心」を知ることが大切だと説いた。その基礎には、どのような人間も、日常生活における不断の反省と実践を通じて、それぞれの心の奥で、普遍的な宇宙を貫く善と一体となり、道義心を確立した新しい人間に変わることができるという梅岩の経験に基づく人間一般への信頼が横たわっていた。(19)

梅岩は正統派の儒者からは、儒教・仏教・神道を折衷した「異端」として批判されたが、梅岩によれば、学問とは人間の本質である「心」を知ることから始まるのであって、難解な漢籍を読むことではない。『都鄙問答』の中で、梅岩は、「心を知り尽くして、五つの人の道〔父子の親、君臣の義、夫婦の別、長幼の序、朋友の信のこと——引用者」を実行できれば、たとえ一字を知らなくても、本当の学者といえる[20]」と述べ、書物を読んでその心を知らない一般儒者を逆に厳しく批判した。梅岩の心学は、優れた弟子を通じて江戸にも広まり、農民や武士にも影響を与えたという。[21]

ところで、石門心学のこうした商人擁護論の主張について、アメリカの社会学者ロバート・N・ベラー氏は、その著『日本近代化と宗教倫理』[22]において、「梅岩は、商人階級の熱烈な擁護者であったが、しかし、彼の主張は、社会の支配的諸価値を拒否したり批判したりすることではなく、それらを強く肯定することにもとづいていた[23]」と指摘した。ベラー氏によれば、近世・近代日本社会の価値体系の特徴は、政治価値の優位にあり、経済価値は重要性をしだいに高めつつも、政治価値に従属する地位に留まっていた。それは、梅岩が、商人の役割への正当な評価を要求するにさいして、商人も武士と同様に「臣の道」を具現しているという事実を根拠にしたことから明らかであり、そうした政治価値を中心とする価値体系は、近代日本においても、一層合理化された形で強く存続したという。ここで、政治価値という言葉を、ベラー氏は、日本については、真理や正義への献身という「普遍主義」でなく、個別の集合体の首長への忠誠という「個別主義」を重んじると同時に、社会的地位といった「資質」よりも、目的をどこまで「遂行」したかという業績を重視する意味で用いていること、それに対して経済価値は、「普遍主義」と「遂行」を重んじ、合理化を通じて生産性を高めようとするという意味で用いていることに留意したい。[24]

ベラー氏によれば、政治価値の優位の下で、商人は政策決定の機能をもっぱら政治支配者に任せており、明治維新は下級武士によって切り開かれ、その後の経済発展も政治主導で行われた。そのさい、「個別主義」に基づく忠誠の対象が集合体の首長の人物でなく首長の地位だったために、権力の合理化と拡大の過程で、例えば天皇への忠誠の集中が経済成長を促進したことに見られるように、一般化された「個別主義」が機能的には「普遍主義」に相当する働きをしたという。こうしたベラー説のもつ近代日本の「合理化＝近代化」の楽観的な評価に対しては、丸山眞男氏が同書の書評において、「著者は維新と引き続く工業化における政治的動機の主導性を強調し、『政治的資本主義』というウェーバーの範疇まで用いながら、なぜか同じことの盾の反面としての『実業』の寄生的性格――それが経済的合理化を強靭に阻んだ面の意味を追求しようとしない」と手厳しい批判を行っており[25]、その批判については、ベラー氏もある程度まで受け入れている[26]。

そうした問題を含むとはいえ、近世・近代日本社会を貫く特徴としての政治価値の優位という同書の指摘は、われわれが近代日本のブルジョアジーのエートスを考察する場合に、きわめて重要な示唆を与えてくれる。もちろん、当時の研究水準に制約されて、商人ないし経済の位置付けが単純に過ぎるという批判も、その後提起されている。一例を挙げれば、テツオ・ナジタ氏は、大坂商人によって設立された懐徳堂の活動分析を通じて、「徳川時代の商人思想史に対する私たちの理解を見直す必要があるだろう。とくに、彼らの政治意識、より一般的には経世済民の意識に関する見直しがなされねばならない[27]」と主張する。一七一〇年代の初頭、儒者三宅石庵（一六六五―一七三〇）のもとに集まった少数の商人の間での古典の読書会に始まった懐徳堂は、一七二六年（享保一一）に大坂商人の公的学問所として公認され、石庵は公認後の初講義で、集まった地域の指導的商人層に向かって身分にかかわらず道徳的規範を獲得できることを言明し、善と正義の普遍的な枠組みの中で、商人の仕事を道徳的なものとして確認した。こうした石庵の考えは、石門心学の考えと共通するが、懐徳堂では自分の心の変容ということは中心課題でなく、古典の読解という伝統的な手法がとられた。一八世紀後半の懐徳堂では、中井竹山（一七三〇―一八〇四）のように、荻生徂徠が文献学という一見合理的な方法を用いて、孔子・孟子・朱子らの創造的洞察を否定し、古代先王らを神秘化する非合理的結論を作り上げたことを厳しく批判する者が現れた。竹山は、老中松平定信を相手に開陳した、参勤交代の負担軽減や世襲的俸禄の能力給への変更など大胆な政治改革論を『草茅危言』と題して刊行した。ナジタ氏は、有力両替商出身で懐徳堂の最良の学生であった山片蟠桃（一七四八―一八二一）と草間直方（一七五三―一八三二）について、「石庵が道徳上の認識は完全に商人の思想的能力内にあると教えたとするならば、蟠桃と直方は、商人は支配階級の武士よりもはるかにすぐれた精確さと洞察力とによって政治経済の構造と内容を分析する能力があることを、その認識論上の立場をもってのべていった[28]」と論じた。この懐徳堂の事例は、商人の立場から政治のあり方を正面から高度な水準で議論することが可能になっていったことを確かに示しているが、懐徳堂は石門心学のような思想運動としての性格は乏しく、一九世紀に入ると後継者に人材を欠き、その活動自体が衰退したのであって、政治価値の優越性を揺るがすほどの力はなかったと見るべきであろう。

その意味では、ベラー説の大筋での妥当性は認められるべきだと思われるが、同氏も断っているように、政治価値の優位という中心的価値体系が近世初頭までに如何に形成されたかについては、論じていない。わずかに「結び」の章で、西欧ではキリスト教に固有の普遍主義が、戦士の個別主義的な忠誠倫理を解体したのに対して、日本では個別主義が残存し、ナショナリズムが天皇家を中心としたため、とくに個別主義的なものとして残存したことを指摘し、そのさいの宗教の役割について、「国家神道は、ほとんど個別主義的忠誠の現われにしかすぎず、儒教は、それを弱めるどころかむしろ個別主義的忠誠を一層強化するものとして作用した。仏教は、滅私と禁欲主義の思想により武士の忠誠倫理に対して、最大の影響を与え、個別主義的忠誠を解体するよりはむしろ強化した[29]」と述べているだけである。

この問題は、日本歴史における古代・中世社会と近世・近代社会の差異をどう把握するかという大問題であり、ここで詳しく論ずることはできないが、私のかねてよりの仮説的理解は、日本の古代・中世はそれ自体が支配階級である仏教寺院のもとでの宗教的社会だったのに対して、近世・近代は普遍主義としての性格を欠く天皇家の権威への「個別主義的忠誠」を支柱とする徹底した世俗的社会であり、戦国の動乱を通ずる徳川幕府の成立がそうした大転換をもたらした、というものである。近世日本においては、キリスト教は厳しく禁止され、一向一揆を起こした仏教も体制化されて宗教としての迫力を失っただけでなく、正統的位置を占める儒教は、中国における本来のそれが、為政者の支配の正当性を天命に求め、悪しき為政者は革命の対象になるという革命の論理を内包していたのに対し、日本の儒者は、善悪を超越した天皇が天命を受け、その天皇によって征夷大将軍が任命されたとして、政治批判の魂を抜き去ったのであった。[30] もっとも、近世日本に浸透した儒教的世界像にもともと含まれていた普遍的な原理への忠誠は、完全に消滅したのではなく、幕末の志士たちを動かした尊王論や公議輿論の中には、超越的な「天道」=「天命」の理念が生きていたことも事実である。[31] しかし、それも近代天皇制の形成にさいしては、再び超越的契機を欠いた天皇への忠誠の集中へと転化したのであって、ベラー説の言う個別主義的な政治価値の優位という近世日本の価値体系の特徴は、結局近代日本を通じて存続し、ブルジョアジーのエートスをも包摂することになるのである。

三　幕末維新期の石門心学——近江商人と大倉喜八郎

近世商人に強い影響を与えた石門心学も、梅岩の高弟としてその普及に努めた手島堵庵（一七一八—一七八六）や中沢道二（一七二五—一八〇三）が亡くなると、しだいに勢いが衰えたとされてきた。その理由については、「心学の始祖梅岩こそ、経済と道徳を融合統一する哲学をうちたてたが、堵庵以降は、唯心的傾向がつよく、末流には観念論におちいるものさえあった。ところが、時勢は、逆に、経済更生をつよくもとめてやまない。報徳教のような力づよい教学が、心学にかわって、幕末に台頭したゆえんである。……化政期以後、町人は新しい社会の建設に入らずして、幕藩体制とともに老成し、あるいは頽廃していく。心学の凋落も、なにかこのような大勢と歩みをともにするごとくである」[32]と説明されている。この説明は、商人は幕藩体制に寄生していたため、体制の退廃ととも に凋落していくという把握に基づいているが、商人の中には、幕藩体制から相対的に自立した活動をするものもあ ったから、必ずしも説得的でなかろう。

例えば、近江商人については、渋沢栄一が一八七三年（明治六）に第一国立銀行を設立した時に、杉村・塚本・小林・丁治といった「重立った商人」がなかなか取引に応じなかったことを根拠に、「守旧的」[33]というレッテルが張られていたが、そこに名指しされている近江商人の「塚本」定右衛門や「小林」吟次郎は、当時両替商として、「杉村」甚兵衛や「丁治」こと丁子屋薩摩治兵衛らを相手にして盛んに活躍中で、第一国立銀行はいわばライバルと目されていたことを忘れてはならないし、彼らはいずれも繊維問屋として急成長し、近代企業への投資もしだいに積極的となったことを見落とすべきではなかろう。[34]最近の近江商人研究は、全体として近江商人が近代産業の形成に積極的に関わったことを実証し、再評価する方向に向かっているのである。[35]

彼らの中には浄土真宗の熱心な信徒が多かったが、だからといって彼らが神道や儒教を排除したわけではない。近江商人こそは「石門心学の実践者であった」[36]という指摘もなされている。近世近江商人を代表する中井家の初代源左衛門良祐が九〇歳の一八〇五年（文化二）に遺した家法「金持商人一枚起請文」は、「金持にならんと思はば、酒宴遊興奢を禁じ、長寿を心掛、始末第一に、商売を励むより外に仔細は候はず」と述べている。中井家は心学者脇坂義堂の後援者であり、義堂はその著作の中に前記「起請文」を引用しており、義堂の師手島堵庵は「商人一枚起請文」という類似した内容の文章を書いていることから、心学の指導者と中井家の主人との間には密接な交流があったことが窺える。[37]近江商人の中には、近世初期に創業したものも多いが、近世末期の一九世紀に創業し発展したものも少なくない。したがって、幕末の近江商人の中に心学の信奉者がいたことが推察されるが、この問題を商人側の史料によって具体的に明らかにする作業はこれからの課題と言えよう。

ここでは、近代日本の代表的な実業家の一人である大倉喜八郎（一八三七―一九二八）が、一八五四年（安政元）に越後から江戸へ出てきて、丁稚見習いを経て、一八五七年（安政四）に乾物店を開業してから、仕事の合間に心学関連のさまざまな書物を読み漁って作ったノート『心学先哲叢集』（一八六〇年清書）を紹介したい。この資料は、大倉喜八郎の友人が、喜八郎の書き溜めた書物の抜書きを清書して一冊の書物の形にしたもので、喜八郎の実子大倉雄二氏（一九一八年生）が貰い受けて大事に保管し、一九八五年（昭和六〇）頃、東京経済大学（大倉商業・大倉高商の後身）へ寄贈されたものである。東京経済大学では創立一一〇周年記念事業の一つとして、ノートの写真版と、翻刻文、現代語訳を語注・解説付きで、『大倉喜八郎撰　心学先哲叢集』（二〇一〇年）として、紀伊國屋書店から復刻・刊行した。

同書の校注を担当された加藤敦子氏の解説によると、八六項目に及ぶ抜書きの出典で判明する六五項目中、『三省録』（志賀忍著の随筆、前編、一八四三年）、『養生弁』（水野義尚の医学書、一八四二年）、『善悪道中記』（渓斎英泉作の滑稽本、一八四四年）とその続編、『主従心得草』（寿福軒真鏡の心学書、一八二三―四七年）、『相場高下伝』（田宮橘庵の商業書、一八〇一年）、『花月草紙』（松平定信の随筆、一八一八年）などが合計四七項目を占めている。内容から見て、同書には、「心学の基本である、懈怠、奢侈、遊蕩を諫め、知足、倹約、正直を勧めるという内容の記事が繰り返し採録されて」おり、大倉の選書の基準が、「心学」にあったことは確実だと加藤氏は指摘する。商人道の社会的位置付けに関して注目されるのは、次のような引用であろう（誤字は訂正）。

……主君の為に我身を厭はずよく仕ゆれば　その主君より大禄を下し給ふ事は　みな人の知る所なり　各々その家業は主君にして　その身は臣と思ふべし　故に　百姓は農業を主君と思ひ　職人はその細工を主君とおもへ　商人はその商売を主君とおもへ　その家業に精心を尽せば　自ら繁盛して家内ゆたかに暮らさるる事

武家の忠義によりて大禄を得るに異ることなし。(38)

夫商人の十郎盤〔そろばん〕は　勇士の軍陣に臨むときの剣戟槍刀にして　一瞬一息の間も　これをはなれては利を得ること難し　しかれども　唯兵杖槍刀の功は一夫の勇にして　千里の外に勝利を計るは　蜜策にあらずして大功は立がたし　其如く　商人の市に臨むは　勇士の軍陣に向にことならず　其道を熟得せずして勝利を得る事あらんや……。(39)

義気凛々たる実商ひをいたし　潔白にすべきは　商の道にして　素より安く買てまたひさぎ　利を其内に得るは　素封無禄の町人の天禄なり　いかに正直がよひとて　百目に買て百目に売ては　聖人といえども口糊〔くちすぎ〕出来ず……。(40)

いずれも商人の活動を武士の活動になぞらえて位置付けていることが分かるが、それは、石田梅岩が「士農工商」の身分的な上下の差別を、職分の相違に過ぎないと読み替えたのと同じ手法である。二番目の引用は、個々の武人の戦功は全軍の大勝利とはレベルが違うことを指摘して、商売上の大利益を上げるための心得を論じているのが面白い。三番目の引用は、世襲の俸禄を貰っている武士と比較して、領地も俸禄もない町人が安く買って高く売ることにより利益を得るのは当然の「天禄」のようなものだとして、商業利潤を正当化しているわけである。

一八六六年（慶応二）に乾物店を廃業して、銃砲店で見習い修行をし、翌六七年に銃砲店大倉屋を開業した喜八郎は、六八年に江戸上野の寛永寺に立て籠もる彰義隊に拉致され、官軍にばかり武器を売るのは怪しからぬと追及されるが、喜八郎は商人としての立場を堂々と述べて解放されたと言われる。おそらく大倉喜八郎の脳裏には、武士道に匹敵する商人道とも言うべき立場についての信念が、心学の勉強を通じて、はっきりと刻み込まれていたのであろう。その後、御用商人として政府や軍の仕事を請け負って蓄積を進めて行くさいにも、表面上はともかく内心においては政治家や軍人と根本的には対等だという意識によって支えられていたことは想像に難くない[41]。

大倉喜八郎が日本の政治のあり方についてどのような見方をしていたかを知り得る記録は多くないが、一九二二年(大正一一)四月に帝国ホテルで、全国から集まった新聞記者三〇〇名余りを相手に喋ったものがある[42]。大倉の発言の第一は、ワシントン会議での軍縮により「我国も産業立国の方針に由り、商工業を振作し、列強と角逐しなければならぬ」ため、財政経済整理が急務で、「此際に不健全分子を淘汰」すべきだという主張であり、第二は、中国政策について、「従来日本の対支政策は、歴代内閣を通じて悉く支那人の誤解を招いて居るやうである」として、「此際に我が政府及び国民は、従来の政策を一変し、支那の親友として善く支那の国民性を理解し、……其の開発に資することが、当面の急務」だというものであり、中国人との合弁方式を重視する大倉からの西原借款などへの批判であった。第三は、政治家と民衆の関係について、伊藤博文が「民度」より一段高い法律を作って「民度」を引き上げようとしたのに、原敬前首相が「何事も民意に順応する」と言っていたのは問題だと批判した。このように、政商として政府に密着して活動していた大倉も、政府への批判、とりわけアジア大陸への進出についての政府や軍部の方式に違和感をもち、批判していたのである。石門心学の素養があったとしても、大倉は権力に対して必ずしも無批判だったわけではない。その点、次に見る渋沢とやや異なっていたように思われる。

四　渋沢栄一と福沢諭吉に共通するもの

大倉喜八郎は、自分の傘下企業や創設した大倉(高等)商業などの集会で、実業家としての自己の信念を開陳することはあっても、それ以外の場所で演説することはあまりなかったようである。近代日本の実業家の中で、もっとも多く経済と経営のあり方についての自分の考えをさまざまな場所で演説し、また文章にしたのは、渋沢栄一（一八四〇—一九三一）であろう。渋沢の経営理念については、「維新以後において『儒教倫理を基本とする経営理念』を唱えた経営者中、最も卓越した代表的人物[43]」と評されているが、渋沢が実際に儒教に基づく「道徳経済合一説」なる見解を人々に広く説き始めたのは、一九〇九年（明治四二）に五四社にのぼる大多数の関係会社から退き、さらに一六年（大正五）に第一銀行頭取を退任することによって、経済界の第一線から引退したころからであったという。そのさい、漢学者三島中洲（一八三〇—一九一九）が一九〇八年一一月に哲学会で講演した「道徳経済合一説」（同『中洲講話』東京文華堂、一九〇九年、所収）の所論が下敷きになっていることが指摘されている[44]。

もっとも、渋沢が、早くから経済人の地位の向上に努めつつ、同時にその経営理念のあり方について論じていたことは事実である。例えば、渋沢がその設立に尽力した東京高等商業学校の一八八九年（明治二二）三月の卒業式での挨拶の中で、世間では政治家ばかりを賞賛するけれども、「私が商人の一部分であって、こんなことを申すもおこがましいが、商人は名誉の位置でないと誰が申しましたか。私は、商業で国家の鴻益〔大きな益〕をも為せます、工業で国家の富強をも図り得られます。商工業者の実力は、能く国家の位置を高進するの根本と申して宜からうと思ひます[45]」と訴えたが、そこで渋沢が商工業者の役割を強調する根拠は、「国家」の役に立つという一事にあったことが注目されよう。また、一八九七年（明治三〇）七月の「商工業者の志操」と題する講演において、とかく世間では商売人は私の利益のみに拘泥するというが、「或る事業を行って得た私の利益というものは、即ち公の利益にもなり、公に利益なことを行へば又それが一家の利益にもなり、子孫の計を為す訳にもなる。して見ますれば之を差別するという事が、そもそも間違って居ると判断しても宜しからうと思ふ（拍手起る）[46]」と述べて、拍手喝采を浴びているが、ここでも商売人の利益はそのまま「公の利益」になるのだと言い切ることによって、私利の正当化を主張しているのである。こうした渋沢の主張に対して、森川英正氏は、「渋沢のいうような私利と公益の無原則の一致など絶対にありえない。企業人につねに要請されるのは、私利と公益の矛盾・緊張を厳しく自覚した上で、この両者の高い次元における統合をめざす思想的苦闘である。渋沢の思想はこうした厳しさに欠ける。それどころか、『私利・公益一致論』には、私利と公益の矛盾・緊張に対する自覚を鈍らせ、私利と公益をとりとめもなく融合させてしまう麻薬のようなところがある」と厳しく批判している。経済人の評価を高めようとする渋沢は、政治価値の優位性を前提とし、それに従属する形で経済価値を引き上げようとしていたため、石門心学風に「私の利益」は「公の利益」でもあると言わないと前者を正当化できないと思い込んでいた節がある。言い換えれば、渋沢には、「私の利益」と「公の利益」を独立させて両者の矛盾・緊張を論ずる森川氏のような近代的発想がそもそも欠けていたとも言えよう[47]。

では、そうした渋沢の経営倫理は、儒教についてのどのような理解に基づくのであろうか。坂本慎一氏は、渋沢が若いときに、修身論よりも政治・社会論を重視して強い国家意識を唱える水戸学を学んでいたが、そこにある賤商・抑商思想については本筋にはないものとして打破し否定したのではないかと指摘し、そうした態度は儒者としても特殊であるとする。と同時に、「渋沢の商業正当化論は、最初期から最晩年に至るまで一貫して、商業者に官僚と同等の国家意識の義務を与えることによって、官僚と同等の権利を商人に保証させようとするものであった[48]」と指摘している。だが、そうした商業正当化論は、すでに見たような石門心学による正当化論と全く同質のものではなかろうか。坂本氏自身も、その後、「渋沢の父であった市郎右衛門が石門心学の強い影響を受けていた」ことを考えると、「渋沢栄一に若干でも石門心学の影響があった可能性は捨てるべきではないであろう[49]」と述べている。大倉について見たように、幕末維新期における心学思想の消滅という従来の通説的理解が成り立たないとすれば、渋沢についても日露戦後に本人が述べるようになった若い頃からの儒教との関わりだけでなく、心学との関わりも検討する必要がありそうである。

問題は、経済界のリーダーとしての渋沢が、政治に対してどのようなスタンスで発言したかであるが、渋沢は、東京商業会議所の会頭（一八九一―一九〇五年）として、政府の基本政策に対し、しばしば意見書を提出した。とくにいわゆる日清戦後経営にさいしては、あまりに過大な軍備拡張案に対して強く反対した。政府内部でも松方正義蔵相が、軍拡計画の規模を抑えようとして、陸海軍と伊藤博文首相に拒否され、一八九五年八月に辞任したが[50]、その後、東京商業会議所は、一九〇一年にかけて五度にわたって戦後経営に関する建議を行った[51]。第一の一八九六年三月の伊藤首相宛「戦後経済ニ関スル建議」においては、急激な財政膨張は、「国民ノ負担ヲ増加」し、「遂ニ国力ノ衰退ヲ免ルヘカラサルナリ」という一般的な批判にとどまっていたのが、第二の九七年一二月の松方正義首相宛「財政整理ノ義ニ付キ建議」は、戦後景気の反動が生じたことを踏まえて、財政膨張の主因たる「軍備拡張」を次のように厳しく批判する。

　戦後経営ノ第一着手ハ先ス戦役ノ為ニ消耗セラレタル国力ノ充実ヲ謀ルニ在ルヘク、軍備ヲ拡張スルカ如キハ宜シク第二ノ問題トセサル可ラサルニ、不幸ニシテ我政府ノ施設セラルル所ハ全ク之ヲ顚倒シタルノ跡アリ……政費ヲ節減セント欲セハ宜シク先ツ軍費ノ減省ヲ謀ラサルヘカラス、凡ソ戦勝後軍人ノ勢力ヲ得ルニ当リテハ軍職ニ在ルモノ往々職責ノ畛域《シンイキ》ヲ踰越《ユエツ》シテ政治ニ干渉スルノ弊ヲ生シ、其結果遂ニ不製産的軍費ノ増加ヲ致スコト各国其例ニ乏シカラスト雖トモ、是決シテ国家ノ慶事ニ非ス、我国現時ノ実況果シテ能ク此弊ナシト謂フヲ得ルヤ否ヤ、竊ニ疑念ノ念ナキ能ハサルナリ、……本会議所ノ見ル所ヲ以テスレハ、我国現時ノ軍備ハ宜シク守勢ニ依テ画策スヘク、攻勢ヲ取テ之ヲ画策スルカ如キハ国力ノ未タ許ササル所ナルヲ信ス。[52]

ここでは、経済力から見て過大な軍拡を推進する「軍人」たちへの批判が、外国を例にとる間接的な形をとって行われており、対外侵略を目指す軍拡という国策の基本方向までが批判の俎上に載せられていた。

しかし、国策の基本方向についてまで変更を求める建議は、この松方首相宛の建議までで、三年後の一九〇〇年六月の山県有朋首相宛「国家経済ノ方針ニ関スル義ニツキ建議」になると、軍拡のテンポについては異論があるが、「徒ニ政府ノ措置ヲ批難シ国内ノ物議ヲ惹クハ憂国ノ本旨ニ非ス」として、軍拡そのものは不問に付したまま、民業の振興策をあれこれ建議するようになる。ここでは、「政府ノ措置」の批判を自制し、「憂国ノ本旨」をもつことがブルジョアジーの務めだという風に建議の姿が一変している。そして、翌一九〇一年二月の伊藤首相宛「国家経済ノ方針ニ関スル建議」となると、最初から民業振興策が列挙され、基本国策への言及は全くなくなり、同年一一月の桂太郎首相宛「経済整理ノ義ニ付建議」でも、経済不振を根本的に治すには外資導入しかないと訴えるようになる。かつては、堂々と政府の軍拡政策を批判していた渋沢とは思えない程の急変振りは何故生じたのであろうか。

注目されるのは、一八九七年一二月二八日に東京商業会議所から松方首相に提出した建議を、渋沢たちは、同年一二月七—九日に開催された臨時商業会議所連合会において議論して、東京単独ではなく全国連合会の議決の形で政府に圧力をかけようとしたが、意見がまとまらず議決に失敗したことである。失敗の最大の原因は、横浜商業会議所から出席した横浜正金銀行副頭取の高橋是清が、この建議案に強く反対したことであった。高橋は、日清戦後経済のブームが終わって不況に落ち込んだのは、政府や中央銀行のせいではなく、過大な事業を計画した民間社会の責任だとし、軍備拡張は税金でなく賠償金を使う臨時費なのだから、「日本ノ国力ニ決シテ不相当ノ計画トハ思ヘナイ」[53]と論じた。実際の政府財政が、軍備拡張で苦しい状態にあり、臨時費で行う軍拡がその維持のために経常費のさらなる拡大を招くことは、高橋も知っていたはずであるから、ここでの高橋の発言は、建議の議決をつぶすための意図的発言であったと思われる。それにもかかわらず、中野武営などを例外として多くの出席者は建議の議決を躊躇した。それは、特殊銀行副頭取という政治的価値を背負った高橋の発言の重みによって、会員たちの経済的価値に基づく意見が抑え込まれた事態を示しているように思われる。こうして、建議は東京単独で行われたところ、松方内閣はその前日に軍部と財界の意向を両立させる地租増徴の目途が立たなくなって総辞職し、せっかくの建議は空振りに終った[54]。

一九〇二年に半年にわたって、欧米諸国の商業会議所を訪問した渋沢は、その印象を、各国の商業会議所は「政治上其他ノ方面ノ人々ニ相当ニ重セラレ、又其意見モ採用セラレテ」いるのに対して、日本では「昔日カラノ習慣トシテ持続シテ居ル、商ヲ卑ムト云フ弊風ヲ消除シ得ルコトカ出来ナイ[55]」と語っており、同じ商業会議所でも、欧米と日本ではかくも違うものかというのが、軍拡批判が拒絶された渋沢の偽らざる感慨であった。しかし、渋沢の軍拡批判の姿勢が、一九〇〇年代初頭に著しく後退した理由については、渋沢自身の活動が、第3章において見るように、朝鮮での京釜鉄道会社の投資に大きく関係し、その実現のために政府の支援を必要としたことが注目されねばならない。やや先走って言えば、渋沢による京釜鉄道建設そのものが、ロシアとの交渉にさいして、韓国の利権は戦争を賭しても守るという政府の姿勢を作り出したのであり、渋沢の活動は軍拡批判の挫折後は、客観的には軍拡促進へと大転換するのである。そこには、政府の基本政策が一旦決められて動かしがたいと見るや、今度はそれを大前提として政府に積極的に協力していくという「政治価値」優先の行動様式が見られるのである。

次に、実業界で活動する若手に対して渋沢を上回る影響を与えた福沢諭吉（一八三四―一九〇一）の場合を見よう。福沢は、儒教倫理を徹底的に批判し、「天は人の上に人を造らず人の下に人を造らずと言へり」という文言から始まる著作『学問のすゝめ』（一八七二―七六年）が驚異的なベストセラーになることによって、一躍啓蒙思想家としての名声を確立した。福沢の思想的影響は、経済界だけでなく広く日本社会の各分野に及んでいるが、経済界への影響については、慶応義塾において実業教育に力を注ぎ、卒業生を実業界へ進むよう絶えず勧告したにもかかわらず、最近の経営史研究においては、「福沢の功利主義的なビジネス思想は、当時の日本人には理解しにくいものであり、あまりにも過激で異質な主張であった。……内村鑑三は福沢を『拝金主義』とか『拝金宗の使徒』と酷評している。つまり福沢の西洋的経済合理主義を基底とするビジネス思想は、明治の産業化のイデオロギーとはならず、絶対多数の経営者達には受容されなかったのである」という厳しい評価がなされ、慶応義塾出身の経営者としては、中上川彦次郎・荘田平五郎・豊川良平・武藤山治ら財閥系企業の経営者が挙げられているに過ぎない。(56)しかし、この評価は、明らかに同塾出身の経営者の多さを過小評価しているだけでなく、福沢の著作を通ずる影響は、慶応義塾の卒業生の範囲をはるかに超えて広がっていたことが留意されなければならない。一例を挙げれば、群馬県碓氷郡の豪農として、一八七八年（明治一一）に養蚕・製糸農民を結集して改良座繰結社碓氷社を結成した萩原鐐太郎（一八四三―一九一六）は、福沢の『学問のすゝめ』などを読んで非常に感銘を受けたという。(57)今、春日豊論文に一部引用されている、萩原鐐太郎が同社を訪れた小学校生徒を相手に行った講話「成功の秘訣」からもう少し詳しく引用しよう。

……老生が子供の時代には所謂寺小屋教育で算術と云へば八算〔算盤で行う一桁の割り算〕位のもの其外商売往来〔商売の言葉や事柄を列挙した教科書〕位を習ったものであるが、之れでは社会に立つ事が出来ない、今日の社会に立て行くには直接人生に有益なる実用的の人とならねばならぬと考えたから、常に福沢先生を崇敬し、先生の書物は悉く精読した。其他の書物を読むことにも随分励んだつもりである。夜蚊帳の中で書物を読んだこともある。老生は斯くの如く教育としては僅かに寺小屋の教育を受けたに過ぎない。而して今日此の宏大なる碓氷社の万般を料理して行く迄には、少なからぬ苦学独修の功を積んだのである……。(58)

これはたまたま知ることのできた一例に過ぎないが、福沢の啓蒙活動によって、自分の携わる産業の改良を進んで行いつつ、政治にも関わることの重要さに目を開かされた者が、全国各地に続々と生まれたことは間違いなかろう。萩原鐐太郎の場合は、碓氷社の活動に携わりながら、国会開設運動や廃娼運動にも積極的に関わっていくが、他方では、田口卯吉の『東京経済雑誌』も読み、安易な政府依存の危険性を理解しており、それが一八八二―八五年に碓氷社が陥った危機からの脱出の指針となったという[59]。中央＝東京から発信された新しい生き方についてのメッセージは、慶応義塾における教育や雑誌や書物を媒介にして、地方都市や地方農村の産業指導者の心を捉え、自由民権運動の展開を支えるとともに、地方を巻き込んだ産業革命への道を作り上げつつあったのである[60]。

福沢は、『学問のすゝめ』に「一身独立して一国独立する[61]」と述べたように、国際社会において自立した国家を作り上げるためには、「日本国中の人民」に「独立の気力」がなければならないと強調した。そこには、如何にして「一身の独立」から「一国の独立」を達成するかの政治的・経済的方策は、まだ明記されてはいなかったが、だからといって「一国の独立」の中身が全く無視されていたわけではない。「政府は国民の名代にて、国民の思うところに従い事をなすものなり」という社会契約論に立つラディカルな議論が堂々となされており、しかも、政府がその「分限を越えて暴政を行う」場合は、「節を屈して政府に従う」のでも、「力を以て政府に敵対する」のでもなく、「天の道理を信じて疑わず、如何なる暴政の下に居て如何なる過酷の法に窘〔くるし〕めらるるも、その苦痛を忍びて我志を挫くことなく、一寸の兵器を携えず片手の力を用いず、ただ正理を唱えて政府に迫る」べきだと論じ、平和的手段に限定されるにせよ抵抗権の行使を認めていた。

問題は、むしろ、国際社会において自立した国家を作り上げようとする場合のモデルが、福沢の場合あくまでも欧米列強に求められており、欧米列強が帝国主義化するにつれて、福沢の目指す日本もまた帝国主義の方向になっていったことであろう。

その点では、幕末の福沢が、開国論者として攘夷論者に命を狙われ、攘夷思想に含まれる独立を守る精神をほとんど理解できなかったことが重要な意味をもつ。例えば、一八六三年（文久三）に、たまたま大坂適塾の恩師緒方洪庵の通夜で、先輩の村田蔵六（大村益次郎）に出会ったさいに、大村が長州藩の攘夷実行を支持すると述べたのを「気違い沙汰」としてしか評価できなかったことを、『福翁自伝』（一八九九年）の中で次のように記している。

座敷から玄関から台所までいっぱい人が詰って、私は夜半玄関の敷台のところに腰をかけていたら、その時に村田蔵六（後に大村益次郎）が私の隣に来ていたから、「オイ村田君＝君はいつ長州から帰って来たか」「この間帰った」「ドウダエ馬関ではたいへんなことをやったじゃないか。何をするのか気狂いどもが、あきれ返った話じゃないか」というと、村田が眼に角を立て、「なんだと、やったらどうだ」「どうだって、この世の中に攘夷なんてまるで気違いの沙汰じゃないか」「気違いとはなんだ、けしからんことをいうな。長州ではチャント国是がきまってある。あんなやっぱらにわがままされてたまるものか。ことにオランダのやつがなんだ、小さいくせに横風な面している。これを打攘うのは当然だ。モウ防長の士民はことごとく死に尽しても許しはせぬ、どこまでもやるのだ」というそのけんまくは以前の村田ではない。……これがその時の事実談で、今でも不審が晴れぬ。(62)

三年後の一八六六年（慶応二）の第二次長州戦争のときは、その大村が長州の軍事指導者として幕府軍を散々に打ち破ったが、福沢は負け戦の幕府に対して、フランスの兵力を借りてでも長州を征服せよと建白している。(63) 幕府は、フランスの援助の見返りとして蝦夷地（＝北海道）の開発権をフランスに与える方針であったから、仮に薩長を叩きつぶしたとしても、その幕府に率いられた日本は独立を失い、フランスに従属した可能性があった。当時の福沢には、攘夷運動がさまざまな形で主張していた独立を守ろうとする精神は、全くと言って良いほど欠けていたのである。

明治に入ってからの福沢は、確かに独立の重要性を強調するが、それはあえて言えば、沢山の洋書を読み、頭の中で考えた議論であって、独立のために身体を張って闘った経験を欠くことからくる弱さを伴っていたように思われる。その結果、日清戦争にさいして、あの勝海舟が反対したのに対して、福沢は賛成することになった。すなわち、海舟は、幕末に独立の大切さを身に染みて感じつつ「攘夷のための開国」を主張した自分の経験を、いま朝鮮の人々が味わっているに違いないと想像してであろう、日清戦争は「無名の師」に過ぎないとして反対したが[64]、福沢は、書簡に「空前の一大快事[65]」と記しており、もろ手を挙げて賛成することになる。

さらに、福沢は、自由民権運動に対しては、「傍観者的批判[66]」の態度をとるとともに、民権運動に引き寄せられ勝ちな塾生を実業界へと誘導したのであって、著書での主張をストレートに実践したわけではなかった。一八八四年に慶応義塾を卒業し、アメリカ留学後、鐘淵紡績に入り、政界にも進出した武藤山治（一八六七―一九三四）は、

> 福沢先生は明治の半ばより、塾生が一身の生活安定なくして余りに政治の方面に狂奔するのを見て、之を矯正せんとして盛んに塾生に向って金儲の必要を説かれました。当時世間に於て三田を拝金宗の本山とまで唱へるに至れるほど先生は此点を強調されました。それがため塾生は塾を出ると盛んに民間実業界各種の方面に身を投ずるに至りました。……思ふに福沢先生の御意中は先ずかくて塾生をして身を実業界に投ぜしめ、各自産をなさしめたる上、政治のために大いに尽くさしめようとの御心であったに相違ありません。……然るに先生は塾生の一身を思ふの余り強く拝金の催眠術をかけたまゝ之を解かずしてお亡くなりになったため、明治初年には専ら政治に狂奔した三田出身者が、後になって全く政治から離れるに至ったのであると思います[67]。

と推察している。この武藤の推察は、『学問のすゝめ』の中には、読み手をして日本国家のあり方を根底から問い直す行動に立ち上がらせる起爆剤が込められていたという判断に基づくものと言えよう。もっとも、同書を読むと、起爆剤と同時に、政府批判はあくまでも非暴力で時間をかけて行えといったさまざまな爆発防止装置も組み込まれ

ていたから、読み手の関心次第で、どちらにも向かう可能性があった。武藤自身は、一九二三年一一月に、「日本に於ては、実業家は政治に関与すべからざるものとせられて来た。……実業家は銭を儲けさへすればよい。政治は政治家に任せて置けばそれでよいといふ様な考へから、実業家は政治にタッチすべきものではないとせられて来た」と述べた上で、そうした「思想は徳川時代の専制政治と、今日の立憲政治とを混同した時代錯誤の思想である」(68)と論じ、同年四月に自ら実業同志会を組織して政治活動をしている。しかし、彼のような実業家で政治に進出した慶応義塾出身者は少なく、その武藤も、国内政治の合理化には精力的な発言をしながら、外交政策への発言は限られていた。

『学問のすゝめ』において表明された福沢の見解は、その後、対外関係の緊張を持ち出すことを通じて、「官」と「民」の対立関係を無視した「官民調和論」に変わって行く。その意味では、福沢の見解と渋沢の見解は接近していくと言ってよい。自由民権論者の植木枝盛は、『学問のすゝめ』などにおける福沢の見解に強い影響を受けたが、一八八〇年になると、福沢の「官民調和論」について、「官ト民トハ利害ヲ異ニスルモノナリ。利害ヲ異ニスルモノハ調和スベキニアラザルナリ。而シテ政府ト人民ト利害ヲ異ニスル事ハ国家ノ為メニ甚ダ善キ事ニシテ、国家政治ノ道理闡明ニナルノ基礎ハ政府人民利害ヲ異ニスルニ在リト云フモ不可ナキ程ノ事ナリ」(69)と批判した。こうして、自由民権派の主張する天賦人権論に基づく自主憲法草案が押しつぶされて、政府の作成した欽定憲法による近代天皇制国家が出現すると、天皇という個別君主を忠誠の対象とする政治価値が改めて優位を確立し、ブルジョアジーの役割もかかる政治価値への貢献度によって評価されることになるのである。

なお、「商人的対応」の中身を追うことを中心テーマとする本書では、自由民権運動の担い手たる豪農たちを中心として結成された政治結社、学習結社、産業結社などの性格をもつ「民権結社」が、自発的で平等な構成員からなる開かれた集団であり、閉ざされた古い共同体的結合原理を打ち破る新しい市民社会的結合原理に立っていた点(70)

には、触れることができない。小生産者型発展という「民衆的対応」が順調に進めば、共同体が内部から解体して市民社会的結合原理が全面化するはずであるが、「商人的対応」が主流となって進んだ近代日本の場合は、小生産者型発展は抑圧され、「民権結社」による人為的な共同体の解体は、権力の弾圧と懐柔によって押しつぶされた。その結果、政治過程は、寄生地主＝商人資本家からなる地方名望家層によって独占され、農民は非政治化された村落共同体秩序の中へ閉じ込められた[71]。ただし、村落共同体は決して不変のものではなく、その解体・再編の中から近代市民的公共性の理念と自治的公共関係が芽生えつつあったことを無視してはならない[72]。

五　「日本型ブルジョアジー」のエートス

以上、近世日本経済と近代日本経済をつなぐものとしての「商人的対応」の重要さを明らかにした上で、近世商人のエートスとしての石門心学が、近代商人の大倉喜八郎や近代実業家の指導者である渋沢栄一のエートスとしても生きていること[73]、儒教倫理を批判する福沢諭吉の『学問のすゝめ』には政治批判の起爆剤とともに爆発防止装置もセットされており、慶応義塾や東京高商の出身者の多くは、「官民調和」と「帝国主義」を選択した福沢や渋沢の誘導により、政治価値優位の下での経済価値の向上にひたすら努めたことを論じてきた。

もちろん、個々のブルジョアジーが、企業戦略の選択にさいして如何なる判断をし、その判断の基礎にどのようなエートスが横たわっていたかは、具体的に実証されなければならない。本章では、その前提としての大雑把な見通しをつけただけであるが、最近ではほとんど無視されているベラー氏の研究が提示した近世日本と近代日本の価値体系を貫く政治価値の優位と経済価値の従属的位置という見取り図の重要性に改めて注目したいと思う。序章でも触れたように、こうしたベラー氏の把握は、かつて山田盛太郎氏が提起した「日本型ブルジョアジー」という概念に見事に照応するものであり、また、のちに「日本的経営」論とのかかわりで論じられた「日本株式会社」論とも響き合うものをもっているからである。もっとも、ベラー氏が山田氏と同様に、日本の工業化をもっぱら政府主導のものとして把握している点は、その後の実証研究の成果に照らして到底支持しがたいことは留意しなければならないが、それにもかかわらず、価値体系という観点からすると政治価値の優位性は、発展する巨大ブルジョアジーのエートスのあり方をも強く規定しているのである。

さらに指摘したいのは、こうした政治優位の資本主義のあり方は、ベラー氏が踏まえるパーソンズ社会学の源流をなすヴェーバー社会学における「政治的資本主義」の議論ともつながっていることである。そのことは、ベラー氏自身が、結論のところで、「日本の重工業を支配した大きな関心は、常に、さまざまの方法で政府とむすびついた一種の政治的資本主義として理解することができ、結局、命ずるものよりは命ぜられるものであった(74)」と述べていることから明らかである。ヴェーバー社会学においては、「近代資本主義」ないし「合理的資本主義」のまさに対極に位置するものとして「賤民資本主義」ないし「非合理的資本主義」あるいは「政治寄生的資本主義」が類型化されており、内田芳明氏の説明(75)によれば、それらの「経済生活もしくは経済行為」は、前者の「純経済的市場的な市民的活動、そして平和を原理とする持続的経営活動」と、後者の「政治的権力を利用した特権的・独占的・暴力的な性質のもの」とに鋭く分別されており、エートス面では、「合理的エートス」と「非合理的エートス」の対立が見られるという。「非合理的」な「政治寄生的」資本主義のことを「賤民」資本主義とも称するのは、概念構成の具体的な手がかりとなったのが、インドの「賤民」カーストと「賤民民族」としてのユダヤ人であったためであり、「賤民」という用語には何ら道徳的評価を伴っていないが、無用の誤解を避けるために、ここでは「政治的資本主義」という用語を用いることにしたい。ベラー氏が、近代日本経済を「政治的資本主義」と特徴づけたのは、政治価値の優位性のもとでは、経済価値は「自律的で……ただ経済的観点だけから態度を決定し、高度の計算合理性を有する」という「原則」[76]を貫くことができず、政治価値に従属する非合理的な性格をもつことを示すためであったと思われる。[77]

ドイツ資本主義については、ヒルシュマイア氏が、「ドイツの企業者も、かれらが国家のために働いているのだと宣言することで、新しい階級のイメージをえがく必要があった。そのさい、近代企業においては象徴的な行動ないしは成功それ自体が、世間にたいする没我的奉仕の主張を十分に正当化したことであろう」[78]と述べていることが注目される。ここでも、ドイツ資本主義は「政治的資本主義」として描かれており、その限りでの日本資本主義との共通性が指摘されているのである。もともとドイツ資本主義の「政治寄生的」性格をヴェーバーが問題としたのは、二〇世紀初頭のいわゆる「結集政策」（穀物関税引上げによりユンカー階級を保護しつつ、それを財源とする艦隊建設により重工業ブルジョアジーの利益を確保する政策）を批判し、ユンカー階級の政治支配を打破するためであり、親ユンカー的姿勢をとる政治寄生的な鉄鋼独占ブルジョアジーに対抗しつつ、反ユンカー的姿勢を堅持するブルジョア的利害の貫徹を目指してのことであった。[79]「結集政策」は、経済的には支配的地位に上昇しつつあった西エルベのブルジョアジーが、政治的には東エルベのユンカー階級に従属していた結果生み出された政策であり、ドイツ資本主義が帯びる政治価値への従属という体質の表現であった。ヴェーバー社会学による「政治的資本主義」概念は、古代資本主義と近代資本主義の類型的対比という壮大なパースペクティヴのもとで主張されているが、そうした問題提起の現実的基礎には、ドイツ資本主義の近代化を如何に実現するかという差し迫った政策選択上の問題があったことに留意しなければなるまい。

注

（1）土屋喬雄『日本資本主義の経営史的研究』（みすず書房、一九五四年）。
（2）J・ヒルシュマイア、土屋喬雄・由井常彦訳『日本における企業者精神の生成』（東洋経済新報社、一九六五年）。
（3）土屋喬雄前掲『日本資本主義の経営史的研究』一八二頁。
（4）ヒルシュマイア前掲『日本における企業者精神の生成』二一九頁。
（5）山口和雄編著『日本産業金融史研究　紡績金融篇』（東京大学出版会、一九七〇年）八六—九六頁。
（6）中村政則「日本ブルジョアジーの構成」大石嘉一郎編『日本産業革命の研究——確立期日本資本主義の再生産構造』上巻（東京大学出版会、一九七五年）、一一二—一二五頁、石井寛治『日本の産業革命——日清・日露戦争から考える』（朝日新聞社、一九九七年）一七一—一七四頁。
（7）なお、一九〇一年六月三〇日当時、五大私鉄の残りの二つのうち、日本鉄道株式会社の株式は、依然として過半が華族によって所有されており、北海道炭鉱鉄道株式会社の株式については、その圧倒的部分が東京・神奈川の株主によって所有されていた（老川慶喜ほか編『明治期私鉄営業報告書集成』（1）（2）、日本経済評論社、二〇〇四—〇五年）。
（8）宮本又郎『日本の近代11　企業家たちの挑戦』（中央公論新社、一九九九年）五一—七五頁、同『日本企業経営史研究——人と制度と戦略と』（有斐閣、二〇一〇年）二九五—三二一頁。
（9）同上『企業家たちの挑戦』七五頁。
（10）石井寛治『経済発展と両替商金融』（有斐閣、二〇〇七年）二三八—二四七頁。
（11）谷本雅之「経営主体の連続と非連続」宮本又郎・粕谷誠編著『講座・日本経営史1　経営史・江戸の経験　一六〇〇—一八八二』（ミネルヴァ書房、二〇〇九年）二九一—三二六頁。ただし、北前船の活動を「冒険的商人」とするのは、やや一面的であろう。この点については、中西聡『海の富豪の資本主義——北前船と日本の産業化』（名古屋大学出版会、二〇〇九年）参照。
（12）『尾張徇行記』一八二二年（青木美智男『近世尾張の海村と海運』校倉書房、一九九七年、一七八頁より再引用）。
（13）広田三郎『実業人傑伝』第四巻第三編（一八九七年）、二六—二七頁。
（14）石井寛治『近代日本金融史序説』（東京大学出版会、一九九九年）一七四—一九〇頁。
（15）村瀬正章『伊勢湾海運・流通史の研究』（法政大学出版局、二〇〇四年）一三七—一四三頁。
（16）石井寛治『近代日本とイギリス資本——ジャーディン＝マセソン商会を中心に』（東京大学出版会、一九八四年）、同『日本経済史〔第二版〕』（東京大学出版会、一九九一年）九三—九九頁。
（17）「小生産者の自生的発展」というのは、単に小生産者から資本家が出て来るという系譜論的な現象を指すのでなく、そうした現象が構造的な必然性をもって広範に見られ、旧社会の基礎をなす共同体を内部から崩壊させ、市民社会的関係（公共性と言っても良い）を創出することを指している。この点を、日本の蚕糸業に即して論じ、そこには系譜的な意味での小生産者の発展はあったが、構造的な意味での小生産者の自生的発展は見られなかったことを論じたのが、石井寛治『日本蚕糸業史分析――日本産業革命研究序論』（東京大学出版会、一九七二年）であった。

(18)『日本古典文学大系97　近世思想家文集』（岩波書店、一九六六年）四二六―四二七頁。

(19) 竹中靖一『石門心学の経済思想――町人社会の経済と道徳』（ミネルヴァ書房、一九六三年、増補版、一九九八年）、柴田実「石門心学について」『日本思想大系42　石門心学』（岩波書店、一九七一年）。

(20)『日本の名著18　富永仲基・石田梅岩』（加藤周一責任編集、中央公論社、一九七二年）一八二頁。

(21) 瀬岡誠「実業（商業）肯定の思想的萌芽」安岡重明・天野雅敏編『日本経営史1　近世的経営の展開』（岩波書店、一九九五年）。

(22) R・N・ベラー、堀一郎・池田昭訳『日本近代化と宗教倫理――日本近世宗教論』（未来社、一九六六年。原著、一九五七年）。同訳書は、後に、池田昭氏によって、一九八五年の原著のペーパーバック版をもとに、全面的に改訳され、『徳川時代の宗教』（岩波文庫、一九九六年）と題して刊行された。その際、『国家学会雑誌』第七二巻第四号、一九五八年に掲載され、ベラー氏の求めによって一九六六年の同訳書に再録されていた丸山眞男氏による長文の書評に言及した「ペーパーバック版まえがき」が訳出されているが、丸山氏の書評は省かれている。丸山氏の書評は、『丸山眞男集』第七巻（岩波書店、一九九六年）にも収録されている。ここでの引用は、すべて『日本近代化と宗教倫理』によっている。

(23) ベラー前掲『日本近代化と宗教倫理』二三〇頁。

(24) なお、タルコット・パーソンズの社会学の流れを汲む同書の方法については、社会体系の機能的下位体系として、ここに述べた政治価値、経済価値とともに、文化価値、統合価値があること、とくに学問・宗教・芸術のように「普遍主義」的で、それ自身に内在する「資質」＝「属性」によって尊重される文化価値は、他の下位体系の活動にとって相対的に「所与」としての重要な意味をもつことに留意すべきである。この点については、同書の説明と丸山眞男氏による書評を参照されたい。

(25) ベラー前掲『日本近代化と宗教倫理』三五一頁。

(26) R・N・ベラー、河合秀和訳『社会変革と宗教倫理』（未来社、一九七三年。原著、一九七〇年）。ただし、ベラー氏は、「彼〔＝丸山〕は、私の論じた多くの機構――例えば天皇への忠誠心の集中――が経済成長を促進するような社会変化をもたらす効果があったことを否定しないで、それらはウェーバーの意味では全く合理的ではなく、むしろ後の日本の発展に深く非合理的な影響をもたらした――その少なからぬ影響の一つは、重要な経済的非能率性であった――ことを指摘している」（同訳書、九七頁）と述べており、丸山氏が、権力との緊張を欠いた経済人の「非合理的」あり方を問題にしたのに、ベラー氏が主として「非能率性」

の問題として受け止めている点は、「近代化」を経済発展と直結して理解する当時のアメリカの近代化論の特徴と言えよう。さらに、ベラー氏が、一九八五年のペーパーバック版への「まえがき」で、「最近の三十年間の諸事象は、私の考えが正しいことを証明しているのであって、丸山の批判はたんに毒舌に終っているように思える。日本の持続する経済成長は、まったくといってよいほど驚異的であった」（ベラー前掲『徳川時代の宗教』一九頁）と述べているのも、「近代化」とは何よりも経済成長であるという固定観念による決めつけに過ぎない。その意味では、私は、アジア太平洋戦争に至る近代日本の政治の民主化と経済の発展との独特な関係を問題とする丸山氏の問題関心を継承しており、戦後の高度経済成長の事実によって丸山氏による批判が「毒舌」に終わったとするベラー氏とは全く意見を異にする。

(27) テツオ・ナジタ、子安宣邦訳『懐徳堂――一八世紀日本の「徳」の諸相』（岩波書店、一九九二年。原著、一九八七年）一〇頁。

(28) 同上、四六四―四六五頁。

(29) ベラー前掲『日本近代化と宗教倫理』二六一頁。

(30) 松浦玲『日本人にとって天皇とは何であったか』（辺境社、一九七四年）一二〇―一二九、一七四―一八二頁、石井寛治前掲『日本経済史〔第二版〕』一〇七頁、同「幕末開港と外圧への対応」同・原朗・武田晴人編『日本経済史1　幕末維新期』（東京大学出版会、二〇〇〇年）一―七頁。最近の「王権論」は、かかる問題を政治支配の正当化イデオロギーの問題として論じている。すなわち、外来仏教によって中世の天皇は世界内存在として了解されるようになったこと（新田一郎「中世における権威と権力」大津透編『王権を考える――前近代日本の天皇と権力』山川出版社、二〇〇六年、一四七頁）を前提に、南北朝以降においては、古代天皇制以来の皇孫思想は支配の正当化としては実質的意味を失い、「天命思想の系譜をひく天道思想」が支配の正当性を根拠づけるようになった（池亨「中世後期の王権をめぐって」同上書、一六二―一六三頁）。近世の新井白石は、将軍権力の正当性の根拠を天皇でなく「天と徳」に求めており、天皇による委任論が広まるのは松平定信の寛政改革期以降だという（藤田覚「近世王権論と天皇」同上書、一九四―一九六頁）。そうだとすれば、ここで述べた儒教の日本的理解が政治的に広く受け入れられたのは、近世中期のことであり、幕末には一時的ながら天命思想が再生してくることになろう。

(31) 丸山眞男『忠誠と反逆――転換期日本の精神史的位相』（筑摩書房、一九九二年）二七頁。

(32) 竹中靖一『石門心学の経済思想――町人社会の経済と道徳』（ミネルヴァ書房、一九六二年）二四五―二四六頁。

(33) 江頭恒治『江州商人』（至文堂、一九六五年）二二六頁。

(34) 石井寛治前掲『近代日本金融史序説』一七五―一七七頁。

(35) 丁吟史研究会編『変革期の商人資本――近江商人丁吟の研究』（吉川弘文館、一九八四年）、安岡重明・藤田貞一郎・石川健次郎編著『近江商人の経営遺産――その再評価』（同文舘出版、一九九二年）、末永國紀『近代近江商人経営史論』（有斐閣、一九九七年）、松元宏編『近江日野商人の研究――山中兵右衛門家の経営と事業』（日本経済評論社、二〇一〇年）。
（36）末永國紀『近江商人――現代を生き抜くビジネスの指針』（中公新書、二〇〇〇年）二二七頁。
（37）江頭恒治『近江商人中井家の研究』（雄山閣、一九六五年）九〇八―九一五頁。
（38）東京経済大学史料委員会編『大倉喜八郎撰　心学先哲叢集』（東京経済大学、二〇一〇年）一二八―一三一頁。
（39）同上、一六八―一七一頁。
（40）同上、一七四―一七五頁。
（41）大倉喜八郎についての伝記的研究は乏しいが、東京経済大学史料委員会編（編集代表村上勝彦）『稿本　大倉喜八郎年譜〔増訂版〕』（東京経済大学、二〇一一年）は、新聞史料まで博捜しての詳細な年表であり、今後の研究の礎石となろう。
（42）大倉高等商業学校編『生誕百年祭記念　鶴彦翁回顧録』（大倉高等商業学校、一九四〇年）一九一―一九八頁。
（43）土屋喬雄『続日本経営理念史――明治・大正・昭和の経営理念』（日本経済新聞社、一九六七年）二九頁。
（44）五十嵐卓「道徳・宗教観の語り手として――道徳経済合一説の誕生」渋沢研究会編『公益の追求者・渋沢栄一――新時代の創造』（山川出版社、一九九九年）、島田昌和『渋沢栄一の企業者活動の研究』（日本経済評論社、二〇〇七年）。
（45）『東京日日新聞』一八八九年三月二六日号。
（46）竜門社編『渋沢栄一伝記資料』別巻第五（竜門社、一九六八年）、二六七頁。
（47）森川英正「渋沢栄一――日本株式会社の創始者」『日本経営史講座４　日本の企業と国家』（日本経済新聞社、一九七六年）七一頁。なお、この問題は、「公の利益」ないし「国益」の内容規定によっては、異なった説明も可能となる。例えば、近世中期以降の「国益」思想は生産の拡大を指していたとする藤田貞一郎氏の先駆的研究（同『近世経済思想の研究――「国益」思想と幕藩体制』吉川弘文館、一九六六年）と、幕末維新期の「国益」論の中味は、商業の拡大に過ぎないとする斎藤修氏の見解（同「幕末・維新の政治算術」『年報・近世日本研究14　明治維新の革新と連続』山川出版社、一九九二年）を紹介しつつ、武田晴人氏は、「いずれにしても、このような経済面で拡大志向を強調し是認する経済観のもとでは、企業家は私利の積極的な追求を通して国に貢献しているという意識を持つことができた」（同『日本人の経済観念――歴史に見る異端と普遍』岩波現代文庫、二〇〇八年、二七一―二七二頁）と論じている。
（48）坂本慎一『渋沢栄一の経世済民思想』（日本経済評論社、二〇〇二年）一九六頁。
（49）坂本慎一「（書評）干臣『渋沢栄一と「義利」思想――近代東アジアの実業と教育』（ぺりかん社、二〇〇八年）」『渋沢研究』第二一号、二〇〇九年。
（50）室山義正『近代日本の軍事と財政――海軍拡張をめぐる政策形成過程』（東京大学出版会、一九八四年）二二四―二三〇頁。

(51)『東京商工会議所八十五年史』上巻(同所、一九六六年)、六五八―六八一頁。
(52)同上、六六二―六六五頁。
(53)竜門社編『渋沢栄一伝記資料』第二二巻(渋沢栄一伝記資料刊行会、一九五八年)、三一七頁。
(54)ここでの高橋の発言は、彼が「国防は必要であるが、国防より経済成長を優先さるべきであるという信念を持って」おり、「日露戦争前の一〇年間に」その「信念を実践する機会を与えられ」たという、リチャード・J・スメサースト氏の見解(同著、鎮目雅人ほか訳『高橋是清　日本のケインズ――その生涯と思想』東洋経済新報社、二〇一〇年、一六六頁)と真っ向から対立する。ちなみに、スメサースト氏は、高橋がこの当時「国防」についてどのように考えていたかについて全く資料を提示していない。
(55)竜門社編『渋沢栄一伝記資料』第二一巻(渋沢栄一伝記資料刊行会、一九五八年)、七八〇頁。
(56)河明生「ビジネス啓蒙の企業家活動」宇田川勝編『ケース・スタディ――日本の企業家史』(文眞堂、二〇〇二年)一〇、一四頁。
(57)春日豊「鐐太郎小伝」佐々木潤之介監修『村に生きる人びと――東上磯部村と萩原鐐太郎』(萩原鐐太郎記念出版刊行会、一九七四年)二一一―二二七頁。
(58)碓氷社『社報』第一一号、一九一二年六月、一一頁。
(59)春日豊前掲「鐐太郎小伝」二一五―二二〇頁。
(60)例えば、石井須美世「一八八〇年代における実業思想と地方企業家――長野県上小佐久地域と下村亀三郎」『日本経済思想史研究』第三巻、二〇〇三年、同「一八八〇年代における地方名望家の展開――愛知県前芝村・加藤六蔵を例として」川口浩編著『日本の経済思想世界――「十九世紀」の企業者・政策者・知識人』(日本経済評論社、二〇〇四年)。
(61)「一身独立して一国独立す」というテーゼをどう理解するかについては、「福沢のナショナリズム、いな日本の近代ナショナリズムにとって美しくも薄命な古典的均衡の時代であった」とする丸山眞男氏の評価(『福沢諭吉選集』第四巻解題、岩波書店、一九五二年、『丸山眞男集』第五巻、岩波書店、一九九五年、所収)に対して、安川寿之輔氏が、「弱肉強食の帝国主義的な国際関係を認識していたこの時期の福沢は、国家の本質や存在理由を問う立場にはなく、『一国独立』確保を自明で至上の最優先課題としていた」(安川寿之輔『日本の近代化と戦争責任――わだつみ学徒兵と大学の戦争責任を問う』明石書店、一九九七年、二五二頁)と厳しい批判を行っている(同『日本近代教育の思想構造――福沢諭吉の教育思想研究』新評論、一九七〇年)。ここでの私の評価は、遠山茂樹『福沢諭吉――思想と政治との関連』(東京大学出版会、一九七〇年)の見解に沿うものである。なお、語彙や文体から起草者を推定する方法により、『福沢諭吉全集』の無署名論説のうち、アジア侵略や神権的天皇制を支持する論説は石河幹明らが起草したと断ずる井田進也『歴史とテクスト――西鶴から諭吉まで』(光芒社、二〇〇一年)や平山洋『福沢諭吉の真実』

（文春新書、二〇〇四年）の主張が如何に誤っているかは、安川寿之輔『福沢諭吉の戦争論と天皇制論——新たな福沢美化論を批判する』（高文研、二〇〇六年）が詳しい。
(62) 福沢諭吉『福翁自伝』（角川文庫、改訂五版、一九六八年）一五五頁。
(63)『福沢諭吉選集』第一巻（岩波書店、一九八〇年）、九二—九八頁。
(64) 松浦玲『勝海舟』（筑摩書房、二〇一〇年）六八九頁。
(65) 遠山茂樹前掲『福沢諭吉』二三九頁。
(66) 同上、七一頁。
(67) 武藤山治「私の身の上話」『武藤山治全集』第一巻（新樹社、一九六三年）、一七—一八頁。
(68) 武藤山治「政界革新運動と実業同志会」同上、第四巻（新樹社、一九六四年）、四一六頁。
(69) 遠山茂樹前掲『福沢諭吉』一三八頁より再引用。
(70) 色川大吉『自由民権』（岩波新書、一九八一年）二八—五一頁。
(71) 石田雄『近代日本政治構造の研究』（未来社、一九五六年）一〇頁。
(72) 大石嘉一郎『近代日本地方自治の歩み』（大月書店、二〇〇七年）一四頁。
(73) 石門心学は、渋沢・大倉に影響を与えただけでなく、住友財閥の指導者となる小倉正恒も石門心学に傾倒していた（瀬岡誠『近代住友の経営理念——企業者史的アプローチ』有斐閣、一九九八年、一五二頁）。
(74) ベラー前掲『日本近代化と宗教倫理』二六五頁。
(75) 内田芳明「文化比較の諸観点と諸問題——インドとユダヤ民族の比較」大塚久雄・安藤英治・内田芳明・住谷一彦『マックス・ヴェーバー研究』（岩波書店、一九六五年）。
(76) M・ヴェーバー、黒正巖・青山秀夫訳『一般社会経済史要論』上巻（岩波書店、一九五四年）、五五頁。
(77) なお、ベラー氏の展望によれば、「非産業社会から産業社会への発展過程を考えてみると、もっとも顕著な事実の一つは、基本的価値類型の変化である。中世ヨーロッパが、政治的及び宗教—文化的諸価値によって特徴づけられているのに対し、近代アメリカ合衆国は経済価値により特徴づけられている。けれども、産業社会が発展するのに次のような場合もあり得る。基本的諸価値の転換なしに、むしろ経済価値が、ある分野で非常に重要となり、経済全体がほとんど束縛なく、自由かつ合理的に発展できるようなある程度の分化段階に達する、という過程を通じて発展する可能性もあるわけだ。ヨーロッパの産業社会の大部分は、この後者の発展段階を示していると思われる。そして、私の信ずるところでは、日本もまた同様である」（ベラー前掲『日本近代化と宗教倫理』三一—三二頁）という。前述のようにここでは日本の事例についての楽観的評価が見られるが、同様な楽観的評価がヨーロッパの「大部分」についても行われていることは、もしも、そこにドイツが含まれているとすれば、ヴェーバー社会学におけるドイツ資本主義の「政治寄生的」性格への厳しい批判を想起するときに気になるところである。

(78) ヒルシュマイア前掲『日本における企業者精神の生成』一四七頁。

(79) 大野英二『ドイツ資本主義論』(未来社、一九六五年)三八二—四一八頁。

第2章　外資排除による産業革命と日清戦争

一　「自由貿易帝国主義」下における外資排除

一九世紀後半のアジアにおいて、日本がいち早く「産業革命」を達成した内部的理由として、前章では、近世における商人的蓄積が、開港後も修好通商条約による外国商人の国内通商禁止という「権力的対応」に支えられて進展し、明治維新後は、その蓄積が産業企業に投入されるという「商人的対応」の成功にあったことを指摘した。条約による外国人の国内通商の禁止ということは、居留地を越えて外国資本が内地へ入り込んで鉱山、工場、鉄道、銀行などへ投資して経営権を握る直接投資をすることの禁止を暗黙の裡に含意していた。何故ならば、内地において企業経営をすることは、当然ながら、そのために外国人が入り込んで自らの通商活動をすることを意味し、条約上の国内通商禁止という条項と矛盾するからである。発足早々の明治政府が、旧幕府老中小笠原長行が駐日アメリカ公使館通訳官のアントン・ポートマンに与えた「江戸―横浜間の鉄道敷設の権利」を、大政奉還直後のことで旧幕府には契約の権限がなかったことを理由に否定・回収したこと[1]、あるいは、廃藩置県後に旧佐賀藩主がオランダ貿易会社と共同経営してきた高島炭鉱の稼行を上請してきたのに対し、急遽鉱山心得書を制定して外国人の鉱山投資を禁止したことは、(2)そうした危険性の拡大を政府が察知して、大急ぎで予防せんとしたものと言えよう。

国内流通過程から外国商人を排除したことは、そこにおける日本商人の資本蓄積の活動を保護し、貿易関連の新しい資本蓄積の機会を提供した。幕末維新期には日本商人の貿易活動はほとんど居留地内での貿易に限られていたとはいえ、輸出入品の取扱から得られる利益は巨大であった。そのことは、例えば、一八八七年（明治二〇）の最初の所得調査のベストテンに、東京の岩崎家・三井家、大阪の住友家・鴻池家に続いて、横浜の売込商・引取商の平沼専蔵・茂木惣兵衛・原善三郎・渡辺福三郎が名を連ねており、後の有力財閥である安田善次郎・大倉喜八郎・古河市兵衛を上回る所得を上げていたことから窺えるし、(3)また、一八九九年（明治三二）当時の東京・大阪の有力繊維問屋のリスト（表4）を見ても分かるであろう。東京では、一七世紀創業の田中・長井・森などの老舗商人を薩摩以下の新興商人が完全に追い越しているが、彼ら新興商人は塚本を除くと全員が金巾・洋反物・綿糸（この時期は国産綿糸を含む）といった輸入品を扱っていた。また、大阪では老舗商人の稲西に、竹村以下の新興商人が追いつく直前であるが、彼ら新興商人もまた全員が輸入品の扱いによって急成長した人々であった。本表では個別店舗の営業税を示したが、複数店舗の営業税を合計すると、前川太郎兵衛（東京）と前川善三郎（大阪）および表示しなかった京都の前川弥助（営業税二五一円）の前川一族が営業税合計一八一二円で第一位、伊藤忠兵衛が大阪二店舗と表示しなかった京都店舗（営業税一〇三円）の営業税合計一三五二円で第二位を占め、国産品を扱う繊維問屋のトップ稲西合名会社の営業税八三五円を大きく上回っていた。

もっとも、「新興商人」といっても、この表に示した店舗開設年次よりも前から、彼らは行商などの活動を通じて商業経験を積み、それなりの資本を蓄積して開港場へ現れたことが留意されなければならない。例えば、全国最大手の②前川太郎兵衛（一八二九—一九一〇）は、近江商人の不破家に一八四〇年から五八年まで二〇年近く仕え

表4　東京・大阪の繊維問屋各ベストテン（1899年）

（円）

	東京問屋名	取扱品	開業	営業税		大阪問屋名	取扱品	開業	営業税
1	薩摩治兵衛	金巾綿糸	1867	996	1	稲西合名会社	呉服木綿	1819	835
2	前川太郎兵衛	金巾綿糸	1860	764	2	竹村弥兵衛	金巾綿糸	1864	800
3	杉村甚兵衛	洋反物	1847	578	3	前川善三郎	綿糸	1873	797
4	塚本合名会社	呉服木綿	1872	491	4	山口玄洞	洋反物	1885	737
5	日比谷平左衛門	綿糸	1878	435	5	伊藤忠兵衛	呉服羅紗	1872	649
6	田中次郎左衛門	木綿	1645	431	6	伊藤忠兵衛	綿糸	1893	600
7	柿沼谷蔵	綿糸	1866	424	7	八木与三郎	綿糸	1893	447
8	平沼八太郎	綿糸	1865	423	8	平野平兵衛	綿糸	1857	418
9	長井九郎左衛門	木綿	1696	408	9	伊藤萬助	洋反物	1883	402
10	森　セツ	呉服木綿	1690	364	10	中村惣兵衛	綿糸	1865	396

出典）石井寛治「幕末の貿易と外資への対応」同ほか編『日本経済史1　幕末維新期』（東京大学出版会，2000年）29頁。

た経験を基礎に江戸へ出て独立、六〇年に店舗をもち輸入品を扱うようになった。また、①薩摩治兵衛と③杉村甚兵衛は、ともに近江商人小林家の江戸店で長いこと働いた上で、それぞれ独立した。大阪の⑤⑥伊藤忠兵衛は、最初の店舗を開設する前に、足掛け一五年行商をしていた。大阪の②竹村弥兵衛の養父藤兵衛（一八三一—一九〇七）は、一八六四年の禁門の変で家財を焼失した機会に水産物商から洋反物商に転身したのであって、横浜との取引に進出する前に京商人としての長い活動があった。

民間レベルでの外国資本の内地流通路への侵入は、日本商人を手先とする外国側の試みがあったとはいえ、基本的には阻止されて開港場での居留地貿易が定着したのに対し、幕府と諸藩のレベルでは、かなりの外国商人が借款を供与しており、明治政府は苦しい財政にもかかわらずその返済に努めた(4)。

一九世紀中葉以降の幕末維新期は、世界的にはイギリスを中心とするいわゆる自由貿易＝自由主義体制の最盛期であったが、自由貿易＝自由主義体制が決して平和的な体制ではなく、「可能であれば非公式に、必要であれば公式に、支配を拡大するという原則」をもつという「自由貿易帝国主義」の体制であったことが注意されなければならない(5)。幕末においても自由貿易を実施するという諸列強との約束が、日本人によって何らかの形で破られた場合には、列強は四国連合艦隊による下関戦争や、薩英戦争のように、容赦なく武力を行使したのであり、日本側は、攘夷運動の停止によって辛うじて占領という事態を免れたのであった。商品取引をめぐる自由貿易のルールが問題となるだけでなく、資本輸出入をめぐるトラブルから紛争が起こる可能性もまた十分にあったと言えよう。その意味では、われわれは、自由貿易＝自由主義の世界体制の中にも帝国主義世界体制と同様な列強の膨張＝支配政策が潜んでいることを認めなければならない。

それでは、自由主義世界体制から、二〇世紀初頭に確立する帝国主義世界体制への転換の画期はどこに求められるべきであろうか。通常それは一八七三年恐慌から九五・六年までの大不況期とされるが、四分の一世紀に及ぶ転換期というのは、いささか長すぎる。そこで経済的には、イギリスが「世界の工場」から「世界の銀行」へと転換して、多角的貿易決済機構の中心となる画期を探ると、一八八〇年代中葉が、イギリスが「貿易外収支のうちの利子・配当収入だけで、貿易収支の赤字をカヴァーしうる関係が定置され」、「利子取得者国家」への傾斜が強まる分水嶺の時期であったことが指摘されている。[6] イギリスのドイツに対する貿易収支が入超に変わるのが一八七〇年代中葉であり、インドと中国（香港を含む）に対する貿易収支が八〇年代後半には出超に変化することを考えると、八〇年代中葉には、イギリスの多角的貿易決済機構における中心的地位はほぼ固まったと言えよう。[7]

では、政治面での帝国主義世界体制への移行の画期はどの辺りに求められるであろうか。帝国主義世界体制を、何よりも列強による被抑圧民族の複合的支配秩序として把握する立場からすると、西アフリカでのイギリスとフランスの対立を調整すべくドイツ帝国の宰相ビスマルクが乗り出して開催した一八八四年一一月―八五年二月のベルリン会議こそが、重大な画期であったと言えよう。[8] 竹内幸雄氏の研究によれば、[9] ベルリン会議において解決を迫られた地域はニジェール川流域とコンゴ川流域であり、イギリスはニジェール川流域でのイギリスの勢力圏の確認と、コンゴ川流域にベルギー王の「コンゴ自由国」による支配を認めてフランスへの緩衝国とすることを主張し、承認を得た。このベルリン条約は、イギリスが、とくに西アフリカにおいて内陸支配に向かう転機となった点で、重大な結果をもたらした。当時、西アフリカではパームオイルの取引をめぐって、ヨーロッパ商人と現地の商業階層との間での対立が激しくなっていた。ニジェールデルタ最大の商人王ジャジャは[10]、一八八四年一二月のイギリスとの保護条約の締結にさいして、第六条の「すべての地域（内陸部を含む）での通商の自由と商館建設の自由」に強く反対して、それを削除させた。ところが、そのすぐ後の一八八五年二月に締結されたベルリン一般条約は、ニジェール川とその支流域のすべて（内陸部を含む）における完全な航行の自由と通商の自由を、イギリスの責務として確認したのである。この確認を基礎に、イギリス領事は一八八七年、砲艦の威圧のもとでジャジャを、保護条約の第五条「交易の平和的発展の確保」違反の名目で逮捕し、流刑に処した。

こうした一八八〇年代の西アフリカにおけるイギリスの活動は、竹内氏の把握によれば、資本輸出とは無関係な商業活動であり、ニジェール川流域でのジャジャ王の排除は、自由貿易地帯の拡大を公式的なやり方で公然と展開し始めたことを意味し、「商業帝国主義」の実践の飛躍的強化であった[11]。だが、氏の提示された、ジャジャ王の支配領域へのイギリス商人の侵入は、「商館建設」が問題とされていることから窺えるように、流通過程への資本輸出による支配にほかならず、自由貿易の原則の当然の貫徹というより、現地支配者との間で認め合った外資排除の規定を、ベルリンでの列強同士の「談合」によって強引に無視した結果にほかならない。帝国主義世界体制が「列強による被抑圧民族の複合的支配秩序」だとすると、ベルリン会議こそは、そうした「秩序」を作り出したのであった。もちろん、イギリス商人の侵入行為は、ロンドンで発売された海外証券という形での資本輸出の統計には入らないが、だからといって、それが保護国として王の支配圏を認めた領域への資本輸出としての意義がないとは言えなかろう。政府借款や産業投資だけが資本輸出でないことは、例えば、一九世紀後半のチリ経済について、「一八五〇年以降、縦横に走るイギリス系鉄道網のおかげで、鉱業に占めるイギリスの優位は強まり、……国際貿易の支配権や銅生産の独占をにぎるとともに、イギリスは、チリが原材料・食料の輸出国、製品消費国のままでいるようにたえず警戒していた。……国内商業活動の大部分は直接イギリス人実業家の支配下にあった。このような状態を創出し維持する手段のひとつとして、国内取引がイギリス卸売商社に対して深い依存関係にあったことがあげられる。……この商社は国際貿易を一手に掌握していた。……こうした商社は事業領域を拡張し、種々の国内生産部門に参入していった」[12]と、国内商業部門や生産部門にまで食い込んだイギリス貿易商社の活動が、チリ経済を衛星国として中枢国にしっかり結び付け、余剰の吸収パイプとなっていたという指摘から窺うことができる。同じ一九世紀後半のブラジル経済についても、アメリカ合衆国その他へのコーヒー輸出を独占するイギリス系商社のもとで、ブラジル人仲買人が農場主の販売業務を委託され、時には資金繰りも担当して、農場主を上回る利益を得ていたが、一九世紀末には輸出商が内陸部のコーヒー産地に直属の買付人を送り込んで旧仲買人の利益を奪おうと努めたことが指摘されている[13]。

このように、貿易商社は自由貿易を展開するさいに、貿易港だけでなく内陸部へ入って商業利益を獲得することを求めたが、そのためには相手国との条約において承認されていることが条件であった。独立性の強い中国や日本の場合は、通商条約において外国人への裁判権が認められなかった反面で、外国人の内地通商権を否定したが、諸列強は執拗に内地通商権を要求した。一八四二年の南京条約の後、アロー号事件を契機とする英仏連合軍との戦いに敗れた中国は、一八五八年の天津条約で外国人の内地通商権を認めざるをえなくなり、その結果、同年日本の幕府が締結した修好通商条約が、アジアで唯一、内地通商権を否認した条約となった。中国側は、揚子江の開放と開港場の増加の要求に強く反対するとともに、外国人に内地通商権を認めることにも強く反対したと言われるが[14]、それは、国内流通過程から得られる大きな利益が外国商人に奪われることへの反対であった。実際、香港に本店を置くイギリス商社ジャーディン・マセソン商会の場合、損失続きの茶取引を改善しようと、一八六九年からイギリス人の茶買付人を雇って大規模な産地買付を開始し、経費を一〇％削減した結果、好成績を上げたという[15]。

茶取引や生糸取引のように小生産者相手の取引の場合、利益の多くは商人が獲得する。西アフリカのジャジャ王は、パームオイルの仲買業務を通じて販売価格の二〇％の手数料を得ており、それを狙ったイギリス商人の画策によって追放されたのであった。これから産業革命を遂行しようとする発展途上国にとっては、商業利潤が産業投資へと向けられることが不可欠であるが、商業利潤が外国商人の手に入ると、その大半は本国へ送金されてしまうと言われてきた。しかし、この点を、正確な史料によって立証した研究はあまりないようである。そこで、一例として、前述のジャーディン・マセソン商会の最大の出資者であるロバート・ジャーディンが、一八七四年から八四年にかけての一一年間に配当・利子として入手した合計三四五万メキシコ・ドルについて見ると、同商会の増資に一八四万ドルを充て、残りの一六一万ドルを本国へ送金したものと推定される。ただし、一八七八年にはロンドンの関係会社マセソン商会のジェームズ・マセソンが死去したことに伴う遺産相続の措置として一〇〇万ドルが送られ、受け取ったロバート・ジャーディンは、ジャーディン・マセソン商会出資に繰り込んだから、それを除くと、本国送金一六一万ドルは再投資八四万ドルの二倍近くとなり、入手した利益のほぼ三分の二を本国へ送金したことになる[16]。

二　明治初年の外資侵入と明治政府の対応

外国商人の活動を居留地の中に封じ込めたことによって、日本商人が貿易関連の取引などを通じて資本を蓄積できたことは、産業革命に必要な投資資金が準備されつつあったことを意味したが、すでに産業革命を達成した欧米先進国から、機械制大工業の技術を移植するには、個々の商人の蓄積資金では到底足りなかった。当時の国際常識では、そうした後進国が近代的工業化を目指す場合は、技術だけでなく資本も外国から導入すべきであったが、日本政府は、一八七〇年（明治三）と七三年（明治六）にロンドンで外国債を発行して鉄道敷設や秩禄処分のための資金を調達したあとは、外債の発行を自制する方針を取った。その契機となったのは、岩倉使節団が足かけ三年にわたる海外調査から帰国して、留守政府が事実上決定していた朝鮮との国交のための使節派遣案を覆した政変であったと言えよう。士族の不満を外にそらすために「征韓」を唱える西郷隆盛に対して、大久保利通は「征韓」が農民一揆を激増させることを憂慮して内政優先を説いたが、そのさい、中国との本格的戦争になって「数万の兵を外出し、日に巨万の財を費し、征役久を致す時は、其用費又莫大に至り、或は重税を加へ、或は償却の目算なき外債を起」す必要が生じるけれども、「今我国の外債多くは英国に依らさるなし、若し今吾国に於て不慮の禍難を生し、倉庫空乏し、人民貧弱に陥り、其負債を償ふこと能はすんは、英国は必す之を以て口実とし、終に我内政に関するの禍を招き、恐くは其弊害言ふ可らさるの極に至らん」[17]と、軍費をイギリスに依存して返済不能になった時の事態の恐ろしさを考慮せよと力説した。政変後の大久保政権が政府外債への依存を自制したのは、こうした危険を考慮したためと思われる。

「征韓」論を否定した大久保政権は、翌一八七四年（明治七）に台湾出兵に踏み切ったが、これは西郷が扱いかねた士族の不満を、「征韓」論のときの想定よりも小規模な戦闘によって宥めようとしたものであった。しかし、この台湾出兵は、思わぬ経路を通じて、多額の外資が民間企業に流入する結果を生んだ。ジャーディン・マセソン商会横浜支店による高島炭鉱への融資と、オリエンタル銀行横浜支店による三井組への融資である。

長崎港外の佐賀藩領にある高島炭鉱は、一八六八年（明治元）にイギリス商社グラヴァー商会と佐賀藩が共同で日本最初の洋式技術による炭鉱として開発したが、七〇年にグラヴァー商会が破綻したため、オランダ貿易会社が代わって佐賀藩と経営した。廃藩置県後、旧佐賀藩主鍋島家が合弁企業の継続を願い出たのに対し、政府が鉱山心得書を発布して鉱山業から外資を排除する方針を打ち出したことは本章の冒頭で述べた通りである。政府は、一八七四年（明治七）一月に四〇万メキシコ・ドルをオランダ貿易会社に払って同炭鉱を一旦官収したが、同年一一月に後藤象二郎へ五五万円で払い下げた。そのさい後藤がジャーディン・マセソン商会横浜支店から即納金二〇万円の融資を受けたのを手始めに、次々と融資を受け、商会側のかなり水増しした計算によると、最高時の融資は一三〇万ドルを上回った。この違法融資は、裁判を経て、最終的には一八八一年に岩崎弥太郎がジャーディン・マセソン商会への即金二〇万ドル（三六万三〇〇〇円）や大蔵省への払い下げ残金二六万円を含む後藤の全負債九七万円余りを肩代わりすることで、決着がついた[18]。

問題はどうしてかかる外国商社からの違法な融資がなされたかであるが、後藤が高島炭鉱の払い下げを申請したのは、彼が鴻池善右衛門ら大阪商人と組んで一八七三年に設立した予定資本金三四〇万円の巨大企業蓬萊社[19]が、大阪商人の出資難で行き詰まり、七四年八月に官金を預かる政商島田組の参加を得て再出発し、その活性化の一環として高島炭鉱の払い下げ工作を開始して一一月一〇日に左院の許可を得たところ、同年一〇月の官金抵当増額令によって小野組が一一月二〇日に閉店し、島田組も一二月一九日に破綻したため、後藤はかねてより蓬萊社を介して取引していたジャーディン・マセソン商会横浜支店から即納金を借り入れ、一一月二八日になって半額の一〇万円を上納、翌七五年一月に残りの一〇万円を上納したのであった。払い下げの命令条目には当初、外資排除についての言及はなかったが、一一月二五日に工部卿伊藤博文と大蔵卿大隈重信が左院に提出して同月二七日に決定した追加条目には、「此借区竝営業ハ、外国人へ引譲リ或ハ質入引当等ノ事ヲ為スヲ得サルハ勿論、諸事日本坑法及ヒ坑業関係ノ布達ニ違戻スヘカラス候事」という条目が入っていた。おそらく、小野組に続いて島田組も破綻必至と見た伊藤らは、後藤が即納金を調達できるとすれば、その資金源は外国商社以外にありえないと睨んで、急遽追加条目を作成したのであろう。伊藤や大隈らが、同年一月に板垣退助らと組んで左院へ民撰議院設立建白書を提出して自由民権運動の口火を切った後藤への宥和策として、高島払い下げを認めたことは事実としても、最初から政府の外資排除方針が否定されることを認めていたのではなく、外資依存が深まることだけは何とか阻止しようとして急遽追加条目を作成したものと思われる。だが、後藤には、高島炭鉱の経営に力を入れる姿勢はなく、商会への負債は嵩む一方であった。商会側も融資の回収のためには、高島炭鉱の代理人として上海で石炭を販売するさいに同商会の上海支店に安く販売して儲けさせつつ高島炭鉱に損害を与える背任行為をする始末であった。その後の経緯については説明を省略するが、同商会から岩崎弥太郎が高島炭鉱を引き取って弟弥之助の義父後藤象二郎の窮地を救った背後には、詳しい調査による十分な収益予測があっただけでなく、筆頭参議大隈重信からの要請があり、それが決定的な意味をもったように思われる。大隈と岩崎の関係は、一八七四年の台湾出兵の時に購入した官有汽船の運航を大隈が三菱商会に委託した時に始まり、七五年に大蔵省の官有船運用策と内務省駅逓寮の海運政策の対立が大久保の手によって調整・再編されて三菱保護政策が決定してからも両者の関係は密接だったようである[20]。三菱財閥の初期の資本蓄積が、海運保護政策によって礎石を置かれ、高島炭鉱の経営によって飛躍したことを思うと、そこで大隈の果たした役割は大きい。

一八七四年の台湾出兵に伴う同年一〇月の官金抵当増額令は、前述のように多額の官金を預かって運用していた小野組や島田組を破綻させたが、三井組だけは辛うじて生き残り、七六年には、当時日本最大規模の私立三井銀行を設立するとともに、三井物産も設立される。三井組延命の理由については、かつては井上馨による何らかの「保護」があったためではないかとする説や、三井組の官金運用が小野組・島田組に比べて健全だったために「自力」で延命しえたものとされていたが、石井寛治「銀行創設前後の三井組」[21]が、横浜のオリエンタル銀行支店から多額の融資を仰ぐことができたためであるという「外資」説を提示してからは、それがほぼ定説化している。同論文は、まず、三井組の経営がどの程度健全であったかを検討し、各店舗いずれも新旧商人への滞り貸が増加しつつあって、早晩大々的な整理を必要とする危機的状況にあったこと、したがって抵当増額令に自力で対応する余地は全くなかったことを指摘する。その上で、一八七四年一二月末当時の横浜店「惣目録」に、横浜店を介して東京店へ多額の資金が送られる反面、「金洋預り之部」の中の「別口預金」に、「金弐拾五万円　ツチ方預り　年九歩」、「洋銀六拾五万弗　右同断預り　年九歩」、「金拾壱万円　ツチ口東京別預り　年九歩」という記載があること、それは横浜居留地「拾壱番館」のイギリス系オリエンタル銀行横浜支店からの秘密融資を意味したこと（ツチ方＝土方＝十一番館）を明らかにした。当時は一メキシコ・ドルがほぼ一円であったから、融資は合計約一〇〇万円＝ドルに達するのであり、三井組はこの緊急融資を使って公債等の抵当を購入し、抵当増額令に対応したものと思われるのである。三井・小野・島田という日本政府の為替方御三家のうち、三井組だけがオリエンタル銀行からの融資を受けることができたのは、三井組が一八七一年の新貨条例に関連して単独で「新貨幣為替方」に任命されて日本人相手の新旧鋳貨・地金銀の交換という幣制の中枢業務を担当し、六九年に日本政府と「貨幣鋳造条約」を交わして外国人相手の鋳貨・地金銀の交換業務を担当してきたオリエンタル銀行と密接な関係を取り結んでいたためであった。

ところが、一八七五年二月以降、三井組はオリエンタル銀行からの返済要求と日本政府からの官金引上げの要求に悩まされることになる。三井組の三野村利左衛門による懸命の要請に応じた大隈重信大蔵卿は、官金引上げを猶予しただけでなく、オリエンタル銀行への返済も一時肩代わりして三井の危機を救った。具体的には、一八七六年（明治九）七月に三井組が三井銀行に発展したときに、政府は、ほとんど同時に発足した三井物産に政府米の輸出を担当させ、前払いとしてオリエンタル銀行から一五〇万ドルを三井物産経由で受け取ったさいに、そのうち八〇万ドルを三井銀行が引き継いだ三井組の私的借入金の返済に流用することを認めたのである。こうして政府支援によって急場を凌いだ三井銀行は、オリエンタル銀行に差し出してあった三井銀行の全株券の半分に当たる一〇〇万円の株券を取り戻した上で、その後、所有公債の処分や営業利益を通じて、日本政府からの借金を返済したものと思われる。

三井組関係者にとって、オリエンタル銀行からの融資は、外部に知られてはならない秘密事項であった。そのことは、三井組の書類においてもオリエンタル銀行のことを「ツチ方」という暗号で記していること、その後の回顧談の類にもこの融資にはっきりと触れているものは見当たらないことから窺える。そこで、石井論文では、この最高機密を知っていたのは、オリエンタル銀行との契約書に署名した三野村利左衛門ら東京三井組の首脳四名と田村利七ら横浜三井組の責任者三名くらいでないかと記したが、その後紹介された、三井高喜筆「大元締日記草稿」によると、一八七六年（明治九）九月一日の項に、「今日会議場開席相成、午後五時頃より一同集会之上、三野村利左衛門ゟ一同江申談候者」として、「米一条ニ付セシサ〔二十五〕万程之別物入金、皆融通致し居候道理、左候得者ケ様ニ相迫り候道理無之筈、土印江シ〔十〕万相戻し候得とも勘定尻も有之……」とあるので、もう少し広い範囲のメンバーが「土印」にかかわる融資のことを知っていた可能性がある。[22]

このように、三井組が経営破綻の危機を外国銀行からの融資に依存して脱出したことは、政府の金融政策にとっても重大なショックを与えたものと思われる。外国商人の内地通商を禁止しても、金融面から外資が支配の触手を伸ばしてくる可能性があり、三井銀行が融資の返済不可能となれば、株式の半数を抵当に取っていたオリエンタル銀行によって日本最大の銀行が乗っ取られることに気付いたからである。一八七二年（明治五）の国立銀行条例には、株主の国籍についての限定がなかったのに、七六年（明治九）の改正国立銀行条例には、国立銀行の株主は日本人に限ると明記されているのは[23]、金融面からの外資の内地侵入の危険性を政府が痛感したからであろう。

三　初期的な企業勃興と外資排除論の動揺

大久保利通内務卿は、台湾出兵事件を乗り切った直後の一八七四年一二月に執筆した建議の冒頭に「大凡国ノ強弱ハ人民ノ貧富ニ由リ、人民ノ貧富ハ物産ノ多寡ニ係ル。而テ物産ノ多寡ハ人民ノ工業ヲ勉励スルト否《シカラ》ザルトニ胚胎スト雖モ、其源頭ヲ尋ルニ未ダ嘗テ政府政官ノ誘導奨励ノ力ニ依ラザル無シ[24]」と記すことにより、軍事力でも政治力でもなく、経済力こそが「国ノ強弱」を決定するという基本方針を表明した。ここでは、それまでの明治政府や中国洋務派のような官営事業中心の路線を転換して、内務省の「誘導奨励」による民力育成の路線で進むと明言することによって、産業革命へのコースが選択されたと言ってよいが、「人民」の中心には、台湾出兵を契機とする三井・三菱などの政商資本が選ばれていた。しかし、内務省の政策対象には、豪農商によって代表される広範な人々が含まれていたことも事実であった。彼らによって多数の銀行が設立され、製糸業や織物業を中心に、一八七〇年代後半には「一種の企業勃興」が見られた[25]。この時の「企業勃興」は、一八八〇年代後半の綿糸紡績業や鉄道業あるいは鉱山業を中心とした機械制大工業段階の会社企業による本格的な「企業勃興」とは異なり、マニュファクチュアないし小経営を基礎とするものであるが、そうした「在来産業」の発展が、地方を巻き込んだ日本の産業革命の一環をなしていることを想起すると、無視できない重要性を帯びていると言えよう。しかし、この「企業勃興」は、政府の殖産興業資金の散布と国立・私立銀行による融資によって支えられており、金銀の基礎から離れた不換の政府紙幣と国立銀行券の増発を前提としていたために、悪性のインフレーションを招き、本位通貨制の確立が問題となった。そのさい、経済規模の縮小による殖産政策の挫折を懸念する大隈重信参議から、一八八〇年五月に、外債一千万ポンド（＝約五千万円）を募集し、通貨量を維持したままで兌換制度を確立する案が提起され、大議論の末、賛否同数となって容易に決着がつかなかったため、右大臣岩倉具視の策略で最終決定を宮中に持ち込んで否決したことは、よく知られている。このことは、政府財政において外資依存をしないという一八七三年当時の方針が、決して確固たるものではなく、政府内部に対立と動揺があったことを示すものである。それは民間への直接投資と異なり、内地通商権を禁止した条項と矛盾しないということに加えて、目的によっては、民間と比べて政府ならば返済不能の危険が少ないという判断があったためであろう。

外資排除をめぐっては、政府内部だけでなく、民間でも盛んな議論が行われた。ここでは、一八七八年（明治一一）の新聞紙上で行われた外資導入の是非をめぐる論争を紹介したい。まず、『朝野新聞』(26)が、今日問題となっている貿易赤字は、資本不足のためであるとし、その打開策として次のように主張する。

> 此ノ気運ヲ挽回スル法有リヤ曰ク外国ノ資本ヲ移シテ我邦ノ資本ニ供用センノミ。……外国ノ資本ヲ移ストハ何ゾヤ、曰ク海外ノ国人ヲシテ我邦各種ノ事業ヲ経営シ又ハ単ニ其ノ金主タルノ権利ヲ有セシムルニ在ルナリ。……然リト雖モ吾輩ハ治外権アリテ外国人ノ未ダ我ガ法律ニ従ハザルノ今日、直チニ彼ニ許スニ我邦ノ事業ヲ経営セシムルヲ欲スル者ニ非ザルナリ。……治外権ハ海外国人ガ有スル所ノ特権ニシテ、彼ニ在ッテハ甚ダ便利ノ一法ナリ。然ルニ若シ我ガ独立ノ大権ヲ拡充シテ以テ此一法ヲ廃止セント欲セバ、亦必ズ彼レニ与フルニ一種ノ利益ヲ以テセザルベカラズ。而シテ海外人ニ各種ノ事業ヲ経営シ又金主タルノ権利ヲ有セシムルガ如キハ、独リ彼ノ利益ノミニ非ズ、実ニ我邦ノ富有ヲ鼓動スル一大要事タルヲ以テ、之ニ因テ条約改正ノ事ヲ遂ゲ彼ヲシテ我ガ法律ニ従ハシムルヲ得バ、縦令駿陽ノ茶園ノ英人ノ所有ト為リ、南総ノ牧場ハ仏人ノ掌握ニ帰スルニ至ルト雖モ毫モ之ヲ憂トスルニ足ラザルナリ。吾人ガ憂慮スル貿易ノ不平均モ是ニ於テカ始メテ其ノ権衡ヲ維持スルヲ得ントス

ここで奨励されているのは政府借款ではなく民間部門への直接投資であるが、それを許可するのと引き換えで治外法権を回復することができるという楽観的な見通しが語られている。この主張を受けて、『東京日日新聞』[27]は、約四年前の一八七五年一月一六日・一七日号において、本紙が外国人の投資を認めよと論じたときは全く賛成者がいなかったが、終に「輿論ノ是認スル所」となったかという感慨を述べた上で、この策が「目下ノ一大問題タル治外法権ヲ破毀スルニ好機会ヲ与フ」ことになるとして、次のように主張する。

> 寧ロ実際ノ処分上ニ於テ之ヲ恢復シ、治外法権ノ約ヲ存スルモ其約ヲシテ効力ヲ減殺セシムルノ行ハレ易キニ若カザルナリ。……例ハ外人ニシテ本邦人ト併資会社ヲ結ヒ鉱業ニ従事セント望マバ、日本政府ノ制定セル坑法ヲ遵守シ、日本政府ノ承認ヲ経タル規則ヲ堅守スベシト云フノ約ニ従ヒ之ニ服従スルヲ甘ズベシ

すなわち、治外法権は存続したとしても、外国人が投資をする度に、日本政府の法律や規則を守ると約束すれば、治外法権の効力はなし崩しに失われて行くだろうという主張である。こうした外資導入論に対して、真っ向から立ち向かって外資排除論を説いたのが、『郵便報知新聞』[28]であった。同紙は、前記二紙と『中外物価新報』の外資導入論には、現在のような「争奪世界」の下での日本の状況では断固反対せざるをえないとして、次のように説く。

> 要スルニ三論者ハ、我カ資本ノ乏シキヲ以テ、外人ヲシテ内地ニ充分ノ財ヲ運転セシメ、結局内地旅行内地雑居ノ実ヲ与エ、我カ地主トナシ我カ財主トナシ、以テ我国ノ事業ヲ興シ、我国ノ富有ヲ増スベシ、外人ヲシテ法律上我ニ服従セシメハ治外法権ノ障礙ヲ解クニ至ルベシト謂フニアリ。……外人ハ我国ノ財主トナリ金主トナルノ利ヲ得バ、自ラ我法律ニ従フニ至リ条約改正ノ事ヲ果タスベシトハ、此レ唯自家ノ妄想ノミ。……日報記者ガ外人ノ資産ヲ容レテ以テ治外法権ヲ破砕スルノ効ヲ収メントスルハ、猶ホ無中ニ有ヲ需メ、虚中ニ実

ヲ探ルカ如シ。……外人ハ斯ク與《クミ》シ易キモノニアラザルナリ。

すなわち、外資導入を認めることと引き換えに治外法権を否定しようというのは実現不可能な「妄想」に過ぎないというのである。では、どうすれば良いか。『郵便報知新聞』は、日本人が自力で起こした「新事業」も決して少なくないので、「欧米各種ノ事業ヲシテ悉ク我国ニ移入セシメ、一時ニ東洋ノ英国タラン事ヲ妄想セザル以上ハ、先ズ国民ノ彼レニ対スベキ地歩ヲ占ル迄ハ、宜ク外資ノ進入ヲ防キ、我国資ニ頼リテ漸次ノ進歩ヲ謀ルベシ」と、外資を排除しつつ自力で漸次経済建設をしていくべきだと述べている。[29] そうした外資排除論は、『郵便報知新聞』が孤立して唱えていたのではなく、『曙新聞』や『横浜毎日新聞』も共同戦線を張って主張していた。一八七八年当時の年間延発行部数は、『朝野新聞』の二〇三万部、『東京日日新聞』の二一三万部に対して、『郵便報知新聞』が二一二万部、『東京曙新聞』が二三五万部と、ほぼ拮抗しあっていたから、[30] 外資導入論と外資排除論は、それぞれの影響力において拮抗しあっていたと見ることもできよう。しかし、内容の説得力という点では、外資排除論の方が優位に立っていたことは否定しがたいように思われる。

外国人による直接投資に関しては、政府のお雇い外国人が、異口同音に外資導入論を主張したこと、それに対して政府は厳しい批判を行っていたことも注目すべきであろう。[31] 例えば、アメリカ合衆国の農務局長の職を辞して来日し、北海道開拓の最高顧問として四年近く働いたホラシ・ケプロンは、帰国直前の一八七五年（明治八）三月の報告で、七三年公布の日本坑法による鉱山業の外資排除の規定が、北海道に限り適用を留保されていた事態の打開策として、同地に外国並みの法律を施行し、外国人裁判官が裁判を行うことを前提に、「外国ノ資本（カピトル）及ビ作為（エントルプライス）ヲ以テ北地ヲ開ク」しか方法がないと主張した。原文では、開拓使長官黒田清隆が、「蝦夷地を外国の資本と企業に開放する方法」如何と質問したことへの回答とあったのが、ケプロン帰国とともに日本坑法が北海道にも適用された後での翻訳であったために、「外資への開放」を「蝦夷地の開拓」と意図的に誤訳する姑息な手段まで取られている。日本坑法の北海道への適用を猶予させた大物顧問ケプロンの権威をもってしても、鉱山業という外資がもっとも触手を伸ばしやすい部門への外資導入を排除する政府方針を覆すことは結局できなかったのである。あるいは、銀行業についての専門家であるイギリス人アレクサンダー・アラン・シャンドは、改正国立銀行条例を批判した長文の意見書の中で、外債導入を勧めて、次のように述べている。

　余ガ知ル所ロニ拠レバ、外債ヲ募ルコトニ向テ僻見ヲ懐クモノアルガ如シ。然レドモ之大ヒナル誤謬ナリ。銀行ヨリ商人ヘ貸付タル金銀ト雖モ、若シ其商人ガ無益ナル奢侈ヲ為スカ、又ハ其金銀ヨリ相応ノ利潤ヲ得ザレバ、之ヲ不良ト言ハザルヲ得ズ。外国ニ募リタル金銀ト雖モ、之ヲ宮殿饗宴、甲鉄艦海軍ノ類ニ浪費セバ、亦タ之ヲ不良ト云ハンノミ。然レドモ、若シ之ヲ道路、橋梁、鉄道、河渠並ニ海口等ヲ改修センガ為メニ使用セバ、之ヲ美挙ト言フベシ……。

　これは、外債利用の可否は用途が生産的かどうかで判断すべきだという理論的には全く正しい意見であるが、当時の日本政府が秩禄処分のために莫大な金禄公債を発行し、重い財政負担を余儀なくされていたために、新たな外債発行を躊躇していたことへの配慮はない。大蔵省の得能良介は、改正国立銀行条例による不換銀行券の発行へのシャンドの批判は、「専ラ条例ノ表面ニノミ着目シテ、而シテ其由来ヲ了解セザル者ニ似タリ」として退けているが、それは、シャンドの言う不換政府紙幣の解消のためにこそ、一旦は不換紙幣（銀行券）を増発するという迂回路をとらねばならぬ苦しい事情（「由来」）を分かってくれないという批判であった。なぜならば、不換政府紙幣の解消に必要な財政黒字を生み出すには、非生産的な秩禄支給を廃止せねばならないが、もともと華士族の力で成立した明治政府には、秩禄の無償廃止ができるはずがなく、公債給付とその価格維持策（=改正国立銀行条例）は不可避的な政策だったからである。こうしてシャンドの批判は、いずれも政府の容れるところとならなかったが、この時期ともなると政府側は、日本経済の現実よりもイギリスモデルに固執するシャンドの批判的意見はあらかじめ分かっていたため、普通ならば事前に聞くはずの意見聴取を省略し、事後的な諮問にとどめたのであった。また、ドイツ人科学者ゴットフリート・ワーグナーも、一八八一年の第二回内国勧業博覧会の出品評価の報告書の中で、次のように、近代産業を発展させるためには、外資を導入し、外国人の協力を仰ぐことが必要だと繰り返し強調した。

抑《ソモソモ》日本ニ於テハ従来何等ノ事ヲ経営スルモ、毎《ツネ》ニ専ラ其自家ノ力ニ藉《ヨ》レリ。……日本ノ斯ク厳ニ外国資本ノ注入ヲ遮断シ、又外国学術ノ応援ヲ其度ニ制限シ、曾テ諸外国ノ如ク其関ヲ開カズ、猶ホ全ク昔在孤居ノ態ヲ蟬脱セザルハ、抑策ノ得タルモノカ否ハ一大疑問ニシテ、之ヲ弁解説明スルハ予ガ主眼トナス所ニアラズ、又予ガ力能ク之ヲ判定シ得ベキカ否未ダ之ヲ知ルベカラズ。予ハ唯爰《ココ》ニ僅々タル時日ヲ以テ赫々タル偉績ヲ生ゼントスルノ望ハ竟《ツイ》ニ期スベカラズ、日本ヲシテ年ナラズシテ泰西諸国ト並立駢行セシメント欲スルハ、宛《アタカ》モ雲ヲ捕セントスルト一般ナル所以ヲ示サントセリ

自然科学者らしい抑制された言説ではあるが、ワーグナーは、自己の雇われ教師としての苦い転職体験と博物館での出品の審査経験に基づいて、日本が外資排除の路線によりつつ欧米並みの産業発展を遂げようというのは、まるで雲を摑もうとするようなもので不可能だろう、と批判しているのである。しかし、まさにこの頃、ワーグナーの目の届かないところで、大阪紡績会社や日本鉄道会社の設立準備が進んでおり、両社の規則には外国人株主を排除することが定められていた。それは、自力での産業革命の開始を示す事件であったが、そうした企業勃興が進めば進むだけ、投資資金の不足が痛感され、外資排除政策との矛盾が高まって行くことになる。

四　産業革命の推進と外資排除政策の狭間で

外資に頼らずに自力で政府紙幣を減らし、日本銀行から銀貨兌換の中央銀行券を発行するためには、政府財政支出をギリギリまで圧縮して財政黒字を絞り出さなければならない。松方正義大蔵卿がその財政黒字を使って行った紙幣整理の結果起こった「松方デフレ」は、対外面での外資排除政策という大枠の下で生じたものであった。その結果、一八八六年（明治一九）には、政府紙幣も銀貨兌換が実現し、低下した金利の資金と、デフレ下で没落した階層から析出する賃労働を結合した本格的な企業勃興＝産業革命がスタートする。その中心となった綿糸紡績業と鉄道業、あるいは鉱山業では、政府のコントロールが効いて外国資本の侵入は排除された。しかし、輸出向けの製糸業や織物業あるいは陶磁器業などの分野では、急増する資金需要に対応して、開港場の外国商館から外資が秘かに侵入した。

製糸業の場合を見ると、幕末最大の生糸輸出商社であったジャーディン・マセソン商会は、高須屋清兵衛らを買弁として秘かに生糸産地へ送り込んで安価な生糸仕入に努めた末、最後は一〇万ドル以上の貸倒れを作って産地から撤退、居留地貿易に回帰したが、やがて開港場の日本人売込商や引取商に融資を行うようになった。幕末維新期には三井組や丁吟などの両替商、あるいは横浜為替会社、第二国立銀行などが日本人売込商や引取商に融資をしていたが、増大する貿易に対して間に合わなくなったためである。表5に明らかなように、同商会横浜支店からの日本人売込商・引取商への融資は一時相当な金額に達したが、一八八〇年代後半に入ると、とくに生糸売込商と綿糸布引取商への融資が急減している。その理由は詳らかでないが、一八八〇年創設の横浜正金銀行と八二年創設の日本銀行による横浜の日本人銀行や日本商人への積極的な融資が影響していることは間違いなかろう[(32)]。ところが、横

表5　ジャーディン・マセソン商会横浜支店新規融資

（メキシコ・ドル）

5－4月	生糸売込	屑糸売込	綿糸布引取	砂糖引取	石油引取	合計
1878	46, 600	0	63, 298	13, 570	0	123, 468
1879	314, 900	0	59, 806	125, 470	0	500, 176
1880	153, 300	0	46, 279	27, 304	4, 778	231, 661
1881	324, 059	0	44, 294	0	0	368, 353
1882	347, 624	0	6, 206	9, 810	13, 516	377, 156
1883	0	0	0	0	0	0
1884	42, 300	53, 200	0	37, 242	11, 350	144, 092
1885	42, 300	105, 480	0	26, 071	3, 566	177, 417

出典）石井寛治『近代日本とイギリス資本』（東京大学出版会，1984年）407頁。

浜の外国商館の中には、横浜商人でなく産地の製糸家に直接融資して輸出生糸を確保しようとするものも現れた。一八九三年（明治二六）の最初の農商務省編『全国製糸工場調査表』に三四〇釜という全国最大規模の器械製糸場として登場しながら、一九〇一年末に信州諏訪の製糸家片倉組によって買収されたために正体が不明のままの「幻の巨大製糸場」、八王子の萩原製糸場は、当時横浜最大の生糸輸出商社であったスイス商社シーベル・ブレンワルド商会から盛んな融資を受けていたようである。今、同製糸場について分かっていることを記すと[33]、同製糸場の設立者萩原彦七は、一八五〇年（嘉永三）に相模国愛甲郡依知村の農家の三男に生まれ、同郡厚木町の古着商、高座郡当麻村の糸繭商で働いたあと、七二年（明治五）に八王子町の糸繭商萩原家の養子になって活躍し、神奈川県令野村靖の勧めに応じて、七七年（明治一〇）に三二人繰りの器械製糸場を設立した。前述の片倉兼太郎家が三二人繰りの垣外製糸場を設立したのが翌一八七八年であるので、萩原と片倉はほとんど同時期に同規模でスタートしたことになる。萩原については、一八九三年に刊行された深井斧三郎『三多摩郡人物評』において、「当時君祖先の遺産あるにあらず又た他人の補助あるにあらず」と述べられていたから、製糸場の建設費用位は養家の資金によったとしても、高価な原料繭の購入資金の調達には苦労したに違いあるまい。広瀬徳七郎『大日本製糸家名誉録』（一八九三年）が、萩原製糸場について、明治「十二年ヨリ外商ノ信用ヲ受ケ為ニ横浜在留ノ『ロドビック』商会ト特約ヲナシ取引」したと記したのは、そうした運転資金不足の下では十分ありうることであった。ちなみに、この横浜百六十六番館ルートヴィッヒ商会は、大規模な生糸輸出商社で、山梨県甲府の名取製糸場に対しても資金融通をしていたことが、名取忠彦家に残されていた次のような証文から明らかである。

受取之証

一金　弐千ドル也

右正ニ受取候事

明治十三年十二月四日

受取人　名取雅樹　印

立会人　彦部金太郎　印

アシュ、リュドビク商会御中

一八八〇年六月の天皇の国内巡幸にさいして、萩原製糸場は政府高官から賞状を下付されるが、その時の記録には、「工女百人ヲ使役シ、日々三貫目ノ糸ヲ製スベシ。建設費一万円。営業費ハ年二一万六千円ヲ要スト云フ」[34]とあったという。この当時の横浜では外国商社の圧力に対抗する商権回復運動が盛んだったため、甲府の名取製糸場のように外国商社と直結する動きは、その運動に逆行するものとして批判され、県内の蚕糸業関係者から取引を拒否された名取雅樹は、ついに一八八四年に製糸場経営を諦めて京都に移住せざるをえなかったという[35]。八王子の萩原への批判がどのようになされたかは不明だが、一八八五年には、融資元のルートヴィッヒ商会が突然閉館したため、困った萩原は、八六年に「横浜居留地甲九十番主アベナ氏と特約し、直輸出をなす。想ふに八王子地方にて横浜売込商の手を経ずに海外に直輸出をなすは君一人なるべし[36]」と報じられた。ここで言う「直輸出」とは、生糸荷主が横浜売込商の手を経ずに直接貿易商社と取引する形一般を指すもので、同伸会社のような日本人貿易商社による「直輸出」もあるが、萩原はそれとは関係ない。甲九十番館（シーベル・ブレンワルド商会）が製糸家に資金提供をしていた例はほかにもあるから、[37] 萩原の甲九十番館を通ずる「直輸出」が同商会による資金提供と結び付いていたことはまず間違いないであろう。

問題は、そうした外資依存によって短期間で日本最大の製糸家になった萩原彦七に対する社会的評価が大きく割れていたことである。先に引用した『三多摩郡人物評』の「萩原彦七」の項目の冒頭で、著者深井斧三郎は、あるイギリスの歴史家が、ナポレオンの評価は、イギリスでは「食人鬼」等々最悪なのに対して、フランスでは国家に「平和幸福」を与えたとして最高の評価を与えているが、毀誉褒貶がこのようになるのは、ナポレオンがまさに未曾有の「豪傑」だからだと述べ、それに続いて、「君〔彦七〕が八王子地方に於て毀誉褒貶の間に彷徨しつつあるの一豪傑たるを疑はず。『大人は敵を有す』これ君が一個の巨人たるを証するものなり」と、八王子での萩原彦七の評価が真っ二つに割れていると述べている。だが、奇妙なことに何故評価が分かれているのかについて深井は黙したままである。項目の最後で、著者は、彦七が「八王子町民は悉く死せり」と述べたことを紹介し、「無資本にて此の単独なる大事業を遂成したる君が眼中より我が八王子町民を観察し来らんには、実に我が八王子町民は死し居れる如くならん」と彦七の言葉に賛成しているのであるが、今となっては一体何が問題なのか分かりにくいと言えよう。私は、ここに日清戦争直前の一八九三年当時の日本社会における人々の外資導入に対する批判的・警戒的ムードと、そうした消極的姿勢に対する萩原彦七の反発とが示されているものと理解したい。

一八九二年（明治二五）に、茶と銅を抜いて生糸に次ぐ第二位の輸出品の地位を占めた羽二重を中心とする絹物類の場合は、横浜外国商館による産地買付がきわめて盛んに行われた。というより、海外で日本の絹物への需要があることを教えて、絹物輸出と生産の契機となったのは、機業地を視察した外国商人だったという証言がある。羽二重などの絹織物の生産は、当初桐生・足利の両毛機業地においてなされ、その技術が北陸に伝えられて福井・石川の羽二重産地が誕生するが、荒川宗四郎編『足利織物沿革誌』（一九〇二年）によれば、「外国商人等は隠然黙々の中に海内到る所の機業地を頻りに遊歴して製織の実況を視察する者ありて、其情疑ひもなく絹布の買収に望みあるものの如くなるより、足利の機業家は早くも其情を察知して、海外輸出織物の極めて有望ある事を察知[38]」して、一八八四年に「羽二重ハンカチーフの製織」を行い、翌八五年には同地縞羽二重製造家長谷川作七が、横浜居留地十番館メンデルソン商会との直接取引を開始したという。メンデルソン商会が足利に乗り込んだか否かは明らかでないが、一八九一年（明治二四）には当時最大の羽二重産地であった群馬県桐生に、横浜外国商館が日本人番頭を派遣して直接買付を始めたと報じられているから[39]、足利での直接買付はなかったのかもしれない。桐生からは、織物買次商の佐羽商店や書上商店が横浜に出張店を設けているから、両毛機業地に外国商館の買入方が乗り込む余地は少なかったと言えよう[40]。

これに対して、新興羽二重産地北陸では、一八九二年（明治二五）には福井県での羽二重生産が激増して群馬・栃木両県を大きく引き離したにもかかわらず、横浜への羽二重出荷のルートの整備が遅れたため、その空隙を埋めるかのように外国商館の買入方が入り込んで盛んに活躍した。すなわち、一八九二年五月に、当時横浜最大の羽二重輸出商社であった横浜百六十六番館の米商ローゼンソール商会が日本人手代某を、それに次ぐ羽二重輸出商社の横浜十番館の米商メーソン商会が手代堀越善重郎（翌年菅川清に交代）を、それぞれ福井市へ出張員として派遣して羽二重買付を開始し、これに触発されて羽二重問屋が次々と開業したため、横浜への販売の困難はほぼ解決された。また、同じ一八九二年、金沢市の機業家たちは、ちょうど福井市に入り込んできた両外国商館の出張員を、製造した羽二重が一定量溜まると電報で呼び寄せて現金販売し、さらに、九四年には、横浜二百五十一番館の英商コーンズ商会が手代真鍋真太郎を出張させた。これらの各外国商館は九五年にはそれぞれ金沢支店を設け、それに触発されて羽二重問屋の開業が相次いだため、ここでも横浜との取引がスムーズに行われるようになったという[41]。注目されるのは、メーソン商会の手代として働いた堀越善重郎と菅川清が、もう一人の手代石川賢治とともに、いずれも独立して羽二重輸出商として活躍していることである。堀越は東京高等商業学校を卒業後、渡米してメーソン商会に入り、同商会横浜支店支配人として働き、福井市にも出張したが、一八九四年に独立して堀越商会を設立、菅川も同校を卒業し、堀越のあとメーソン商会横浜支店長として働き、福井市に出張し、一九〇一年に菅川商会を設立した。石川は慶応義塾を卒業後、メーソン商会に入り輸出部主任になったが、九四年に独立して石川商会を設立した(42)。彼らは、高等教育を修めたあと、外国商社で働き、条約上禁止されている内地通商を担当しているが、そのことについて後ろめたい思いはなかったようであり、また、羽二重産地の関係者も彼らの産地買付を歓迎していたようである。これは、製糸業の場合とは対照的であるが、おそらくそれは、日本人商人の力不足を最初補うとともに、彼らの動きに触発されて日本人の産地問屋の設立が相次ぐという良い結果を生んだためであろう。

陶磁器は一八七〇年代から輸出が急増し、八一年以降は、生産の過半が輸出されるまでになり、九〇年代には国内消費の増加によって輸出比率は四〇%前後に低下するとはいえ、重要な輸出品の地位を占め続けた(43)。一八九〇年代には、横浜や神戸の外国商館の中に、陶磁器産地に乗り込んで直接買付を試みるものが現れたことが指摘されている。例えば、高橋自恃『内地雑居論』は、外国商人が病気保養や学術研究の名目で旅行免状を得て内地へ入り込んで商取引をする者が多いとして、次のような例を挙げている。

> 近年我国の貿易商人大いに其業に熟し外人不義の利漸く減ぜしより、彼らは一策を案じ従来の売込商仲買商其他才取等の手数を省き直に内地の製造元と取引を開かんことを謀れり、英何番某商会の尾張瀬戸の陶器に於けるが如き最初委託したる神戸売込商人の手を離れて一切名古屋の商人に渉り、今は進んで瀬戸の地元と気脈を通じ且つ手代番頭にも委せず、館主例の口実もて旅行免状を偽請して自在往復し、地元の商人を説くに甘言

を以てし、直接の商取引を為すと云ふ。(44)

すなわち、神戸の某イギリス商館が、神戸の陶磁器売込商との取引を省略して名古屋商人と直接取引したかと思うと、今度は名古屋商人も飛ばして産地である瀬戸の商人と直接取引をするに至ったこと、しかも日本人手代を秘かに派遣するという偽装工作も止めて、館主のイギリス人が自ら虚偽の名目で旅行免状を得て、堂々と内地へ乗り込んで商取引を行っているという告発である。このような事実がどの程度広がっていたかは分からないが、最近の実証研究によると、名古屋の陶磁器上絵付業者の瀧藤万治郎が、一八九四年にアメリカ向けの直輸出業に進出を試みたところ、かねてより瀧藤商店の系列化を目論んでいた横浜外国商館「ワンタイン」（二百六十八番館A・A・ヴァンタイン商会）が、しきりに専属化を求めてきており、瀧藤が拒否すると、名古屋に陶磁器買付の出張所を開設し、瀧藤商店に打撃を与えたという。(45)ヴァンタイン商会は、神戸にも百十三番館として店舗を開いている点で、外国商館「ウィンクレル」（横浜二百五十六番館、神戸八十五番館のウィンクラー商会）と並ぶ有力な陶磁器輸出商社であり、(46)その圧力が一因となって瀧藤商店の名古屋での問屋業務が圧迫され、同商店の直輸出は失敗に終わった。ヴァンタイン商会によるこの名古屋出張所開設が、内地通商禁止という条約に違反する行為であったことは言うまでもない。陶磁器輸出の場合は、羽二重輸出の場合とは逆に、日本人問屋の活動が刺戟されるのでなく、圧殺されたケースだと言えよう。

五　日中対立下の朝鮮社会の発展と甲午農民戦争

前述のように、一八七四年（明治七）の台湾出兵に伴う中国との外交交渉を乗り切った日本政府は、翌年勢いを駆って、琉球に中国への宗属関係を断ち切るよう厳達するとともに、ロシアとの間で樺太千島交換条約を調印した。その上で、政府は懸案の朝鮮問題について、まず外務官吏を釜山に派遣して、大院君政権を倒した閔氏政権が対日姿勢を軟化させたことを摑み、「航路研究」の名目で軍艦一隻を派遣してソウルを守る砲台のある江華島と永宗島で挑発行為を行って砲撃戦を展開、一八七六年（明治九）、六隻の艦船の威圧のもとで、江華府における交渉の末、日朝修好条規を調印した。(47)

日本によって開国を余儀なくされた朝鮮社会は、開港前から米穀のほか綿布などを含む多様な貢租が課せられたため、生産者や商人の手元への余剰の蓄積は困難であった。しかも、開港後は朝鮮側の裁判権の支配に服さない外国商人による内地通商が認められただけでなく、開港場の代表的朝鮮商人である「客主」に対しては多額の営業税が課せられたために、貿易商品の取扱から朝鮮商人が資本蓄積する機会は、日本と比べた場合にきわめて限定されていた。(48) しかしながら、開国以前の朝鮮社会が内発的な近代化への歩みを始めていたことは、実学思想の流れを汲む開化思想の形成(49)や庶民教育機関としての書堂の全国的普及をあわせ考慮するまでもなく、紛れもない事実であり、「外圧」とそれへの対応のあり方如何では、日本や中国などと類似の近代化コースをたどる可能性もあったと言わねばなるまい。

その意味では、イギリスが一八八三年、ロシアが翌八四年にそれぞれ朝鮮と条約を結び、外交・通商関係を取り結びながら、互いに朝鮮をめぐって対立を深めていくが、両国の朝鮮との実際の貿易額や投資額はごくわずかであり、イギリス政府は、むしろ朝鮮を中国の支配下に留めることによって、ロシア政府の「南下政策」を防ごうとしていたことが注目される。朝鮮から見れば、欧米資本主義国と日本・中国両国からの「二重の外圧」[50]を受けながら、近代化への道程を探ることになるのである。一八八三年から八七年にかけて、機器局（軍器製造）、典圜局（銅銭鋳造）、博文局（新聞発行）、織造局（紡織）、転運局（汽船運航）、造紙局、鉱務局などが相次いで設置されたが、これらは、いずれも官営方式によって近代産業を移植しようとするもので、中国洋務派の路線の模倣であった。しかし、そのほとんどは失敗に終わったという[51]。朝鮮政府は、財政難のため、近代化投資の原資の多くを日本や中国からの借款に頼って調達し、「一八八二年から日清戦争まで、日本と中国は朝鮮に対する支配力を強化し、さまざまな利権を獲得するため、競ってそれぞれ六九万円と一五四万円の借款を提供した[52]」と計算されている。政府借款とは別に、日本の民間資本による直接投資が、金融・海運・電信などの分野で見られた。三井銀行と並ぶ大銀行の第一国立銀行（渋沢栄一頭取）は、釜山（一八七八年）、元山（八〇年）、仁川（八三年）、ソウル（八八年）に相次いで店舗を開設し、八三年からは海関税の取扱を任せられた。長崎の第十八国立銀行は、仁川（一八九〇年）、元山（九四年）に、大阪の第五十八国立銀行も、仁川（九二年）、釜山（九三年）に、それぞれ店舗を開設した。また、朝鮮の近代的銀行が皆無の段階に、主要居留地のすべてに日本の銀行が進出し、日本商人を相手に対日貿易についての荷為替金融を行ったのであり、金融機関による支援のない朝鮮商人に対する日本商人の優位をもたらした[53]。開港場での入港汽船トン数の九五％（一八八七年）は、日本郵船・大阪商船などの日本船が独占したが、八八年に仁川の中国商人の請願に応じて招商局の汽船による上海・仁川間の定期航路が開設され、九一年にロシアのセベリョーフ汽船会社による上海・釜山・ウラジオストック線が開設されると激しい積荷獲得競争が生じ、日本船の入港比率はやや低下したが、日清戦争直前にも七九％（九三年）の高さを維持していた[54]。日中両国からのもっとも強力な権力的介入が見られたのは電信事業であった。すなわち、日本政府は、一八八四年に釜山・長崎間の海底電線を敷設し、朝鮮の海外通信を掌握したが、翌八五年には中国政府が天津・上海と接続する仁川—義州間の陸上電信線を敷設して自ら経営する形で日本に対抗したのであり、その後朝鮮政府が自力で建設した陸上電信線も中国電報局の支配下に置かれた[55]。

この時期の朝鮮の貿易は、一八八三年に中朝商民水陸貿易章程が結ばれてから、中国との貿易も従来の陸路貿易から開港場貿易へと転換し、同年、欧米諸国との開港場貿易も始まった。日本との貿易を追い上げたのは中国商人による上海仕入のイギリス綿製品の輸入であり、一八九三年には日中両国からの輸入額はほぼ拮抗した。資力に乏しい日本商人は長崎外商の手を経由して輸入した綿製品を再輸出していたため、上海仕入の中国商人との競争に敗れていった[56]。他方、朝鮮からの輸出は日本への米穀・大豆輸出が圧倒的比重を占め、一八八五年からは日本商人の内地行商が始まった。朝鮮政府が、しばしば防穀令を発して米穀輸出を禁止したのは、在来米穀市場が破壊されて、米穀購入農民が飢餓状態に陥るのを防ぐためであったが、同時に、開港場客主を頂点に形成されつつあった流通機構が、日本商人の傘下に再編されるのを阻止するためでもあった[57]。

しかし、防穀令の頻発は、米穀生産力の停滞を意味するものではない。一八九五年三月に全羅道を巡回した釜山領事館の山座円次郎が、「近年外国貿易ノ結果ニヨリ田圃ノ新ニ開行クモノ頗ル多シ」と記し、「古阜近傍ガ東乱〔東学党の乱〕ノ本源タリシニ拘ラズ、其米穀ノ豊熟シテ人民疲弊ノ状少キハ小官モ一見奇異ノ思ヲナシタル程ナリキ」[58]という感想を述べているように、傾向的には米穀生産は着実に発展しつつあった。そうだとすれば、農民を主たる需要者とする土布生産は、綿布輸入にかかわらず、むしろ当時は発展しつつあった可能性もある。輸入されたイギリス製高級綿布（金巾・寒冷紗）は主として支配層・中間層によって購入されており、土布とはあまり競合しなかったからである[59]。甲午農民戦争の発生地全羅道古阜郡の地主経営金氏家に関する金容燮氏の研究[60]によれば、朝鮮屈指の稲作地帯であり、開港後は輸出米の生産地として発展した同地の大地主鄭氏家に婿入りした金堯莢（一八三三―一九〇九）は、与えられた家産をもとに漸次中小地主に成長し、一八七二年から官界に進出、八八年以降は地方の守令〔地方官〕を歴任したという。

このように、日中両国商人に国内へ侵入されつつも、朝鮮民衆＝農民は自己の生産力を高めつつあったのに対し、輸入品の主たる購買者たる支配層＝官僚層は、自らが推進した貨幣悪鋳策による物価騰貴の影響で「生計ハ一層ノ困難ヲ来シ」(61)たと報告されていた。政府による近代化政策の資金調達のためと個々の官僚の生計維持と蓄財のための貢租収奪の強化は、発展せんとする農民たちの動きと正面から衝突した。甲午農民戦争が、地主化する地方官の「貪官汚吏」を主要な攻撃対象として富農層を含む農民一般の参加によって開始されたのは、朝鮮社会内部に累積されたかかる矛盾の爆発を意味するものであった(62)。この場合、前述の金容燮氏の研究は、農民戦争の狙いとしての権力批判と地主批判のうち後者を重視しているが、この段階においても土地制度に関わる後者の批判は具体性を欠いており、権力批判が基本的であって、地主批判は副次的なものであったように思われる。

甲午農民戦争は、しかし、日清戦争開戦後の日本軍による介入によって、反権力闘争の域を超えて反侵略闘争としての側面を前面に押した結果、敗北することになる。そのことの前提としては、一八八二年（明治一五）の壬午軍乱と八四年（明治一七）の甲申政変によって、日本と中国の権力的介入が一挙に強まったことが指摘されなければならない。いずれも日本の政治的軍事的介入を契機として起こり、中国軍の出動によって鎮圧されたが、壬午軍乱は、日本の対外向けの軍備拡張の画期となり、甲申政変での金玉均ら急進的開化派のクーデターの失敗は、その後の朝鮮の上からの近代化コースの可能性を著しく弱めることとなった。日清戦争との関連では、一八八四年の甲申政変の事後処理として翌八五年に日清間で締結された天津条約の第三条において、朝鮮に「変乱重大事件」が発生し、派兵を行うときは、両国は互いに事前通告の義務を負うことが定められたことが決定的な重要性をもっていた。一八八五年に特使として天津に赴いた伊藤博文は、パークス駐清英公使の支援を受けつつ、李鴻章との交渉を行い、朝鮮からの撤兵については合意できたものの、撤兵後の善後措置については意見が合わず決裂寸前まで行った。伊藤が、他国による侵攻の場合以外は一切再派兵は認めないと主張したのに対し、李は、朝鮮の反清行動や内乱時の再派兵権を主張することによって、清の朝鮮への支配権を日本に認めさせようとしたからである。もしも、交渉決裂となれば、戦争の危険を冒してしか再派兵権を認めさせられないと知った李は、北京政府の指示に基づき、相互に再派兵権を認め合うことで妥結したのである[63]。

この天津条約は、朝鮮に対する派兵の可否を論じているが、朝鮮政府と全く関係のないところで、日本と中国が協定を結んでいること、したがって朝鮮政府が直接拘束されることはありえないことが留意されなければならない[64]。そうした点で想起されるのは、全く同じ一八八四―八五年にベルリンで開催された欧米帝国主義国同士の会議が、当事者であるアフリカ諸国・地域の代表抜きに、勝手にアフリカ分割の協議を行ったことである。この当時の日本と中国はまだ本格的な帝国主義国と言うより「帝国主義候補国[65]」と言うべきであろうが、当事者の朝鮮の意向に関係なく共同支配のルール作りをした態度は、ベルリンに集った帝国主義諸国と瓜二つであった。一八八〇年代中葉におけるヨーロッパとアジアでのかかる共通した状況は、ある意味で、「まさに『世界分割』過程の爆発的開始をみることができる[66]」と言って差し支えなかろう。ただし、アフリカでは列強による領土「分割」が急進展したのに対して、東アジアでは、日本、中国、朝鮮三国が、近代化への努力を積み重ねており、帝国主義国ないし帝国主義候補国による「分割」をめぐる争いはすぐには現実化しなかった。

六　内地雑居論争と「軟弱外交」批判

では、日清戦争の直接の契機となる甲午農民戦争を引き起こす矛盾が、前述のように朝鮮社会の中で累積されつつあるとき、日本の内部において対外戦争を仕掛ける要因がどのように熟成して行ったのであろうか。日清戦争の勝因となった、中国を仮想敵国とする軍事力の拡充や、中国と異なる民力育成の路線での産業革命の進展については、すでに述べたことがあるので省略しよう[67]。ここでは、帝国議会での伊藤博文内閣を「軟弱外交」だとする批判への対応が、伊藤首相の開戦決断をもたらした点に注目し、欧米列強との条約改正問題がどのようにしてアジアの隣国への戦いになるのかという問題を考えてみたい。

日清戦争の原因について、私はかつて、日本政府が「初期議会での民党との対立による政治危機を一挙に打開すべく……準備に準備を重ねてきた朝鮮支配をめぐる軍事行動を行ったのであり、経済的要因は政治的要因に従属していた[68]」と述べたことがあるが、それは、日清戦争を、「専制天皇制が明治初年いらい追求してきた朝鮮制圧政策」として把握する中塚明氏の古典的見解[69]を踏まえたものであった。ところが、その後、高橋秀直氏が、朝鮮侵略がかねてより準備されていたという通説を批判し、中国との軍事対決は、伊藤首相が、一八九四年六月二日の閣議で朝鮮出兵を決めたときは、中国との戦闘は避けようと考えていたのに、二週間後の六月一五日の閣議では戦闘も辞さない方針に転換したために突然生じたことであり、日本の大陸国家化は偶発的に始まった日清戦争から開始されたというユニークな見解[70]を提起した。しかし、この見解は、伊藤首相個人の主観の変化にこだわり過ぎており、早くから中国との対決方針を唱えて伊藤と対立した陸奥宗光外相や川上操六参謀本部次長らの主張の一貫性や、伊藤に方針転換を余儀なくさせた議会内外の対外硬派の主張の激しさなどの分析が欠けているように思われる。

一八九〇年（明治二三）一一月に始まる第一議会から、九四年（明治二七）五月の第六議会まで、政府は多数を占める民党の激しい抵抗を受けた。もっとも、民党が当初主張した地租軽減・地価修正による「民力休養」は、産業革命の進展による米価上昇によって事実上実現したため、自由党は与党化しつつあり、一八九三年一一月に召集された第五議会で伊藤内閣に抵抗したのは、国民協会や立憲改進党など、対外強硬論者の勢力であった。彼らは、イギリスを相手に交渉がまとまりつつあった条約改正について、治外法権の撤廃と引き換えに、外国人の内地雑居を認めることに反対する「内地雑居尚早」論者が多く、現行条約を破って内地に侵入する外国人に厳しく対処せよという「現行条約励行」論者と組んで政府の態度を厳しく追及した。衆議院では、陸奥外相が、「此条約励行ト云フコトノ精神ヲ追究スレバ到底近日世間ニ唱道スル所ノ非内地雑居トカ、少クモ旧幕時代ノ外人遮断主義ニ外ナラヌノデアル、到底維新以来国家ノ大計国是ノ基礎タル開国主義ト反対スルモノデアル」と批判演説をした後、「現行条約励行建議案」の提出者の趣旨説明が始まろうとする瞬間に、政府は一〇日間の停会を命じ[71]、再開当日、議会を解散した。そして、翌九四年三月の総選挙を経て、五月に開会された第六議会において、政府批判の上奏案が可決されたため、政府は六月二日に再び議会を解散し、閣議は朝鮮で勃発した農民戦争に対処すべく出兵を決めたのである。出兵の決定自体は、国内政局とは独立になされたようであるが[72]、その後の中国との開戦決定にさいしては、緊迫した国内政局への配慮がもっとも重要な要因となっていく。

では、内地雑居をめぐる論争とはどのようなものであり、それが何故アジアの隣国への侵略へとつながったのであろうか。条約改正が政治争点となったのは、初期議会が始まる前の、井上馨や大隈重信による改正交渉が進んだ頃からであった。例えば、後藤象二郎は、一八八六年一二月の福島県三春町の演説会に集まった豪商農に向かって、井上外相の改正案では、大審院や控訴院の判事構成が日本人一・外国人二の割合なので、内地雑居が認められると、当地のような生糸産地には大金を持参した欧米人が競って入り込み、金銭上のトラブルが起こるが、外国人判事のために日本側が敗訴すると論じた[73]。外国人判事任用の件は、大隈外相による改正交渉の挫折とともに立ち消えとなった。しかし、治外法権の撤廃に伴う内地雑居をめぐる論争は、引き続き行われた。注目されるのは、欧米人だけでなく必ず中国人との雑居が問題として指摘されていることである。例えば、一八九一年四月の『国家経済会報告』号外は、「内地雑居」の利害を次のように論じて、雑居に反対した。

> 凡そ内地を開放して弘く外国の人民を誘ふ時は、外国の人民我内地に移住するは勿論、其移住民は各自の伎倆と共に其資金を携帯し来るへく、独り清国人民の如き賤役に服する者に止まらざるへし。……内地雑居論者の希望を属せしめたる外資輸入は、日本国土に許多の物産を興し鉱山を開き鉄道を通するも、日本人民の幸福を増進するにあらすして、其利益は却て外国人民の手裏に帰せば如何、又我中等人民は欧米人の競争に堪えす、下等の人民は清国人（……）の競争に堪えすして、其圧倒する所とならは則ち如何、国土の情況進歩するも我国人民の幸福たらさるや明かなり[74]。

ここでは、中国人は労働者として大挙流入してくるものと想定されており、内地雑居尚早論が説かれているが、徳富蘇峰を中心とする民友社の論客人見一太郎の場合は、『国民的大問題』（民友社、一八九三年七月）において、とくに中国人問題を取り上げて次のように論じている。

> 吾人は何れの国に向ても、内地雑居即ち旅行、居住の自由を条約上に記載することを許さん、然れとも吾人の許す能はさる所のもの一国あり、何ぞや。是れ白皙人種にあらすして、黄色人種なり、遠国の民にあらすして、隣国の民也、吾人の恐るる所は、世人の最も恐るる所にあらずして、世人の最も軽んずる所のもの也、吾人は断言す、居留地撤去後、我製造、我労役、我運搬、我貿易の競争者となり、妨碍者となる一大強敵は、世

人の最も卑む所の支那人なりと……。[75]

すなわち、中国人は、居留地が撤去され、内地雑居が許された場合には、労働者としてだけでなく、製造業、運送業、貿易業など、あらゆる分野で日本人の最大の強敵となるから、中国人だけは居留地に閉じ込めておくべきだというのである。人見は、その後で、「邦人の清国に在るもの、九百人に満たず、而して支那人の我に在る、殆んと六千、正に六倍の多きに達する也。我邦に在る支那人は我邦に在る外国人全数の殆んと八分の五にして、英米、露仏、独外総ての白人を合するも、支那一国の在留人に及はす。長崎の如きは、日本人の長崎にあらずして、支那人の長崎といふを以て適当なりとす、神戸、大阪、横浜の商権半は彼等の掌中に在るにあらずや[76]」と、在留中国人の人数の多さだけでなく貿易上の勢力の強大さについて論じている。歴史学界では、最近になってようやくこうした点について論じられるようになり、一八九〇年当時の在留中国人は五四八九人と在留外国人総数の五七％を占め、商社数でも三〇五社と全五六四社の五七％に達していること、長崎や神戸の対アジア貿易の大半は中国商人が掌握していることなどが指摘されている。[77]日清戦争の打撃によって未来の中国商人に関する予測は外れたとはいえ、人見の現状に関する認識はかなり正確であったと言えよう。

内地雑居反対論に対する政府の態度は、治外法権を否定する以上、居留地を撤去するのは当然であり、中国人を特別扱いすべき理由はない、というものであった。例えば、陸奥農商務相の命で原敬が調査・執筆した『現行条約意見（第二）』（一八九一年二月）は、次のように論じている。

内地開放ヲナスニ於テ、世間或ハ土地ノ兼併ヲ恐ルルモノアリ、又支那人ノ来住ヲ恐ルルモノアリ、其他種々ノ異議ナキニアラスト雖トモ、要スルニ皆ナ過慮ニ属シ、治外法権ヲ除クモ猶ホ居留地ヲ存セサルヘカラサルノ理由トナスニ足ルモノナシ。……其支那人ノ来住ヲ恐ルル如キニ至リテハ多少忌ムヘキノ事情アルニセヲ、畢竟過慮ノ甚シキモノト謂フヘシ。……単ニ我国情ヨリ之ヲ見ルモ、支那人ノ来住決シテ恐ルヘキモノニハ非サルナリ。……清国ニ対シテ特ニ我権利ヲ害シ及ヒ〔万国〕公法ト〔外交〕慣例トニ戻ル事ヲ得ヘシトノ論理ハ、如何ナル講究ヲ以テスルモ発見スル事ヲ得サルナリ……。(78)

すなわち、中国人を恐れる心配は思い過ごしであり、彼らを特別扱いするべきだという「論理」はどう考えても見当たらないという割り切った明快な議論である。こうした考えを、第二次伊藤内閣（一八九二年八月—九六年八月）の伊藤首相と陸奥外相も抱いていたことは、内閣発足直後の九二年九月の地方官相手の演説にさいして、非内地雑居論者の主張は、欧米諸国には全く通用しない「空論」（伊藤）であり「空望」（陸奥）であると厳しく批判していることから明らかであろう。(79)そうだとすれば、伊藤首相は、一体何を恐れて撤兵方針をまずいと考えるに至ったのであろうか。それは、議会内外での非内地雑居論の基礎に欧米人だけでなく中国人の経済力への恐怖が横たわっており、それらを背景にもつ対外硬派の政府批判が、条約改正そのものから外交姿勢全般へと拡大したためであった。

一八九二年一一月に水雷砲艦千島が英国Ｐ＆Ｏ汽船のラヴェンナ号と衝突・沈没して七十余名の犠牲者を出した事件で、政府は九三年五月から領事裁判で損害賠償を要求したが、立憲改進党の鳩山和夫らは同年末にかけて激しく政府の姿勢を追及した。また、一八九四年三月に日本へ亡命中の金玉均が、上海におびき出されて朝鮮政府の刺客に暗殺され、その遺骸が中国軍艦で朝鮮に引き渡された事件について、同年五月、立憲改進党の犬養毅が伊藤内閣の姿勢を厳しく批判し、新聞・雑誌などのジャーナリズムの大勢も激しい政府批判のキャンペーンを張った。そして、朝鮮出兵について、対外硬派は六月八日に演説会を開いて、政府はあくまで強硬策を取るべきだと論じ、福沢諭吉の『時事新報』六月九日号も、断固として撤兵すべからずと主張した。(80)他方、条約改正交渉は、陸奥外相らが、イギリスとの間で妥結の望みがない場合は断然条約の廃棄を宣言することもあると論じた強硬姿勢が裏目に出て停滞し、ロンドンで六月七日に開かれた会議でも歩み寄りの困難な論点がいくつも残っており、交渉成功をもって民党からの批判を鎮める見込みは当面なくなっていた[81]。そうした状況の中で、朝鮮に出兵した軍隊が、何の成果もなしに帰国したならば、政府を弱腰とする民党の批判は際限なく盛り上がるだろうという判断が、伊藤首相の強硬策への転換をもたらしたと見て間違いなかろう。

もちろん、そうした転換から、八月一日の宣戦布告までの間に、欧米列強からの武力干渉の可能性がありえないという日本政府の判断がなされたことも重要である。六月三〇日のロシアからの撤兵申し入れを拒絶したさいには、シベリア鉄道開通前のロシアの極東兵力では干渉はありえないとの判断があった[82]。七月七日にイギリスが諸列強に働きかけた連合干渉も、ロシアの協力が得られず実現しなかった[83]。そして、七月一六日にイギリスとの条約改正が成功したため、日本政府は列強の干渉の恐れが消滅したと最終的に判断したのである[84]。もっとも、ジョン・W・キンバレー英外相が同日付の駐清公使ニコラス・オコナー宛電報で、新条約に「いま調印したことは朝鮮問題とは無関係であるが、日本政府をしてイギリス政府の忠告をより受容せしめる効果をもつであろう[85]」と述べているように、イギリス側としては、両問題をはっきり区別しており、調印が開戦阻止に役立つことの方をむしろ期待していた。

以上の検討から明らかなように、日清戦争は、東アジアにおける帝国主義列強の対立の隙間を縫って、帝国主義候補国日本の政府がその政治矛盾を打開すべく、隣の帝国主義候補国たる中国に向かって仕掛けた朝鮮支配をめぐる戦争であった。そして、政治矛盾の焦点をなした内地雑居論争の基礎には、建前としては外資を排除しながら、現実には外資の秘かな侵入を受けつつ進行中の産業革命の過程が横たわっており、欧米列強とアジアの隣国＝中国の内地侵入に対する日本民衆の恐怖のイメージが、対外硬派への支持を介して、大陸国家化に向けての推進力となったのである。

注

（1）林田治男『日本の鉄道草創期――明治初期における自主権確立の過程』（ミネルヴァ書房、二〇〇九年）一―二三頁。
（2）水沼知一「明治前期高島炭鉱における外資とその排除過程の特質」『歴史学研究』二七三号、一九六三年。
（3）石井寛治『近代日本金融史序説』（東京大学出版会、一九九九年）五二五頁。
（4）石井寛治「幕末の貿易と外資への対応」同・原朗・武田晴人編『日本経済史1　幕末維新期』（東京大学出版会、二〇〇〇年）一三―二七頁。
（5）毛利健三『自由貿易帝国主義――イギリス産業資本の世界展開』（東京大学出版会、一九七八年）。
（6）吉岡昭彦『近代イギリス経済史』（岩波書店、一九八一年）一五九―一六〇頁。
（7）石井寛治「東アジアにおける帝国主義」『講座日本歴史8　近代二』（東京大学出版会、一九八五年）。
（8）板垣雄三「世界分割と植民地支配」『岩波講座世界歴史22　近代九』（岩波書店、一九六九年）。
（9）竹内幸雄「アフリカ分割の政治経済学」秋田茂編著『イギリス帝国と二〇世紀1　パクス・ブリタニカとイギリス帝国』（ミネルヴァ書房、二〇〇四年）、竹内幸雄『イギリス自由貿易帝国主義』（新評論、一九九〇年）。
（10）ジャジャ王については、室井義雄『連合アフリカ会社の歴史　一八七九―一九七九年――ナイジェリア社会経済史序説』（同文舘出版、一九九二年）一四〇―一四六頁も参照。
（11）竹内幸雄前掲『イギリス自由貿易帝国主義』四六―四七頁。
（12）ラミレス『チリにおける帝国主義史』（A・G・フランク、大橋正治ほか訳『世界資本主義と低開発――収奪の《中枢-衛星》構造』柘植書房、一九七九年、九七―九八頁より再引用）。
（13）毛利健三前掲『自由貿易帝国主義』二六二―二七四頁。
（14）坂野正高『近代中国政治外交史――ヴァスコ・ダ・ガマから五四運動まで』（東京大学出版会、一九七三年）二六〇―二六一頁。
（15）石井摩耶子『近代中国とイギリス資本――一九世紀後半のジャーディン・マセソン商会を中心に』（東京大学出版会、一九九八年）一〇六頁。
（16）同上、五八―五九頁。
（17）勝田孫弥『大久保利通伝』下巻（同文館、一九一一年）、一一九―一二八頁。
（18）石井寛治『近代日本とイギリス資本――ジャーディン＝マセソン商会を中心に』（東京大学出版会、一九八四年）第三章。グラヴァー商会については、杉山伸也『明治維新とイギリス商人――トマス・グラバーの生涯』（岩波新書、一九九三年）を参照。
（19）同社については、取りあえず、宮本又郎『日本企業経営史研究――人と制度と戦略と』（有斐閣、二〇一〇年）第二章参照。

(20) 小風秀雅『帝国主義下の日本海運――国際競争と対外自立』(山川出版社、一九九五年)一一四―一三一頁。
(21) 石井寛治「銀行創設前後の三井組」『三井文庫論叢』第一七号、一九八三年、のち同『近代日本金融史序説』(東京大学出版会、一九九九年)所収。
(22)「史料紹介 三井高喜筆「大元締日記草稿」」『三井文庫論叢』第二〇号、一九八六年。
(23) 明治財政史編纂会編『明治財政史』第一三巻、銀行編(明治財政史発行所、一九〇五年)、一四九頁。
(24) 中村政則・石井寛治・春日豊校注『日本近代思想大系8 経済構想』(岩波書店、一九八八年)一六頁。
(25) 石井寛治『日本の産業革命――日清・日露戦争から考える』(朝日新聞社、一九九七年)四六頁、高村直助編著『明治前期の日本経済――資本主義への道』(日本経済評論社、二〇〇四年)、および『経営史学』第四〇巻第三号、二〇〇五年、掲載の石井による同書書評、参照。
(26)『朝野新聞』一八七八年一〇月一日号と二日号の論説(高橋基一稿)。
(27)『東京日日新聞』一八七八年一〇月五日号と八日号の論説「外国ノ資本ヲ我邦ニ容ルルノ説」。
(28)『郵便報知新聞』一八七八年一〇月九日・一〇日・一四日号の社説「三大新聞ノ説ヲ駁ス」。
(29)『郵便報知新聞』一八七八年一〇月二三日号の社説「弁妄」。
(30) 山本武利『近代日本の新聞読者層』(法政大学出版局、一九八一年)四〇二頁。
(31) 以下、前掲『日本近代思想大系8 経済構想』による。
(32) ただし、砂糖引取商や石油引取商への融資は引き続き行われており、輸入品の国内流通過程への外国商館の介入が進んだことも予想される。羯南陳人(＝陸羯南)『日本叢書・外権内侵録』(日本新聞社、一八九四年)は、内地各所に輸入品を扱う「外人の代理店」があることを指摘し、「吾輩は既に、関の東西、中国、奥羽の諸都市は勿論、北陸、西海の各名邑に於て、輸入品則ち西洋小間物、毛布、鉄物、器械、石油、砂糖、煙草、呉服、製薬、酒類、洋食品、学術器械等を販売する外人の代理店なるもの百二十余あるの事実を得たり。此中代理店たるの証跡毫も疑ふ可からざるもの過半に達せり……」(五〇頁)と述べている。この点の実証は今後の課題である。
(33) 石井寛治「維新経済史再考――多摩「シルクロード」の人々」『東京経大学会誌(経営学)』二五八号、二〇〇八年。
(34) 朝日新聞東京本社社会部『多摩の百年』下巻(朝日新聞社、一九七六年)、六五頁。
(35) 有泉貞夫『やまなし明治の墓標』(甲斐新書、一九七九年)。
(36) 深井斧三郎『三多摩郡人物評』第一編(柳暗花明書屋、一八九三年)、一一頁。
(37) 山口和雄編著『日本産業金融史研究・製糸金融篇』(東京大学出版会、一九六五年)四六五―四六七頁。

(38) 荒川宗四郎編『足利織物沿革誌』(一九〇二年)二〇八頁。
(39)『横浜貿易新聞』一八九一年四月二日号。
(40)『横浜市史』第四巻上(横浜市、一九六五年)、三六五頁。
(41) 同上、三五七―三六〇頁。
(42) 加藤清忠編『堀越善重郎伝』(加藤清忠、一九三九年)、森田忠吉編『横浜成功名誉鑑』(横浜商況新報社、一九一〇年)一四〇―一四二頁。
(43) 宮地英敏『近代日本の陶磁器業――産業発展と生産組織の複層性』(名古屋大学出版会、二〇〇八年)四六―五〇頁。
(44) 高橋自恃『内地雑居論』(大阪朝日新聞社、一八九三年)三七頁。
(45) 宮地英敏前掲『近代日本の陶磁器業』二〇四頁。
(46) 鈴木喜八・関伊太郎編『日本全国商工人名録〔第二版〕』(日本全国商工人名録発行所、一八九八年)。
(47) 石井寛治『大系日本の歴史12　開国と維新』(小学館、一九八九年、小学館ライブラリー、一九九三年)三一四―三一八頁。
(48) 須川英徳『李朝商業政策史研究――十八・十九世紀における公権力と商業』(東京大学出版会、一九九四年)一六六―一六九頁。
(49) 姜在彦『朝鮮の開化思想』(岩波書店、一九八〇年)。
(50) 梶村秀樹「東アジア地域における帝国主義体制への移行」冨岡倍雄・梶村秀樹編『発展途上経済の研究』(世界書院、一九八一年)。
(51) 石井寛治「東アジアにおける帝国主義」『講座日本歴史8　近代二』(東京大学出版会、一九八五年)九頁。
(52) 李憲昶、須川英徳・六反田豊監訳『韓国経済通史』(法政大学出版局、二〇〇四年)二八三頁。
(53) 高嶋雅明『朝鮮における植民地金融史の研究』(大原新生社、一九七八年)二四〇―二六〇頁。
(54) 小風秀雅前掲『帝国主義下の日本海運』二三〇―二三八頁。
(55) 高秉雲『近代朝鮮経済史の研究』(雄山閣、一九七八年)一四二―一六四頁。
(56) 李憲昶前掲『韓国経済通史』二七三―二七六頁。
(57) 吉野誠「朝鮮開国後の穀物輸出について」『朝鮮史研究会論文集』一二、一九七五年、同「李朝末期における米穀輸出の展開と防穀令」『朝鮮史研究会論文集』一五、一九七八年。
(58) 外務省通商局『通商彙纂』第二二号、一八九五年。
(59) 梶村秀樹『朝鮮における資本主義の形成と展開』(龍渓書舎、一九七七年)三九―五八頁。
(60) 金容燮、鶴園裕訳『韓国近現代農業史研究――韓末・日帝下の地主制と農業問題』(法政大学出版局、二〇〇二年)。

(61)『官報』二九七三号、一八九三年五月三〇日。
(62)馬淵貞利「甲午農民戦争の歴史的位置」『朝鮮歴史論集』下巻(龍渓書舎、一九七九年)、六五―七六頁。
(63)高橋秀直『日清戦争への道』(東京創元社、一九九五年)一六三―一八〇頁。
(64)朴宗根『日清戦争と朝鮮』(青木書店、一九八二年)二二頁。
(65)藤村道生『日清戦争――東アジア近代史の転換点』(岩波新書、一九七三年)序文。
(66)板垣雄三前掲「世界分割と植民地支配」一四三頁。
(67)石井寛治前掲『日本の産業革命』九九―一〇八頁。
(68)石井寛治『日本経済史〔第二版〕』(東京大学出版会、一九九一年)二六五頁。
(69)中塚明『日清戦争の研究』(青木書店、一九六八年)一二頁。
(70)高橋秀直前掲『日清戦争への道』三一七―三五七頁。高橋説は、日清開戦は軍部が政府を引きずった結果であるとする信夫清三郎『日清戦争――その政治的・外交的観察』(福田書房、一九三四年、南窓社、一九七〇年)から藤村道生前掲『日清戦争』に至る見解を批判し、陸奥宗光が率いる外務省も開戦に積極的であったとする点で、中塚説と共通しているが、当時は伊藤博文首相の判断が最終決定権をもっていたことを重視し、陸奥と異なる伊藤の考えの変化を一日刻みで追っている。そして、高橋氏は、伊藤が六月一五日の陸奥宛書簡で「彼ハ我ト同時ニ撤兵セン事ヲ望ムト云ト雖、若シ我ニ関セス撤シタルトキハ〔日本軍は〕充分手持無沙汰ノモノニハ無之乎、御考慮可被下候」と述べたことを根拠に、それまで撤兵方針に立って中国との協調を求めていた伊藤が対決方針に転じたと主張した(高橋秀直前掲『日清戦争への道』三五二頁)。
(71)『帝国議会議事速記録』七(東京大学出版会、一九七九年)。
(72)高橋秀直前掲『日清戦争への道』三七一―三七五頁。
(73)小宮一夫『条約改正と国内政治』(吉川弘文館、二〇〇一年)二一―二二頁。
(74)稲生典太郎編『内地雑居論資料集成』第一巻(原書房、一九九二年)、一九―二〇頁。
(75)同上、第二巻(原書房、一九九二年)、二二七頁。
(76)同上、二二八頁。
(77)杉山伸也「国際環境と外国貿易」梅村又次・山本有造編『日本経済史3 開港と維新』(岩波書店、一九八九年)一八四頁、籠谷直人『アジア国際通商秩序と近代日本』(名古屋大学出版会、二〇〇〇年)六五―七一頁。
(78)大山梓・稲生典太郎編『条約改正調書集成』上巻(原書房、一九九一年)、一〇四―一〇五頁。
(79)小宮一夫前掲『条約改正と国内政治』一一九頁。

(80) 高橋秀直前掲『日清戦争への道』三五四―五頁。
(81) 大石一男『条約改正交渉史 一八八七―一八九四』(思文閣出版、二〇〇八年) 二九一―三〇二頁。
(82) 藤村道生前掲『日清戦争』七〇―七一頁。
(83) 佐々木揚「イギリス極東政策と日清開戦」『佐賀大学教育学部研究論文集』二九巻一号、一九八一年。
(84) 『日本外交文書』二七巻一冊五六。
(85) FO四一〇・三三、No.八一、イギリス公文書館所蔵。

第3章　早熟的資本輸出と植民地帝国の形成

一　「日清戦後経営」論——帝国主義転化と産業資本確立の関連

日清戦争（一八九四—九五年）の勝利によって、日本は巨額の賠償金と台湾を手に入れ、日露戦争（一九〇四—〇五年）の結果、ロシアに朝鮮への日本の支配権を認めさせるとともに、南満州の鉄道利権と旅順・大連の租借権等を譲り受けた。日清戦争は東アジアの両帝国主義候補国の争いに終止符をうち、日本は国際政治においては帝国主義国としての地位を占め、次いで、日露戦争の勝利によって英・米・独・仏と並ぶ五大列強の一つに数えられるまでになった。日清・日露の二大戦争を経ることを通じて、日本経済は通説的には、産業資本確立過程を進み、資本主義として確立したとされており[1]、本書もそうした見解に立っている。

では、帝国主義転化と産業資本確立の過程は、日本においては一体どのような関係にあったのであろうか。先進国の場合は、産業革命を経て産業資本が再生産の基本を担う構造が確立した上で、帝国主義へと発展したのに対して、後進国日本では、産業革命の進展と帝国主義への転化が同時に進行した。この点についての古典的理解は、山田盛太郎『日本資本主義分析』の「日本資本主義の場合における、段階的基調たる産業資本確立過程は。……日本での産業資本確立と帝国主義転化との二重関係を同時的に規定づける所の、過程として。現われ[2]」た、という理解であろう。同書では、日本では産業資本の確立過程は「産業革命」と言いうるような社会構成の画期的転換を伴わなかったとし、それに続く時期についても、私的独占ではなく国家資本ないし統制という独特の形態での「金融資本の成立確立の過程」が説かれるのであるが、それらの点はここでは度外視しよう。注意すべきは、山田説の言う「帝国主義転化」は、もっぱら「産業資本確立」と関連して説明されており、私的な「金融資本」との関連は全く言及されていないことである。それは、序章でも触れたように、山田説においては民間の独占資本への評価がきわめて低いことから導かれることである。ここでの「帝国主義転化」は、日本経済の独占段階を前提とするものではなく、対外政策における帝国主義的活動を指すものであり、そうした政策活動に支えられて初めて産業資本が確立したと主張されている。すなわち、最重要のポイントだけを抜き出すと、下関条約による揚子江流域の開港を基礎に日本の紡績業が確立し、中国の大冶鉄鉱石の確保により官営八幡製鉄所を中心とする日本の製鉄業が確立したとされ、そうした帝国主義的政策に支えられて日本の産業資本が確立したというのである。

この指摘は、しかし、下関条約によって日本が獲得した権益は、諸列強も最恵国条項によって自動的に獲得できることを無視している点が何よりも問題であろう。日本紡績業は、揚子江流域への綿糸輸出にさいしてイギリス綿糸やインド綿糸との苛烈な競争に打ち勝って初めて輸出産業としての地位を確立できたのである[3]。さらにまた、八幡製鉄所が大冶鉄鉱石を確保するさいに、大冶鉄山との関係が深かったドイツ資本との激しい借款供与競争を制することによって初めて長期購入契約に成功した[4]。日清戦争の結果、日本だけが獲得した特別な政治的権利に支えられて、産業資本が確立したわけではないのである。

このように、山田説は、実証的には成り立たないのであるが、同様な発想は、中村政則氏や村上勝彦氏によって、より精緻な形で主張された。すなわち、中村政則氏は、日清戦後経営を正面から扱った論文「日本資本主義確立期の国家権力――日清「戦後経営」論」[5]において、日清戦後経営を単純に軍備拡張としてのみ理解してきた通説を批判し、「日本の支配階級が日本資本主義の確立を起動づけ、さらにそれの帝国主義転化への軌道を強力に設定したところの、政治・経済・教育・外交の全領域にわたる全政策体系とその現実的帰結をふくむ総体」として把握すべきであると主張した。そして、大蔵官僚と農商務官僚の構想を検討して、「松方＝阪谷案は、『戦後経営』の最重点課題として、1. 陸海軍の拡張、2. 製鋼所の設置、3. 鉄道・電話の拡張の三つを設定する。つまり『戦後経営』の一環に殖産興業をはっきりと位置づけ、またそれとの関連で京都帝大の創立、実業学校の振興という教育政策をうちだして官僚およびキャプテン・オブ・インダストリーの養成を重要な政策課題として提起する」と論じた。このように、中村論文は、「日清『戦後経営』を重要な政治的・経済的契機として日本資本主義はこの時期に確立する」と述べることによって、資本主義確立における国内政策的契機の重要性を強調したのであり、その限りで、帝国主義政策の重要性を強調する山田説と共通した発想に立つものであった。

ただし、中村論文は資本主義確立期の階級構成と天皇制国家のあり方に主たる関心があるため、「松方＝阪谷案」とそれを修正した「渡辺案」および実行プランの決定的な差異を看過し、その結果としての殖産興業の実際の内容変化に言及していない点に難点がある。すなわち、松方案では、軍拡費を一億八千万円に抑えつつ日清戦争公債の償却を行い、産業育成による財政基盤の確立を進める健全財政の線に立っていたのが、松方正義蔵相は、軍の意向を汲み上げる伊藤博文首相と対立して辞任に追い込まれ、代わった渡辺国武蔵相は、軍拡費を二億七七〇〇万円へと大膨張させた結果（実行案ではさらに三億一三二四万円へ増額）、政府はやがて増税と外債への依存を余儀なくされるのである。[6]そして、最重点課題の一つとして掲げられた「製鋼所の設置」のために当初は賠償金から五〇〇万円が支出される予定であったのが、実際には賠償金からの支出は五八万円だけで、これは一九〇七年までのストックで見た投資額三〇〇四万円のわずか一%台に過ぎなかった。賠償金が軍備拡張に優先的に投入されたために、殖産興業の費用は一般会計で賄うしかなくなったのである。したがって、賠償金を有効に活用して殖産興業を行い、それに支えられて資本主義が確立したという中村説は、成り立たないと見なければなるまい。

村上勝彦「植民地」[7]は、前述の山田説と同様に、「日本の植民圏確保をなによりもまず日本の産業資本確立とかかわらせて把握」すべきだとし、もっぱら独占資本ないし天皇制国家権力との関連で植民地支配を把握することは適切でないと主張した。すなわち、朝鮮への綿布輸出と米穀輸入からなる「綿米交換体制」が日本の兼営織布業の確立を支えたこと、朝鮮・台湾からの金吸収が日本の金本位制を支えたことを主張し、「日本産業資本の確立は植民地支配を有機的一環として行われた」と論じた。しかし、そうした事態は、一八九七年（明治三〇）における綿糸紡績業の国内市場制覇、および賠償金入手を契機とする金本位制移行よりも後の時期に生じたのであり、いずれも産業資本の「確立」の条件というよりも「発展」の条件として把握すべきではないかと思われる。村上論文について、それ以上に問題なのは、植民圏確保を可能にした手段としての資本輸出の役割を朝鮮を中心に克明に実証しながら、その理論的評価が曖昧なことである。すなわち、近代帝国主義に固有の対外膨張は、剝き出しの軍事力による膨張でもなければ、自由貿易を通ずる公式・非公式の支配の拡大でもなく、しばしば貿易とセットになった資本輸出による膨張であり、日本も帝国主義世界の支配者の一員として対外膨張を遂げようとする場合には、そうした世界史的共時性を踏まえた活動スタイルが必要とされたことへの評価が十分ではない。国内の経済が独占段階に到達して過剰資本が形成されていなくても、対外膨張にさいしては資本輸出という手段が求められるのであり、そのための原資が如何にして調達されたかが問題とされねばならない。

以上のような研究史批判に基づいて、石井寛治「日清戦後経営」[8]は、「日清『戦後経営』は、綿紡績業の確立をむしろその前提とし民間重工業一般の育成を直接の課題としなかったことに示されるように、産業資本の確立をもたらす上での役割はかなり限定されていた」とし、「その主たる役割は日本資本主義の帝国主義転化を政商＝財閥資本および綿紡績資本との緊密な連携のもとに早熟的に実現すること」にあったと論じたのである。この主張は、軍拡に偏った戦後経営の運営が資本主義の確立に果たした政策的役割を低く評価し、民間経済の自立的発展をその分だけ高く評価するものであるが、その後の室山義正氏の研究[9]も、そうした自立的発展を評価した上で、日清戦後経営はその後期に破綻し、「軍備拡張は財政経済の運営にとって最大の阻害要因であることが明白になってきた」と結論づけた。また、神山恒雄氏の研究[10]も、若干の見解の差異はありながらも、戦後経営については室山説と共通した見方をしている。

文字通りの軍拡財政となった日清戦後経営の時期の経済規模の拡大テンポは、五年ごとの平均国民総生産の実質伸び率が（前の五年との対比で）、一八九一―九五年の一九％から、一八九六―一九〇〇年の一三％、一九〇一―〇五年の一〇％、一九〇六―一〇年の九％へと減少を続け、一九一一―一五年にようやく一二％へ持ち直している[11]。如何に軍拡が経済を圧迫していたかが窺えるであろう。そうなることは、大蔵官僚レベルでは事前に分かり切ったことであったからこそ、松方正義や阪谷芳郎は過大な軍拡に反対し、それが拒否されるや、松方蔵相は一八九五年八月辞任したのであった。阪谷とともに松方のブレーンであった大蔵官僚添田寿一は、一八九五年一一月の『東洋経済新報』において、次のように述べた。

> 今後の経済策を立つるに当ては、単に兵備のみに基づくべきにあらずして、殊に彼の軍事に熱中して他の最大要件を放擲せんとするに至ては最も遺憾とする所なり。蓋し何れの国何れの時代を論せす、国力不相応の軍備拡張の為めに自ら衰頽せさるものは稀なりとす。……最も肝要なるは一般実業上の発達なりとす。然らは則ち将来の国是にして侵略主義に在らばいざ知らず、苟も自国の発達防衛貧弱国の保護誘掖を以て足れりとせは、

此際大に実力を培養して先つ非常の用に供すへき財源を裕にし且つ平和の戦争たる貿易上に於ても亦勝者たらんことを期せさるへからす。随て領海拡張の結果として且つ貿易線保護の目的を以て大に海軍を拡張するは止むを得すと雖も、其他の余力は挙て之を農工商の諸業、外交殊に領事館事務及ひ実業教育の改良発達に注射するを要す……。(12)

すなわち、過大な軍備は国を衰弱させるから、まず経済発展に心掛けるべきだと主張するのであるが、軍拡要求については、「侵略主義」ではなく「貿易線保護」のための「海軍の拡張」だと言う海軍省の予算折衝のさいの苦し紛れの言い訳が目に浮かぶような記述である。今となっては、健全財政主義の放棄を余儀なくされた松方系大蔵官僚の繰り言に過ぎないが、この時点ではロシアとの戦争必至と考えていたのは陸海軍関係者でも一部に過ぎなかったことが窺えよう。ブルジョアジーが、過大な軍拡に反対したことは言うまでもない。渋沢栄一を会頭とする東京商業会議所が、政府へ度々建議を試みたが、政府は聞く耳をもたなかったことは、第1章において指摘した通りである。

二　朝鮮との貿易の進展と民間資本輸出の実行

日本政府から一八九四年(明治二七)一〇月に派遣された井上馨朝鮮公使は、金弘集らの開化派政権によるいわゆる甲午改革への干渉を通じて朝鮮を保護国化すべく努め、日清戦争の臨時軍事費から三〇〇万円の借款を供与したが、干渉に批判的な朝鮮の宮中・政府および欧米諸国の動きによって保護国化は思うように進展しなかった。そして、一八九五年一〇月、三浦梧楼朝鮮公使が、日本の干渉に抵抗する中心人物と見做した国王の妻閔妃を壮士を使って虐殺する事件を起こすに及んで、日本は朝鮮から政治的にはすっかり後退し、開化派政権も翌年二月の国王のロシア公使館への脱出により壊滅した[13]。以後、朝鮮ではロシアが政治的優位を保ち、独立協会を中心とする大衆運動の圧力でロシアが後退した結果、ようやく日本は西＝ローゼン協定（一八九九年四月）を結び、両国は朝鮮の内政干渉を行わないこと、ロシアは日本の朝鮮における経済的優越を認めること、などが決められた。

政治的に後退を余儀なくされていた日本が、再び進出できたのは何故であろうか。日本が朝鮮に踏みとどまることができたのは、貿易・海運・金融など経済面でロシアや中国などに優越する地位を保っていたことが最大の理由であった。一八九〇年代後半における朝鮮の貿易相手国のうち日本は、輸入で平均六五％、輸出で平均八八％と、一貫して圧倒的な地位を占めていた。当時の日朝貿易は、「阪韓貿易[14]」、あるいは、「綿米交換体制[15]」と呼ばれるように、朝鮮米を消費する阪神工業地帯の労働者の生産した綿製品を朝鮮農民が購入するという特徴をもっていた。甲午改革による地税の金納化は、農民に納税のための穀物販売を強制し、「従来京城ニ送致シ官庫ニ入レタル莫大ノ米穀ハ、現今ニテハ剰余トナリ殆ト凡テ輸出セラルル」状態となったという[16]。他方、朝鮮における輸入綿製品は、細糸による高級なイギリス製生金巾に代わって太糸による日本・イギリス製シーチングが、庶民向けの土布市場に侵入し、そこに基礎を置く在来の織物業者を圧迫していた。しかし、日露戦争前の時期には、日本産の機械制紡績糸を輸入していわゆる紡績土布を生産する形で輸入綿布に対抗する動きも見られ、自家用の綿布生産も広く展開していた。一九〇四年の一調査は、良質の紡績土布が各地で大量に販売されていることから、日本からの輸入「紡績糸ノ将来ハ最モ有望[17]」としている。また、一九〇三年当時の推定実棉産額は一四〇〇万貫内外に達しており、輸出分五二万貫を差し引いても、輸入綿製品の実棉換算量七四〇万貫の二倍近かった[18]。国産棉花と輸入紡績糸に依拠した朝鮮綿織物業は、輸入綿布の圧力に耐えつつ、農家副業の形でなお強固に存続していたと言えよう[19]。

その場合、陸上輸送の困難さが、輸出品の搬出と輸入品の浸透を妨げていたと指摘されていたことが注目される。この点を指摘した一例として、一九〇二年一一月に華族会館晩餐会において釜山駐在帝国領事の幣原喜重郎が行った「日韓貿易談」の一部を引用しよう。

〔韓国からの〕輸出の貿易が今日に至るまで、著しき発達を見ない原因は、主として第一には朝鮮内地と各開港場との交通機関の不備と云ふことが、一つの理由であらうと思ひます。……朝鮮の内地より外国に向て輸出する目的を以て開港場へ出て来る道に於て、交通機関の不備なる為めに、非常な不便を見て居る。第一に危険がある、費用が要る、時間が長い。其有様を申しますれば、第一に陸路の交通は如何であらうか、朝鮮には殆ど車の通る道が無い、故に品物を送るには、人の肩に依るか、或は馬の背に頼るか、此二つより外に仕方がないのである。其不便は申すまでもないことでございます。又、水路の点から言ひますれば、……洛東江を下るのに何う云ふ方法にするかと云ふと、やはり不完全極まる、危険極まる所の朝鮮船である。……輸入貿易もやはり同様でございまして、是まで発達しなかったのは、交通機関の不備と云ふことが、主もなる原因になって居ります。それで、唯今申上げました通り、費用であるとか、危険とか、時間とか云ふことから打算すれば、釜山で一円の物は、二三十哩内地になると、五割とか六割〔増し〕と云ふ代価を以て売らなければ合はないと云ふ結果になる……[20]。

すなわち、米穀輸出や綿布輸入の拡大を妨げる最大の要因が、高い運賃コストと危険性にあること、それは、道路と河川の交通機関が人馬や小舟に限られているためであることが指摘されている。運賃コストの高さによる輸入品価格の高騰は、内陸の在来綿業にとっては輸入品の圧力を減らし、在来綿業を保護する役割を果たしていた。そうした制約を突破するためには、鉄道の敷設が決定的な重要性をもっていたことは明らかであった。日本政府が、京仁・京釜・京義などの鉄道投資こそが「我対韓経営ノ骨髄ナリ」と考えたのは、対露戦略と朝鮮人民制圧という軍事的・政治的観点からだけでなく、貿易拡大という経済的観点からでもあった[21]。だが、日清戦後の朝鮮に対してロシア、アメリカ、フランス、ドイツなどが、次々と鉄道敷設権・鉱山採掘権を認められる中で、日本も鉄道投資をしようとすれば、民間の鉄道会社が朝鮮政府と契約を結んで一定期限内に起工する形をとらなければならなかった。

では、産業革命の最中にあって国内でも資本の供給体制が十分でないときに、儲かるかどうか分からない朝鮮への資本輸出に応じる民間の投資主体は果たして存在したのであろうか。全建設資金二八七八万円のうち政府資金は三七八万円のみで、残りの二五〇〇万円は民間資金で調達した巨大会社京釜鉄道株式会社の場合を分析した村上論文[22]によれば、政府が、二五〇〇万円の株式（払込一五〇〇万円）については年六％までの利益を補給し、一千万円の社債についても年六％の元利保証を行いつつ強力な勧誘を行うことにより、民間資金の動員が成功した[23]。しかし、その過程は決してスムーズなものではなかった。日清戦争中の一八九四年八月に日本政府が朝鮮政府から獲得した京釜鉄道の敷設権は、日本側の取組がなくて失効しかけたため、竹内綱や渋沢栄一らが中心となった同鉄道発起人会が、一八九八年九月に韓国政府と三年以内に起工する合同条約を結び、山県有朋内閣に配当保証の請願をし、一九〇〇年三月に議会の承認を得たが、保証率が六％に決まったのは、山県首相が辞表を提出した同年九月二六日の翌日のことであった。山県首相は、伊藤・井上・松方らと異なり、この計画に賛成であり、会社発足前の一八九九年末に発起人たちが「韓廷内部及合同条約周旋者[24]」への「納金」等の五万円の捻出に行き詰まったさい、桂太郎陸相を通じて陸軍機密費から出費させたほどであった。こうして、一九〇〇年一〇月の発起人総会で仮定款を決め、株式募集を開始したが、折からの不況も重なり募集は難航した。竹内綱の手記は、株式募集の困難性について、次のように記した。

東京・大阪等経済上敏捷ノ感触ヲ有スル都市ニ於テハ別シテ之ヲ危フムノ事情アリ、株式ノ募集頗ル困難ナリ。是ニ於テ委員等ハ都鄙ノ別ナク大ニ国民ノ国家観ニ訴エ、広ク全国ニ巡回勧誘ノ決心ヲ以テ、先ツ各府県商業会議所・各地銀行・地方ノ有力者ニ京釜鉄道株式会社ノ趣意書及依頼状ヲ贈リ、募集員十余名ヲ雇用シ、尾崎〔三良〕ハ中国・四国、日下〔義雄〕ハ東北及京阪、竹内〔綱〕ハ九州、渋沢・前嶋〔密〕ハ東京及東京近傍ヲ受ケ持チ、各到処ニ府県庁・郡役所・商業会議所等官民ノ別ナク個人ニ会衆ニ到処ニ遊説ヲナセリ(25)

株式投資の中心的存在である東京や大阪の投資家層が、危険な海外投資として消極的なため、むしろ農村地域にも広く呼びかけようという姿勢が見て取れよう。その結果、一九〇一年春の一〇万株募集は成功裏に終わり、同年六月の創立総会で、渋沢が取締役会長、尾崎・竹内・日下が常務取締役に選出された。村上論文は、一九〇三年二月一日当時の株主二万八八六八名(四三万五六八四株)のうち二〇〇株以上の株主一八二名について検討し、「日朝両皇室、政商財閥、大寄生地主、大商人」を中心とする資産家を全国的に網羅しており、地方株主のかなりの部分が「大寄生地主」ではなかったかと指摘している。村上論文が発表された当時は、京釜鉄道株式会社の株主名簿が見当たらなかったようであるが、その後、同社の株主名簿が復刻された(26)ので、それによりながら、全株主の構成上の特徴を考察しよう。

表6には地方ごとの集計値しか示さなかったが、株主の地域別分布は、沖縄県を除く全道府県に広がっており、しかも株式数はかなり均等に分布しているように見える。もっとも、ここでの株主約三万人は、後述のように、総合所得三〇〇円以上の所得税納入者約二〇万人(一八九八年度)の一部分からなると見做せるから、地方別の株式投資一株当たりの課税所得金額(一八九八年度)を比較すると、もっとも少ない四国(一九六円)が所得の割に一番多額の応募をしており、続いて東北(二二九円)、中部(三三二円)の順で全国平均の三九九円に近づき、中国(四

表6　京釜鉄道株式会社株主構成（1903年2月1日）

	200株以上		100-199株		10-99株		10株未満		合計	
	株主	株式数	株主	株式数	株主	株式数	株主	株式数	株主	株式数
東北	17	4,290	80	8,449	1,519	32,072	1,518	7,540	3,134	52,351
関東	79	30,359	213	22,320	2,426	50,576	1,845	8,144	4,563	111,399
中部	30	9,037	94	10,653	2,349	46,716	3,146	14,620	5,619	81,026
近畿	24	6,729	87	9,771	2,284	40,209	3,570	18,438	5,965	75,147
中国	11	2,830	32	3,502	942	18,396	2,129	8,463	3,114	33,191
四国	10	2,436	27	2,931	1,147	20,041	2,194	11,116	3,378	36,524
九州	8	1,945	50	5,738	962	18,421	1,444	6,909	2,464	33,013
其他	3	3,500	16	1,711	313	6,625	299	1,197	631	13,033
合計	182	61,126	599	65,075	11,942	233,056	16,145	76,427	28,868	435,684

出典）『京釜鉄道株式会社株主名簿』明治36年2月1日当時（芳賀登ほか編『日本人物情報大系』第78巻，皓星社，1999年，所収）。
備考）北海道は東北に含む。其他は台湾，韓国，清国，露国，米国。

三三円）、関東（四七六円）、近畿（四九三円）、九州（五四二円）は全国平均（三九九円）をかなり上回っており、実力から見て少額の応募しかしていない。これを、韓国（一万二〇六二株）を除く国内の府県別の株式数上位一〇位について見ると、東京府（六万九八三九株、四八九円）、静岡県（二万五〇七三株、一三八円）、三重県（一万六九八四株、一六四円）、愛知県（一万四九九〇株、三五五円）、愛媛県（一万四七一二株、一六五円）、滋賀県（一万三八〇四株、一六三円）、大阪府（一万三三〇五株、一〇九円）、岡山県（一万二八六六株、三六一円）、神奈川県（一万二七五七株、三八七円）、京都府（一万〇六七四株、六二四円）という具合であり、大阪・京都・東京といった大都市の投資が相対的に不振で、静岡・三重・愛媛などの農村県からの投資が盛んなことが分かる。竹内綱の手記が嘆いた通り、東京・大阪などの投資家層の消極的姿勢は事実であった。

では、静岡・三重・愛媛に代表される農村県での盛んな投資は、どのような階層によって担われていたのであろうか。持ち株数による階層構成を見ると、全国的には、一〇株から九九株の中位株主の持ち株数が過半を占めており、関東地方を除くすべての地方でも同様である。静岡・三重・愛媛の場合は、九株未満の下位株主の持ち株数も多く、中下位の株主の持ち株が八〇％台と圧倒的部分を占めている。静岡の株主名簿によれば、村長名義や報徳社名義の株主がかなりおり、なかには三〇〇株や一〇〇株の村長株主もいるが、ほとんどは五株から五〇株までである。これは、村長個人ではなく、村役場としての投資と見るべきであろう。県庁から郡役所を通じて町村役場に応募の勧誘が降りてきたさいに、個人で応募できる者が少ない場合は、村の財産を用いて共同投資をしたのではないかと思われる。

もちろん、村上論文が検出した二〇〇株以上の最上位株主や、一〇〇株以上一九九株未満の上位株主が果たした役割も無視すべきでなかろう。日本皇室（五千株）と朝鮮皇室（三口、三五〇〇株）、前田利為（五〇〇株）・島津忠済・徳川義礼（各三〇〇株）、岩崎久弥・三井高保・渋沢栄一・大倉喜八郎（各一千株）・住友吉左衛門（八六四株）・安田善次郎・古河市兵衛（各五〇〇株）は、国家元首、華族、財閥による投資をそれぞれ代表する意味をもっていた。いずれの府県にも一〇〇株以上の株主は必ず存在し、府県内での勧誘のさいのシンボルとしての役割を果たしたものと思われる。しかし、一八九九年の全国一〇二会社の大株主調査[27]との比較から、京釜鉄道株を五〇〇株以上所有する株主が、「当該期日本の最大級株主の存在形態を忠実に反映している[28]」とするのは、やや短絡的ではあるまいか。大株主調査に登場する九七名のうち京釜鉄道に投資しているのは三四名とほぼ三分の一に過ぎないからである。とくに、華族大株主三三名のうち京釜鉄道への投資者はわずか七名であった。この辺の事情について、尾崎三良は、一九〇四年春の経済学協会における講演「朝鮮の鉄道」で次のように話している。

まだ当時といへども六分の利息で満足する者は誰も無い、まあ御承知の通り明治三十三年頃は日歩三銭とか二銭八厘とかいふ時分でありますから、仲々年六分位で誰も株に応ずる者は無い、然らば金融の裕かなる時節を待つかといふに待つ訳に行かぬ、三年以内に着手しなければならぬ、是非やらなければならない。何でも国家の為めであるからと頻りに説諭を致しましたが、何分東京では纏らぬ、といふものは随分有力家の反対があるものですから大きな華族などは容易に動かない、第一毛利・島津両家などは一つも株を持たぬ、それから他の大きな大名華族などへ行っても、毛利さんなどが国家の為め率先してやりそふなものだといふ訳で、皆首を傾けて一向応じて呉れないといふ有様であります。是は迚も東京ではいかぬから地方へ出やうといふことになって、我々は地方へ行って頻りに国家事業といふことを説きました。……是非是は国民の義務として此株を持たなければならぬ、多く持つには及ばない、一株でも、二株でも宜い、国家に尽す念慮があるなら各々分に応じて持つが宜いと説いた、所が案外地方では応じました……。(29)

ここで東京では「有力家の反対がある」というのは、山県首相に代わって登場した伊藤首相の反対を指すのであろう。毛利家が参加しなかったのは、朝鮮鉄道建設に消極的な伊藤首相への配慮もあったためかもしれない。島津家はその後若干参加したが、毛利家・浅野家・鍋島家などの有力華族が参加しなかったことが響いて、華族層による投資は寥々たる規模に終わった。さらに、東京と大阪の大株主ブルジョアジーについても、京釜鉄道へ投資しているのは、それぞれ四〇%に満たず、東京では渋沢・大倉の積極的姿勢に対して、岩崎・三井・安田の消極的協力が目立ち、大阪では住友の協力的姿勢に対して、藤田組と鴻池家の不参加が同府全体の投資の消極性を象徴していた。大都市の華族・財閥・商人らの足並みが揃わない反面で、地方の中小商人・地主が盛んに投資した、と言えよう。

そのさい、発起人や地方官からの勧誘に応ずる資金を各地の投資家がなぜ調達できたかが問題であろう。それは、産業革命の過程を通じて所得格差が拡大し、その後、経済が成熟するに伴い縮小に向かうというジニ係数のグラフでの逆U字型の推移が、近代日本でも見られたことに基づくものである。(30)一九〇一年当時の大阪・京都・神戸・名古屋四市の株式公債所有者は九〇一七名であり、その数は所得税納入商工業者二万七四九六名のほぼ三分の一に当たる。全国の所得税納入者数が一一万八五九四名（一八八七年）から一九万五二九二名（九八年）へと一・六五倍に増加し、そのうち六大都市所在府県を除く納入者数が、七万一六四〇名（八七年）から一三万三七四九名（九八年）へと一・八七倍になったことは、株式投資家たりうる資産家が、大都市よりも農村部においてこそ着実に増加していることを意味していた[31]。したがって、東京で募集に失敗した発起人たちが地方に着目したのは的を射た選択であった。

こうして一九〇一年八月に北部起工式、九月に南部起工式を挙行したが、不況下での株式追加払込みは容易でなく、工事は停滞した。この間、京釜鉄道では、アメリカ、ベルギー、イギリスと三度にわたって外資導入の交渉が進められ、とくに渋沢が一九〇二年七月イギリスに赴き、サムュエル＝サムュエル商会と交渉した社債募集の話は一旦まとまったにもかかわらず、同鉄道を来たるべき対露戦の軍隊輸送路と考える陸軍の反対によって挫折した[32]。渋沢が列強との共同投資を追求したのに対し、陸軍関係者は単独投資の方向を強く要求したのであり、ここに帝国主義日本の資本輸出の固有性があったと言えよう。結局、京釜鉄道社債は、国内で発行する方向が模索されるが、三井銀行その他が引受シンジケートへの加入に難色を示したために進展せず、対露戦に間に合わなくなることを心配した井上馨の斡旋で、三井・三菱が動いたのを契機として、十五・第一・第百・安田・第三・帝国商業・日本興業・横浜正金・左右田の有力銀行も、それぞれ二〇—五〇万円ずつ合計四〇〇万円の短期社債を引き受け、工事が続行された。ここには、当時の三井・三菱の資本輸出への消極性が示されていると同時に、必要とあれば資本輸出をなしうるだけの銀行集中＝独占形成が進展しつつあることが示されていた。

以上、京釜鉄道会社の事例について、朝鮮への民間資本輸出の実態を検討してきたが、当時の朝鮮への資本輸出でいま一つ大きな役割を演じたのは、銀行とりわけ第一銀行の活動であった。この問題については、村上論文が、日清戦後の同行朝鮮支店の預金のほぼ半分を占める海関税などの公金預金が、日本人の貿易金融の資金源として重要だったことを指摘し、[33]高嶋雅明氏が、一九〇二年五月に「無記名式一覧払手形」という形をとって朝鮮での第一銀行券発行が実現するが、朝鮮政府の李容翊が外国からの借款に頼って進めようとした中央銀行設立と対立したために、第一銀行券は開港場とその近辺でしか流通しなかったことを究明した。[34]さらに、森山茂徳氏は、李容翊の借款交渉を分析し、[35]一九〇〇年九月のアメリカ人シンジケートによる一千万ドルの幣制改革借款談について、海関税を抵当とすることに総税務司のイギリス人マクレヴィ・ブラウンと海関税取扱の第一銀行仁川支店支配人が反対し頓挫させたこと、代わってブラウン・第一銀行間で幣制改革用の五〇〇万円借款談が進められ、日本政府が二〇〇万円の支援を第一銀行に与える閣議決定までなされたが、一九〇〇年一〇月に山県首相に代わった伊藤首相の反対で頓挫したこと、一九〇〇年四月に結ばれた一二五〇万フラン（五〇〇万円）の雲南シンジケートによる借款契約も、イギリス、フランス、日本の共同反対のため頓挫したことを実証し、この過程での日英共同行動は、一九〇二年の日英同盟の伏線となったと論じた。

ここでは、第一銀行が日本の銀行業界において占めた地位を示しておくことにしよう。表7は、普通銀行（一八九〇年代は国立・私立銀行の合計）の預金の上位五行への集中度を示したものである。「早熟的独占」が論ぜられるさいに、しばしば一九〇一年末当時の預金集中度の高さが指摘されるが、一九〇〇年前後は、史上もっとも集中度が低下した時点であった。それに先立つ一八九〇年には、財閥系五行に全預金の五〇・二％が集中し、その集中度は昭和恐慌下の一九三〇年の三六・四％を上回る史上最高の水準であった。この高さをもたらしたのは、三井銀行と第一国立銀行（渋沢系）の両行であり、安田・第三両行（安田系）がそれに続いていた。かかる事実は、日清・日露両戦争間における「独占」形成過程を、単に、いまだ本格的な独占に至っていないという消極的な形で把握することは一面的であり、日清戦争以前に成立していた一種の「初期独占」が、産業資本確立過程に媒介されながら

表 7　普通銀行の預金集中度

（千円）

銀行＼年末	1890	1895	1899	1904	1910
三井	19, 504	18, 630	27, 287	46, 644	90, 248
第一	5, 284	9, 222	15, 084	37, 076	52, 834
第三	2, 034	7, 147	10, 376	15, 869	31, 128
三菱	1, 415	6, 090	12, 218	16, 310	33, 695
安田	1, 338	4, 343	9, 899	15, 685	34, 006
住友		883	7, 486	24, 193	44, 110
その他		帝国商業 4, 862	帝国商業 10, 312	鴻池 18, 367	
上位 5 行・A	29, 575	45, 951	75, 277	142, 590	254, 893
普銀計・B	58, 935	159, 251	392, 256	605, 316	1, 185, 697
同銀行数	356	925	1, 561	1, 708	1, 618
A/B × 100	50. 2	28. 9	19. 2	23. 6	21. 5

出典）石井寛治『近代日本金融史序説』（東京大学出版会，1999 年）528 頁。
備考）三菱の 1890 年は第百十九国立銀行，1895 年は同行と三菱合資銀行部の合計値。

「近代的独占」へと転化しつつあるものとして把握すべきことを示している[36]。

一八九九年末当時の第一銀行在朝鮮支店の預金は公金九五万円を含めて合計二二一万円に達し、十八銀行や第五十八銀行の朝鮮支店預金と桁違いの圧倒的な金額であったが[37]、表7に掲げた第一銀行全体の預金一五〇八万円に対しては一五%弱にしかならない。一九〇四年末に朝鮮支店の預金は公金三三九万円を含めて七四七万円に急増するが、それでも同行全体の預金三七〇八万円に対しては二〇%強にしかならないのである。その意味で、第一銀行の朝鮮における活動は、あくまでも三井と並ぶ最大規模の普通銀行の活動の一部分に過ぎないのであり、逆に言えば、国内での「独占」的位置から発する資本輸出として把握すべきであろう。とくに初期の三井銀行が、「無利息の官公預金に頼って公債を保有するという消極的な[38]」経営方針によって、ひたすら自己資本の充実に努めていたとすれば、政府の勧誘に応じて朝鮮進出を試みうる有力銀行としては、第一国立銀行しかありえなかった。村上論文によれば、そこにはもちろん第一銀行の利潤動機も働いており、日清戦争前後に利益が減りつつあった東北地方の諸支店を廃止する反面で、その力を朝鮮方面に傾注したという。ただし、結果的には、日露戦争前の朝鮮支店の対預金利益率は本国本支店のそれと大差なく、利益の急増は日露戦後であることも注意すべきであろう。

このように、第一銀行頭取の渋沢栄一は、同行朝鮮支店の活動を背景に、京釜鉄道の会長としても活躍したのであるが、その活動は、東京商業会議所会頭としての渋沢の活動にも影響を与えることとなった。すなわち、政府からの自立性を重んじてきた渋沢も、すでに見たように、京釜鉄道の株式・社債の発行や、第一銀行からの借款供与の交渉にさいしては、懸命に政府の援助を要請した。一九〇〇年六月の東京商業会議所の建議が政府の軍拡政策への批判のトーンを著しく落としたのは、京釜鉄道の株式への利益補助をめぐって渋沢が政府と交渉中だったことと無関係ではなかろう。そして、京釜鉄道への投資が、アジア大陸への膨張路線を支えるものとして、山県首相や桂陸相によって積極的に支援されたとすれば、渋沢はかつて商業会議所のリーダーとして批判してきた軍拡路線と合流する方向に自ら進みつつあったと言わなければならない。

三　日露戦争への道——それは回避できたか？

日清戦後経営の役割は、日本資本主義の帝国主義転化を実現することにあり、「ほかならぬ日露戦争こそがその帰結であった[39]」というのが、かつての私の見方であった。この見方は大筋において間違っていないと思うが、最近の日露戦争に関する研究は、未公開であったロシア側の史料の分析を踏まえて飛躍的に深化しており、日露交渉に臨んだ日本側の事情についての実証も深められている。しかし、政治外交史の研究の進展に比べて、経済史の角度からの研究はあまり進んでないので、ここでは、そうした点を補いつつ、日露戦争が何故避けられなかったかという問題を考えたい。まず注目したいのは、日本政府がロシアとの交渉の結果によっては戦争を辞さないことを決定した、一九〇三年（明治三六）六月二三日の御前会議に小村寿太郎外相が提出し承認された「対露交渉意見書」のうち、韓国に関する次の箇所である。

東亜ノ時局ニ顧ミ其ノ将来ヲ慮ルニ於テ、帝国ノ執ルヘキ政策ハ其ノ細目ニ入レハ素ヨリ多岐ナルモ、要ハ帝国ノ防衛ト経済的活動トヲ主眼トシ各種ノ経綸モ主トシテ此ノ二大政綱ニ基カザル可カラス……韓国ハ恰モ利刃ノ如ク大陸ヨリ帝国ノ首要部ニ向ッテ斗出スル半島ニシテ、其ノ尖端ハ対馬ト相距ルコト僅カニ一葦水ノミ、若シ他ノ強国ニシテ該半島ヲ奄有スルニ至ラハ帝国ノ安全ハ常ニ其ノ脅ス所トナリ到底無事ヲ保ツ可ラス、此ノ如キハ帝国ノ決シテ忍容スル能ハザル所ニシテ、随ッテ之ヲ予防スルハ帝国伝来ノ政策トモ云フベク、又一方ニ於テハ京釜鉄道ノ完成ヲ急グト同時ニ京義鉄道敷設権ヲモ獲得シ進ンテ満州鉄道並ニ関外鉄道ト連絡シテ大陸鉄道幹線ノ一部トナサザル可カラス、是レ韓国ニ於ケル経済的活動ノ最モ主要ナルモノナリ……(40)。

ここでは、「帝国ノ防衛」と「経済的活動」の双方が政策の基本とされ、朝鮮半島の政治的支配と京釜鉄道・京義鉄道の建設が、「二大政綱」として掲げられたことが注目される。韓国への政治的・経済的支配の確立こそがロシアとの交渉の眼目であったことが読み取れよう。もちろん、そのために満州におけるロシアの行動を制約しなければならないと見做されたため交渉は難航するが、ここで注目したいのは、日本側の獲得目標が、「日本の帝国周辺部の安全保障」という「戦略的な利益(41)」だけではなく、鉄道利権の確保という直接投資の利害がはっきりと掲げられていたことである。日露開戦史研究の決定版ともいうべき和田春樹氏の近著(42)によれば、実は、ロシア側でも、満州に多額の費用を投じて建設した東清鉄道の利害が、満州からの撤退を困難にさせていたことが、同国の新聞で指摘されていたという。

ここで、ロシア側での東清鉄道建設の経緯を簡単に見ておこう。三国干渉を首唱して中国政府に接近したロシアは、対日賠償金借款四億フランをロシア政府保証・フランス銀行団出資により中国政府へ供与し、その直後に仏露両国銀行の共同出資による露清銀行を設立して、イギリスと対抗するロシア極東政策の担い手とした[43]。一八九六年にペテルスブルクで行われた交渉で、ロシア蔵相セルゲイ・ウィッテが対日軍事同盟および多額の賄賂と引き換えに満州横断線を建設する権利を求めたのに対し、李鴻章はロシア政府による鉄道建設を拒否し、鉄道利権は露清銀行に与えられた。だが、同行を母体として設立された東清鉄道会社は実質的にロシア政府の国有鉄道であった。当初予期されたフランス資本の参加はなく、ロシア政府は露清銀行での一般公募を数分間で締切り、鉄道事業の全権を掌握したからである[44]。東清鉄道は関税減免特権や沿線地行政警察権をもつ点で「一個の独立した権力機構」であり、中国官憲の権力とさしあたり並立しつつ「帝国内の帝国」として満州の植民地化を推し進めるものであった[45]。かかる形での満州支配でアメリカ・イギリスと対立したロシアは、一九〇〇年の義和団事件での出兵以降、満州からの撤兵をめぐって中国と対立し、やがて日本との抜き差しならぬ対立関係に陥ってゆく。ウィッテは満州撤兵を主張したが、一九〇三年に入るとロシア皇帝の信任を失い、八月に失脚した。代わって実権を握ったのが内相V・K・プレーヴェや、皇帝の側近アレクサンドル・ミハイロヴィッチ・ベゾブラーゾフであり、日本との開戦外交は彼ら「武断派」が主導することになる。

では、失脚したウィッテの極東政策は、日露戦争の勃発と無関係だったのであろうか。むろんそうではない。ウィッテ失脚の契機となった労働・農民運動の激化の根源は、彼自身の経済政策に導かれたロシア資本主義の発展の中にあったからである。ウィッテが蔵相に就任した翌年の一八九三年から一九〇〇年にかけて、ロシア資本主義は未曾有の好況を迎えた。発展がもっとも著しかったのは南部ロシアの鉄鋼・機械・石炭業であり、雇役制下の中央農業地帯から供給される低賃金労働力と、フランス、ベルギー、ドイツから流入する外国資本がここで結合した。ウィッテは間接税と外資によって得た財政資金を鉄道建設に投入し、重工業の発展を牽引した[46]。しかしながら、このことはロシア資本主義が一九〇〇年恐慌の打撃を他国より強く受ける結果を生み、シベリア鉄道の建設工事の減少も重工業の苦境に追い打ちをかけた。間接税の重課の下で窮乏化した農民は、一九〇二年に反地主暴動的な運動に立ち上がり、地主はウィッテの政策を激しく非難し、プレーヴェら反ウィッテ派を支援した。それ故、ウィッテの失脚と日露開戦については、その前提条件の多くがウィッテ自身の経済政策と極東政策によって作りだされたと言わなければなるまい。

日本では、ウィッテの失脚とほぼ同じ一九〇三年七月に、ロシアとの妥協を追求してきた伊藤博文が枢密院議長に祭り上げられたため、日露交渉は、沸騰する開戦世論を背後にもつ小村外相を中心とする強硬派が担当することになった。日露双方が強硬派を前面に押し出しての交渉となった以上、まとまるはずがないというのが従来の見方であった。もっとも、伊藤を戦争回避に活躍した政治家として単純に捉えるのは、先にウィッテについて指摘したのと同様な留保が必要であろう。すでに指摘したように、日清戦後経営の企画にさいして、軍拡の抑制を主張する松方蔵相を辞任に追い込み、ロシアを仮想敵国とする大々的な軍拡案を決めたのは、ほかならぬ伊藤首相であったからである。

こうした交渉決裂を不可避と見る古くからの通説に対して、例えば、伊藤之雄氏は、日本側が朝鮮北部に中立地帯を設定することにこだわるロシア案に絶望していくのと対照的に、ニコライ二世はしだいに妥協的姿勢に変化し、一九〇四年一月二八日の会議で中立地帯設定の条件を削除した回答が決まったが、駐日公使ロマン・ローゼンのもとに届いたのは二月七日であって、日本側が五日に下した開戦の命に間に合わなかったことを指摘し、「ロシア側回答がもう少し早いか、日本側のロシア不信がもっと小さければ開戦を急がず、戦争が避けられた可能性がある」(47)と論じた。かかる見解に対して、和田春樹氏は、ニコライ二世は、一月二八日に一旦中立地帯条項の削除を許可しながら、再びそれを特別秘密条項の形で提案すべきだと、ウラディーミル・ラムズドルフ外相に命じたことを明らかにし、ロシア側の妥協的姿勢が本物ではないことを指摘した[48]。その結果、ロシア側の妥協案が日本に伝わらないうちに、日本が開戦に踏み切ったという説は成り立たなくなった。和田氏は、しかし、ロシアのラムズドルフ外相のような対日妥協案によって戦争を回避できるという考えも、日本側の大陸への膨張路線から見て不正確だとする[49]。なぜならば、小村外相の交渉は、もともと戦争を回避するためのものではなく、戦争のための準備であり、外相と参謀本部の判断は、交渉で朝鮮を日本のものだと主張すればロシアは拒否するだろうから、そこでシベリア鉄道の完成前のチャンスに戦争を始めようというものだったからだという[50]。

ここでは、日本陸軍がロシアとの早期開戦を望んでいたことの傍証として、ロシアが鴨緑江の朝鮮側に砲台を作り、朝鮮内部に軍事的に進出し始めたという偽情報を繰り返し日本の新聞社に流し、開戦世論を煽った事実を指摘したい。ロシア皇帝の側近ベゾブラーゾフが提案した鴨緑江林業会社は、当初の計画では、旅順とウラジオストックを結ぶ中央にある軍事拠点としての性格を帯びていたが、ウィッテらの反対を受けたため、一九〇三年四月に皇帝が承認したのは純粋な商業的会社であり、材木の伐採と水上運搬という危険な作業の警備には兵士が協力することとされていた[51]。にもかかわらず、同年五月と一〇月には、河口近くの龍岩浦にロシア兵が兵営や砲台を建設しているという情報を日本の新聞が盛んに書き立てた。大山梓氏は、この情報は日本の陸軍将校によるでっち上げではないかという疑問を早くから提示していたが[52]、その後も、何らかの軍事施設が実在したとする説が跡を絶たなかった[53]。和田氏は、『東京朝日新聞』一九〇三年一〇月六日号が一面トップに「龍巌浦砲台建築実況」という特派員報告を載せ、日野大尉とともに実見したところ、山上に砲台があったと報じていることを紹介しているが[54]、同日の『時事新報』も「露人の砲台築造」と題して、「露国が龍巌山に砲台を築造しつつあるは事実なり、尤も器械備付は未だ為さざるも四門の大砲は既に到着し居ると云ふ」と記し、一〇月三一日の記事「露国の龍巌浦経営」は、「大砲二門を据付け百五十名の武装せる露兵あり」と軍事施設の建設が進んでいる様子を伝えている。いずれも伝聞記事であり、情報源は陸軍将校だったようである。ところが、一一月三日には、外務省が派遣した「萩原書記官視察談」という次のような記事が載っている。

露兵は今尚ほ義州付近に往復し居れど何れも森林会社の材木取り集めの為めにして軍事的意味を有せず、余が曩に龍巌浦に上陸せんとしたる際は、種々の口実を設けて拒みたるも、其後安東県の守備隊長パブロフを訪問し其紹介に依り二十八日更に龍巌浦に来りしに、此度は快く内部を開放し二晩同地に留め非常の待遇を為し、塞営の全部を観覧せしめたり。所謂砲台は約五間位なる煉瓦の高台にして余が見たる当時は、土砂貨物を以て覆ひ居たれば詳細を知るに由なきも砲台として位地の不適当なるは何人も認め得べき所なるべし。左れど其規模は極めて広大にして永久的のものなる事は疑ひなし。且つ其辺を航行せんとする一般の船舶に対しては、露兵之を拒み夜間は勿論白昼にても常に発砲しつつ頗る厳重に警戒し居れり……[55]。

すなわち、材木の伐採と輸送のための警備兵がいるだけで、当時としては代表的な「大量破壊兵器」たる砲台は見当たらなかったというのである。新聞記事は、しかし、とにかく大きな永久的施設を作っていることは間違いないし、ロシア兵が物々しい警戒をしていることを強調し、従来の報道との辻褄合わせをしているが、警備兵は鴨緑江を使って運搬中の材木が盗賊に奪われないために不可欠であったと見るべきであろう。それを朝鮮内へのロシアの軍事侵入として騒ぎ立てる陸軍将校の情報は、開戦に向かっての世論操作のための虚偽情報であり、それに乗っかって騒ぎ立てたジャーナリズムの態度はいつものことながら問題を孕んでいた[56]。

日露開戦に対する国民各層の態度については、必ずしも明らかでない。ブルジョアジーの多くは開戦に消極的であったが、三井財閥の理事高橋義雄が「朝鮮における帝国の権威利権を無視するものあれば、日本は干戈もあえて辞するところにあらず[57]」と述べたように、彼らも朝鮮での利権にはこだわっていた。そして、一九〇三年一一月一〇日に、『東京経済雑誌』の田口卯吉らジャーナリストを発起人として帝国ホテルで開かれた時局問題大懇親会には、政治家・ジャーナリストに加えて、渋沢栄一・益田孝・大谷嘉兵衛・雨宮敬次郎・鈴木藤三郎ら実業家たちも集まり、立憲政友会の大岡育造が読み上げた「吾人は信ず、時局の今日の儘に推移するは我国の利権を保全し東洋の平和を維持する所以にあらずと、故に挙国一致当局者をして速かに断然たる処置に出でしめんことを期す」という決議を可決した。[58] 渋沢らは強硬派の対露同志会とは一線を画そうとしていたというから、[59] その態度は必ずしも積極的ではなく、ジャーナリストや政治家・軍人に追従しただけだったと言えよう。立憲政友会幹部の原敬が、開戦後の一九〇四年二月一一日の日記に、「我国民の多数は戦争を欲せざりしは事実なり、……山県の内心は知らず、松方は論ずるに足らず、伊藤、井上は非戦論なるも明らかにこれを主張するものにあらず、而して一般国民中実業者はもっとも戦争を厭うも表面にこれを唱うる勇気なし、かくのごとき次第にて国民心ならずも戦争に馴致せし〔引き込まれた〕ものなり」[60] と記しているが、その辺りが真相だったと言えようか。そうだとすれば、一九〇三年の日露交渉の時点でのブルジョアジーを含む国民や元老たちは、純軍事的観点から早期開戦を唱える陸軍中堅層と政府を率いる桂首相・小村外相にずるずると引きずられる形で開戦に至ったのであり、開戦を回避できる選択がありえたとすれば、日清戦後経営が一八九五年八月の松方蔵相の辞任を機に、対露戦に向けての大規模軍拡へと舵を切った時点、あるいは、京釜鉄道会社が設立されて工事を始めた一九〇一年八月まで遡る必要があるように思われる。

四　植民地帝国の構築とその初期の特質

以下、台湾と朝鮮、そして南満州の植民地化の過程と、それらの植民地ないし半植民地を日本政府は経済面でどのように位置付けつつ支配し、開発せんとしたかを検討しよう。

日本が最初に植民地とした台湾は、中国との下関条約の結果、日本が領有したために、朝鮮の場合と比較して、あまり大きな抵抗もなく植民地支配が成立したと思われることがあるが、それは大きな誤りである。支配者として台湾へ赴いた初代総督樺山資紀が直面したのは、旧清国軍と台湾人義勇軍による領有阻止の抵抗であり、樺山は二個師団余の軍隊を投入して半年がかりで台湾を占領しなければならなかった。しかも、一八九五年末から再発した民衆の武装抗日闘争に対して、日本軍は「各村毎に綿密に家屋を捜索し、銃器刀槍を以て抵抗するものは固より兇器を所持せしもの不穏の挙動を為す者は悉く之を銃殺し、兇器は悉皆之を破毀し其の家屋も共に焼燬《しょういん》」[61]するという無差別報復的討伐をもって応じたため、闘争はゲリラ化しつつ激化し、児玉源太郎第四代総督と後藤新平民政長官が、強力な警察力と「保甲制度」という台湾古来の連帯責任制度とを用いて抵抗者を孤立させるに及んで、ようやく一九〇二年にほぼ平定したが、それまでの八年間に殺された台湾人は全人口の一%を超える三万二千人に達した。この死者数は後述する朝鮮義兵闘争の死者数を上回っていることに留意したい。さらに、山岳地帯に住む原住民の高砂族の抵抗はその後も持続し、多数の軍隊・警察を動員した平定作戦が一九一五年まで続いた。[62]

このような台湾民衆の抵抗は、日本政府の出兵費用を膨張させ、総督府民政費への補充と合わせた「台湾諸経費」は年々巨額にのぼった。日清戦争は終わっていたから、この費用は一般会計から支出しなければならない。一八九六年三月に第二次伊藤内閣が第九議会へ提出した増税の第一の理由は総額一八四九万円に達する「台湾及威海衛関係歳出」であったが、九七年三月に第二次松方内閣が第一一議会へ提出したが不成立に終わった地租・酒税増徴案も、その根拠とされた歳入不足額の六割は「台湾諸経費」一三七二万円によるものであり、さらに九八年六月に第三次伊藤内閣が第一二特別議会へ提出して否決された増税案も九九年度に予想される歳入不足原因の筆頭に「台湾諸経費」一一二四万円を挙げていた。[63] 第二次松方内閣、第三次伊藤内閣と、相次ぐ内閣の交代をもたらした地租増徴要求の最大の原因が出兵費用によって激増した「台湾諸経費」にあったというこの事実は、最初の植民地の完全掌握に向かって弾圧を重ねる日本軍と警察への台湾民衆の抵抗こそが、不安定な日本の政局をもっとも奥深いところで規定していたことを意味している。

朝鮮植民地化の画期となったのは、日露戦争であり、一九〇五年七月に来日中のアメリカ陸軍長官ウィリアム・ホワード・タフトは桂首相との協定で、アメリカのフィリピン統治を認めることを条件に、日本による韓国の保護国化を承認し、八月の日英同盟の改定にさいして、イギリスは軍事同盟の範囲にインドを含めることと引き換えに、日本による韓国の保護国化を承認し、九月のポーツマス条約第二条では、ロシア政府は日本の韓国支配を承認した。そうした列強との根回しを前提に、同年一一月には第二次日韓協約が締結され、日本政府は韓国の外交権を接収し、列強の韓国駐在公使は次々と本国へ撤退した。この協約については、脅迫による強制調印であるから、不当であるだけでなく国際法上も不法であり無効であるとする意見が韓国の政界・学界では根強い。これに対して、海野福寿氏は、当時の国際法学者の見解を検討し、条約締結者個人への脅迫による条約は無効であるが、国家に対する脅迫による条約は有効とされていたとして、そうした基準に照らす限り同協約は合法・有効であったと思われるが、国際法研究者によるさらなる検討が必要だとする。[64] 海野説は、もともと「合法であることは、日本の韓国併合や植民地支配が正当であることをいささかも意味しない。……問題の本質は、併合にいたる過程の合法性如何ではなく、隣国に対する日本と日本人の道義性の問題ではないか、と思う[65]」と論じていたのであるが、「合法＝正当」と思い込む人々からの批判を浴びた。私は、「当時の帝国主義列強の共同支配のルールにすぎぬ国際法に照らして合法性をもつか否かという議論自体に、はたして意味があるかどうか疑問だが、この協約の強要は、とにかく建前上は韓国の独立を唱えてきた従来の日本の態度とまったく矛盾するものであり、一片の正当性もないことは明らかであろう[66]」と記したことがある。この問題を深めるためには、日本による韓国の強制併合が、当時の「国際法」に照らして合法であったか否かという議論にとどまるのではなく、今日においても客観性に乏しいと言われる「国際法」の歴史的あり方そのものを批判的に分析し、それが帝国主義世界秩序を如何に支えたかを究明する必要があろう。[67]

第二次日韓協約によって設置された統監府において、韓国への内政「指導」を開始した初代統監伊藤博文は、一九〇七年に起こったハーグ平和会議への高宗皇帝の密使事件を機に第三次日韓協約を結び、内政権を掌握し軍隊を解散させたが、皇帝を譲位させ皇帝権を制限しつつも王室を存置し、併合は行わなかった。そのため、伊藤は併合という形式的目標を放棄し、「保護国」として支配しようとしたのだという見解が唱えられている。[68] こうした見解に対して、最近、小川原宏幸氏は、併合には直轄植民地化、自治植民地化など複数の構想がありうるのであり、伊藤によって「構想された併合は、韓国併合によって行われた直接統治による植民地統治形態とは異なる、植民地軍の編成をも射程に収めた自治植民地に類似したものであった」[69]とし、「保護国」はそうした併合への移行段階と位置付けるべきだという注目すべき見解を打ち出した。小川原氏によれば、伊藤は、義兵闘争への厳しい物理的弾圧を行ったことと、[70]皇帝巡幸を民心収攬に利用する試みが失敗したことによって、そうした併合構想を諦めて統監を辞任したのであり、代わって優位を占めた急進的併合論の下で併合がなされ、武断統治が登場したという。

以上のような台湾・朝鮮の場合と比べると、南満州で獲得した利権については事情が大きく異なっていた。ポーツマス条約の結果、ロシアから譲渡された旅順・大連の租借権と長春・旅順間の鉄道等の権利をどのように活用するかについて、日本政府には当初確定した見解がなかったからである。とくに鉄道については、井上馨のように日米合同で経営するという構想と、小村寿太郎のように日本政府が中心となって経営する構想が対立した。アメリカの鉄道王ハリマンが来日して日米共同経営の提案をした時に、井上は資金難の打開策として大歓迎し、財界人も賛成した。ところが、ポーツマスから帰国した小村外相が、この共同経営案に強硬に反対したため、日本政府がハリマンと結んだ覚書は白紙に戻された。[71] 帰国途上の船中で小村が起草した「韓満施設綱領」によれば、「韓満経営」

は、「韓国ニ於ケル帝国ノ事実的主権ヲ擁護確守シ、満州ニ於ケル帝国ノ勢力ヲ維持確立シ、以テ自営ノ途ヲ全フシ、経済力ノ発展ヲ図ルヲ以テ其主要ノ目的」とすべきで、軍事拠点として考えるだけでなく経済発展を図るべきだとしていた。そして、満州の鉄道は、「東清鉄道ノ例ニ倣ヒ、表面上日清共同ノ事業トシ、実際我ニ其実権ヲ掌握スル」べきだと主張したのである。陸軍内部では、ロシアの復讐戦を心配する山県有朋が大軍拡を唱えつつ満州経営には消極的であったのに対し、ロシアの復讐戦を山県ほど心配しない児玉源太郎は、イギリス東インド会社をモデルとした積極的な植民地鉄道経営を構想していた。しかし、小村・児玉に代表される積極的な満州経営論は、門戸開放を求めるアメリカ・イギリス等の要求に応じて満州の軍政撤廃を決めた伊藤博文の反対によって、当面封じ込められ、満州経営は抑制されることになったという[72]。

ところが、実際に南満州鉄道会社を設計し立ち上げる話となると、担い手として衆目が一致したのは、台湾で植民地経営の実績をもつ児玉源太郎であり後藤新平であった。二人は日露戦争の最中から戦後の満州経営について意見を交換し、ポーツマス条約締結直後には、「戦後満州経営唯一ノ要訣ハ、陽ニ鉄道経営ノ仮面ヲ装ヒ、陰ニ百般ノ施設ヲ実行スルニアリ。是ノ要訣ニ随ヒ、租借地内ノ統治機関ト、獲得セシ鉄道ノ経営機関トハ、全然之ヲ別個ノモノトシ、鉄道ノ経営機関ハ、鉄道以外毫モ政治及軍事ニ関係セサル如ク仮装セサルヘカラス」という有名な「満州経営策梗概」を仕上げていた[73]。

実際の満鉄は、半官半民の株式会社であるから、この構想とはかなり異なるとはいえ、満鉄の経済活動が満州経営の中心をなしつつ、関東軍による満州植民地化の舞台となったことはその後の歴史が示す通りである。彼らの満州経営構想が、イギリスのインド植民地化の経験を参照して形作られたことは、小村の構想がロシアの東清鉄道の経営を引き継いだこととともに、帝国主義者相互のつながりを示しているが、日露戦争が民族独立運動の発展の画期となり、中国の利権回収熱が高まって行くことを考えると、イギリスとロシアのモデルはもはや時代遅れになっていたことに、日本のリーダーたちは気付くべきであった。

小村外相は、中国政府との交渉によって一九〇五年一二月に「満州に関する日清条約」を締結し、ロシアからの利権譲渡が一応確定したが、中国と韓国の国境画定問題（間島問題）や日本軍が戦争中に敷設した安奉線（鴨緑江北岸の安東と奉天を結ぶ軍用鉄道）の問題、中国側の満鉄平行線の敷設問題などをめぐる交渉は長引き、〇九年九月に至ってようやく決着した。中国側の予想外に強硬な交渉姿勢は、それまで満州経営に消極的姿勢だった山県を却って頑なな積極的姿勢に転換させ、一九〇九年四月の「第二対清政策」において、山県は、大規模な経営を行うことによって租借期限終了後の撤退を事実上不可能にするべきだという強硬策の提言を試みた。こうして陸軍中央は児玉・後藤が唱えた大陸積極経営の方向に合流していくことになった(74)。

この時の中国政府による利権回収の動きを支援したのが、一九〇九年一二月にアメリカによって提案された、満州の鉄道を列国が資金を出して買い上げさせるという満州鉄道中立化構想であった。門戸開放を求めるこの提案は、日露が結束して反対し、英仏も賛成しなかったため、失敗に終わったが、これを契機に、日露両国は一九一〇年七月、第二次日露協約を締結して、東清鉄道と満鉄への中国やその他の国々からの異議申立てや干渉を協力して排除した。こうして、日本の満州経営をめぐる帝国主義国同士の対立はひとまず収まったが、中国との対立は潜在化しつつ持続し、満州経営そのものを不安定化させる根底的な要因となる。

それでは、日本政府と民間は、台湾植民地、朝鮮植民地、および半植民地の南満州を、経済的にどのように位置付けていたのであろうか。その問題を、時期をやや広めにとって、日本との貿易関係からアプローチしよう。

表8から、まず明らかなことは、いずれの地域もこの時期に日本との関係を軸として対外貿易が飛躍的に拡大していることである。一八九五年に日本の植民地となった台湾の場合は、対日比率が一九〇五年には過半を占めるまでになり、その後も傾向的に対日比率を高めつつ貿易を拡大しており、満州も〇五年以降、対日貿易が急増してい

表8　台湾・朝鮮・満州の対日貿易と比率

（百万円・％）

年	台湾				朝鮮				満州	
	輸移出		輸移入		輸移出		輸移入		輸出	輸入
	対日	（％）	対日	（％）	対日	（％）	対日	（％）	対日	対日
1901	7.3	47.1	8.8	40.7	7.5	87.3	9.1	61.6		
1905	13.7	56.2	13.5	55.2	5.6	70.9	24.0	72.9		
1911	51.5	79.6	33.7	63.3	13.3	70.7	34.1	63.0	31.9	34.8
1914	45.7	77.9	39.9	75.4	28.6	81.6	39.0	61.3	45.8	39.1
1919	141.9	79.9	90.5	58.8	199.8	90.0	184.9	65.3	213.5	218.0
1925	215.2	81.8	129.9	69.7	317.3	92.9	234.6	69.0	193.4	180.9

出典）金子文夫「資本輸出と植民地」大石嘉一郎編『日本帝国主義史1　第一次大戦期』（東京大学出版会，1985年），東洋経済新報社編『日本貿易精覧』（同，1935年），大蔵省『大日本外国貿易年表』明治44年。

備考）比率は輸移出ないし輸移入合計に占める対日分の百分比。

る。朝鮮の場合は、一九一〇年の植民地化以前から対日比率が高かったことはすでに述べたが、その後の貿易の拡大はきわめて急速である。堀和生氏の指摘によれば、日本とこれらの地域の貿易の結合度の緊密さは、欧米列強の対植民地の場合をはるかに上回っていたという[75]。そのさい注目されるのは、台湾ついで朝鮮が、日本に対してしだいに移出超過になっていくことであり、円通貨圏に包摂された両植民地からの移入に頼ることによって、日本本国からの正貨流出が節約されたことである。日清戦争以降、貿易の入超に悩まされ続ける日本は、植民地に入超をカバーする役割を負わせていた[76]。例えば、日本政府は、台湾糖がジャワ糖よりも価格が高いにもかかわらず、一九一一年以降は関税障壁によって日本の製糖会社が台湾糖を原料として利用するように仕向け、正貨の流出を防いだのである[77]。

次に、これらの地域の日本との貿易の内容については、日本からの綿織物を中心とする繊維製品の輸移入と、日本への砂糖・米穀・大豆の輸移出という形を基本としていた。もちろん、第一次世界大戦以降になると、日本からの綿製品だけでなく鉄鋼・機械など重工業製品の輸移入も始まるが、輸移入品の基本はあくまでも繊維製品であった[78]。綿織物の輸移入が地域に与えた影響は、台湾・満州のように在来綿織物業がほとんど存在しなかったところと、朝鮮のように在来綿織物業が存続していたところでは、対照的であった。台湾は、中国社会の辺境に位置しつつ、対岸福建省との交易と一八六〇年代の開港以降の対外貿易を通じて、茶業・糖業を中心に商品経済化がきわめて進んでいたが、繊維産業は未発達であり、台湾人が必要とする繊維製品は大陸商人や外国商人によって供給されていた。したがって、日本の綿製品の移入は、それまでの中国産ないし外国産の綿製品に入れ替わっただけで、在来産業への打撃とはならなかった。類似の事態は満州においても生じ、日露戦後には日本綿布がカルテル活動や政府の鉄道運賃補助に支えられて米英綿布を駆逐したが、ここではその後も、中国綿布との競合が続いた点が、台湾と異なっていた(79)。これらに対して、朝鮮では、すでに述べたように、日露戦争までは交通路の未整備と通貨の不安定が在来綿織物業の競争力を保護していたが、日露戦争を契機とする統監府の下での半島縦断鉄道の整備と第一銀行券を用いた通貨改革が、安価な日本綿布の侵入を促進し、在来綿織物業を壊滅させていった。一九〇七年をピークに朝鮮の綿糸輸入が減ったことは、安い輸入綿糸を使って生き延びようとする同国の綿織物業者の努力が挫折したことを示している。

こうした綿製品の輸出の対価として日本へ輸移出されたのが、台湾の砂糖と米穀、朝鮮の米穀と大豆であり、満州の大豆・豆粕であったことは、しばしば指摘される通りである。ここで検討したい問題は、これらの農産物（ないしその加工品）とともに、鉱産物の移輸出がどの程度あったかということである。何故ならば、植民地経営の狙いは、本国経済の不足を補完することに置かれており、とくに地下資源の不足が問題視されていたからである。一九二一年（大正一〇）九月に朝鮮総督府において開催された産業調査委員会では、水野錬太郎政務総監が「産業ニ関スル一般方針」として「朝鮮ハ帝国ノ領土ノ一部デアルカラシテ、朝鮮産業ニ関スル根本方針ハ、素ヨリ帝国ノ産業政策ニ順応シテ行カンケレバナランノデアリマス」と述べ、「工業原料ノ如キ内地デ相當必要デアルガ不幸ニシテ内地デハ生産ガナクテ朝鮮デ生産ガ出来ル種類ノモノハ之ヲ内地ニ供給スルト云フ方法ヲ採ルノ必要ガアルデアラウ」と説明した。これを受けて、委員の賀田金三郎（一八五七―一九二二、大倉組に勤務したのち独立して合資会社賀田組を創立、台湾さらに朝鮮で活躍した）は、「内地デ必要ダガ生産ノ出来ナイ重要生産品ニシテ朝鮮デ生産ヲスルモノガアリマス、鉄トカ棉トカハ即チ夫レデアリマス、之ハ内地デハ殆ド得ラレマセンガ、今後益必要ナル品物ナノデアリマス」と論じた[80]。とくに鉄鉱石は、日本政府と軍部が、満州事変・日中戦争を引き起こしてまで獲得しようとした重要資源にほかならない。

鉄鉱石については、台湾・朝鮮において探索が行われたが、台湾ではわずかな鉄資源しか見つからず、朝鮮の鉄鉱石も必ずしも十分な産出を見なかった。台湾鉱業は、一八九〇年代初頭に発見された「砂金」と「山金」からなる産金業が日本人資本家によって行われたが、第一次世界大戦中に衰え、代わって石炭採掘業が中心となり、一九二〇年には鉱産額合計一〇八八万円の八四％を占めた。大戦期の鉄価格の暴騰にさいしては、台湾の鉄資源も「漸ク世人ノ注目ヲ引キ、大正七年中淡水付近ニ砂鉄・鉱区ノ設定セラルルヤ小規模ノ製錬所ヲ設ケテ事業ニ着手シ、同年下半期ニハ七千七十三斤ノ木炭銑ヲ産シタリ。之ヲ本島産鉄ノ嚆矢トス。翌八年更ニ九千三百二十五斤ヲ産セシモ俄然鉄価暴落ニ会シ終ニ閉鎖ノ止ムナキニ至レリ」と記録されている。一九二〇年には鉄の生産は皆無であり、台湾の鉄資源は問題外となった。それに対して、石油について、「総督府ハ鋭意鉱物調査ヲ施行シ、島内各地ニ多数ノ油田地ヲ発見」したとされているが、経済的に採掘可能かどうかは試掘の結果を待たねばならない[81]。一九一二年に宝田石油会社が新竹州の出礦坑で掘削した第十八号油井が「深度百三十五間ニ於テ一油座ニ会シ、現ニ日産五六十石ヲ採掘スルノ盛況ヲ呈スルニ至」ったことをもって、総督府は「斯業ハ将来本島ノ一大富源タルヲ失ハサルナリ」[82]と大喜びであったが、一七年には日本石油会社が試掘中の第三号油井が深度四〇八間の箇所で土砂崩壊のため掘進不可能に陥るなど、試掘は難航し[83]、二〇年の石油産額は二一万円に過ぎなかった。こうして、「本島の鉱業は唯一採炭業を除外として他は殆ど称するに足るものがない[84]」と評されることになったのである。

朝鮮鉱業の中心も当初は台湾と同様に産金業であったが、その担い手はほとんどが欧米資本家であった点が台湾と異なっていた。すなわち、一八九六年にアメリカ人が朝鮮王室の特許を得て雲山金鉱を経営したのをはじめとし、一九〇一年にはフランス人が昌城金鉱を経営し、〇五年にはイギリス人が遂安金鉱を経営するなど、朝鮮での産金業は欧米資本が圧倒的な地位を占め、そうした状況は植民地化されてからも続き、二〇年の鉱産額（銑鉄を除く）合計一五九四万円の四〇％を占めた産金額六三七万円の七四％は欧米系の金鉱によるものであった。[85]鉱産額合計に占める産金額の比率は、一九一〇年には八四％という圧倒的な高さであり、総督府が一一年から一六年にかけて毎年実施した各道の鉱床調査も、担当者の説明によれば、「実際ニ調査ヲ行ッタノハ金鉱ダケ」[86]という有様であった。鉄鉱石と石炭の採掘が徐々に目立つようになったのは、日露戦後からであり、官営八幡製鉄所は、一九〇六年から朝鮮鉄鉱石への依存を深め、一〇年には朝鮮政府直営の殷栗・載寧両鉄山を接収、朝鮮鉄鉱石は〇八年から二一年までの同製鉄所の鉄鉱石需要のほぼ三分の一を提供した。[87]民間では三菱合資会社が、一九一一年に兼二浦鉄山を買収したのを手始めに、付近の諸鉄山を次々と買収して原料基盤を確保しつつ、兼二浦製鉄所の建設を決めたが、一八年に操業を始めてみると、予定していた鉱区からの鉄鉱石は品位と数量の両面で問題があったことが判明した。兼二浦製鉄所は、その不足を官営八幡製鉄所が朝鮮に所有する載寧鉄山の採掘を委任されて一部を利用したほか中国・朝鮮の各種鉄鉱石の購入によって補塡したが、そのことはコークス用石炭を全面的に輸移入に頼らざるをえなかったことと並んで、同製鉄所の拡張を原料面から制約せざるをえなかったであろう。[88]官営八幡製鉄所の場合も、一九二二年以降の朝鮮鉄鉱石の利用は減少し、鉄鉱石需要の一〇％台を満たすにとどまった。こうして、一九二〇年代には、鉄鉱石の供給を植民地朝鮮に頼ろうとする方針は、官営八幡製鉄所においても民間製鉄所においても、大きな限界があることが判明したのである。なお、植民地期の朝鮮においては、石炭の移輸入が移輸出を上回り続け、石油も移輸入のみが増加し続け、一九三〇年代にも燃料資源として「石油は目下のところ絶望である」[89]と見做されていた。

最後に、満鉄を基軸とする満州経営について一九一〇年代までの初期の特徴を簡単に見ておこう。一九二〇年代の満鉄については、後で章を改めて検討したい。日露戦後の満州をどのように経営するかに関連して、陸軍では、ポーツマス条約が結ばれた直後の一九〇五年一〇月から一二月にかけて大規模な経済調査を実施した。すなわち、平野健一郎氏の研究[90]によれば、台湾総督府から移って関東州民政署民政長官に就任した石塚英蔵を委員長とする大規模な「満州産業調査」委員会が、現地に乗り込んで「満州富源ヲ調査」し、大部の報告書を作成した。この調査は、台湾での石塚の上司であり、陸軍内で満州経営に積極的であった児玉源太郎が推進し、農商務省も委員の大部分を派遣して協力したとされており、おそらくその通りであろう。しかし、農商務省では、この満州産業調査（＝「満州利源調査」）に先立ち、朝鮮で同様な産業調査を実施しており、満州についても単なる協力者以上の役割を演じたと見ることができる。朝鮮鉱業の実態を調査した報告書には、「日露戦役ニ際シ満韓利源調査ノ挙アリテ韓国ニ於ケル鉱産調査ハ一昨年即チ明治三十七年末ヨリ本年〔三十九年〕一月ニ亘リ五区域ニ区分シ施行セラレシナリ[91]」と、まだ旅順要塞が陥落せずに激戦が続いている時期に、早くも戦後の朝鮮支配を想定しての産業調査を開始しているのである。鉱業以外の朝鮮産業調査は不明であるが、鉱業については一〇名の農商務省技師がそれぞれ六―七カ月を使って調べ上げた調査であった。問題は、朝鮮での調査結果のほとんどが産金に関するもので、鉄鉱石や石炭についてはは具体的な言及がきわめて限られているのに対して、満州での調査では、「南満州における主要な鉱産物は石炭と鉄であること、それに若干の金鉱が有望視されることが指摘された」ことであり、とくに撫順炭田については綿密な調査がなされ、「年々百万―二百万トンの採炭を継続して少なくとも数十年を支えうる炭量があると判定した」ことである[92]。『満州産業調査資料（鉱産）』は、撫順炭田の石炭埋蔵量について、乏しい手がかりから七億トン程度と推定しているが[93]、それは後年の試錐に基づく九億トンの推定と大差なかった。したがって、年産

「百万―二百万トン」という採炭は随分と低めに見積もったと言えよう。実際、同炭鉱の出炭量は、一九一一年には一〇〇万トン、一三年には二〇〇万トンの大台に乗せ、二〇年代には七〇〇万トン台に達するのである。[94]鞍山製鉄所の基になる鞍山鉄鉱が満鉄社員によって発見されたのは一九〇九年のことであるが、〇五年の調査においても中小規模であるが相応の品位の鉄鉱が数多く報告されており、南満州が石炭と鉄鉱石の宝庫であることがほぼ確実なこととして把握されていたと言ってよい。この点、同時期の韓国鉱産調査の結果との違いは明白であり、それだけに韓国経営にとどまることなく満州経営へと拡大・膨張せねばならぬという思いを日本政府の官僚が抱いたとしても不思議でない。なお、同調査のさいの農業調査では、平野論文が指摘したように、日本人の満州農業移民の可能性については悲観的であったことも留意されるべきであろう。その最大の理由として調査官が指摘するのは、「一度満州ニ入リ山野ノ実況ヲ目撃シタルモノハ満州ノ山野ノ如何ニ能ク耕作セラレ空地ト称スヘキモノハ極メテ少キニ驚カサルハナシ」という厳然たる中国人農民の活動の姿であった。こうした基本的事実を見落としたところに、後年の満州移民という計画が浮上することになるのである。

満鉄は、スタートから予想以上の好成績を上げた。その原因は、大豆と石炭の輸送から巨額の運賃が入ったことと、撫順炭鉱の収益が多額に上ったことである。[95]大豆・豆粕は古くから中国関内に移出されていたが、日清戦後は日本で豆粕が魚肥に代わる主要肥料としての地位を占め、日露戦後の一九〇八年からはヨーロッパでの石鹸・マーガリンなどの原料として需要されるようになり、満州大豆は文字通り世界商品となった。大連港からの大豆輸出を行う満鉄は、大豆の主産地である北部満州を通ってウラジオストック港へと大豆を輸送する東清鉄道や、内陸水運を通して営口からの移輸出を行う中国商人と対抗しつつ、その取扱量を増加させていった。[96]撫順炭鉱から大連港への石炭輸送の運賃収入は、大豆輸送に比べて輸送距離が短いこともあって、大豆輸送の運賃収入のせいぜい半分程度であったが、そうした運賃を支払った上での鉱山収益が多額に上り、満鉄としては双方を合計すると一九一七―

一九年には石炭関係の推定収益が大豆関係の収益を上回っていることが注意されなければならない[97]。そのことは、満鉄の活動の中心が、中国人大豆生産農家より中国人商人（＝糧桟《リャンザン》）を介して大豆を買い占める日本人商社から運賃を得るというものから、しだいに撫順炭鉱で中国人労働者を安く働かせるという生産活動に重点を置く方向に移っていくことを意味しているからである[98]。

そうした生産活動の拡張の線上に、鞍山製鉄所が登場する。満鉄は一九一七年から一九年の三年間だけで合計三〇一一万円を投入して鞍山製鉄所を建設したが、この金額は鉄道投資の三五二三万円にはわずかに劣るが、鉱山投資の二二四二万円を大きく上回っており、この三年間における満鉄の社内事業投資の二五％に相当していた。かかる巨額の投資に充てるために、国内での株式払込と社債募集が行われた。大戦前のような海外での社債発行に依存せざるをえない状態から、日本経済と満鉄は確実に脱却しつつあったと言えよう。しかし、かかる海外投資のためには、鉱山採掘権が確保されていなければならない。満鉄は、前述のように一九〇九年に鞍山鉄鉱を発見して以来、製鉄業への投資を計画していたが、実際の投資が始まったのは、一五年にかの二十一カ条要求によって、日本政府が関東州・満鉄付属地以外の土地取得権、居住・往来・営業の自由、鉱山採掘権といった新権益を強引に獲得してからのことであった。「二十一カ条要求による権益拡張と内地過剰資金の導入を契機とし、重工業基礎資源の開発を目的とした点において、鞍山製鉄所の設立は大戦期日本の帝国主義的膨張の典型といってよい[99]」という金子文夫氏の評価は的確であると言えよう。そして、このことは、日中間の民族矛盾が抜き差しならぬ水準に向かって緊張度を高め始めたことを意味していた。本書では、その矛盾がどのような形で爆発するかを跡付けたいと思うが、その前に、第一次世界大戦における「戦争」の画期的な変容が、日本の政府と軍部によってどのように把握され、その対外膨張の構想に如何なるインパクトを与えたかを見ておきたい。

注

(1)石井寛治『日本経済史〔第二版〕』(東京大学出版会、一九九一年)一七五―一八二頁。
(2)山田盛太郎『日本資本主義分析――日本資本主義における再生産過程把握』(岩波書店、一九三四年、岩波文庫版、一九七七年)文庫版二一九頁。
(3)高村直助『日本紡績業史序説』上巻(塙書房、一九七一年)、二三七頁。
(4)佐藤昌一郎『官営八幡製鉄所の研究』(八朔社、二〇〇三年)、井上馨侯伝記編纂会『世外井上公伝』第五巻(内外書籍、一九三四年)、二九六―三〇二頁。
(5)中村政則「日本資本主義確立期の国家権力――日清「戦後経営」論」『歴史学研究』別冊特集「歴史における国家権力と人民闘争――一九七〇年度歴史学研究会大会報告」一九七〇年。
(6)室山義正『近代日本の軍事と財政――海軍拡張をめぐる政策形成過程』(東京大学出版会、一九八四年)二一五―二四八頁。
(7)村上勝彦「植民地」大石嘉一郎編『日本産業革命の研究――確立期日本資本主義の再生産構造』下巻(東京大学出版会、一九七五年)。
(8)石井寛治「日清戦後経営」『岩波講座日本歴史16　近代三』(岩波書店、一九七六年)。
(9)室山義正前掲『近代日本の軍事と財政』三六九頁。
(10)神山恒雄『明治経済政策史の研究』(塙書房、一九九五年)第三章。
(11)三和良一・原朗編『近現代日本経済史要覧〔補訂版〕』(東京大学出版会、二〇一〇年)二頁より算出。
(12)添田寿一「今日の急務は軍備か将た実業か」『東洋経済新報』創刊号、一八九五年一一月。
(13)森山茂徳『近代日韓関係史研究――朝鮮植民地化と国際関係』(東京大学出版会、一九八七年)三三―五二頁。
(14)信夫淳平『韓半島』(東京堂書店、一九〇一年)一一頁。
(15)村上勝彦前掲「植民地」二三二―二五五頁。
(16)沢村東平『近代朝鮮の棉作綿業』(未来社、一九八五年)七二頁。
(17)月田藤三郎『韓国ニ於ケル棉作調査』(農商務省農事試験場、一九〇五年)八二―八三頁。
(18)同上、五六―六〇頁。
(19)この点に関連して、金洛年編、文浩一・金承美訳『植民地期朝鮮の国民経済計算 一九一〇―一九四五』(東京大学出版会、二〇〇八年)が、「近代的経済成長が植民地期に起きたという事実は、植民地統治が近代的経済成長をもたらしたことを意味するわけではない。マルサス的停滞から近代的経済成長への移行は、日韓併合以前の甲午改革(一八九四―一八九六年)以後にすでに始まっていたとみられる」（三六四頁）と記していることが注目されよう。ただし、マクロ的に見た成長の中味を産業部門別に吟味すると、そこには植民地化に伴う編成替えがあったことが、合わせて注意されなければならない。
(20) 幣原喜重郎「日韓貿易談」『朝鮮協会会報』第五回、一九〇二年一二月。
(21) 村上勝彦前掲「植民地」二九四―二九九頁。
(22) 同上、二九九―三〇六頁。
(23) 京仁鉄道については、取りあえず石井寛治『近代日本金融史序説』（東京大学出版会、一九九九年）五三二―五三三頁を参照されたい。
(24) 竜門社編『渋沢栄一伝記資料』第一六巻（渋沢栄一伝記資料刊行会、一九五七年）、三八九頁。
(25) 同上、四三二頁。
(26) 芳賀登ほか編『日本人物情報大系』第七八巻（皓星社、一九九九年）所収。
(27) 中村政則「日本ブルジョアジーの構成」大石嘉一郎編前掲『日本産業革命の研究』下巻。
(28) 村上勝彦前掲「植民地」三〇二頁。
(29) 尾崎三良「朝鮮の鉄道」竜門社編前掲『渋沢栄一伝記資料』第一六巻、四九六―四九七頁。
(30) 南亮進『日本の経済発展〔第三版〕』（東洋経済新報社、二〇〇二年）、谷沢弘毅『近代日本の所得分布と家族経済――高格差社会の個人計量経済史学（バイオグラメトリクス）』（日本図書センター、二〇〇四年）。
(31) 石井寛治前掲『近代日本金融史序説』五〇九、五二二頁。
(32) 森山茂徳「朝鮮における日本とベルギー・シンディケート」『年報・近代日本研究12　近代日本と東アジア』（山川出版社、一九八〇年）。
(33) 村上勝彦前掲「植民地」二七六―二九四頁。
(34) 高嶋雅明『朝鮮における植民地金融史の研究』（大原新生社、一九七八年）一〇〇―一一〇頁。
(35) 森山茂徳前掲『近代日韓関係史研究』八〇―九九頁。
(36) 石井寛治前掲『近代日本金融史序説』五二七頁。
(37) 村上勝彦「第一銀行朝鮮支店と植民地金融」『土地制度史学』第六一号、一九七三年。
(38) 粕谷誠『豪商の明治――三井家の家業再編成過程の分析』（名古屋大学出版会、二〇〇二年）四一頁。
(39) 石井寛治前掲「日清戦後経営」八八頁。
(40) 外務省編『小村外交史』（原書房、一九六六年）三二二頁。

(41) マーク・ピーティー、浅野豊美訳『植民地――帝国五〇年の興亡』(読売新聞社、一九九六年)二六―二七頁。
(42) 和田春樹『日露戦争　起源と開戦』下巻(岩波書店、二〇一〇年)、二一七頁。
(43) 佐々木揚「一八九五年の対清・露仏借款をめぐる国際政治」『史学雑誌』八八編七号、一九七九年。
(44) B・A・ロマーノフ、山下義雄訳『満州に於ける露国の利権外交史』(鴨右堂書房、一九三四年)一六〇―一六四頁。
(45) 菅原崇光「ウィッテの初期満州植民地化事業の性格とその階級構造」『史学』三九巻一・二号、一九六六年。
(46) 和田春樹「近代ロシア社会の発展構造」『社会科学研究』一七巻二・三号、一九六五年。
(47) 伊藤之雄『立憲国家と日露戦争　外交と内政　一八九八―一九〇五』(木鐸社、二〇〇〇年)二二五頁。
(48) 和田春樹前掲『日露戦争　起源と開戦』下巻、二八七頁。和田氏によると、日本の研究で最初にこの点を究明したのは、加納格「ロシア帝国と日露戦争への道」『法政大学文学部紀要』第五三号、二〇〇六年、である。なお、千葉功『旧外交の形成　日本外交一九〇〇―一九一九』(勁草書房、二〇〇八年)も、交渉の最終段階では、双方とも「満韓交換論」による妥協を望むようになったが、「それを交渉相手国に公然と伝えることができなかった」(一四六頁)ために、戦争回避に失敗したと論じたが、ニコライが秘密条項の形で中立地帯条項に固執していたことも指摘しており、妥協論と強硬論の関係は明確でない。
(49) 和田春樹前掲『日露戦争　起源と開戦』下巻、二七六頁。
(50) 同上、三八三頁。
(51) 同上、二九―三三、九三―九四頁。
(52) 大山梓『日露戦争の軍政史録』(芙蓉書房、一九七三年)。
(53) 海野福寿『日本の歴史18　日清・日露戦争』(集英社、一九九二年)九八頁、千葉功前掲『旧外交の形成』一一三頁。
(54) 和田春樹前掲『日露戦争　起源と開戦』下巻、一五一頁。
(55) ゴシックは『時事新報』の記事では大文字、石井寛治「情報の政治経済史――近代日本の場合」大阪経済大学『経済史研究』第一〇号、二〇〇六年。
(56) こうした帝国主義日本の「能動性」を、「帝国主義世界体制」に規定された余儀ない「選択」と見る江口朴郎氏の捉え方は、序章でも触れたように疑問である。江口氏はある会合で、「老人ですから多少の誤解も覚悟のうえで言いたいことを、率直に申し上げようと思います。十九世紀末から二十世紀初頭の転換期を、日本が明治憲法と教育勅語、そして日清・日露戦争というかたちでのりきったということは、世界史的に見ても、善かれ悪しかれ、たいしたことであったと思います。諸悪の根源に対して『善かれ悪しかれ』とは何だと、若い方々から批判をうけますが、ともかくも近代日本は、アジアのなかで中国・朝鮮を抑圧しイギリスにとって必要な軍事力としてサービスすること〔＝日清戦争〕によって自らの不平等条約から解放されるわけですが、これはやはり善かれ悪しかれというほかありませんで、たとえばあそこで、人民的解放の方向で玉砕していれば、今ごろは健全な政治文化のあり方となっていたというのかと問われたら、どう答えるのかという問題があるように思います」(江口朴郎『現代史の選択——世界史における日本人の主体性確立のために』青木書店、一九八四年、三八—三九頁)と述べているが、イギリスとの条約改正交渉が妥結したのは、日清戦争の故でないことは前述の通りであり、日露戦争も日本側の「能動性」なくしては起こりえなかったのである。

(57)『東洋経済新報』一九〇三年九月五日号、藤村道生「開戦世論の構造」信夫清三郎・中山治一編『日露戦争史の研究』(河出書房新社、一九五九年)一九六頁より再引用。

(58)『萬朝報』『東京朝日新聞』『時事新報』『中外商業新報』各一九〇三年一一月一一日号。

(59)『萬朝報』一九〇三年一一月一一日号。

(60)原奎一郎編『原敬日記』第二巻(福村出版、一九六五年)、九〇—九一頁。

(61)台湾総督府警務局『台湾総督府警察沿革誌』第二編上巻、三〇六頁、許世楷『日本統治下の台湾——抵抗と弾圧』(東京大学出版会、一九七二年)八二頁より再引用。

(62)黄昭堂『台湾総督府』(教育社、一九八一年)八六、九四—九八頁。

(63)松方正義『戦後財政始末報告』(一九〇〇年)一〇、二一—二三、四二—四六、四九—五五頁。

(64)海野福寿『韓国併合史の研究』(岩波書店、二〇〇〇年)二三四—二三九頁。

(65)海野福寿『韓国併合』(岩波新書、一九九五年)二四四—二四五頁。

(66)石井寛治前掲『日本の産業革命』二三八—二三九頁。

(67)韓国併合をめぐる論争については、『日本植民地研究』第一四号(二〇〇二年)所載の海野福寿「韓国併合等旧条約無効説と国際法」および木村幹「第三回日韓併合再検討国際会議」を見よ。論争の現段階については、安田常雄・趙景達編『近代日本のなかの「韓国併合」』(東京堂出版、二〇一〇年)参照。

(68)森山茂徳『日韓併合』(吉川弘文館、一九九二年)一四〇頁、石井寛治前掲『日本の産業革命』二三九—二四〇頁、もそうした見解を踏襲していた。

(69)小川原宏幸『伊藤博文の韓国併合構想と朝鮮社会——王権論の相克』(岩波書店、二〇一〇年)一九〇頁。

(70)海野福寿前掲『韓国併合』一八八頁によると、衝突義兵一四万一六〇三人、義兵側死者一万七六八八人、日本側死者一三三人。

(71)石井寛治前掲『日本の産業革命』二四二—二四七頁。

(72)小林道彦『日本の大陸政策　一八九五—一九一四』(南窓社、一九九六年)一〇六—一一三、一一九—一二三頁。

(73) 鶴見祐輔『後藤新平』第二巻（勁草書房、一九六五年復刻）、六五一頁。
(74) 北岡伸一『日本陸軍と大陸政策 一九〇六―一九一八年』（東京大学出版会、一九七八年）二一―二四頁、小林道彦前掲『日本の大陸政策』一七七―一七八頁。
(75) 堀和生『東アジア資本主義史論Ⅰ 形成・構造・展開』（ミネルヴァ書房、二〇〇九年）三〇―三七頁。堀説の貿易結合度の指標は、松本貴典編『戦前期日本の貿易と組織間関係――情報・調整・協調』（新評論、一九九六年）によるものである。台湾ないし朝鮮と日本の間の貿易の発展を支えた主たる担い手は日本商人であるが、中国商人・欧米商人あるいは植民地商人の活動も盛んであり無視できない。その点を、最近、台湾に即して詳細に実証した研究が、谷ヶ城秀吉『帝国日本の流通ネットワーク――流通機構の変容と市場の形成』（日本経済評論社、二〇一二年）である。ただし、同書においても、台湾内部の農産物流通を支配した台湾商人の実態は分析されておらず、今後の課題である。
(76) 能地清「日清・日露戦後経営と対外財政 一八九六―一九一三、植民地経費を中心に」東京大学『経済学研究』二三号、一九八〇年、のち『日本帝国主義と対外財政――能地清遺稿・追悼集』（能地清遺稿・追悼集編集委員会、一九八五年）所収。
(77) 社団法人糖業協会編『近代日本糖業史』上巻（勁草書房、一九六二年）、三三四―三六〇頁。
(78) 金子文夫前掲「資本輸出と植民地」三七一―三七九頁。
(79) 堀和生前掲『東アジア資本主義論Ⅰ』一一八―一一九頁。
(80) 朝鮮総督府『産業調査委員会議事速記録』（朝鮮総督府、一九二二年）付録三、七、八頁。
(81) 台湾総督府殖産局編『台湾鉱業一斑』（一九二二年）一二、二二頁。
(82) 台湾総督府『台湾産業年報』一九一二年版、二一七―二一八頁。
(83) 同上、一九一七年版、二一九頁。
(84) 大阪市教育会編『台湾見聞録』（大阪宝文館、一九二三年）一二一頁。
(85) 朝鮮総督府編『最近朝鮮事情要覧』一九一八年版、同『朝鮮総督府統計年報』一九二〇年版。なぜ朝鮮では台湾と異なり鉱山業とくに金鉱において欧米資本の地位が高かったかについては、保護国段階を経て植民地化された朝鮮固有の事情に注目して検討した小林賢治「朝鮮植民地化過程における日本の鉱業政策」『経済科学』第三四巻第四号、一九八七年を参照されたい。
(86) 朝鮮総督府前掲『産業調査委員会議事速記録』八六頁。
(87) 三枝博音・飯田賢一『日本近代製鉄技術発達史――八幡製鉄所の確立過程』（東洋経済新報社、一九五七年）五九七、六六六頁。
(88) 奈倉文二『日本鉄鋼業史の研究――一九一〇年代から三〇年代前半の構造的特徴』（近藤出版社、一九八四年）一八二―二〇七頁。

(89) 鈴木武雄『朝鮮の経済』(日本評論社、一九四二年)一九五頁。
(90) 平野健一郎「『満州産業調査』について」『年報・近代日本研13　幕末・維新の日本』(山川出版社、一九八一年)四二九―四五三頁。
(91) 農商務省鉱山局編『韓国鉱業調査報告』第三冊(農商総省、一九〇六年)。
(92) 平野健一郎前掲「『満州産業調査』について」四三七―四三八頁。
(93)『満州産業調査資料(鉱産)』(関東洲民政署、一九〇六年)一一一―一一二頁。
(94) 安藤彦太郎編『満鉄――日本帝国主義と中国』(御茶の水書房、一九六五年)一〇六、一〇八頁。
(95) 具体的な数値は、金子文夫『近代日本における対満州投資の研究』(近藤出版社、一九九一年)一〇三―一一〇頁参照。
(96) 岡部牧夫「『大豆経済』の形成と衰退」同編『南満洲鉄道会社の研究』(日本経済評論社、二〇〇八年)。
(97) 金子文夫前掲『近代日本における対満州投資の研究』一〇五―一〇六、二三一、二三四頁の鉄道収益に鉄道収入金額の石炭比率を乗じて石炭運賃収益を出し、それに鉱山収益を加えたものを石炭関係収益とし、鉄道収益に鉄道収入金額の大豆・豆粕比率を乗じた大豆関係収益とした。
(98) 松村高夫「撫順炭鉱」松村高夫・解学詩・江田憲治編著『満鉄労働史の研究』(日本経済評論社、二〇〇二年)。
(99) 金子文夫前掲『近代日本における対満州投資の研究』二二三頁。

第4章　第一次世界大戦への対応とその限界

一　第一次世界大戦の画期性と日本軍部による認識

一九一四年七月に始まり一八年一一月に終わった第一次世界大戦は、一〇年前の日露戦争と比べて、その動員兵力数、軍事費において隔絶した規模の大戦争であった。日露戦争の場合は、講和直前の動員兵力が日本軍八八万人、ロシア極東軍一〇〇万人、[1]戦費は日本側一〇億ドルに対してロシア側はそれをやや上回る一一億ドルであった。[2]これに対して、第一次世界大戦の動員兵力は連合国側四二一八万人、同盟国側二二八五万人、そのうち戦病死者は連合国側五一五万人（ロシア一七〇万人、フランス一三〇万人）、同盟国側三三八万人（ドイツ一七〇万人）とされ、[3]戦費は連合国側一四五四億ドル、同盟国側六三〇億ドルと推定されている。[4]動員兵力数、戦費の多さとともに戦病死者の数が、日露戦争の日本軍死者八万人と比べて如何に隔絶しているかが分かろう。

かかる大規模な惨状を生んだのは、日露戦争後の一〇年間における科学技術の進歩に基づく軍事力の飛躍的な発展であった。塹壕戦の形での長期戦闘によって銃砲弾の消費量が激増し、死傷者数を未曾有の数に押し上げた。陸軍歩兵中佐永田鉄山は、「砲弾の消費は全戦役を通じ、英米約三億、仏蘭西約五億で、日露戦役に於ける日本の消費弾百万に較べると雲泥の差がある」(5)と指摘している。さらに、新兵器の登場が、戦争の悲惨さを深刻化させたことも注目される。総力戦体制の構築を進めた田中義一は、一九二五年に、「茲に注意すべきことは、此の戦争に於て新鋭兵器の発明が、戦局の利不利に重大なる影響を及ぼした一事である。航空機、毒瓦斯、装甲車、潜航艇等は、其の顕著な例であって、其の他幾多の兵器が著しき発達を遂げたことは、寔に驚くべきものである。……此の点に於て今次の大戦は、一面科学の戦争であったと言ひ得るであろう」(6)と、そうした新兵器の重大な役割について論じている。例えば、ドイツのツエッペリン式飛行船については、一九一六年に陸軍中将長岡外史が、「独逸は例のツエッペリン式航空船百数十隻を有して居る。……長さ四十七吋、中径八吋半、重量三百磅、かういう大爆弾十数個を携へて、英国の諸都市を殆んど日として攻撃せざる無しという状況であって、その空中に於ける勢力は飛行機などよりも余程猛烈なものである」と高く評価し、「飛行機や航空船の都市襲撃の電報を見ると、損害比較的微少と書かれて居るけれど、これが日本の都市であったら中々微少では済まない。……方々に火災を起し、大混雑を来すに至るであらう」(7)と論じている。おそらく、飛行船による都市爆撃は、心理的打撃が大きかった割には人的・物的打撃はそれほど大きくなかったのであろう。毒ガスについても、アメリカ陸軍少将フランシス・V・グリーンは、その「使用は、今次の戦争に残酷なる色彩を投げたに過ぎずして、その軍事上の効果は僅少である」(8)と評している。グリーンが高く評価する戦術上の変化は、次のような「自動貨車の利用」である。

若し自動貨車がなかったら、斯くの如き大軍に糧食、弾薬等を供給することは全く不可能であったに相違ない。従来鉄道の終点から戦線への輸送は、荷馬車によって行はれたのであるが、その輸送能力は道路の善悪によって一馬車五百封度から一噸迄であった。その上馬に与へる食料が積高の大部分を占めていた。而して一日の運送距離も約二十哩に過ぎなかった。これに反して自動貨車は、水よりも軽い油が数ガロンあれば、同じ大きさの馬車の積荷に四倍する重量の貨物を輸送し得、且つ其速力も荷馬車に十倍する。荷馬車の輸送力と自動貨車の輸送力とを比較すると、一と四十との割合である。自動貨車の利用といふことは、夙に唱へられた処であったが、斯く迄に効果があらうとは、何人も予期しなかったのであった。……又戦場に於ける軍隊の輸送に対しても、自動車は驚くべき効果を現はしてゐる。……戦場若くは其附近に於て、数千の兵が数十分間内に数哩距てた処へ輸送されるなどといふ従来の戦争では曾て例のないことである。(9)

先に引用した永田鉄山の見解によると、フランス軍の放った砲弾は、日露戦争時に日本軍が放った砲弾の五〇〇倍に達するが、それを前線基地まで間断なく輸送するために自動車が活躍していたのである。兵士の輸送の面で自動車が大活躍した有名な例は、開戦直後のマルヌの会戦に際してであった。ベルギーの中立を侵してパリ郊外三〇キロの地点まで迫ったドイツ軍を迎え撃つため、フランス軍はパリを走る六〇〇台のタクシーを徴発して大急ぎで兵士を前線に送り、マルヌの会戦を勝利に導いたという。(10) さらに、一九一六年二月にフランスの要塞都市ヴェルダンで始まった攻防戦では、フランス軍のみで八千台以上の自動車を使用して軍団の移動を行い、大戦中に戦線で動員された自動車は、ドイツ軍一二万台、フランス軍一〇万台、イギリス軍・アメリカ軍各四万台に上った。(11)

ここに引用したグリーンの見解は、イギリス軍が塹壕戦の制約を突破する切り札として戦車を戦線に投入した一九一六年九月より前に書かれているため、戦車への言及はない。戦車の出現を準備したものは、欧米諸国における自動車工業の発達であった。イギリスでは、車輪で走る装甲車では塹壕戦闘地帯を突破できないことから、車輪でなく履帯（キャタピラー）で走行する車両の開発が進められ、一九一五年七月には、一〇五馬力のダイムラーエンジンを搭載した時速三キロの試作車両が作られ、翌一六年初頭には一五〇両が発注され、敵の目をごまかすためにタンク（水槽）と呼ばれた。フランスでも戦車が開発され、とくにルノー社が製作した軽戦車は歩兵を支援する車両として効果的な役割を果たした。ドイツは戦車開発に遅れをとり、捕獲したイギリス戦車を研究して自前の戦車を開発したのは戦争末期であった。[12]

軍用飛行機の急速な発達も、自動車工業の発展が背景になっていた。ドイツでは一八八六年にダイムラーとベンツがほぼ同時に小型で軽いガソリンエンジンを装備した自動車を発明したが、政府による走行制限が厳しかったため、自動車産業は隣国フランスで開花し、フランスは一九〇五年まで世界一の自動車生産国であった。イギリスでも一九〇六年からロールズ・ロイス社が高性能の自動車を製造した。オーストリアの自動車会社アウストロ・ダイムラー社は一九一〇年に飛行機用エンジンを開発し、大戦期にはドイツ空軍のためにエンジンを提供した。連合国の空軍のためのエンジンは、主としてスペインの自動車会社イスパノ・スイザ社が製造し、イギリスのロールズ・ロイス社も飛行機用エンジンを製造した。こうした歴史を踏まえて、折口透氏は、「いわゆる〝近代戦〟と呼ばれる飛行機と戦車を主体とした戦闘のパターンが幼稚な形であらわれたのが第一次大戦だった。飛行機も戦車も、もしも欧米の自動車工業が三〇年近い年月を経過し、ある程度の成熟をとげていなかったとしたら実現は難しかったろう」[13]と述べているが、この点は、後に改めて検討するように、日本経済との決定的相違点として銘記されるべきであろう。

こうした第一次世界大戦の画期的性格について、日本の陸海軍関係者は大きな関心を抱き、一九一五年秋に、臨時軍事調査委員会と臨時海軍軍事調査委員会を組織し、戦闘と交戦国の実態を調査・研究するとともに日本の対応策を検討したが、このことに関しては、すでに詳しい諸研究がある。[14]ここでは、その後の対応が、ややもすると軍事予算の獲得へと収斂し、工業生産力の拡充に向けての姿勢が乏しかったのは、陸軍による大戦経験の受け止め方が、結果だけを見て、それを生み出すプロセスやシステムを無視しがちで、軍機械化の基礎に自動車等の各種工業の発達が必要であり、戦争指導体制を軍部でなく政府が一元的に統括する必要があることを理解できなかったためではないかという問題提起[15]を受けつつ考えてみたい。

日本陸軍の総力戦構想については、田中義一から宇垣一成への変化、さらに永田鉄山ら「第一次大戦世代」の構想を対比しながら、宇垣の場合には装備革新とともに古い精神論が混在しており、軍縮の実務担当者たる「第一次大戦世代」とは異なっていると指摘されている[16]。大戦の経験をヨーロッパに特殊なものとして捉え、経済力に劣る日本が中国と戦うには旧来の歩兵主体論で良いとする精神強調論者と、大戦の経験を一般化してアジアでも陣地戦がありうると捉え、歩兵と砲兵を主体としつつ精神力も大切だとし、国力の発展を図るべきだとする整備・精神論者の差は、相対的なものだったとする理解も、それとある程度重なり合うものと言えよう[17]。そうだとすると、大戦のショックをもっとも深刻に受け止めた永田鉄山や石原莞爾らの「第一次大戦世代」の大戦把握がどこまで的確なものだったかを検討する必要があることになる。

永田鉄山の大戦認識と総力戦構想については、川田稔氏による研究がある。それによれば、大戦を挟んで合計約六年間をヨーロッパで過ごし、前述の臨時軍事調査委員会のメンバーであって、国家総動員の準備の中心を担うことになる「永田は、大戦における兵器の機械化、機械戦への移行を認識しており、それへの対応が国防上必須のことだと認識していた。またそれらの指摘は、日本軍の旧来の白兵戦主義、精神力主義への批判を内包するものでもあった」[18]。さらに、「永田は、欧米列強との深刻な工業生産力格差を認識し、『工業力の貧弱な』現状は、国家総力戦遂行能力において大きな問題があると考えていた。したがって『工業力の助長・科学工芸の促進』が必須であり、『国防の見地』からして重要な工業生産、とりわけ『機械工業のごときものの促進発達に深甚の努力を費やすを要す』としており、……それには……対外的経済交流の活発化によって工業生産力の増大、科学技術の進展をはかり……戦時への移行プロセスにさいしては、国防資源の『自給自足』体制が確立されねばならないとの考えであった[19]」という。

このように見る限り、永田は、第一次世界大戦における機械戦への移行とそれを実現できない日本工業力の低位性との絶望的なギャップをかなり的確に摑んでいるが、日本陸軍が何を目的にそのギャップを埋めなければならないかを示しておらず、また、ギャップを埋めるべき資源確保のための対外侵略が「戦時への移行プロセス」そのものを引き寄せることについて無自覚であった。日清戦争の時の中国、日露戦争の時のロシアといった明確な仮想敵国が、この時期の日本陸軍には想定されていない。一九二三年二月の改訂国防方針には、「近キ将来ニ於ケル帝国ノ国防ハ、我ト衝突ノ可能性最大ニシテ且強大ナル国力ト兵備トヲ有スル米国ヲ目標トシテ之ニ備ヘ、我ト接壌スル支露両国ニ対シテハ親善ヲ旨トシテ之カ利用ヲ図ルト共ニ、常ニ之ヲ威圧スルノ実力ヲ備フルヲ要ス[20]」とあり、アメリカを対象としたため、海軍優先の姿勢が取られたからである。そうだとすれば、欧米列強と戦えるような機械化された軍事力を是が非でも構築しなければならないという緊張感は、永田の指摘にもかかわらず、陸軍内部にはあまり広がらなかったことになろう。

永田とともに満蒙領有を構想する石原莞爾の場合は、一九二三年から二五年にかけてドイツに留学し、戦跡などを見学しつつ、主として戦争史について研究し、古代の「決戦戦争」から、中世のフリードリッヒ大王による「持久戦争」とフランス革命期のナポレオン・ボナパルトによる「決戦戦争」を経て、今次欧州大戦は殲滅戦略が消耗戦略に変転した結果「持久戦争」となったが、将来は再び「決戦戦争」の時代となるであろうと想定し、飛行機を主たる兵器として決せられる「世界最終戦争」の構想を練った。石原の回想によれば、「大正何年か忘れたが、緒方大将一行が兵器視察のため欧州旅行の途中、伯林に来られた時、大使館武官の提案があり、私共駐在員も末席に列ったのであるが、補佐官坂西少将（当時大尉）が五分間演説を提案し、最初に私を指名したので、私は立って、『何のため大砲等を彼れ此れ見て歩かるるのか。余り遠からず戦争は空軍により決せられ、世界は統一するのだから、国家総てを挙げて最優秀の飛行機を製作し得る様、今日より準備する事が第一』といふ様な事を述べたのであるが、之は緒方大将を少々驚かしたらしく、数年後陸軍大臣官邸で同大将にお目にかかった時、特に御挨拶があった」[21]という。先を見通すことが好きな石原が、空軍の重要性を説いたこと自体は興味深いが、陸上戦における機械化の進展振りを調査に来た視察団に対する提言としては的外れの感があるだけでなく、将来の戦争が「持久戦争」でなく飛行機による「決戦戦争」になるという予想は、ＳＦまがいの空想の域を脱していない。それにもかかわらず、石原はかかる空想を根拠に、中国を巻き込んでの自給自足圏を足場にすることを条件としてアメリカ相手の「世界最終戦争」での勝利の可能性を唱えていくのであり、永田が苦慮した生産力の「絶望的なギャップ」を軽々と乗り越えてしまうのである。

陸軍と異なり、海軍の関係者は、大戦中からアメリカ海軍の脅威を感じていた。前述の臨時海軍軍事調査委員会の中心的メンバーの山本英輔大佐は、一九一七年六月の講演でアメリカ海軍が三〇ノット以上の高速巡洋戦艦を建造したことにより日本の防衛力が一挙に劣勢となることを強調し、すみやかに戦艦八隻と新式巡洋戦艦八隻からなる「八八艦隊」を備える必要があると主張し[22]、一八年二月の調査会報告書では、戦艦だけでなく巡洋戦艦の必要性を再確認すべきだと指摘した[23]。だが、日本海軍内部では、一九一六年五月末における英独主力艦隊のジュットランド（ユトランド）沖海戦のさいに、ドイツ戦艦の放った巨弾を上方から受けたイギリス巡洋戦艦があっけなく沈んだ教訓から、高速だが装甲の薄い巡洋戦艦については批判が強まっていた[24]。加藤友三郎海軍大臣は、一九一八年度予算の審議にさいして、巡洋戦艦二隻を追加請求しつつも、建艦能力と予算に限界があるならば、「巡洋戦艦バカリデ組織スル」のはどうかという提案に対しては、海軍内には「巡洋戦艦廃止論」すらあるとして否定し、攻撃力・防御力をともに備えた高速主力艦が望ましいとして、陸奥・長門などの高速航行が可能な戦艦中心の主力艦隊を展望してみせた[25]。しかし、戦艦中心で英米海軍との建艦競争に突入すると海軍費の膨張は歯止めが効かなくなる。

大戦直前（一九一三年度）には、陸軍省、海軍省各一億円弱の予算は、合計で総予算の三三％だったが、大戦が終わる一八年度には、陸軍省一・五億円、海軍省二・二億円で、合計三七％へと上昇した後、さらに増加を続け、二一年度には陸軍省二・五億円、海軍省四・八億円で、合計四九％に達し、民生関係予算を押しつぶす勢いであった。このままでは、財政破綻を招くとの危機意識があったからこそ、政府は、一九二二年二月のワシントン会議での海軍軍縮案を進んで受け入れたのであった。

では、第一次世界大戦を契機に重化学工業化が進んだとされてきた日本経済の実力はどのようなものであり、永田の「絶望的なギャップ」という把握はどの程度まで正しいのであろうか。

二　大戦期における日本経済の段階的発展

第一次世界大戦を挟む一九一〇年代を通ずる日本の産業構造の変化を、産業部門ごとの純国内生産（賃金＋利潤）推計値で見ると、いずれの部門も名目額で四倍前後伸びている中で、とくに運輸通信公益事業が四・六倍、鉱工業が四・三倍と大きく発展しており、農林水産業の伸び率三・六倍を引き離しているが、それでも鉱工業の比重が農林水産業のそれを上回るには至らなかった。鉱工業の中では、重化学工業（金属・機械・化学）が急増して食料品工業を抜いてトップの繊維工業に肉薄している。[26] かかる重化学工業化の発展については、大戦の影響で列強による輸入圧力が減退したという「漁夫の利」による発展に過ぎず、戦争終結とともに崩壊する脆弱なものであったという指摘がなされてきたが[27]、大戦中に芽生えた重化学工業化の動きが、消滅せずにその後の発展の土台となったことの方が重視されるべきであろう。以下、帝国主義日本の対外進出を支える軍需工業の土台となった重化学工業を中心に、大戦を画期とする日本経済の段階的発展について見ておきたい。

軍器生産の方法について見ると、陸軍の用いる銃砲は、陸軍工廠が独占的に供給し、軍用トラックについては一九一八年の軍用自動車補助法によって民間製造を奨励した。国産戦車は、一九二六年に大阪砲兵工廠で試作されたのが最初であり、[28] 以後、民間工場で大部分が生産された。[29] これに対して、海軍では、海軍工廠が三菱・川崎などの有力民間造船所との連携のもとで官民双方で軍艦を建造し、とくに、戦艦や航空母艦は横須賀・呉両海軍工廠、三菱長崎・川崎両造船所が建造した。[30] 軍用飛行機は、陸海軍ともに中島飛行機・三菱航空機などの民間企業に開発・製造させる方式を採用した。

官営企業と民間企業とを比べた場合、技術開発において民間企業の方がいずれかと言えば優れた結果を出しているように思われる。一方の極での陸軍工廠における三八式歩兵銃への固執と、他方の極での三菱航空機における零式戦闘機の開発は、その点で見事なコントラストを示していると言えよう。その中間が海軍の軍艦建造ということになろうか。すなわち、陸軍砲兵大尉南部麒次郎が一九〇五年（明治三八）に完成し、翌年五月に制式制定された三八式歩兵銃は、なんと一九三九年（昭和一四＝紀元二五九九）に九九式小銃が制式制定されるまで日本陸軍にとって唯一の歩兵銃であり続け、新銃が開発されてからも敗戦時まで併用された。つまり、日本陸軍は、日露戦時の経験に基づいて改良された手動小銃で日中戦争を戦い、さらにアジア太平洋戦争では自動小銃をもったアメリカ軍と戦うことになるのである。第一次世界大戦以後、欧米諸国では手動小銃から自動小銃へと代わる傾向があったにもかかわらず、何故日本では自動小銃が採用されなかったのであろうか。この点につき、佐藤昌一郎氏は、東京工廠・陸軍砲兵大尉銅金義一が、一九三一年の『造兵彙報』別冊に、イギリス、アメリカ、フランス、イタリアでの自動小銃の普及振りを明らかにした上で、次のような見解を述べていることを紹介している。

自動小銃の手動小銃に比し威力の大なるは衆知の事実なるも、全軍の歩銃を全部自動小銃に代ふることは経済上特に我が国の如き貧国に於ては至難事のことに属するを以て、寧ろ軽機関銃の欠点（……）を補うのみならず、自動小銃独自の使用（……）を考へ、軽機関銃を増加するよりも、これが一部を自動小銃に代ふるを有利とするにあらざるや。而してこれが比率に関しては更に深甚なる研究を要すべし。一方自動小銃反対論者の憂ふる弾薬の浪費は、教育の徹底、使用者の選択即ち豪胆且つ優良なる射手に使用せしめること、及び適当なる戦闘指導等により防遏し得べきにあらざるや。これ要するに自動小銃の特性を利用すべく、将来益々発達すべきものなるを信ず。[31]

要するに貧乏国の日本では自動小銃のような高価な武器を歩兵にもたせる余裕がないので、自動小銃は軽機関銃代わりに少しだけ採用し、しかもあまり無駄弾を撃たないようにしようという見解である。それによる火力の低下は精神力によってでも補うつもりなのであろうか。ここには、日露戦争において歩兵が入り乱れて刀剣を振るって戦った白兵戦が、状況が激変したのちの時代になってからもイメージされており、陸軍軍人が如何に硬直した戦争観をもち続けたかが示されている。ちなみに、自動小銃を作った場合の単価は知る由もないので、一九二二年（大正一一）から製作された十一年式軽機関銃の単価で代用すると、三一年当時七二一円であり、三八式歩兵銃の単価五六円の一三倍であった。[32] 小銃についてのかかる事態は、戦車についても同様であった。参謀本部は、戦車と戦車が直接対戦するケースは全然想定しておらず、戦車はあくまで歩兵の戦闘を側面から支援するものとし、軽くて安い戦車を沢山作る方針を取った。そのため、日本戦車の砲弾は、ノモンハン事件（一九三九年）でのソ連戦車やアジア太平洋戦争でのアメリカ・イギリス戦車との戦いでは、敵戦車に命中しても跳ね返されて全く貫徹しなかったのに対して、敵戦車の砲弾は日本戦車を簡単に貫き炎上させたのであった。[33]

官業と民業が協力して世界水準の軍器を製造したのが、第一次世界大戦以降の軍艦建造であった。日露戦争のさいの全主力艦をイギリス等からの輸入に頼った日本海軍は、日露戦時の一九〇五年五月に最初の国産戦艦薩摩を横須賀海軍工廠で起工した。起工時には一二インチ砲四門を搭載する世界最大最強の戦艦と言われた薩摩は、一九一〇年三月に竣工した時には、イギリス海軍が、一二インチ砲一〇門（しかも片舷からの発射砲力八門）を搭載した高速戦艦ドレッドノートを一九〇六年に竣工させたために旧式戦艦と化していた。イギリスはその後も巡洋戦艦と戦艦の改良を進めたため、ついに日本海軍は、イギリスのヴィッカース社に一四インチ砲を搭載した巡洋戦艦金剛を発注し、製艦図面を貰い受けるとともに技術者を派遣して技術輸入を行った。金剛の同型艦が横須賀工廠、神戸の川崎造船所、三菱長崎造船所で一九一五年にかけて竣工したことによって、日本の軍艦建造技術はようやく世界水準に到達した[34]。なお、一四インチ砲の多くは、イギリスのアームストロング社・ヴィッカース社と北海道炭鉱汽船会社の合弁会社日本製鋼所において、イギリス両社から派遣された技術者の支援を受けて製造された。大戦期にはイギリス人技術者が帰国したこともあって技術移転は必ずしも順調でなかったが、呉海軍工廠の支援を受けることによって民間レベルでも世界水準の艦載砲の国産化がなされたのである[35]。だが、日本海軍の首脳は、大艦巨砲主義と艦隊決戦主義の呪縛から最後まで解放されることがなく、技術面では優秀な海軍造船官もそれを批判しえなかったために、日本海軍は一度も主力艦による艦隊決戦を経験しないまま、アメリカ海軍に敗れることになるのである[36]。

日本の航空機産業の内容は、軍用機の生産が中心であり、民間企業が陸軍と海軍からの発注に頼って営業し、激しい受注競争の中から優れた性能の軍用機を開発した。海軍では軍令部参謀山本英輔少佐の意見書が契機になって一九一二年に海軍航空術委員会が発足し、横須賀海軍工廠飛行機工場長中島知久平は、一三年に海軍第一号機を完成させたのを手始めに次々と海軍機を製作し、一六年に退役して、翌年飛行機研究所（のち中島飛行機）を設立した。この中島と三菱造船内燃機部（のち三菱航空機）が、二大航空機企業として活躍することになるが、当初は機体もエンジンも欧米の模倣に過ぎなかったため、一九三二年の上海事変では日本の艦上戦闘機がアメリカ製戦闘機に劣ることが露呈した。以後、懸命に自前の設計に努めた末、欧米並みの性能の航空機を製作できたのは一九三〇年代半ばのことであり、三菱の堀越二郎技師らによる零式戦闘機が完成し、欧米の軍事専門家が信じられないほどの戦果を上げはじめるのは四〇年のことであった(37)。もっとも、零式戦闘機は、空中戦での優れた性能と長い航続距離を確保するために、一千馬力級のエンジンを用いた上、防弾装置を犠牲にしており、アメリカ軍が二千馬力級のエンジンを搭載する高速のグラマン戦闘機を開発すると、それには敵わなかった(38)。ちなみに、アメリカでは、第一次世界大戦のときに自動車会社が軍用機製造に関わって損失を招いた経験から、その後は民間航空輸送会社の傘下の航空機製造会社が製造を行っていたが、一九四一年春に大規模な爆撃機プログラムが発足した際に、政府は再び自動車産業の協力を得ることとし、エンジンなど航空機の部品を三大自動車会社が下請けの形で製造した。ドイツ・日本への頻繁な空爆を可能にした大型爆撃機の大量生産は、自動車産業の全面的な協力によって初めて実現したのである(39)。

以上のような日本の軍器生産の優劣を決めたのは、むろん官営企業か民営企業かという違いだけではない。何よりも陸海軍当局の戦略・戦術の中に軍器がどのように位置付けられていたかが問題であろう。陸軍における歩兵重視から火力・機動力重視という第一次世界大戦による戦術転換の動きに日本陸軍が対応できなかったのは、単に国家財政の弱体さと工業力の限界が、新しい軍器の採用を阻んだというだけでは説明がつかず、すでに述べたように、軍首脳が日露戦争時の白兵戦思想の枠組みから自由になれなかったためであった。海軍が優れた戦闘機を開発しながらも、大艦巨砲主義に囚われて、航空機と空母中心の機動部隊に転換できなかったために、せっかくの優れた戦闘機を縦横に活躍させることなく終わったのも、軍首脳の硬直化した頭脳のためであったと言えよう。しかし、陸海軍将校にすれば、彼らの軍器開発における言動を何よりも制約したものとして、日本の財政力と工業力の限界が

表9　主要国粗鋼生産高

（千トン）

年次	アメリカ	ドイツ	イギリス	ロシア	フランス	日本	世界合計
1905	20, 344	10, 067	5, 905	2, 544	2, 255	110	45, 200
1910	26, 512	13, 699	6, 476	3, 444	3, 413	250	60, 500
1915	32, 665	13, 258	8, 687	4, 116	1, 111	510	66, 200
1920	42, 807	8, 538	9, 212	162	2, 706	845	72, 500
1925	46, 120	12, 195	7, 504	1, 873	7, 464	1, 300	91, 200
1930	41, 351	11, 511	7, 443	5, 761	9, 444	2, 289	95, 000
1935	34, 638	16, 419	10, 016	12, 520	6, 277	4, 939	99, 400
1940	60, 765	19, 141	13, 183	19, 000	4, 413	7, 528	142, 000

出典）飯田賢一・大橋周治・黒岩俊郎編『現代日本産業発達史Ⅳ　鉄鋼』（交詢社出版局，1969 年）付録表Ⅰ。

あったと主張するであろう。そのことは、中島知久平が、「金剛級〔巡洋〕戦艦一隻の費を以てせば優に三千の飛行機を製作し得べく、……而して三千の飛行機は特種兵器（魚雷）を携行することにより、其の力遥かに金剛に優れり」[40]と述べて、日本のような「貧小なる国家」は大艦巨砲主義でなく飛行機戦略で行くべきだと論じたことにも示されている。

では、重化学工業化が進展したと言われる第一次世界大戦期の日本の重化学工業は、どの程度の規模と水準だったのであろうか。まず、重化学工業の規模を、粗鋼生産の規模によって主要国と対比しつつ示すと、表9の通りである（ここでの日本の数値には朝鮮・満州の数値を含む）。一九一〇年代を通じて日本の粗鋼生産は二五万トンから八五万トンへと急増したが、世界全体に占める比重はわずか一％強に過ぎない。一九二〇年当時の日本の粗鋼生産は、アメリカの五〇分の一、イギリスの一〇分の一という経済小国であるのに、ワシントン軍縮会議では、米英の主力艦の七割を請求し、六割を認めさせたのであるから、如何に国力から見て過大な軍事大国であるかが窺えよう。技術的には、一九二二年に満鉄鞍山製鉄所において、鉄鉱石の事前処理の徹底を通ずる貧鉱処理法が開発されることによって、銑鉄生産の遅れがある程度改善されたが、それでも銑鋼アンバランスは解消せず、日本製鉄業の弱点として、鉄鉱石の確保が大きな戦略的課題となった。また、大戦期には、特殊鋼の生産を坩堝製鋼法によってではなく電気製鋼法によって行うことが民間企業によって推進され、兵器用・工具用・自動車用鋼の自給化が進んだが、一九三五年に至っても普通鋼に対する特殊鋼の比率は一・五％と先進諸国の五％水準を大きく下回り、需要の六〇％を輸入に仰ぐ始末であった。[41]

機械工業については、その基礎をなす工作機械工業の発展をまず一瞥しよう。工作機械工業が国内需要の過半を提供するようになったのは輸入が減少した第一次世界大戦期であり、池貝鉄工所や新潟鉄工所などの大規模メーカーは陸海軍工廠に高性能の製品を納入するようになり、大都市・地方都市の小規模メーカーは低価格の旋盤・ボール盤を民間機械器具工業に提供した。[42] 一九二〇年代の不況を耐えて存続した工作機械メーカーは、三〇年代に入ると軍需・民需の回復により発展したが、そのさい軍工廠・航空機工業・自動車工業が要求する高性能の製品には主としてアメリカ・ドイツなどからの輸入機が充てられ、国産機はその周辺部分を担当する形になったという。大規模工作機械メーカーは、リスクの多い専用機や特殊工作機械の製作を試みるよりも、輸入機との補完関係を前提として漸進的に技術水準の向上を図る道を選んだからである。こうして軍備拡張を進めようとすればするほど、仮想敵国のアメリカからの工作機械輸入にますます依存しなければならなくなるというディレンマに軍部は直面することになる。[43]

化学工業については、大戦による輸入の途絶のもとで、合成染料工業と硫安肥料工業が勃興し定着した。大戦前には輸入ドイツ染料の圧倒的支配下にあった合成染料部門では、比較的低級の硫化染料の自給化がまず達成され、それ以外の高級染料に対しては政府の補助金を受ける日本染料製造会社が一九一六年に発足した。そして、大戦後の輸入圧力に対して政府は関税その他の手厚い保護を与えて合成染料工業の存続を図ったが、その背後には同部門のもつ軍事工業への転換可能性への評価があった。硫安工業の発展の契機は大戦勃発によるイギリス硫安の輸入途絶によって与えられ、技術者野口遵の設立した日本窒素肥料と技術者藤山常一の参加した電気化学工業が、揃って高利益を上げたが、戦後、輸入圧力が復活すると両社の利益率は急落する。野口は、安価な電力を植民地に求めて一九二六年朝鮮水電を設立し、翌二七年には朝鮮窒素肥料の設立へと進んでいった。このように、化学工業は日本の帝国主義的発展と密着しながら成長していったのである。[44]

重化学工業は、産業革命の中心部門である軽工業とくに繊維産業に対して、労働手段である紡績機械や織布機械＝力織機を提供する役割を担っていたものとして位置付けられるのが普通である。日本の紡績機械工業は、大戦前には機械修理を行い、準備工程の混打棉機など簡単なものを製作するのがやっとで、肝心の精紡機などは複雑なため生産できず全プラントの国産化は困難であった。そのため、綿紡績業が発達してもその労働手段の国産化とはつながらないという産業構造の「分断性[45]」の例証とされてきた。大戦期に紡績機械の輸入が困難になると、代替品の国産化がなかなか実現しないため、紡績業は設備拡張が制限され、内外の綿糸需要が急増する中で綿糸価格が暴騰する一因となった。国産紡績機械の全プラントが完成するのは、一九二二年のことであった。すなわち、豊田式織機株式会社が上海の同興紡織から発注された紡績機械を完成し、大阪機械製作所が日本の天満織物会社から発注された紡績機械を完成したのは、いずれも一九二二年であったが、両社は受注から完成まで二年程度で世界水準の紡績機械の製造技術を獲得している。[46]そうした事実を踏まえると、紡績機械の国産化が遅れたのは、必ずしも日本の技術者の能力不足のためだとは言えない。一九一〇年当時、技術的には紡績機械の国産は可能であるという技師吉田朋吉の証言があり、国産化を遅らせた大きな原因は「機械は一切和製品を使わぬ」（鐘淵紡績社長武藤山治）という紡績資本の方針や、輸入紡機の取扱に専念してきた総合商社の利害であった。[47]いずれにせよ、紡績機械の全プラントが国産化されたことは、大戦期を通ずる重化学工業の発展が、軽工業の代表である綿糸紡績業の機械化を国内で可能にしたものとして画期的なことであった。

紡績機械と異なり、織布機械＝力織機の国産化は、大戦前に実現していた。神立春樹氏は、織物業において使用される力織機の生産部門の「確立」こそが生産手段生産部門の「確立」の指標であるとし、一八九七年の豊田佐吉による木製小幅力織機の発明と一九〇〇年の津田米次郎による津田式力織機の発明などに始まる国産力織機の生産が、〇九年には七七四九台と輸入の三一四一台を大きく上回り、二〇三七台が輸出されたことをもって、織布機械の生産が確立したと主張している。[48] ここで問題としたいのは、豊田佐吉とその息子喜一郎による力織機のさらなる改良の事実である。静岡の大工の家に生まれた佐吉（一八六七—一九三〇）は、付近の農家で盛んであった機織りを見てその機織機の改善を志し、父親の反対を押し切って大工仕事の後、毎日納屋に絵図面と材料・道具を持ち込んで作業を続けた。専門的な技術教育を一切受けなかった佐吉は、全くの手探りで力織機の発明に努め、ついに一八九七年に完成させた。その後、豊田式織機株式会社（社長は大阪合同紡績社長谷口房蔵）の技師長として働きつつ新たな発明を心掛けたが、営利主義の会社と衝突して辞任、欧米視察の後で自ら紡織工場を経営しつつ自動織機の発明に邁進し、一九二六年三月に完成させたとされてきた。[49] この自動織機は世界にも類例のない優れたものであり、最近の研究によれば、仕上げの段階では、東京帝国大学工科大学機械工学科を卒業した息子の喜一郎（一八九四—一九五二）が大いに貢献したという。完成への画期をなす一九二五年八月登録の「杼換式自動織機」の特許権者は喜一郎であった。[50] 近代的な技術教育を受けなかった佐吉が、技術教育を受けた息子と協力することによって初めて世界最高水準の自動織機を生み出しえたことは、近世日本人のもっていた可能性の高さと限度をともに示すものと言えよう。一九二九年にはイギリスのプラット社が特許権を買いたいと申し入れ、豊田のヨーロッパ・カナダ・インドにおける登録特許権を一〇万ポンド（＝一〇〇万円）で購入し、これがトヨタ自動車の設立資金になったことは有名な事実である。

ところで、重化学工業が自動車を製造するようになることは、生産財の供給を使命とした段階から、耐久消費財の供給を行う新しい段階へと進むことを意味していた。同じ重化学工業段階として一括されることが多いが、両者ははっきりと区別されなければならない。すでに述べたように、第一次世界大戦が自動車による迅速な兵士・弾薬輸送によって支えられ、さらに戦車と飛行機という新兵器を生み出したのは、欧米での一八八〇年代後半からの三〇年近い自動車工業の発展が前提であった。それに対して、日本への自動車輸入は一八九九年（明治三二）に始まるとはいえ、明治期の輸入は約六〇〇台にとどまり、一九〇四年に始まる自動車の民間製造台数は明治末期までで四三台に過ぎなかった。日本陸軍では第一次世界大戦前から自動車の軍事的用途に着目し、一九一一年には東京・大阪両砲兵工廠において軍用トラックの試作を行い、外国並みの高性能の車を完成したが、その製作技術は手工業的で、鋳物の鋳型を作るのに一カ月かかる始末であった。[51] 陸軍では、一九一二年に軍用自動車調査委員会を設けて、自動車工業の保護育成策を練り始めたが、その直後に第一次世界大戦が勃発し、戦争での自動車の決定的役割が判明したので、ヨーロッパ諸国の陸軍が、民間トラック業者に補助金を与え、有事の際に徴発するのを真似て、一八年三月に軍用自動車補助法を制定した。もっとも、日本の補助法は外国のモデルと大きく異なる狙いをもっていたので、その点を同法案の審議に当たった衆議院委員会での大島健一陸軍大臣の提案説明によって確認しよう。

> 凡ソ陸軍ノ軍用自動車ト云フモノハ三噸級竝ニ四噸級、三噸級ニハ一噸ノ荷物ヲ積ミ、四噸級ニハ一噸半ノ荷物ヲ積ムヤウニナッテ居リマス、……軍用ニハ各種ノ自動車ガアリマスガ、大多数ヲ要スルモノガ自動貨車デアリマス、特殊ノモノハ陸軍デ用意ヲ致ス外ハアリマスマイケレドモ、貨物自動車ノ方ハ広ク民間ニ使用ヲサセ、之ヲ戦時ニ応用スルト云フコトガ経済デモアリ、又自動車ノ発達ニ伴ウテ新式ノモノヲ用ヒマス、造ッテ仕舞ッテ置イテ戦ノ時マデ待ツト云フヨリハ、新シイモノヲ順次用ヰテ行クト云フ利益モ御坐イマス、サウ云フ趣旨カラ致シテ一般ノ自動車奨励ヲ行フテ、自動車ノ民間ニ於ケル使用数ヲ増シタイト云フノガ、此法案ノ精神デ御坐イマス、然ルニ此機械工業ノ十分進歩致シテ居リマセヌ点ヨリシテ、製造費ハ既ニ日本デハ余程高イモノニナッテ居リマス、亜米利加辺リデハ殆ド大部分ハ機械ノ力デ仕上ゲルモノガ、日本ノ如キ機械ヲ要

スル点ハ格別、左モナイモノハ職工ノ手デ成ルト云フノトハ非常ニ値打ガ違ヒマス、此製造費用ハ余程嵩ミマス、仍テ之ヲ奨励シヤウト云フニハ、先ズ製造ノ上ニモ奨励ヲ与ヘンケレバナラナイ、ソレカラ……購買スル者、之ヲ使用スル者ニモ補助ヲ与ヘンケレバ、到底民間ニ普及サセルコトハ六ヶ敷ウ御坐イマス……。(52)

すなわち、民間での一定基準以上のトラックの使用者に補助金を与えて有事に徴発する点ではヨーロッパ諸国と共通しているが、日本ではトラックの製造に対しても補助を行うとしている点において、独自の特徴をもっているのである。それは、民間自動車産業がほとんど発達していなかったという日本の後進性をカバーするための方策であった。衆議院委員会の同日の質疑では、この法案の条件を備えた貨物自動車は日本に何台あるかという質問に対して、陸軍省軍務局課員山川良三は「大正六年ニ於ケル自動車ノ総数ハ約二千台ノ数ニナッテ居リマスガ、其中軍用ニ供スベキモノハ三四十台デアリマス」と答えている。さらに、国産自動車の製作所は何カ所あるのかという質問に対して、同じ軍務局課員は、「東京ニ於キマシテハ、東京瓦斯電気株式会社、東京飛行機自動車製造所、是ハ岸博士ノ経営シテ居ルノデアリマスガ、先ズ此二ツガ重ナルモノデアリマス、名古屋ノ熱田車両製造株式会社、大阪ノ日本兵機製造株式会社、日本汽車製造株式会社、神戸ノ川崎製船所、是等ガ全国ニ於テ重ナルモノデアリマシテ、其他東京ノ日本自動車株式会社、快進社東京製作所トカ色々アルヤウデアリマスガ、夫等ノ重ナルモノハ先ズ修理工場デ、其中部品ヲ買ッテ来テ組立テルト云フノデ、自ラ製造ヲスルト云フ丈ノ資格ハ未ダ無イダラウト思ハレマス」と述べており、それは当時日本の自動車のほとんどが輸入の乗用車ないし乗合自動車であり、軍用に適した貨物自動車も輸入品だったことを示している。アメリカで自動車製造技術を習得した橋本増次郎が一九一一年に設立した最初の自動車製造企業として著名な快進社も、陸軍の目からすれば、頼りない小さな存在に過ぎなかったことが窺えよう。

軍用自動車補助法の適用を真っ先に受けて軍用トラックの生産を行ったのは松方五郎社長の率いる東京瓦斯電気工業株式会社であった。同社は一九一〇年に資本金一〇〇万円で設立され、ガス器具・電気器具を製造したが、第一次世界大戦期には陸軍の指令により爆弾信管の製造を手掛けたのをはじめ、兵器製造で急膨張し、一六年から自動車製造に進出した。一九二〇年恐慌で自動車製造から撤退する企業が相次ぐ中で、同社は軍用自動車を中心とする活動を続け、「いわば軍用自動車会社」となった。[53]他方、株式会社石川島造船所は、一八八九年に融資元の渋沢栄一第一国立銀行頭取の助言で平野富二の個人経営から有限責任石川島造船所と改組したのち、しだいに造船部門よりも陸上機械部門に集中していったが、第一次世界大戦期に両部門で高利益を上げ、一九一七年に五〇〇万円に増資したことを基礎に、一八年、イギリスのウーズレー社と技術提携して自動車製造に乗り出し、四年後に国産乗用車を完成させた。[54]しかし、鉄鋼素材と部品の質の悪さのために、製造原価が高くついて販売に苦労し、結局、ウーズレー型のトラック製造に転換し、一九二四年から補助法の適用を受けて、軍用保護自動車の生産に力を注いだ。[55]さらに、快進社の場合は、一九一八年に資本金六〇万円の株式会社快進社に改組し、自動車用専用工作機械を備えた工場を建設し、「ダット」自動車の製作に努めたが思うように売れず、二二年以降、軍用保護自動車を製作するようになったが、軍用自動車補助法による保護は、手続きの煩わしさが酷く、経営改善にあまり役立たなかった。[56]

軍用国産車の性能は、一九二〇年代末には外国車に必ずしも劣らなかったが、価格の点では外国車に到底かなわず、[57]二五年に日本フォード社が横浜に、二七年に日本ゼネラル・モーターズ社が大阪に、それぞれ大規模な組立工場を設置するや、乗用車の市場は完全にアメリカ系二社に独占され、前記国産三社は、軍用自動車補助法の適用を受けるトラック生産を細々と続けるにとどまった。自動車産業が国際的な競争力をもって展開するためには、多数の優れた部品業者が出現することが必要であり、そのためには、工作機械工業が精密中ぐり盤、多軸ボール盤、多刃旋盤などの高級機を提供することと、製鉄業が自動車用の特殊鋼を提供することが条件であったが、当時の日本にはそのいずれもが欠けていた。大量生産システムによる自動車工業が成立するためには、アメリカ系二社の要請に応じて組立部品を製造する機械業者の増加を前提に、日産と豊田という新しい企業主体が出現することが必要であったが、一九三六年の自動車製造事業法の構想は、翌年からの統制経済によって大きく変更され、アメリカ系二社だけでなく日産・豊田の国産乗用車の生産予定にもストップをかけた。そして、国産トラックが集中的に生産されたが、その性能の悪さが陸軍によって厳しく指摘されることになる。(58) 序章において指摘した、第一次世界大戦期の「日本の重工業は耐久消費財を生み出すアメリカ重工業の一段階前の水準を追いかけていた」というのは、以上のような事態の展開を含意していたのである。

三　軍需工業動員法の制定と総力戦体制の構築プラン

第一次世界大戦が機械戦と総力戦という未曾有の戦いであったことを知った日本軍部と政府は、日本の経済力と軍事力がそうした機械戦と総力戦を到底戦う能力を備えていないという深刻なギャップの存在も改めて認識せざるをえなかった。前節で見た軍用自動車補助法の制定は、そうしたギャップを埋める試みであったが、状況への対応は、自動車以外の重化学工業全般にわたる広範なものであり、差し迫ったシベリア出兵(一九一七年一二月—一八年一月、英仏が日米へ提案)への対応という緊急性をも帯びていた。一九一七年一二月に参謀総長上原勇作がシベリア出兵に備えての「軍需品管理案」を陸軍大臣大島健一に提出、それをもとに陸海軍省が協議して作成した「軍需工業動員法案」が一九一八年三月四日に第四〇回帝国議会へ提出されたのは、そうした緊急事態への応急対策であったが、(59) それは総力戦のために政府が必要とあればあらゆる民間企業を管理・使用・収用できることを定めた画期的な法律であったために、衆議院では異論が百出し、審議は難航した。政府提案は一六カ条からなる短い法律案であり、最終的には修正の上、二二カ条となったが、その狙いを衆議院本会議での陸軍大臣大島健一の提案理由の説明によって見ることにしよう。

　本法案ハ欧羅巴ノ今日施行致シテ居ルノトハ趣ヲ異ニシテ居リマシテ、今回ノ此法案ハ、平時ヨリ戦時工業動員ノ準備ヲ規定スルノデアリマスル、……第一ハ戦時ニ動員スベキ工場事業所等、之ニ連関シテ居リマス所ノ範囲ヲ示シマシテ、其管理者所有者ニ、平時ノ経営施設竝ニ戦時ノ用ニ応ズル為ノ準備等ノ参考ヲ与ヘル、第二ハ即チ平時ノ準備、各工場ヲシテ所要ノ報告ヲ為サシメル、又政府モ所要ノ調査ヲ工場ニ於テスル、ソレト所要ノ利益ノ補償若クハ奨励金等ヲ与ヘマシテ、必要ニシテ現在シマセヌ所ノ原料ノ生産其他ノ設備等ヲ為サシメヤウト云フノデアリマス、第三ハ法ノ施行ニ要スル罰則デアリマス、……法律ノ性質トシテ動員即チ強制ニ之ヲ用イルトカ、或ハ之ニ背ク者ヲ罰スルト云フコトガ規定シテアリマスガ、法ノ精神トシマシテハ、政府工業者ノ間ニ能ク意志ヲ疎通サセマシテ、又成ルベク工業者ノ利益ヲ尊重シマシテ、必要ノ程度以上ニ強制ノ及バヌヤウニ、工業事業者ヲシテ安心シテ其経営ヲ為サシムルト云フコトハ無論ノコトデアリマス[60]

すなわち、平時において予め工場を調査し、必要に応じて育成することにより、戦時には軍需品の製造をなしうる多数の民間工場等をスムーズに動員しようというものであったが、広範な権限を政府に与えることに対して本会議場で批判が続出した。例えば、立憲政友会の武藤金吉議員は、九項目にわたって同法案の不備を衝いた上で、最後に「軍需工業動員法ハ国家ノ現状ニ鑑ミ必要重大ナル法案ナルモ、余リニ軍国主義ニ偏重シ、所謂俗ニ謂フ士族ノ商法ニ傾イテ居ナイカ……平時戦時ヲ問ハズ、生産業ニ経験ノ無イ所ノ官吏等ガ妄リニ干渉シ、其運用如何ニ依テハ極メテ危険デアル、此危険ノ結果ハ一般経済界ヲ攪乱シ、一般生産力ヲ阻害減退セシメル憂イナシトセズ[61]」と追及した。法案委員会での質疑も多方面にわたったが、飛行機製作を育成する手法に不安を感ずるという児玉亮太郎委員の質問への回答で、大島陸相は、「此動員法ノ中デモ陸軍丈デ、之ヲ言ウテ見マスト、何ヲ最モ大事トスルカト云フト、小銃大砲ノ弾薬製造、次ニ若干兵器ノ全部ガ出来ナケレバ切テハ少部分ナリトモ造リタイト云フノガ主ナルモノニナッテ居リマス、其半分ノ物デモ民間デ出来レバ宜イノデアリマスガ、殊ニ多量ヲ要スルモノハ小銃大砲ノ弾薬デ、是ガ最モ多量ヲ要シマス、サウ云フ物ヲ造ラセタイト云フ考デアリマス、……飛行機ノ如キモ民間デドンドン出来レバ結構デアリマスガ、是ハ非常ニ骨ガ折レテ而モドンドン売レルト云フモノデモナケレバ、中々営業ニハナラヌモノト思ヒマス」(62)と、弾薬製造への民間協力を得るという日露戦争時にも実行したことをスムーズかつ大規模に行うのが当面の狙いであるという意味のことを述べており、飛行機製作の育成などはあまり念頭にないとしている。ここには、「現状維持派」の上原勇作派に属し、次期陸相田中義一のように中島知久平らを用いた航空兵力の育成に尽力する「軍制改革派」の人物とは異なる大島の保守的な考え方が示されている。軍需工業動員法は、提案者の構想としては、日露戦争の量的拡大に過ぎないと見做された第一次世界大戦への日本なりの対応だったのである。

しかしながら、一旦法律が出来れば、それは提案者の意図を超えて独り歩きし、民間の実業界の情勢を知らない政府役人や軍人による運用次第では、民間経済に大変な打撃を与える可能性があることも予測された。三月一三日の委員会で、吉植庄一郎委員が、「簡単ナ法律ヲ出シテ置イテ、アトハ勅令ニ依ルト云フガ『サーベル』ヲ差シテ、之ヲ以テガチャガチャヤラレタ日ニハ、ドウ云フ風ニナルカ知レヌ」と批判したのに対して、加藤友三郎海軍大臣は、「如何ニ『サーベル』ヲ差シテ居リマシテモ、断ジテ斯クノ如キ〔工業界を苛める〕態度ハ執リマセヌ」と精神論を述べるにとどまり、運用組織に即した具体的回答はできなかった。(63)そこで、吉植委員は、「現ニ此頃工業倶楽部抔デ決議シタ事モ此ニアル、是ハ其要ハ運用宜シキヲ得ルニアル、……ソレニハ人ヲ得ルニアルト云フコトヲ結論ト致シテ居ル、民間ノ議論ハ斯ノ如クデアリマス」[64]と、前年に発足したばかりの三井・三菱ら独占ブルジョアジーの結集体である日本工業倶楽部の意見書を引用しつつ、駄目を押した。さらに、小山松寿委員からは、「斯ウ云フヤウナ商工業ニ直接ノ関係ノアル事ハ、従来歴代ノ政府ガ皆諮問ヲシテ居ル、ソレガ為ニ〔商業〕会議所ト云フヤウナ公ノ機関モ出来テ居ル、之ニ御諮問ニナラヌト云フカラ疑ガ起ル、従テ委員会デモ疑問百出ト云フヤウナコトモ、矢張此結果デナカラウカト思ヒマス、是ハドウ云フコトカラ御諮問ニナラナカッタノデアルカ」[65]と、慣例を無視した提案までの手続きの杜撰さを問い詰めると、仲小路廉農商務大臣も返答に窮し、時間がなかったと述べるだけであった。このままでは法案の通過が難しいと心配した大島陸相は、寺内内閣の準与党であった立憲政友会総裁の原敬のところに駆け込んだ。『原敬日記』三月一四日の箇所には次のようにある。

　十四日　院内にて大島陸相来談に、工業動員令通過困難の情況に付何とか心配を望むとの事に付、到底原案通りには往かざるべきも、何とかしたき考なりと返答したり、夫より総務委員等を集めて協議したり、本案は一夜作りのものにて不備杜撰なれば、議論多く通過如何あらんと思ふ程なりしも、戦時には極めて必要となるべきに付修正可決する様指示し置けり[66]

　こうして、一九一八年（大正七）三月二〇日に衆議院で、議員の批判を取り入れて修正可決された軍需工業動員法案は、貴族院でも三月二六日に可決され、四月一六日に制定公布された。同法が、戦時に発動されたのは、一九三七年の日中戦争が最初であるが、平時の調査機能は制定とともに始められ、総動員体制の構築にさいしての起点としての役割は大きかった。その起点作りが、陸海軍とくに陸軍のシベリア出兵の準備の一環として構想されつつも、法案の議会通過に当たっては、立憲政友会の協力が決定的な意味をもったことは十分注意されなければならない。すなわち、総動員体制の必要性は、軍人だけでなく原敬のような政治家においても認められていたのであり、軍需工業動員法は軍部による立法というより軍部と政党による共同立法だったのである。もっとも、その後のワシントン軍縮会議に代表される世界的な軍備縮小の動向と日本での「大正デモクラシー」の展開の中で、総動員体制の構築はかなりの屈折を経なければならなかった。

すなわち、第一次世界大戦後の「政軍関係」の変容を検討した纐纈厚氏によれば、一九二二年を頂点に沸騰した軍部批判・軍備縮小の世論は、二五年（大正一四）の四個師団を廃止した宇垣軍縮を契機に沈静化し、その後、国家総動員機関の設置への動きが活発化して、二七年（昭和二）に田中義一政友会内閣のもとで、総動員資源の統制運用を準備する「資源局」が首相の管理下に設置されたのであった。[67] 宇垣軍縮については、国の内外における軍縮機運に応える姿勢を取りながら、それによって浮かせた財政資金を用いて兵器装備の近代化を図ったとされるが、実際の近代化作業は困難を極めた。藤原彰氏は、「あらたに飛行隊、戦車隊を新設したのをはじめ、歩兵に軽機関銃、機関銃、曲射砲を装備し、野山砲をへらして重砲を備えるなど、……ある程度の近代化をなしとげた」ことは事実であるが、最小単位の歩兵分隊が軽機関銃を中心に編成されるようになった「世界の新しい軍事的な段階にくらべては、質的なへだたりがあった」と宇垣軍縮の限界を指摘する。しかも、重要なことは、参謀本部は、長期にわたる総力戦が将来戦の性格だと判断しながらも、日本の国力はそれに耐えられないと見たために、ソ連や中国に対する短期決戦という非常識な戦略を構想し、そのための橋頭堡として満州の確保を戦略上の絶対的要請としたという。[68] 満州の排他的支配は、重工業資源の確保という経済面からの要請によるとともに、そうした陸軍独自の戦略からも要請されたことに留意したい。ともあれ、軍部は、こうした宇垣軍縮によって世論の批判をかわしただけでなく、田中義一大将を政友会の総裁に送り込むことに成功した。政党政治と異質な田中をトップに担いだ政友会の思惑は、護憲三派内閣を実質的に主導していた憲政会と異質な政治路線を明確にし、政友会単独内閣を樹立するための政党勢力と軍部勢力の接合役を期待してのことであり、それは政友会の「右傾化」への転換点であったとされている[69]。

機械戦と総力戦を戦うための体制作りの上で、最大のネックとなったのが日本の経済力とくに重化学工業を中心とした工業力の低さにあったことは、当時の軍人や政府官僚によって常に指摘されていた。政府官僚の立場からすると、問題は、単に近代的軍事力の基礎を構築することにあるだけでなく、第一次世界大戦後の世界経済の中で、日本経済そのものを維持・発展させるための方策を立てることであった。武田晴人氏によれば、第一次世界大戦の経験の結果、商工官僚の構想する産業政策は、産業構造の高度化に対応しながら、高度化の鍵を握る「基礎的な産業」への保護育成策が国民経済的観点から不可欠なものとして捉えるように変化した。それは、ヨーロッパ諸国での総力戦を念頭に置いたアウタルキー（自給自足）志向による産業政策が、「産業構造上あるいは国家の安全保障上で鍵を握る産業を積極的に保護することが、国民経済の発展に不可欠だ」とする考え方に影響されたものだったという。具体的には、鉄鋼業と化学工業への補助金・関税政策がそれに該当するが、実際には綿工業との利害調整や財源不足により商工官僚の構想は十分な展開を見なかった[70]。ここで問題となるのは、「産業構造」的観点と「安全保障」的観点の区別と関連であろう。アウタルキー志向が入ることによって、経済的には非合理的な政策が軍事的には正当化されることがあるとすれば、両観点は互いに支え合うというよりは、鋭く矛盾することもあったはずだからである。

この点を、一九二六年の関税改正についての長谷川信・宮島英昭両氏の実証研究[71]に依拠しつつ考えてみよう。この関税改正は、鋼材・低中級染料・機械等の関税率が引き上げられたのに対して、銑鉄・高級染料・曹達灰・自動車・アルミニウム・硫安等の関税は据え置かれ、紡績機械では従価換算関税率が引き下げられた。ただし、銑鉄・曹達・高級染料に対しては、補助金が支給された。銑鉄部門ではインド銑鉄との競争が深刻化しつつあったため、生産者の要求を考慮して閣議では引上げが合意されたが、それはインド側の綿糸輸入への差別的な高関税を誘発するという紡績資本と外務省の反対によって、奨励金に変更された。紡績機械の関税引下げも需要産業である紡績業への配慮によるものであると説明された。こうした点に、一九二〇年代における産業・貿易構造における綿工業の優越的地位が示されており、この段階では、製鉄業の発展よりも綿工業の利害のほうが重視されていたのである。鋼材関税は従来の従価一五％から従量税換算一八％に引き上げられたが、輸入防遏効果は十分ではなかった。機械製品の関税引上げにさいしては、需要産業の発展を妨げない範囲で機械工業を保護する「最適関税」の方式が採用された。工作機械の関税は、重量二五〇キロ以上二万キロ未満の中型品が従価換算二〇％、大型品や小型品は一五％という具合に、関税率を引き上げた結果、大型ドイツ品や中型のアメリカ高級品の輸入が続いた。このように、一九二六年の関税改正は、重化学工業の保護育成の面での位置は「比較的控え目なもの」であり、それは、重化学工業の保護とともに需要側の利益もあわせて配慮するものであった。こうした政策は、自給度の低い工業部門については当面輸入に依存しつつ漸進的に産業構造の高度化を図るという、いわば平時の世界貿易を前提とする政策であり、貿易依存が困難な戦時を想定したアウタルキー志向に基づいて軍需工業ないし軍需関連工業を政策的に育成しておこうという軍需工業動員法に見られた軍部の考えは反映されていないと言えよう。

では、一九二七年に設置された「資源局」は、どのようにして総力戦に対応できる体制作りを行ったのであろうか。最後に、その問題を検討しよう。一九一八年四月に制定された軍需工業動員法の担当事務局としては内閣に軍需局が設置されており、二〇年五月には同局と内閣統計局を統合した国勢院が設置されたが、二二年一〇月には国勢院は廃止され、軍需工業動員法関係事務は、農商務省工務局が担当することになった。まさに「軍縮時代」の一断面と言ってよい。ところが、一九二七年五月になると、田中内閣のもとに内閣「資源局」が設けられ、陸海軍現役軍人も事務官として参加して、人的物的資源の統制運用計画を作成することになった。同年七月には内閣に大規模な資源審議会（総裁は首相、副総裁は陸相、商工相）が設けられ、貴衆両院議員・学界・財界からも委員が起用されて、いわば官・軍・政・財・学の各界が一体となって総動員体制を準備することになり、一九二九年四月には資源調査法が公布されて、官憲による広範な資源調査権が定められた。安藤良雄氏は、この「資源局」を、一九三七年一〇月に設置される戦時統制経済の中枢機関たる「企画院」の原型として高く評価している[72]。

しかし、資源審議会は当初一年に一回開かれただけで、資源局設置後二年目に公布された資源調査法の制定過程を見る限り、資源局は各省庁の上に乗って、人的・物的資源の広範な調査を依頼・収集し、国家総動員計画を策定することを目指していたようである。衆議院の同法案委員会では、国家総動員計画のための調査権限については、軍需工業動員法にも定められているのに、それと重複する資源調査法を何故制定するのか、軍事動員との関係はどうなのかについて、総同盟会長で社会民衆党員の鈴木文治委員から質問が出された。それに対し、元内務官僚の資源局長官宇佐美勝男は、資源局の調査は、軍需工業動員法が想定していたものよりはるかに広範囲にわたるものであって、軍事動員に関わるのは一部に過ぎないと回答し、鈴木はそれ以上の追及を避けたが、三浦虎雄委員からは、「国家総動員計画ト云フコトガ究極ノ目的デアル以上ハ、当然軍事上ニモ大部分――寧ロ軍事上ヲ主トスル所ノ計画デアロウ」と批判された[73]。ここには、総動員政策の優先課題を軍需品備蓄におく陸軍側と、経済力強化に求める文官側の立場の相違が示されているとも言えるが、軍事上の目的が全体を規定しているのは当然のことであった[74]。いずれにせよ、宇佐美長官が懸命に資源局調査のもつ軍事色を否定せんとし、鈴木委員もそれに口裏を合わせているのは、陸軍の目指す国家総動員体制作りが、一九二〇年代末に至っても軍縮世論のもとで難航していたことを物語っている。事実、芳井研一氏によれば、資源局が設定した総動員計画と陸軍が進める兵備改善の間には、直接の関係はなく、満州事変勃発後の一九三二年六月に設定された暫定総動員期間計画は、現実性を欠くとして廃案になったという[75]。こうして、軍部を中心とする総力戦体制作りは、一九二〇年代には、機械戦に備えての「物的資源」の準備を重化学工業の画期的発展を通じて行うよりも、ひたすら中国の地下資源の排他的確保に関心を集中する方向で遂行するとともに、在郷軍人会や青年団組織などを介する「国民の軍隊化」による総力戦という「人的資源」の準備において成果を上げることになるのである。(76)

注

(1) 原剛「徹底比較、大日本帝国とロシア帝国、軍事力」『歴史読本 特集日露戦争一〇〇年目の真実』二〇〇四年四月号。
(2) 石井寛治「東アジアにおける帝国主義」『講座日本歴史8 近代二』(東京大学出版会、一九八五年)二七頁。日本二〇億円、ロシア二一億ルーブルを、一円=〇・四九九米ドル、一ルーブル=〇・五一五米ドルで換算した。
(3) 斉藤孝「第一次世界大戦の終結」『岩波講座世界歴史25 現代二』(岩波書店、一九七〇年)四頁。
(4) "World Wars", *Encyclopaedia Britannica* Vol. 19, Chicago, 1983, p. 966.
(5) 沢本孟虎編『国家総動員の意義』(青山書院、一九二六年)一七五頁。
(6) 田中義一『大処高処より』(兵書出版社、一九二五年)四二頁。
(7) 陸軍中将長岡外史「航空機の進歩と国民の覚悟」『欧州戦争実記』第六三号、一九一六年五月。
(8) フランシス・ヴィ・グリイン「最近戦術の一大変化」『欧州戦争実記』第六四号、一九一六年六月、四三頁。
(9) 同上、三五頁。
(10) 折口透『自動車の世紀』(岩波新書、一九九七年)九四頁。
(11) 中村静治『日本自動車工業発達史論』(勁草書房、一九五三年)三〇頁。
(12) マーティン・J・ドアティ、毒島刀也監訳『図説世界戦車大全』(原書房、二〇一〇年)一八—四五頁。
(13) 折口透前掲『自動車の世紀』九〇頁。
(14) 纐纈厚『総力戦体制研究——日本陸軍の国家総動員構想』(三一書房、一九八一年)、同『近代日本政軍関係の研究』(岩波書店、二〇〇五年)、黒沢文貴『大戦間期の日本陸軍』(みすず書房、二〇〇〇年)など。
(15) 須崎慎一「総力戦理解をめぐって——陸軍中枢と二・二六事件の青年将校の間」『年報日本現代史 第三号 総力戦・ファシズムと現代』(現代史料出版、一九九七年)。
(16) 梅森直之「『宇垣軍縮』と総力戦体制」堀真清編著『宇垣一成とその時代——大正・昭和前期の軍部・政党・官僚』(新評論、一九九九年)。
(17) 黒沢文貴前掲『大戦間期の日本陸軍』第六章。

(18) 川田稔『浜口雄幸と永田鉄山』(講談社メチエ、二〇〇九年)一一六頁。
(19) 同上、一一八頁。
(20) 伊藤隆「中間内閣と政党内閣」『日本歴史大系5　近代Ⅱ』(山川出版社、一九八九年)二四〇頁。
(21)「戦争史大観」一九四一年『石原莞爾全集』第一巻(石原莞爾全集刊行会、一九七六年)、二四頁。
(22) 斉藤聖二「海軍における第一次大戦研究とその波動」『歴史学研究』第五三〇号、一九八四年。
(23) 平間洋一『第一次世界大戦と日本海軍――外交と軍事との連接』(慶応義塾大学出版会、一九九八年)二七一頁。
(24) 福井静夫『日本戦艦物語Ⅰ』(光人社、一九九二年)一八三頁。
(25)『第四〇回帝国議会衆議院予算委員第四分科会議録(速記)、第一回、大正七年二月一日』八頁、国立国会図書館ホームページ帝国議会会議録検索システム。
(26) 石井寛治「産業・市場構造」大石嘉一郎編『日本帝国主義史1　第一次大戦期』(東京大学出版会、一九八五年)一一七―一一八頁。
(27) 安藤良雄「現代日本経済史の基本問題――大正期を中心として」『野村兼太郎博士還暦記念論文集』(有斐閣、一九五六年)、のち改題の上、同『太平洋戦争の経済史的研究』(東京大学出版会、一九八七年)所収。
(28) 高橋昇『日本の戦車と軍用車両』(文林堂、二〇〇七年)一七頁。
(29)『昭和産業史』第一巻(東洋経済新報社、一九五〇年)、五六九頁。
(30) 同上、五〇〇頁。
(31) 佐藤昌一郎『陸軍工廠の研究』(八朔社、一九九九年)四五六頁。
(32) 同上、四六七頁。
(33) 半藤一利『ノモンハンの夏』(文春文庫、二〇〇一年)、土門周平『日本戦車開発物語――陸軍兵器テクノロジーの戦い』(光人社NF文庫、二〇〇三年)。
(34) 寺谷武明『近代日本の造船と海軍――横浜・横須賀の海事史』(成山堂書店、一九九六年)四九―五四頁。
(35) 奈倉文二「イギリス兵器産業の対日投資と技術移転」奈倉文二・横井勝彦・小野塚知二『日英兵器産業とジーメンス事件――武器移転の国際経済史』(日本経済評論社、二〇〇三年)。
(36) 寺谷武明前掲『近代日本の造船と海軍』四七―六五頁。
(37) 柳田邦男『零式戦闘機』(文春文庫、一九八〇年)、高橋泰隆『中島飛行機の研究』(日本経済評論社、一九八八年)、同『中島知久平――軍人、飛行機王、大臣の三つの人生を生きた男』(日本経済評論社、二〇〇三年)。零式というのは、一九四〇年(昭和一五）が日本紀元の二六〇〇年に当たるためである。
(38) 小福田晧文『零戦開発物語――日本海軍戦闘機全機種の生涯』（光文社NF文庫、二〇〇三年）。
(39) 河村哲二『第二次大戦期アメリカ戦時経済の研究――「戦時経済システム」の形成と「大不況」からの脱却過程』（御茶の水書房、一九九八年）、西川純子『アメリカ航空宇宙産業――歴史と現在』（日本経済評論社、二〇〇八年）。
(40) 高橋泰隆前掲『中島知久平』一二七―一二八頁。
(41) 中村静治前掲『日本自動車工業発達史論』二一七頁。
(42) 沢井実「第一次大戦前後における日本工作機械工業の本格的展開」『社会経済史学』第四七巻第二号、一九八一年。
(43) 沢井実「一九三〇年代の日本工作機械工業」『土地制度史学』第九七号、一九八二年。
(44) 石井寛治前掲「産業・市場構造」一二五―一二七頁。
(45) 高村直助『日本資本主義史論――産業資本・帝国主義・独占資本』（ミネルヴァ書房、一九七九年）五九頁。
(46) 石井寛治前掲「産業・市場構造」一二一―一二三頁。
(47) 石井寛治前掲『日本の産業革命』二〇〇―二〇一頁。
(48) 神立春樹「産業革命と地域社会」『講座日本歴史8　近代二』（東京大学出版会、一九八五年）一四〇頁。
(49) 楫西光速『豊田佐吉』（吉川弘文館、一九六二年）一二七頁。
(50) 由井常彦・和田一夫『豊田喜一郎伝』（トヨタ自動車株式会社、二〇〇一年）一六六頁。
(51) 中村静治前掲『日本自動車工業発達史論』一二七―一二九頁。
(52)『第四〇回帝国議会衆議院軍用自動車補助法案委員会議録（速記）、第二回、大正七年一月三一日』三頁、国立国会図書館ホームページ帝国議会会議録検索システム。
(53) 天谷章吾『日本自動車工業の史的展開』（亜紀書房、一九八二年）三四頁。
(54) 寺谷武明『日本近代造船史序説』（巖南堂書店、一九七九年）一九六―二二一頁。
(55) 天谷章吾前掲『日本自動車工業の史的展開』三四―三五頁。
(56) 同上、三三頁、呂寅満『日本自動車工業史――小型車と大衆車による二つの道程』（東京大学出版会、二〇一一年）第二章。
(57) 呂寅満同上『日本自動車工業史』八四頁。
(58) 四宮正親『日本の自動車産業――企業者活動と競争力　一九一八―七〇』（日本経済評論社、一九九八年）二七―五〇頁、老川慶喜「日本の自動車国産政策とアメリカの対日認識」上山和雄・阪田安雄編『対立と妥協――一九三〇年代の日米通商関係』（第一法規出版、一九九四年）一五九―一九八頁、呂寅満前掲『日本自動車工業史』第五章、第六章。アメリカ系二社の活動に自動車製造事業法の枠をはめ、ついに撤退に追い込んだのは日本陸軍であり、彼らは「日米の技術に雲泥の差があるので、外国の技術をとり入れるほうがよいと考えていた」岸信介ら商工官僚の意見を無理矢理押し切ったという（NHK〝ドキュメント昭和〟取材班編『アメリカ車上陸を阻止せよ』角川書店、一九八六年、七二頁）。ヒトラーが、同じアメリカ系二社のドイツでの活動をアメリカ参戦まで容認し、軍事力の基盤として十二分に利用したのと比べて、日本陸軍の態度は対照的であった（西牟田祐二「第三帝国の軍事的モータリゼーションとアメリカ資本」横井勝彦・小野塚知二編著『軍拡と武器移転の世界史――兵器はなぜ容易に広まったのか』日本経済評論社、二〇一二年）。

(59) 纐纈厚『総力戦体制研究――日本陸軍の国家総動員構想』（三一書房、一九八一年）四七―四八頁。

(60)『第四〇回帝国議会衆議院議事速記録、第一九号、軍需工業動員法案、大正七年三月六日』一六頁、国立国会図書館ホームページ帝国議会会議録検索システム。

(61)『第四〇回帝国議会衆議院議事速記録、第二〇号、軍需工業動員法案、大正七年三月八日』六頁、国立国会図書館ホームページ帝国議会会議録検索システム。

(62)『第四〇回帝国議会衆議院、軍需工業動員法案委員会議録、第三回、大正七年三月一二日』二六頁、国立国会図書館ホームページ帝国議会会議録検索システム。

(63)『第四〇回帝国議会衆議院、軍需工業動員法案委員会議録、第四回、大正七年三月一三日』五六頁、国立国会図書館ホームページ帝国議会会議録検索システム。

(64) 同上、五七頁、国立国会図書館ホームページ帝国議会会議録検索システム。なお、ここで吉植委員が引用した日本工業倶楽部の意見書（三月一二日付）は、かかる重大案件を閉会間際の議会で論ずるのは適切でなく他日に延期することが望ましいが、もし政策上絶対に必要ならば、「之が運用上万一の錯誤違算なきを期せむが為め、有力なる施行機関を設け、民間よりも工業に経験ある多数の識者を選抜して、政府要路者と共に之が施行に参与せしめ以て民間工業との気脈を通じ本法を出来得る丈円滑に実施して、軍国の目的を完全に遂行せられむことを切望す」と要望した（中村元督編『日本工業倶楽部二十五年史』上巻、一九四三年、六七―七〇頁）。

(65)『第四〇回帝国議会衆議院、軍需工業動員法案委員会議録、第四回、大正七年三月一三日』五七頁、国立国会図書館ホームページ帝国議会会議録検索システム。

(66) 原奎一郎編『原敬日記』第四巻（福村出版、一九六五年）、三七三頁。

(67) 纐纈厚『近代日本政軍関係の研究』（岩波書店、二〇〇五年）一五八―一五九頁。

(68) 藤原彰『日本現代史大系　軍事史』（東洋経済新報社、一九六一年）一四三―一四九頁。

(69) 纐纈厚前掲『近代日本政軍関係の研究』一七〇―一七一頁。
(70) 武田晴人「重化学工業化と経済政策」『日本近現代史3　現代社会への転形』(岩波書店、一九九三年)。
(71) 長谷川信・宮島英昭「一九二〇年代の重化学工業化と関税政策」大石嘉一郎編『戦間期日本の対外経済関係』(日本経済評論社、一九九二年)。
(72) 安藤良雄前掲『太平洋戦争の経済史的研究』三九七頁。
(73)『第五六回帝国議会衆議院　資源調査法案委員会議事録、第四回、昭和四年三月一二日』一―六頁、国立国会図書館ホームページ帝国議会会議録検索システム。
(74) 纐纈厚前掲『近代日本政軍関係の研究』二六二―二六四頁。
(75) 芳井研一「日本ファシズムの形成と軍部・官僚」『体系・日本現代史』第一巻(日本評論社、一九七八年)、一八〇―一八一頁。ただし、最近刊行された山崎志郎『物資動員計画と共栄圏構想の形成』(日本経済評論社、二〇一二年)一二頁によると、陸軍はこの暫定総動員期間計画では満州事変勃発による国際緊張に対応できないとして一旦ストップをかけたが、三三年七月には一応計画綱領として承認し、その内容は満州事変後の新情勢に対応する応急総動員計画の中に吸収されたという。したがって、全く無意味な作文だったわけではなさそうである。
(76) 取りあえず、纐纈厚前掲『近代日本政軍関係の研究』第二章、川田稔前掲『浜口雄幸と永田鉄山』第三章参照。

第5章　一九二〇年代の対外膨張戦略(1)　在華紡路線

一　資本輸入国から資本輸出国への転換

第一次世界大戦勃発直前の日本経済は、日露戦争の戦費調達のための膨大な外債と貿易赤字の累積によって、三島弥太郎日銀総裁が、国際金融市場での外債発行ができなければ、正貨兌換を停止しなければならないと覚悟するほどに追い詰められていた。そうした窮境を救ったのが、第一次世界大戦であった。大戦勃発時(一九一四年七月末)には、対外債権四・五億円に対して一九・六億円に上る対外債務を負い、差引き一五億円強の債務超過国であった日本は、一八年末には対外債権が一九・三億円と、債務一六・四億円を三億円近く上回る純債権国へと転換した(1)。転換をもたらした約一八億円の収入は、貿易黒字と運賃・保険料などの貿易外黒字であるが、一九一四―一八年の五年間の本国貿易と貿易外の黒字は合計二七億円強に達するから、差引き一〇億円ほどは正貨の形で国内外に蓄積されたことになる。

そうした点を含めて資金面から見た国力の増加振りを指摘したのが、大戦前後に横浜正金銀行頭取・日本銀行総裁を務めた井上準之助が一九二六年五月に京都帝国大学経済学部において行った「我国際金融の現状及び改善策」と題する講演であった。そこで井上は、大戦期を通ずる債務国から債権国への転換を次のように説明した。

大正三年には日本は十一億円の債務国でありましたが、大正九年にはそれが一変して二十七億円の債権国になりまして、丁度其の差が三十八億円であります。其の勘定の仕方は、斯ういふ風に計算して居ります。大正三年には諸外国に対する日本の債務、即ち外国で発行しました日本政府の国債、地方債及び社債の総額が十九億円あります。此の対外債務に対して、日本銀行の正貨準備の金貨が一億三千万円、在外正貨が二億二千万円、海外放資が四億六千万円でありまして、対外的債権と見得るものが合計して八億一千万円ありますから、差引十一億円の債務国でありました。然るに、それが大正九年になって来ますと非常な変化を来しましたといふのは、大正三年以来、日本政府は段々外国債を返しましたから、日本の外国債務の総額は十六億円に減じまして、さうして此の債務に対して、日本銀行の準備の金貨は十一億一千万円に、在外正貨は十億六千万円に、海外放資は二十二億円に殖えまして、対外的債権と見得るものが合計して四十三億七千万円となりましたから、差引債権が二十七億七千万円となったのであります。(2)

この説明は、学生向けに分かりやすく述べようとしているため、若干正確さを犠牲にしている部分があるが、円貨圏の植民地を除いた資本輸出と国内・在外所有正貨からなる「対外的債権と見得るもの」から、少額の直接投資を無視して証券投資の形での資本輸入を差し引いたものを資金面から見た国力としているのである。その後の動向について井上は、一九二四年（大正一三）末現在の対外投資が約一八億円あることを指摘しつつ、中国とロシアへの借款九億円は「全部死んで居る」のであって、「生きて居ります海外放資は僅かに九億円でありまして、それは満州及び支那の事業放資と南洋の事業放資とであります(3)」という注目すべき指摘を行っている。では、一九二四年当時の日本は、井上のような見方からすると再び債務国に転落したのであろうか。井上の講演は残念ながらその点については、何も語ってくれない。

堀江保蔵氏の研究は、日本人研究者による資本輸入についての最初の包括的な研究であり、資本輸出との関係も述べているが、一九一四年と二〇年の説明は、ほとんど井上の講演の数値のままで、「債務超過」から「債権超過」への転換を論じている。(4) その上で、「わが国は、その後昭和四年の世界恐慌に至る約十年の間に再び債務超過国となり、その金額は約八億円に上った」ということを、実証的根拠を示さずに突然述べている。また、山崎隆三編著(5)は、序章「戦間期日本資本主義分析の視角と基準」(山崎隆三)が、「第一次大戦中に日本が獲得した莫大な外貨は、一時的に日本をそれまでの対外債務国から債権国へ転化したものの、戦後再開した世界市場での国際競争のなかで日本はふたたび大幅の入超に戻り、外資導入に依存せざるをえなくした(6)」と記し、債務国への再転換を示唆しているが、第七章「資本輸出入の推移と危機激化」(山本義彦)が示す一九三〇年の外資輸入残高二四・七億円は、同時点の対外投資残高から中国・ロシアへの不良債権五・一億円を差し引いた二七・八億円よりも三・一億円少なく、少なくともその時点での日本は債権国と言ってよい。(7) さらに、伊藤正直氏の研究は、「大戦中の債権国は二〇年代半ばには、ふたたび債務国へと転落した(8)」と断定するが、その根拠は示していない。

このように、債権国か債務国かという基本的な史実について曖昧なままであるのは、日本の外資輸入や所有正貨については官庁統計が整っているのに対し、対外投資の正確なデータが不足しているためである。その場合、台湾・朝鮮あるいは「満洲国」など円貨圏に属する植民地への資本輸出は国内投資並みに扱う必要がある。また、ストック分析であるから借款供与などで回収不能の不良債権は除外しなければならない。その上で、「対外債権」(海外投資＋所有正貨)から「対外債務」(資本輸入)を差し引いた差額(A)と、「海外投資」から「対外債務」を差し引いた差額(B)の双方を算出して、資金面から見た国力を測定してみたい。

表10　日本の対外債権と対外債務

（百万円）

年末	1914	1919	1924	1930	1936
①＋②対外債権	870	4, 242	3, 263	3, 739	2, 877
①対外投資	529	2, 197	1, 762	2, 779	2, 300
満州	267	中国	中国	1, 472	0
中国本部	172	1, 389	1, 336	1, 127	1, 600
南洋ほか	90	808	426	180	700
②内外正貨	341	2, 045	1, 501	960	577
③対外債務	1, 979	1, 722	1, 883	2, 466	1, 997
①＋②－③(A)	△1, 109	2, 520	1, 380	1, 273	880
①－③(B)	△1, 450	475	△121	313	303

出典）①の 1914 年は高村直助『日本資本主義史論』（ミネルヴァ書房，1980 年）139 頁，1919 年，1924 年は金子文夫「資本輸出と植民地」大石嘉一郎編『日本帝国主義史 1　第一次大戦期』（東京大学出版会，1985 年）355 頁，1930 年，1936 年は山本義彦「資本輸出入の推移と危機激化」山崎隆三編『両大戦間期の日本資本主義』下（大月書店，1978 年），225 頁より作成。②は後藤新一『日本の金融統計』（東洋経済新報社，1970 年）22 頁。③は外務省特別資料部編『日本に於ける外国資本』（霞関会，1948 年）9 -10 頁。

表10は、既成の諸研究によって作成したもので、台湾・朝鮮への投資と一九三六年の「満洲国」への投資、および一三年の中国政府に対する改革善後借款五千万円、一九三〇年の中国・ロシア政府への不良債権五億一千万円は含まれていない。実際には、すでに述べたように一九二四年の対ロシア政府借款二億九一九六万円と対中国借款（政府・個人）五億九二六四万円も井上準之助によれば大部分が不良債権化していたから、同年の指標Bのマイナスはさらに拡大すると見るべきであろう。もっとも同年の指標Aを採用すれば、不良債権を考慮してもマイナスにはならない。第一次世界大戦中の正貨蓄積がまだ余裕を与えているのである。そして、一九三〇年には対外投資の伸びが対外債務の伸びを上回った結果、正貨所有の減少にもかかわらず、指標Bはプラスに転じている（原資料の日本銀行『満洲事変以後の財政金融史』の集計ミスは訂正）。一九三六年には「満洲国」への対外投資が三〇億円へと激増するが、その前年に満洲の円系通貨圏への編入が完了しているので、この表からは除外されることになり、指標Bの数値は一九三〇年当時とほとんど変わらないことになる。このように、一九二〇年代の日本は、指標Bで見る限り、一旦債務国に再転落するが、三〇年代には再び債権国として復活するのであり、その間、第一次世界大戦期に蓄積した正貨があったために指標Aは一貫してプラスを維持している

点が第一次世界大戦前と決定的に異なっている。ただし、そのプラス値は傾向的に減少しており、日本経済は第一次世界大戦の正貨蓄積をどんどん食いつぶしていったのである。[9]

ところで、表10には、植民地への資本輸出は一切含まれていない。それは、すでに述べたように、植民地は円通貨圏の内部に包摂されており、その限りでは、そこへの投資は本国から見れば国内投資と同質のものだったからである。しかし、植民地支配にとって資本輸出の問題は、きわめて重要であり、その金額と役割に関する研究が進められて来た。ここでは、一九三〇年当時の日本（内地）の対植民地圏（ここでは中国を含む）への投資に関する金子文夫氏の推計を引用するにとどめよう。同推計は、表10と若干数値が異なるが、中国本部一四億四六〇〇万円、満州一七億五七〇〇万円、朝鮮一五億七〇〇〇万円、台湾六億八五〇〇万円とされており、合計五三億九五〇〇万円に対する朝鮮・台湾の比率は四一％に達する。[10] やや乱暴であるが、表10の海外投資にある南洋・南北アメリカへの投資一億八千万円を上記植民圏投資に加えて日本の対外投資総計値を推定し、それに対する朝鮮・台湾投資の比率を計算すると三九％になり、植民地投資が日本の対外投資総体の中で如何に大きな割合を占めていたかが窺えよう。それは、第3章において検討した日本と植民地との貿易関係の密接さと関連する特徴であるが、植民地投資の推移とその意義については、一九三〇年代に関する第8章において、まとめて扱うことにしたい。

ここでは、一九二〇年代の日本が帝国主義としての膨張を遂げるに当たって、植民地を含む東アジア諸国・地域への資本輸出を展開しつつ、同時に多額の資本輸入を行っていたことをどのように評価するべきかという問題を論じておこう。アジアへの侵略にさいして、欧米への「外資輸入依存＝金融的従属」が存在したことを重視すべきであるという問題提起が、山崎隆三・山本義彦氏らによって行われ、[11] それをめぐる「日本帝国主義史論争」が一九八〇年代を通じて華々しく展開され、研究水準を大きく引き上げた。[12] 私も、一九八七年の論文「国際関係」において、若干この問題を論じ、「大戦後の日本の地位を、『金融的従属』国と規定することは、適当ではない」[13] と結論づけたところ、山本義彦氏から、「著者などの見解への全面批判」であり「納得できない」と指摘された[14]。

山崎・山本氏らの見解は、日本帝国主義が英・米追随外交路線を放棄して対英・米戦争に訴えた「深部の力」は、資本輸入に依存しつつ重化学工業化を推進してきた財閥資本中心の勢力が、世界大恐慌と「満州事変」によって資本輸入が決定的に困難となった事態を、円ブロックの拡大によって克服せんとしたことにある、というものである。この見解は、山田盛太郎氏の古典的見解[15]が、外資輸入による重化学工業化路線（金融的従属）と外資輸入難によるその路線の破綻という変化を無視しているとして批判するものであり、前述のように学界に大きな反響を呼び起こした。だが、山崎・山本説は、円ブロック拡大の起点となった「満州事変」を、資本輸入の困難化の原因の一つとして把握し、「満州事変」そのものが何故起こったかを説明していない限り、英米との対立発生の説明としてきわめて不十分である。また、同説では、「外資輸入依存＝金融的従属[16]」という表現に見られるように、外資輸入に「依存」するという経済的実態が直ちに、資本輸入先に「従属」するという政治外交関係を意味するものとされており、議論を曖昧にさせている。この点を批判して、浅井良夫氏は、日露戦後の日本による「満州」軍事支配に対して、英米が「門戸開放」を要求するさいに、戦費を提供した債権国の立場からの「恫喝的な文句」を用い、そうした政治的圧力に伊藤博文らが屈服したことこそが「従属」を意味すると論じ、その上で、日本は第一次世界大戦期に蓄積した先進国水準の金準備を基礎とすることによって大戦後は「自立帝国主義国」となったと主張した[17]。

しかし、浅井論文においては、戦間期における「従属」の有無については論じていないので、前掲拙稿「国際関係」では、その問題を扱った。すなわち、三谷太一郎氏の研究によりつつ、まず一九二〇年代において南満州鉄道と東洋拓殖の社債をアメリカで発行しようとした試みに対するアメリカ国務省の介入は、日本の満蒙植民地化への動きを、門戸開放政策に立って阻止しようとしたものであったことを指摘し、アメリカ政府が満鉄社債を阻止した反面、東拓社債については実際には満蒙方面へ運用されることを知りつつも、対日政策と対中政策のバランスから認めざるをえなかったと述べた[18]。また、拙稿では、一九二四年のいわゆる震災復興公債は、起債条件の厳しさから「国辱公債」との非難をあびたことは事実であるが、英米両国の金融界が総力をあげて発行に協力し、担保もイギリス側の要求を抑えて事実上無担保となったことを考えると、不合理な悪条件を押し付けられたという非難は根拠を欠くと主張した。さらに、一九三一年一月に満期となる日露戦争直後の英貨公債の借換のための外債発行は、前年一月に日本が復帰したばかりの金本位制を維持する上で不可欠であったが、そのためには折から進行中のロンドン軍縮会議での英米両国との軍縮の合意が必要であった。軍縮会議での日米代表はいずれも外債と軍縮の関連を強く意識しており、幣原喜重郎外相は、軍縮会議でアメリカ側が外債問題を利用して日本側に圧力を加えたことは「絶対ニナイ」としているが、当事者が十分にその点を意識していた以上、あえて持ち出す必要がなかったと言えよう。外債借換の必要性は、軍縮案に不満をもつ海軍軍令部にとっては大きな「制約」であったかもしれないが、協調外交と緊縮財政を方針とし、フランスからの支援の申し出を断ってまで対米英妥協の道をあえて選んだ浜口雄幸内閣にとっては、決して不本意な選択を余儀なくさせる「制約」ではなかった[19]。私が、戦間期の日本の金融的「従属」を否定したのは、そうした外債発行と借換の経緯を踏まえてのことであった。

以上のような私の指摘の内容については、山本氏も基本的に認められたので、違いはどうも「従属」という言葉の理解の違いになるようであるが、私としては、単なる量的な外資「依存」をもって「従属」と見做すと、例えば、第一次世界大戦前にロシアを上回る世界最大の外資導入国であったアメリカが「金融的従属」国となってしまい、理解に苦しむと言わざるをえない[20]。私を含む各国の金融史専門家が初めて明らかにした一九一四年当時の外国投資総計四五〇億ドルの貸し手上位四国はイギリス一八〇―二〇〇億ドル、フランス九〇―一〇〇億ドル、ドイツ六〇―七〇億ドル、アメリカ合衆国三五億ドルであり、借り手上位四国はアメリカ合衆国七一億ドル、ロシア四〇―五〇億ドル、カナダ三七億ドル、アルゼンチン三〇億ドルであった[21]。レーニンは『帝国主義論ノート』では、金融的・政治的に自立したα諸国として英米独仏の四基軸国を挙げ、金融的には独立していないが政治的には自立したβ諸国として、ロシア・日本を含むその他の全自立国を挙げたが、『帝国主義論』では、α型、β型などの類型をやめて、英米独仏露日を一括して「六大強国」としている。(22)

二 「軽工業主義」か「重工業主義」か?

前掲表10の対外投資の地域分布から明らかなように、朝鮮・台湾植民地を別とすれば、日本の対外投資の大部分は満州を含む中国へ向けられた。中国への投資の中には、政府・個人への借款もかなり多かったが、中心は事業への直接投資であった。この点は、イギリスやアメリカの中国投資も同様である。(23) 一九二四年の日本の場合で見ると、借款五億九二六四万円に対し、直接投資が七億九三一七万円(うち満州六億三一二三万円)であった。(24) 金子文夫氏は、作表に当たって一九一三年の中央政府に対する改革善後借款五千万円だけを除外したが、井上準之助の説明によれば借款のほとんどは不良債権であったという。また、一九三〇年の場合で見ても、「対満投資」一四億七二〇〇万円の八六%に当たる一二億七二〇〇万円が満鉄を中心とした直接投資であるのに対して、「対華投資」では在華紡を中心とする直接投資は三億五〇〇〇万円で全体一一億二七〇〇万円の二七%に過ぎない。中国本部においては政府・個人への借款の方が多いわけであるが、その大部分は不良債権と化していたようで、長期的に「生きて」いたのは在華紡などの直接投資であった。

このように、日本から中国への投資は、満州への満鉄投資と中国本部とくに上海への在華紡投資によって代表される。満鉄投資が、日露戦争によって日本政府がロシアからたまたま譲り受けた鉄道利権が出発点であるのに対して、在華紡投資は、中国の関税引上げを契機に民間紡績資本が大挙して上海・青島に工場を建設した点で、当時の日本経済の発展の延長上に出現した投資であった。一九二六年当時の対中国直接事業投資額一七億五二三四万円（一〇〇％）のうち、満鉄が六億九五六八万円（三九・七％）、在華紡が二億三千万円（一三・一％）であるが[25]、いずれも急増しており、その他の投資を圧倒していた。満鉄と在華紡は、日本と中国との政治的緊張の火種となり、どちらの利害を重視するかで、日本政府も財界も厳しい選択を迫られることになる。

満鉄投資と在華紡投資の性格の違いを、「重工業主義」と「軽工業主義」の違いだとする見方を提起したのは、評論家の長谷川万次郎（如是閑）であった。満州事変勃発直後の一九三一年（昭和六）一〇月二日に、『東洋経済新報』の石橋湛山主筆が司会を務めた「満蒙問題座談会」[26]において、長谷川は、それまで発言した六人が、武力を使うか、平和的に行くかの違いはあっても、日本が満蒙を取るという点では、蠟山政道東京帝国大学教授を含めてみんな泥棒同然だと一括批判した上で、次のように論じた。

> ……南支那、中央支那に対する日本の産業関係は軽工業の関係だらうと思ふんですが、そこに立脚した政策は志立〔鉄次郎前興銀総裁〕さんのやうな平和主義であって、日本の外交もそこに立脚してゐる。幣原外交でも、田中外交でもその点は同じことで、日本外交の方針はそこにあったと思ふのです。それで若し日本が南支那の関係を犠牲にして満州に立籠るといふことになりますと、それは日本の経済が、軽工業時代からして重工業時代に移るといふことになるのでせう。――即ち原料地を獲得して、さうして所謂戦時の場合自給自足主義を執るといふことになるのです。……今度軍部の惹き起した事変の結果といふものを段々考へて見ますと、ブルジョアジーの方面からいっても多少の意味がないではない。日本のブルジョアジーの内には南支那に対する日本の産業は早晩行詰りはしないかと云ふ風に考へてゐるものもあるでせう。つまり、支那自身の産業の発

達〔＝民族紡〕が其方面に於ける日本の産業〔＝在華紡〕を排除するだらうといふのです。若し日本が遠大なる考を有つならば支那に対する関係は軽工業主義でなしに重工業主義の自給自足の領土獲得主義に移った方が好いと彼等は考へ出しはしないか、さう考へる根拠はないことはないのです。さうなると今度の軍部の行動なども、このブルジョアジーの考と一致した行動だといふことになります。……併しながら日本が満州政策に迷って居るのは、つまり経済関係を何処に置くかと云ふことに就て日本のブルジョアジーが定見を有って居ないからで、彼等は重工業主義に徹底しやうか、今日の軽工業主義を守らうか、何方にしやうか自分で解らないのです。之は外務省の無方針でもなんでもなく日本のブルジョアジーの無方針である……。

座談会出席者の侵略的発言を批判しつつ、軍部の満州侵略への対応をめぐる日本ブルジョアジーの無定見振りを論ずる長谷川の論鋒は鋭いが、「重工業主義に断然移れば当然強硬政策に出なければならぬ」とまで喋ったところで、それまで意見表明を控えていた司会の石橋湛山が、日本は「必ず重工業に移らなければ存立出来ないのでありませうか」と聞くと、長谷川は「それは必ず軽工業から重工業に移る過程を通るでせう。そこから戦争が起るのです」と戦争への必然論を唱えた。この辺りは、同じ自由主義者の石橋と異なり、長谷川はマルクス主義の戦争必然論に立っており、日本の場合もブルジョアジーの意向が軍部の行動を制約できると考えていたようである。[27] 日本のブルジョアジーが、そもそも戦争のような最高国策のあり方を左右しようとする政治的見識と行動力をもっていたか否かが問題なのであるが、それは後で考えることにしよう。ここでは、長谷川のやや荒っぽい議論が、満鉄投資と在華紡投資の性格の違いと両者の関連を考える上で、貴重な示唆を与えてくれるものであることを取りあえず確認しておきたい。

長谷川如是閑がかつて行った、以上のような議論は、のちに西川博史氏が主張した、一九二〇年代という帝国主義確立期の日本資本主義は、「帝国主義段階に固有とされる重化学工業を生産力基盤とする産業構造を有して」おらず、「現実的・経済的基礎過程は、綿紡績業を基軸に構成された産業＝貿易構造に規定されていたと理解しなければならない」[28]という見方を、より動態化して把握しようとするものであったとも見做しうるであろう。西川説の特徴は、帝国主義日本の対外膨張のあり方を、「内部から突き動かしていった矛盾（＝内的衝動力）の存在形態」[29]に即して把握するところにあり、その限りでは優れた説得力をもつが、対外膨張なるものは、経済的に実在する強力な軽工業中心の産業構造からのみ決定されるものではなく、経済的に弱体な重工業を基軸とする産業構造を創出しようとする政府や軍部の作為を通じても進められたことが見落とされてはなるまい。前章で見たような、第一次世界大戦が示した機械戦・総力戦と、現実の日本経済の間の「絶望的なギャップ」を何とか埋めようと考えた軍人たちの発想もまた、広義の「内的衝動力」として把握する必要があるように思うのである。しかし、その点の議論は第6章に譲り、ここでは、西川説が強調する在華紡という形での進出が、どのような矛盾を中国との間に生み出したかを検討しよう。

三　綿紡績資本の中国一斉進出とその経営成績

第一次世界大戦後には、世界屈指の規模と技術をもつ日本の紡績資本が、一斉に中国での工場建設に乗り出した。「在華紡」と呼ばれた日本紡績業の対中国直接投資は、大戦前から行われていたが、それらは、三井物産（一九〇二年）、日本綿花（〇七年）、内外綿（一一年）といった貿易商社によるもので、とくに内外綿は、上海に次々と紡績工場を建設し、一四年には三工場一一万錘をもち、イギリスのジャーディン・マセソン商会が経営する怡和紡織に次ぐ地位を占めた[30]。第一次世界大戦時には、欧米綿布やインド綿糸の輸入圧力が減退した間隙を縫って、中国人資本による「民族紡」の勢力が拡大し、一九一七年（大正六）には、民族紡を中心とする機械制綿糸の生産量が輸入量を上回った。中国綿業史研究者の森時彦氏は、辛亥革命による政治的解放を画期として中国国内の織布業が量的にも質的にも発展して高番手綿糸への需要が増加した結果、十六番手未満の低番手インド綿糸への需要が相対的に後退したこと、民族紡は、高番手綿糸の生産能力を強めることによって、十六番手から二十番手へと高番手化を進める輸入日本糸と競争しつつあったことを指摘し、単純な外因説を批判している[31]。そうした民族紡を中心とする中国紡績業の成長があったからこそ、イギリス側として参戦した中国政府が、戦費捻出のためとして綿糸輸入関税の引上げの了解を取りつけ、一九一八年八月から実施したときに、大戦中の賃金上昇のために輸出競争力が著しく低下していた日本紡績業としては、中国への直接投資を拡大して関税障壁を乗り越えるしか打つ手がなかったのである。

こうして、一九二一年から二四年にかけて、続々と上海ないし青島に在華紡の工場が開設され、その錘数は二四年には民族紡の過半に達した。この時に進出した紡績資本の中心は、一九一八年当時の本国紡績業の全錘数の過半を占め、利益率において他の紡績資本を大きく引き離していた鐘淵紡績・東洋紡績・大日本紡績の三大紡績であった。こうした日本紡績資本による「在華紡」の形成については、「世界綿業史上このように集団的且つ大規模に紡績資本の対外進出が行なわれた例はない[32]」と高く評価されている。ちなみに、アジアにおける機械制綿紡績工場の設立は、最初イギリス資本によってインドで設立されたものが失敗した後、ボンベイのインド商人による紡績工場が一八五四年から次々と開業し、そこで生産された機械制インド綿糸の輸入に刺激されて、中国と日本でも紡績工場の設立が計画されたという歴史をもっている。インド綿糸の輸出総量は第一次世界大戦直前にはイギリスのそれと拮抗するまでになり、大戦期のインド紡績業は大きな利益を上げたが、技術者の多くはイギリス人でインド独自の技術革新がなかったために中国への綿糸輸出の停滞を招くとともに、少数の「経営代理業者」によって資金・流通面から支配・収奪されていたために、日本紡績業のような中国への直接投資に向かう力がなかった[33]。

在華紡の進出を支えたのは、第一次世界大戦のブームによる日本紡績業の資本蓄積の一層の進展であった。大戦直前の一九一三年に、日本紡績業は世界第九位の錘数を擁し、先進的技術であるリング化の徹底と後進国的な昼夜二交代制の維持により、原棉消費量では米英露印独に続く第六位を占めた。最大規模の鐘淵紡績の設備は四六万錘で、同時期のイギリスでは第二位、アメリカでは第三位に当たり、インドの最大会社の一四万錘を大きく凌駕していた[34]。紡績連合会は操業短縮を通じて国内織物業から独占利潤を獲得し、その多くは鐘淵紡・東洋紡（一九一四年六月、三重紡と大阪紡の合併）・大日本紡（一八年六月、尼崎紡と摂津紡の合併）の三大紡によって吸収された。第一次世界大戦とその直後の日本紡績業の利益金は莫大なもので、一九一四―一八年の対払込資本金利潤年率は、公表されたデータによっても単純平均で三大紡が五九％、その他が三六％に達し、一八・一九年には全国合計で、利益金はそれぞれ払込資本金に匹敵し、配当率は五〇％を超えた。とくに三大紡は高配当を行いつつ内部留保に努め、一九一八年末の三社払込資本五六九二万円に対して積立金等が八二四六万円あるとされたが、実際には公表積立金をはるかに上回る秘密積立金があり、いずれも銀行に預けられていたという[35]。このように内部留保に努め、自己資本（資本金＋積立金）によって固定資産だけでなく運転資金も十分にカバーできる「自己金融」の状態を創出したことが[36]、イギリス・インド紡績業と異なり、日本紡績業が一九二〇年恐慌を乗り切った上、中国への直接投資を展開することができた資金面の基礎条件であった。大戦以降の日本には、従属帝国主義論が想定するのとは全く異なった、かかる「資本過剰」による「資本輸出」の世界が出現しつつあったのである。

在華紡は、後に見るように、日貨ボイコットによって打撃を受けることもあったが、一九二〇年代初期の利益率は日本本国の紡績会社（＝本国紡）よりも高かったし、その後も中国民族紡を上回る成績を上げ続けたものと評価

表 11　本国紡・中国民族紡と比べての在華紡の対資本金利益率

（%）

年	1921	1922	1923	1924	1925	1926	1927	1928
本国紡	38. 1	37. 2	22. 2	23. 8	23. 0	19. 0	20. 1	22. 0
在華紡	72. 9	46. 0	24. 5	22. 5	13. 1	13. 2	8. 4	12. 5
民族紡	…	12. 2	4. 2	2. 2	9. 9	6. 6	5. 1	15. 8

年	1929	1930	1931	1932	1933	1934	1935	1936
本国紡	21. 2	3. 0	17. 0	20. 4	27. 0	29. 1	24. 7	23. 6
在華紡	18. 8	17. 6	20. 2	9. 0	12. 2	16. 7	18. 0	22. 0
民族紡	23. 8	11. 3	16. 0	10. 4	2. 8	−2. 7	1. 8	15. 1

出典）高村直助『近代日本綿業と中国』（東京大学出版会，1982 年）125 頁，久保亨『戦間期中国の綿業と企業経営』（汲古書院，2005 年）114 頁。

備考）中国民族紡は有力 15 社に関するもの。在華紡のように利益金に減価償却を含まないため，やや低目に算出されている。

されてきた[37]。しかし、民族紡の経営分析が進むにつれて、一九一九年前後の紡績ブームにさいしては民族紡も巨額の利益を上げたことが指摘され[38]、その後においてもかなりの好成績を上げる民族紡があることが判明した[39]。

まず、華商紗廠連合会がはじめて主要民族紡各社の収益を調査・公表した一九一九年のデータの分析によれば、計二三工場の利益総額は一六四七万両で、資本総額一七九三万両に対する平均利益率は九二％であったという。もっとも、この年は、外資系各社においても、イギリス系怡和紡織局一三〇％配当、同系老公茂紡織局五〇％配当、日本系内外綿一一〇％配当（利益率三八六％）、日本系上海紡績三六％配当という具合に、軒並み高配当（高利益率）を実現しており、日本本国紡全社の利益率も一〇二％と中国民族紡とほとんど同率であった。こうした利益率の同時高騰は、基本的には日中両国における綿糸・綿花相場が、大阪三品取引所相場を通じて連動していることの反映であるが、中国綿花の大豊作と銀高が中国民族紡の原綿価格の低位安定をとくにもたらしたことが指摘されている[40]。次に、その後の在華紡と民族紡の利益動向を、表11によって比較してみよう。本表で取り上げる民族紡は、全国約六〇社のうち、比較的経営状態が良くて経営資料が残っている一五社に限られる点に留意したい。

これによれば、在華紡は、一九二〇年代初頭まできわめて高い利益を上げていたが、労働争議が激化した二五年から利益率が半減し、二八・二九年には民族紡にも追い抜かれる有様であった。しかし、後に見るように満鉄の利益が激減した一九三〇・三一年の在華紡は、世界大恐慌下で低迷する本国紡をも上回る好成績を上げている。そして、上海事変が起こり、「満洲国」が成立した一九三二年には、激しい日貨ボイコットで大幅に利益率が落ち込み、民族紡の利益率以下に転落するとはいえ、その後は徐々に回復している。久保亨氏は、在華紡の発展と民族紡の衰退という旧来のイメージに適合するのは、華北沿海都市部天津などの事態であって、外国綿も用いた高品質品を全国市場に販売した上海民族紡や近接する農村地域から原綿を購入して綿糸を販売した内陸部民族紡は、いずれも量的発展を遂げていることを指摘する。[41]

在華紡が概して好成績を上げることができた理由は、何よりも豊かな資金を用いて最新式の設備を整え、日本では一九二九年から工場法によって禁止される女工の深夜業（二交代制昼夜業）を、中国人女性に行わせたことにあった。中国政府も一九三一年に工廠法を施行して、女工の深夜業を禁止したが、空文に終わったという。在華紡は、民族紡で広く見られた「工頭」という中間管理者を排除して、労働者の直轄制を採用し、生産能率を高めた。また、在華紡は、日本商社や横浜正金銀行から有利な資金援助を受けたのに対して、民族紡は損益に関係なく株主に八％程度の「官利」を支払った上で配当を支払わなければならなかった。[42]

もっとも、民族紡の中にも一九二五年頃から「工頭」制を廃止するものが現れ、三〇年代に新設された民族紡は初めから「工頭」制を採用しなかったし、二〇年代後半から幾つかの大手民族紡において「官利」制度を廃止する動きが生じたことも明らかにされている。[43] そこでは、民族紡が在華紡の経営手法と生産技術を吸収して、発展しつつあったのであり、日本から中国への一種の技術移転が生じていたと言えよう。こうした事実は、在華紡の活動を、もっぱら民族紡への圧迫として捉え、民族紡を弱体な被害者として見る傾向のあった従来の研究に反省を迫るものである。

四　在華紡の活動と日貨ボイコットの関係

では、このような在華紡の活動に対する民族紡の対応は、最終的に日中間の軍事対決につながる必然性をもっていたのであろうか。日本の歴史学界においては、西川博史著の『日本帝国主義と綿業』のように、在華紡こそが帝国主義日本の対外進出のもっとも重要な担い手であるとする「綿業帝国主義論」とも言うべき有力な見解がある。そこでは、在華紡の発展によって圧迫された民族紡の危機を反映して、日貨ボイコット運動さらには労働者のストライキを含む「経済絶交運動」が激しく燃え上がり、そのような動きは、「在華紡の支配的地位を突き崩すことはできなかったとしても、労働者のストライキに支えられた民族運動の新たな高揚が、在華紡に打撃を与えたことも事実であり、こうした運動には軍事的強力をもって臨むしかないという危機感を植えつけたことも事実であった」(44)と、在華紡と民族紡の対立こそが軍事対決を導いたとされている。その場合、西川氏が重視して同書で肯定的に引用しているのは、在華日本紡績同業会上海支部『在華日本人紡績の進出によって支那人紡績の受けたる影響』(一九三六年刊行と推定)が述べる、「華紡は自らの積極的努力によって邦紡への競争力を充実せしむるに足る内容を築き上げむとすることを捨てて屢々排他的行為によって積極的に邦紡の基礎を崩壊、動揺せしめんと試みる、之が頻発する排抗日運動の所以でも」あった、という見解である。(45) 民族紡関係者がこのように経済問題を故意に政治問題化している以上、在華紡関係者としても軍事発動を含む政治的対応をしなければならない、と考えていたことは事実だとしても、事態の正確な解釈としてそうした当事者の見方をそのまま信用することはできない。以下、日貨ボイコットの経過を既成の研究によって追いながら考えてみよう。

大規模な日貨ボイコットの最初は、一九一五年の日本政府から中国政府に向けた二十一カ条要求への批判として起こったものであり、次いで、一九年のパリ講和会議で日本から押し付けられた協定の破棄要求が拒否されたことに抗議して、北京で五月四日に学生から提唱され、全国に波及したものである（五・四運動）。一九一九年の運動には、内外綿などの在華紡労働者がストライキを打って連帯の意思表示をしたが[46]、在華紡の製品をボイコットの対象にしたところ、民族紡綿糸が不当な高値を呼び、織布業者が抗議したことから、「非買は有耶無耶の中に葬り去られたり」と報告される状態で、事実上ボイコットは成立しなかったようである[47]。これに対して、一九二三年三月が帝政ロシアによる旅順・大連の租借期限の二五年目に当たるとして返還を求めた中国政府の要求を、二十一カ条で延長済みだとして突っぱねた日本政府に抗議して起こった日貨ボイコットは、上海総商会が主導し、経営不振に悩む民族紡ブルジョアジーも積極的に参加し、在華紡製品を含むボイコットが行われただけでなく、日本人との全面的な「経済絶交」が唱えられた。その結果、漢口を中心とする長江中流域では上海民族紡の綿糸が一挙にシェアを伸ばしたが、在華紡では、日貨排斥のない華北地域や海外に販路をシフトすることによって打撃を回避したという[48]。このように、「経済絶交」運動の背後に、在華紡の圧迫に悩む民族ブルジョアジーがいたことは事実であるが、だからといってボイコットの原因が在華紡による圧迫だったと言うことはできない。原因は、あくまでも二十一カ条要求による権益に固執する日本政府への抗議という政治・外交問題であり、だからこそ広範なボイコット運動になったのである。

一九二五年の日貨・英貨ボイコットは、内外綿での労働争議が発端であり、在華紡は三カ月以上にわたるストライキとボイコットにより大打撃を受けた。ことの始まりは、内外綿会社において、新任日本人工場長の職工を殴るなどの横暴な態度に抗議した職工四〇名が解雇され、それに抗議した者たちを、脅迫したという理由で上海工部局（共同租界の行政機関）に引き渡したためストライキが始まり、会社側はロックアウトで対抗したことにあった。上海総商会の調停で一旦収束したものの、解雇職工の復職をめぐって再発した争議のさい、日本人職員と租界警察官の発砲で死者一名を出し、五月三〇日の抗議デモ隊二千名への租界警察官の発砲により一三名の死者が出た[49]。そのため、労働者・学生・商人による罷工・罷課・罷市の三罷闘争が、上海から全国に広がり、広東では、英仏軍の発砲により五〇名の死者を出し、闘争は九月まで継続した。在華紡関係者は、この五・三〇事件を、中国側が国権回復のために起こした政治事件であると見做したが、日本外務省は問題の本質を労使関係と捉え、その線での解決を図るよう指導したことが明らかにされている[50]。ここでは、一九二五年七月の内外綿株主総会における武居綾蔵頭取の説明によって、在華紡関係者の争議に関する認識を見よう。

> ……此度ノ罷工ハ労働者自身ノ声デハアリマセヌ、主義者ノ活動ノ結果デアリマス。又上海ニ五月十五日ニ罷工起リ、解決セザル中五月三十日事件起リ、五・三十ノ記念日トシテ有名ナルモノデ、六月一日ニハ御承知ノ通リ上海ノ市中ニ於ケル罷市トナリマシタ。之レヲ始メトシマシテ各所ニ罷市罷工起リ、揚子江上流ノ重慶方面ハ鎮定シマシタガ、上海ハ罷工ノ根源デアリマスカラ、今日未ダ継続シテオリマス。紡績会社ノミナラズ煙草、製粉会社等ニモ及ビ、失業者ノ数二十万人ニ及ビ、罷工ニテカカル大ナルモノハ今迄アリマセヌ、ドウカコレガ一日モ早ク解決シテ罷工前ノ如ク支那人ト共ニ就業ヲナシタイモノデアリマス……[51]。

すなわち、経営側は、争議が共産党の強い影響下に行われたために、労使関係のトラブルとして対処せず、意図的な政治的事件であると見做しており、それを理由に強硬策に出たのであった[52]。事件は最終的には日英両国の外務当局が調停に乗り出して解決したが、その過程を跡付けた中村隆英氏は、「客観的にみれば、在華紡には陸戦隊の銃剣の保証があり、また租界という特殊地帯があった。これら既定の条件が相手にどれ程過酷なものであるかを考えず、公正な競争をいとなみうる、と考えたところに、在華紡の性格があった」とし、そうした在華紡関係者の考え方を、「無意識なるがゆえに楽天的な帝国主義」だと指摘する[53]。的確な評価と言えるが、逆に見れば、当時の政府間交渉が進捗して不平等条約の枠組みが撤去された場合には、この直接投資は、相互に利益をもたらすものとなる可能性をもっていたのであり、満州におけるような全面的な領土支配へと向かいつつある直接投資と比べれば、より合理的・経済的な性格をもっていたと言えよう。また、この時のボイコット運動は、労使対立に租界警察と軍隊が介入し、理不尽な弾圧を加えたために生じたのであり、民族紡が在華紡との対抗上起こしたものではないことも明らかである。日貨ボイコットは、その後、一九二七・二八年の日本軍の山東出兵の時も行われるが、その原因が在華紡の圧迫による民族紡の苦境でなかったことも、改めて言うまでもない。

このように見てくると、度重なる日貨ボイコット運動の原因が、在華紡によって圧迫された民族紡の抵抗にあるとする見解は、十分な実証的根拠を有するものではないと言わざるをえない。もちろん、ボイコットにさいして民族紡が参加し、在華紡への対抗意識を露わにしたことはあったが、ボイコットそのものの最大の原因は、不平等条約の下での上海・広東共同租界の警察と駐留軍隊による労働運動・民族運動への弾圧への抗議であり、日本については中国東北部＝満州に有する権益に固執することへの批判にあったのである。そうだとすれば、日中の軍事衝突への必然性を形成していった主要な原因は、帝国主義日本のいま一つの膨張戦略である満鉄路線に求めなければなるまい。以下、章を改めて、その問題を検討しよう。

注

(1) 石井寛治『日本経済史〔第二版〕』（東京大学出版会、一九九一年）二八三頁、三和良一『概説日本経済史　近現代〔第二版〕』（東京大学出版会、二〇〇二年）八七、九一頁。典拠はいずれも日本銀行調査局「世界戦争終了後ニ於ケル本邦財界動揺史」『日本金融史資料　明治大正編』第二二巻（大蔵省印刷局、一九五八年）、四〇五頁。

(2) 井上準之助論叢編纂会『井上準之助論叢』第一巻（一九三五年）、二七二―二七三頁。

(3) 同上、四八七―四八八頁。

(4)堀江保蔵『外資輸入の回顧と展望』(有斐閣、一九五〇年)一三七、一三九頁。
(5)山崎隆三編著『両大戦間期の日本資本主義』上・下巻(大月書店、一九七八年)。
(6)同上、上巻、九頁。
(7)同上、下巻、一九一、二二五頁、集計の誤りは訂正。
(8)伊藤正直『日本の対外金融と金融政策 一九一四―一九三六』(名古屋大学出版会、一九八九年)一二九頁。
(9)中国への借款の返済問題については、疋田康行「一九三〇年代前半の日本の対中経済政策の一側面――債権整理問題を中心に」(野沢豊編『中国の幣制改革と国際関係』東京大学出版会、一九八一年)が、満州事変時の総計約五億円の「不確実債権」の返済交渉を分析した。坂本雅子『財閥と帝国主義――三井物産と中国』(ミネルヴァ書房、二〇〇三年)の第二章「大正期の対中国借款と三井物産」は、一九二〇年代の一千万円台に及ぶ三井物産の中国政府や国有鉄道への借款の回収難を扱っている。さらに、小池聖一『満州事変と対中国政策』(吉川弘文館、二〇〇三年)の第七章「経済提携の蹉跌――満州事変前の債務整理問題をめぐって」は、日本政府関係だけで元利三億七一九三万円(うち元金二億三九一〇万円)の対中国政府「不確実借款」の整理問題を分析した。
(10)金子文夫「資本輸出と植民地」大石嘉一郎編『日本帝国主義史1 第一次大戦期』(東京大学出版会、一九八五年)三三七頁。
(11)山崎隆三編著前掲『両大戦間期の日本資本主義』。
(12)武田晴人「β型帝国主義論をめぐって」『歴史学研究』四八二号、一九八〇年、桜谷勝美「日本資本主義史の分析方法」『歴史学研究』四九六号、一九八一年、橋本寿朗「戦間期日本資本主義分析の方法」『歴史学研究』五〇七号、一九八二年、山本義彦「戦間期日本資本主義に関する若干の理論的諸問題」『歴史学研究』五一一号、一九八二年、浅井良夫「従属帝国主義から自立帝国主義へ」『歴史学研究』五二一号、一九八二年、山本義彦「戦前期日本資本主義の構造的特質」『歴史学研究』五二八号、一九八四年。
(13)石井寛治「国際関係」大石嘉一郎編『日本帝国主義史2 世界大恐慌期』(東京大学出版会、一九八七年)五七頁。
(14)山本義彦『戦間期日本資本主義と経済政策――金解禁問題をめぐる国家と経済』(柏書房、一九八九年)二二一―二二三頁。
(15)山田盛太郎『日本資本主義分析』(岩波書店、一九三四年)。
(16)山崎隆三編著前掲『両大戦間期の日本資本主義』上巻、四二頁。
(17)浅井良夫前掲「従属帝国主義から自立帝国主義へ」五五―六〇頁。
(18)三谷太一郎「ウォール・ストリートと満蒙」細谷千博・斎藤真編『ワシントン体制と日米関係』(東京大学出版会、一九七八年)、のち、三谷太一郎『ウォール・ストリートと極東――政治における国際金融資本』(東京大学出版会、二〇〇九年)所収。
(19)石井寛治前掲「国際関係」五五―五七頁。

(20) R. Cameron and V. I. Bovykin ed., *International Banking 1870-1914*, Oxford University Press, 1991.

(21) *Ibid*., p. 13. ちなみに、日本の借入一〇億ドルは、アジア合計八〇億ドルの中で、中近東三〇億ドル、インド二〇億ドル、中国一五億ドルに次ぐ位置にある。

(22) なお、山本氏は、私が自動車工業や電気機械工業などの先端技術分野での外資の進出について「工業部門全体に占める比重は小さい」と評価したことが、生産力展開への外資の役割の過小評価であると決めつけている。しかし、日本への直接投資の少なさは先の浅井論文がロシア・イタリアとの比較で確認したようにもはや常識に属することであり、また、拙稿（石井寛治「産業・市場構造」大石嘉一郎編『日本帝国主義史1　第一次大戦期』東京大学出版会、一九八五年）において指摘したように、自動車工業におけるアメリカ資本の大々的な進出は、電気機械工業の場合と異なり、技術移転を伴うものではなく、日本資本による自動車工業の発展をむしろ阻害するものであった。その意味では、山崎・山本氏らの外資導入の効果に関する評価は楽観的に過ぎると言わねばなるまい。

(23) 久保亨『中国経済一〇〇年のあゆみ――統計資料で見る中国近現代経済史』（創研出版、一九九一年）一〇一頁。

(24) 『井上準之助論叢』第一巻、五〇九頁。

(25) 高村直助『近代日本綿業と中国』（東京大学出版会、一九八二年）一三一頁。

(26) 『東洋経済新報』一九三一年一〇月一〇日号掲載。なお、この座談会記事は、安藤彦太郎編『満鉄――日本帝国主義と中国』（御茶の水書房、一九六五年）にも一部引用されており、同書は「定見のないブルジョアジー」でなく「歴史的に課せられた自己の政治使命をはっきりと自覚している資本」（一五六頁）としての満鉄を分析している。

(27) なお、座談会での長谷川の発言は、思いつきのものではなく、事前にまとめ上げた構想を披歴したものであったことは、座談会出席前に執筆された長谷川万次郎「日本ブルジョアジーの大陸政策と島国政策――満州事変の側面的解釈」（『批判』第二巻第八号、一九三一年一〇月一日）に明らかである。その論文で、長谷川は、日本が大陸政策に目覚めたときに世界の帝国主義は領土獲得時代を過ぎ去っていたため、東インド会社的性質をもつ満鉄を置かざるをえず、その結果満鉄は「日本の資本主義者等に対しても満州の門戸を閉し、機会均等を与へず、ために、満州を今日のやうな資本主義的不具、変態の領域たらしめることとなった」（八三頁）という注目すべき批判を行う。その上で、「日本のブルジョアジーは寧ろ此の満州に対する領土主義の清算を希望し、それを何等かの形で支那側に信用せしめんと焦慮しつつある。今回の満州事変は、このブルジョアジーの意図に対する軍部の反逆である」（八三頁）と論じ、「日本最高のブルジョアジーの大陸政策が領土主義たりえないことは明らかだ」としながらも、彼らが「一方で軍部の此れ以上の策動を抑へると共にそれを他方に於て利用するといふ態度をとりつつあるのは、他方で日本の資本主義が軽工業から重工業に移らんとしつつある過程に応じて、日本の外交政策がやがて一転機を見んとする前提であるともいへる。重工業主義は未だ充分日本に根底を得てはゐないが、さうした意味に於ける日本の満州獲得主義の主張される時は、愈帝国主義の最高潮に達した時なのである。軍部の今回の行動などがそれに関連したものでないことはいふまでもないことだが、もし日本が基本的産業を軽工業から重工業に転ぜしめんとする過渡期に再会してゐるならば、原則として軟弱外交は強硬外交に進化する道理である。それは南支那を犠牲として、その代り満州を高度に独占化するのである。この領土主義は島国政策の反対に最高の大陸政策であり最高の帝国主義である」（八七頁）と述べている。軍部の領土主義を食料の供給地を求める封建的・農業国家的イデオロギーであり『島国政策』だと評しているところは、「世界最終戦」の拠点を確保しようという石原莞爾らの満州侵略構想を軽視しているが、石原構想を支えるべき帝国主義的な重工業ブルジョアジーの未成熟を鋭く指摘したことは注目しなければなるまい。この点は、次の第6章で扱おう。

(28) 西川博史『日本帝国主義と綿業』（ミネルヴァ書房、一九八七年）一一七頁。
(29) 同上、二頁。
(30) 高村直助前掲『近代日本綿業と中国』八七頁。
(31) 森時彦『中国近代綿業史の研究』（京都大学学術出版会、二〇〇一年）一四〇—一六六頁。
(32) 村山高『世界綿業発展史』（日本紡績協会、一九六一年）五一〇頁。
(33) 同上、三三六—三四七、四四二—四六一頁。インドにおける経営代理制度の歴史と本質については、小池賢治『経営代理制度論』（アジア経済研究所、一九七九年）、インド綿工業における経営代理制度が如何に技術革新を阻害したかについては、清川雪彦「インド綿工業における技術と市場の形成」一橋大学経済研究所『経済研究』第二七巻第三号、第四号、一九七六年を参照。
(34) 米川伸一『東西紡績経営史』（同文舘出版、一九九七年）三九頁。
(35) 高村直助前掲『近代日本綿業と中国』一〇八—一〇九頁。
(36) 石井寛治「企業金融の展開」『講座・日本経営史3　組織と戦略の時代』（ミネルヴァ書房、二〇一〇年）二二三頁。
(37) 高村直助前掲『近代日本綿業と中国』一二三—一二七頁。
(38) 森時彦前掲『中国近代綿業史の研究』一六七—一七三頁。
(39) 久保亮『戦間期中国の綿業と企業経営』（汲古書院、二〇〇五年）一〇五—一四四頁。
(40) 森時彦前掲『中国近代綿業史の研究』一七四—二二二頁。
(41) 久保氏によれば、中国紡績業史研究の古典である厳中平、依田憙家訳『中国近代産業発達史〔改訂版〕』（校倉書房、一九六六年）が初版（原著、一九四二年）において強調していた発展面を、改訂版（原著、一九五五年）で否定したのは、一九四九年革命後の政治的要請により、三〇年代の危機に瀕した民族紡を救う道は国民党政権下にはありえず、共産党政権のもとでしかありえないことを「実証」するためであったのであり、民族紡と在華紡の間の「棲み分け」を主張する森時彦氏の研究も、民族紡の発展の限界を論ずるにとどまっているという（久保亨前掲『戦間期中国の綿業と企業経営』第一章）。高村直助前掲『近代日本綿業と中国』と西川博史前掲『日本帝国主義と綿業』は、引用する厳中平の研究が一九五五年の改訂版に基づく依田訳ないしその原書であるため、改訂版における民族紡への否定的評価の影響を多かれ少なかれ受けていることが留意されなければならない。

(42) 高村直助前掲『近代日本綿業と中国』一七三―一九四頁。なお、労働者の直轄制が採用されたと言っても、日本人職員が直接に中国人職員を管理することは困難なので、「特選工」と呼ばれる中国人の中間管理者が日本人職員を補佐しており、後には「特選工」の下に中国人の「役付工」が置かれて、一九三〇年代には日本人職員―「特選工」―「役付工」―一般労働者という階層的な管理組織が成立したことを、上海市档案館所蔵の内外綿上海支店の一次史料に基づいて明らかにした最近の研究として、芦沢知絵「内外綿の中国人管理者と監督的労働者」（富澤芳亜・久保亨・萩原充編著『近代中国を生きた日系企業』大阪大学出版会、二〇一一年）がある。

(43) 庄紅娟「中国の企業家活動における伝統と革新」『経営史学』第三八巻第四号、二〇〇四年。

(44) 西川博史前掲『日本帝国主義と綿業』二四六頁。

(45) 同上、二四五頁。

(46) 菊池貴晴『中国民族運動の基本構造――対外ボイコットの研究』（大安、一九六六年）一八三頁。

(47) 森時彦前掲『中国近代綿業史の研究』一八五―一九〇頁。

(48) 高村直助前掲『近代日本綿業と中国』一四〇―一四四頁。

(49) 江田憲治「在華紡と労働運動」森時彦編『在華紡と中国社会』（京都大学学術出版会、二〇〇五年）三四―五〇頁。

(50) 中村隆英『戦前期日本経済成長の分析』（岩波書店、一九七一年）三〇九―三二九頁。

(51) 「内外綿　株主総会議事録　大正一四年七月二二日」神戸大学経済経営研究所政策研究リエゾンセンター所蔵。

(52) 最近の桑原哲也「対外関係――在華紡、内外綿会社の経営」『講座日本経営史3　組織と戦略の時代』（ミネルヴァ書房、二〇一〇年）は、内外綿の経営史料を用いて同様な理解を記しているが、中村隆英氏の古典的見解への言及はない。

(53) 中村隆英前掲『戦前期日本経済成長の分析』三三一頁。

第6章　一九二〇年代の対外膨張戦略(2)　満鉄路線

一　満鉄の経営多角化と対外交渉

一九一四年度（大正三）末の満鉄の資金二億五三五四万円（一〇〇％）の構成は、日本政府の株金（現物出資換算）一億円（三九・四％）、国内民間払込株金二三九九万円（九・五％）、外国発行社債一億一七一六万円（四六・二％）、諸積立金一二三九万円（四・九％）と、ロシアから引き継いだ現物出資を除くと、実に七六％強がイギリスで発行した社債であり、満鉄投資は文字通り外資輸入に依存した対外投資であった。しかし、第一次世界大戦以降は国内における資金調達が増加し、一九三〇年度（昭和五）末には、資金八億七二三四万円（一〇〇％）のうち、日本政府が二億二一六六万円（二五・四％、外国社債の振替分一億一七一六万円を含む株金と社債四五〇〇万円）、国内民間四億二三〇三万円（四八・五％、株金一億七千万円と社債二億五三〇三万円）、外国発行社債三九〇五万円（四・五％）、諸積立金一億八八六一万円（二一・六％）という構成になり、イギリスで発行した社債への依存度はわずか四％台にまで低下した。(1) もっとも、満鉄としては、社債をアメリカ合衆国において発行する試みは何度も繰り返ししており、アメリカの金融業者はそれに応ずる意図があったが、アメリカ国務省の対中国政策に制約されて挫折に終わったのであり、国内資金への依存という選択は止むをえざる結果であったことが注意されなければならない。[2]

社債の場合で言えば、一九二〇年代の電力外債の研究が明らかにしているように、国内でも社債発行の条件は存在したが、利率の低さと償還期限の長期性の点、とくに後者の点で外債の方が有利だったのである。[3] しかし、満鉄社債は、その信用度において国内では抜群の高さを誇っていたから、国内発行は容易であった。ここでは、一九二一年二月二〇日に発行された第一四次社債二五〇〇万円（年利七％、発行価格額面一〇〇円につき九六円）について、これを日本興業銀行ほか九銀行から募集を下引受けした山一合資系の小池銀行が、顧客に配布した募集要項の文言を引用しよう。

社債中の覇王　本社債は社債中の覇王にして最も信用あり且又最も融通力に富み売買頗る容易なり

金利は漸落傾向　而も現下の状態より察するに金融の前途は漸落を重ぬべく、日銀利下、組合銀行預金利子引下等も近く実現せらるべく、従て今後発行の社債は回一回と条件の低下を免れず

短期にして有利なる社債　然るに本社債は据置期間壱箇年を経過すれば直に償還期に入り後四箇年間に全部償還せらるる短期債なる上、利廻りも頗る宜しく最終償還の場合にても八分壱厘二毛余に当り、非常に有利なる社債に御座候

御申込は早きを利とす　尚今度は各銀行の大口申込頗る多き見込なれば、発表の上は忽ち満額締切と成べく候間、一刻も早く御申込被下度候

東京市麹町区永楽町一ノ一　　株式会社　小池銀行（後略）[4]

「社債中の覇王」という触れ込みは必ずしも過大広告ではない。大銀行の有価証券所有の中心は満鉄社債であり、

表12　南満州鉄道の株主構成（1928年6月1日）

所有株式数	法人株主 株主数	法人株主 株式数	法人株主 同累計比	個人株主 株主数	個人株主 株式数	個人株主 同累計比	合計 株式数
5,000株以上	46	646,332	84.4	12	119,034	15.6	765,366
1,000-4,999株	111	235,572	71.9	139	225,044	28.1	460,616
500-999株	112	75,971	66.2	217	144,904	33.8	220,875
100-499株	247	57,342	53.7	2,033	386,789	46.3	444,131
1-99株	282	9,906	46.6	17,839	299,106	53.4	309,012
合計	798	1,025,123	46.6	20,240	1,174,877	53.4	2,200,000

出典）『南満州鉄道株式会社株主姓名表』東京大学経済学図書館所蔵。
備考）1株100円，このほかに日本政府所有株が220万株。

「満鉄社債は余裕資金の安全確実な運用対象であった」[5]と指摘されている。事実、三井銀行は一九二七―三三年に満鉄社債を二八〇〇万円購入しており[6]、二四年当時の全国の各種社債全体の四二％が金融機関、残りの五八％が個人投資家の手元にあり、三六年には、それぞれ六七％、三三％と推定されている[7]。

では、株式所有の構成はどうだったのであろうか。一九二〇年代を通じて民間株主の上位集中が進んだが、他面において地方的株主への分散が持続し、「全国的」「国民的」色彩を保っていると指摘されてきた[8]。しかし、満鉄の株主構成の具体的分析は、若干の例外[9]を除き、行われてこなかったので、ここでは、一九二八年六月一日当時の「株主姓名表」によりつつ、その特徴を検討したい。

表12は、株金総額四億四千万円のうち半分に当たる民間所有株二二〇万株（一株一〇〇円）の所有者を法人と個人に分け、規模別に見たものである。これによれば、五千株以上の大株主層は株主数においても法人が多く、株式数では法人株主の持ち株が八四％と圧倒的比重を占めているが、五千株未満の株主になると株主数において個人が多くなり、一〇〇株未満になると持ち株累計においても個人株主が多数を占め、全体では二万〇二四〇名の個人株主による持ち株が五三％に達して、七九八名の法人株主による持ち株より多い。個人株主の数の多さが、法人株主の全体としての優位を抑えているのである。なお、表示は省略するが、満州事変後の一九三二年六月当時の「株主姓名表」による規模別構成では、個人株主が二万五八二五名に増加して全体の六〇％の株式を所有

表13　1万株以上の満鉄大株主（1928年6月1日）

（株数）

法人株主			13,492	東京	東洋生命保険
179,319	東京	安田銀行	13,300	東京	塚本同族
34,497	東京	第一生命保険	12,500	東京	内蔵頭
27,077	東京	早川BB銀行	11,875	東京	安田保善社
21,250	東京	安田貯蓄銀行	11,866	東京	帝国生命保険
19,830	東京	第一徴兵保険	10,920	東京	大倉組
18,755	神奈川	七十四銀行	10,700	大阪	竹尾商店
17,757	「支那」	正隆銀行	個人株主		
16,500	大阪	住友銀行	22,000	神奈川	原善一郎
15,571	東京	川島屋商店	20,000	神奈川	原富太郎
13,957	大阪	藤田銀行	15,000	東京	小沢太兵衛
13,625	大阪	大阪貯蓄銀行			

出典）表12と同一。

し、一〇〇株以上五〇〇株未満層まで降りると持ち株累計においても個人株主が優位に立つようになるのであり、法人株主化は不可逆的に進んだわけではない。

地域別の株式数（括弧内は法人株主の持ち株比率）は、①東京府七七万四〇二〇株（六三％）、②大阪府二四万二二五二株（五八％）、③「支那」一三万九七八一株（二二％）、④その他一〇四万三九四七株（三五％）という具合であり、国内の半ばが東京府・大阪府に集中しつつも、広く諸地域に分布しており、法人株主はそれら諸地域にも見られること、満州が大半と思われる「支那」にも多数の株主が存在することが確かめられる。おそらく「支那」の株主は満鉄社員株主が多いのであろう。このように、小規模な法人・個人株主が全国各地に散在していたことが、満鉄の「国民的」特徴として受け取られたのであった。

念のために一万株以上所有の民間大株主（法人一八名、個人三名）のリストを表13として掲げておく。法人株主の最上位には安田銀行、第一生命保険に代表される金融機関が名前を連ね、個人株主としては、横浜の貿易商原富太郎らがいる。この時期には例えば上位一〇名の株式合計は三七万六九八五株で、民間株二二〇万株の一七％を占めており、創業時に比べて確かに上位への集中度が高まっているが、上位民間株主がその資格に基づいて監事以外の役員になることはなかった。株主総会で選出されるのは監事だけで、正副総裁と理事は政府が任命したからである。一九二七年六月二〇日の株主総会で湯川寛吉（住友合資総理事）が監事に選ばれ、馬越恭平（大日本麦酒社長）、大橋新太郎（博文館）、原富太郎（横浜貿易商）とともに監事役を務めているが、彼らが形の上での民間株主代表であったと言えよう。もっとも、最大株主の安田銀行関係者は監事に就任しておらず、三井財閥や三菱財閥はこのとき満鉄株を全く所有していない。三井物産が満鉄株を購入するのは一九二九年以降であり、[10]一〇万株（一株五〇円）の有力株主として登場するのは、三二年六月の株主リストにおいてである。

正副総裁と理事が政府によって任命された結果、満鉄の活動方針はいきおい国策によって左右されることになるが、民間株主の持ち株が増えるに伴い、利益を増やして彼らに配当するという「営利性」もまた「国策性」とともに重視されるようになった。一九二七年七月から二九年八月まで、田中義一政友会内閣のもとで、満鉄社長（二九年六月総裁と改称）を務めた山本条太郎は、満鉄の経営改革に努め、「満鉄中興の祖」[11]と評されている。山本は、三井物産の元常務取締役で、経理に明るく、国策会社にありがちなルーズな経理を厳しくチェックし、利益の増加に努めた。[12]

ここで、満鉄の従業員構成について簡単に見ておこう。一九二〇年度末の満鉄社員は日本人二万一七八四人、中国人一万五一三五人で、合計三万六九一九人の大所帯であった。[13]そのうち撫順炭鉱勤務が八四〇八人、鞍山製鉄所勤務が一九三六人であったが、[14]撫順地区には中国人の社員五二五三人のほかに非社員在籍従業員が一万四一八四人いたから、[15]それを加えると満鉄全体の従業員総数は優に五万人を超えていたことになる。一九一九年当時の日本の従業員上位の公私企業と比較すると、満鉄を上回るのは、内閣鉄道院（一三万九〇四三人）、逓信省（九万八六三一人）、三菱鉱業（五万六三三八人）の三企業だけで、満鉄は三井鉱山（三万七五七八人）、鐘淵紡績（三万三三三七人）などを大きく凌駕する巨大企業だったことが分かる。[16]社員のトップには帝大卒を含む日本人「職員」がいたが、大多数を占める「傭員」は日本人・中国人が半々であった。一九二〇年代を通じて日本人傭員の月収（日給を換算）

が六〇円台であったのに対して中国人のそれは一五円に過ぎなかった。そうした賃金格差があるにもかかわらず、「日本人ですべてを固めるまでいかなくても多数配置すること、および現場の労働者として中国人もまたできるだけ使用すること、これが満鉄の従業員の基本政策であった」[17]と指摘されている。賃金引上げや解雇反対を求める労働争議は、一九二〇年の満鉄大連沙河口工場を先頭に、中国共産党の指導する労働者の組織化によって急増し、満鉄は「従業者代表者制度」を実施して懐柔と弾圧に努めた。その結果、一九二〇年代後半の争議昂揚期には満鉄と関連企業では大規模なストライキは起こらなかった[18]。

そうして生み出した利益を満鉄経営陣はどこに向かって使おうとしたのであろうか。山本社長の狙いは、満鉄を中心とする満州経営を、資源に乏しい本国経済の発展、とりわけ重化学工業の発展のために役立てることにあり、鉄鋼・石油・硫安製造の「三大計画」の実施であった。一九二八年五月の赤坂離宮での「御前講演」において、山本は次のようにそれらの計画を意義付けている。

> 昨年私の赴任に当りまして〔田中義一〕総理大臣の命令は、満州に於ける満鉄の経営は、本国に於ける産業立国政策に基き、母国産業の発達に貢献する為低廉なる工業原料を供給し、併せて製品の販路を同地方に開発すべきことを以てせられたのであります。此の御主旨に基き研究調査を致しましたる結果、現に我国が欧米より輸入しつつある鋼鉄百余万噸、其の価格約一億三千万円、燃料たる油類約四十万噸、価格六千万円、窒素肥料二十五万噸、価格三千万円、アルミニューム七千噸、価格一千万円、曹達灰十万噸、価格一千万円、合計二億四千万円は、方法施設の如何によりまして、満州に於て生産可能なるを認めまして、此の目標に向かひ我が資本関係により、之を満州に於て生産することが、国家経済上最も急務なりと信じまして、方に其の実行に着手致しつつあるのであります。此の計画に関しましては、特に先般閣議〔四月六日〕の際、詳細に之を説明致

しまして、内閣の同意を求めました次第であります……。[19]

山本のこうした考えは、一九二五年から政友会が掲げた「産業立国」政策を踏まえたものであった。政友会の産業政策は、第4章で述べた通り、憲政会内閣が一九二六年の関税改正のさいインド銑鉄への関税引上げをインド側の綿糸への報復関税を懸念して断念したように、紡績業などの輸出振興を重視したのと異なり、脆弱な重化学工業の輸入防遏を目指す政策と農村振興を目指す政策とが混在していた。山本自身は、野党政友会の「経済国策樹立に関する特別委員会」の委員長として重化学工業の発展政策の立案に努めており、一九二七年四月に発足した田中内閣の下でも政友会幹事長としてその政策構想を実現せんとしていたのである。[20]その意味では、山本社長の満鉄多角化構想は、政友会内閣の「産業立国」政策の一環をなすものであり、だからこそ山本は数回にわたり閣議に列席して投資計画を説明し、同意を得たのであった。

「三大計画」の第一は製鉄業であった。第3章の最後に言及したように、満鉄は一九一六年に鞍山製鉄所を設立したが、第一高炉が操業を開始した一九年には大戦による鉄鋼ブームは去っており、同製鉄所は欠損続きであって「満鉄の癌」と呼ばれる始末であった。幸い一九二〇年から研究を始めた「貧鉱処理法」が実を結び、山本社長によるコスト低下策が加わって二七年度に初めて利益を計上し、規模の拡大に向かっていった。山本は、さらに、銑鋼一貫作業を行う昭和製鋼所を計画し、総裁辞任直前の一九二九年七月に社長伍堂卓雄、資本金一億円（払込二五〇〇万円、全額満鉄出資）の同製鋼所の設立手続きを終えるが、事業開始は四年後のことであった。[21]第二は石油製造である。これには幾つかの試みがあったが、中心は撫順炭鉱の炭層の上を覆っているオイルシェールという数パーセントの油を含んだ岩（油母頁岩）から石油を作る方法で、高コストのスコットランド式乾留技術を押す海軍からの強い要請が大蔵省の批判によって退けられた結果、満鉄が独自に開発した撫順式乾留法による工場が一九二八年一月に計画され、三〇年から操業を開始した。[22] いま一つは、石炭を直接油に液化する石炭液化法で、ドイツでの技術開発の成功の知らせを受けて、一九二八年から海軍と協力して研究を開始したが、高温高圧に耐えうる特殊鋼材をヨーロッパから輸入して建設した撫順液化工場が何とか動き始めるのは三九年のことである。[23] 計画の第三は、硫安肥料の製造である。撫順炭鉱では一九一六年に硫酸工場を作り、瓦斯発電所で年産六千トン前後の副生硫安の製造を行ってきたが、二〇年には鞍山製鉄所のコークス工場でも硫安製造を開始しており、二八年に山本社長は、製鉄所での年産四千トン前後の硫安製造を一挙に七万トンに拡充する計画を立てた。[24] この年、日本国内農村での硫安消費は大豆粕消費を純窒素換算量で初めて上回ったが、硫安の自給率は四五％に過ぎず、ドイツ・イギリスなどからの輸入（一九二七年に二五万トン）に大きく依存しており、[25] 山本社長は、満鉄の力で何とか自給自足を達成し、さらに輸出産業として伸ばしたいと考えたのであった。だが、この計画は山本の総裁辞任で中止となり、一九三三年設立の満州化学工業に引き継がれることになる。

このように、山本の「三大計画」は、彼の任期の短さもあって製鉄業以外は実現に至らなかったが、任期中の山本は、満鉄の運輸も遠からず大豆輸送から脱却できると考えていた。総裁辞任にさいしての告別演説の中で、山本は、中国側の鉄道との競争問題について触れ、「吾々は決して之等競争線を怖るる必要はないと思ひます。即ち満鉄は今後撫順炭の生産増加及び他の生産事業に依りまして、優に年々一千五百万噸乃至二千万噸の貨物を作るのは余り難事でなく、大体自給自足にて鉄道経済を維持することが出来るものと考へてよいと信じます」[26] と述べているのである。この見通しがあまりに楽観的であったことは、世界大恐慌による大豆輸出の減少が満鉄経営の根幹を揺るがすものとして関係者の危機意識を煽り立てたことによって明らかであるが、満蒙五鉄道と呼ばれる新線敷設問題を中国側と交渉するさいの山本のスタンスの背後には、大豆依存からの脱却という長期展望がある程度横たわっていたのかもしれない。

満鉄路線を「培養線」によって拡大し、対抗する中国側の「平行線」建設を抑えるための外務省を通ずる張作霖との交渉は容易に進まなかったが、山本は一九二七年一〇月に北京の張作霖を訪ね、いわゆる山本・張協約の締結に成功した。山本が張に認めさせた五本の新線敷設には、張に言わせれば日本の対ソ戦準備のためのものが含まれており[27]、必ずしも大豆輸送の拡大目当てのものばかりではなかった。山本は交渉にさいして外相を兼務した田中首相とは連絡をとっていたが、陸軍や外務省官僚とは無関係に進めたために、せっかくの協約締結を具体化するのに手間取り[28]、一九二八年六月には相手の張作霖が関東軍高級参謀河本大作大佐の謀略により爆殺されたことを契機に、田中首相も山本総裁も辞任を余儀なくされた。満鉄が、「定見のないブルジョアジー」でなく「歴史的に課せられた自己の政治使命をはっきりと自覚している資本[29]」として日中関係の歴史に登場したのは、この山本総裁の時期であったが、張作霖爆殺事件は、そうした満鉄の主導性に早々と終止符を打つものであり、代わって陸軍とくに関東軍が日中関係の主役になる画期となった。

田中首相の辞任の原因については、一九二八年一二月に田中が天皇に向かって、本件は日本軍人が関与した疑いが強く、調査して事実ならば法に照らして処分すると上奏しながら、陸軍の反対に屈して関係者の行政処分にとどめたいとの旨を、その後上奏したところ、前言との矛盾を天皇に指摘され、不信任されたためだとされている[30]。この問題については、同じ天皇が、翌日、白川義則陸相が行った行政処分の上奏は裁可したこととの関連をどう評価すべきかをめぐって議論があるが[31]、私は、安田浩氏や永井和氏が説くように、天皇は、虚偽の発表への自らの関与を拒否しつつ行政処分にとどめることを認める代わりに首相を不信任したと理解しており、そのさい、行政処分でなく軍法会議を実施するよう彼らに迫る選択もありえたのではないかという両氏の疑問に共鳴したい。なお、統帥権者としての天皇が、参謀総長に事件の調査を命じなかった点に重大な過失があったという大江志乃夫氏の見解が、関東軍の軍政・人事への陸相権限の存在を無視したものであることは、永井氏の指摘の通りと思われるが、大江氏が強調したように、「天皇が張作霖爆殺事件の責任を田中首相に問うただけで、陸軍を免責したこと」が、「陸軍をあげての次なる謀略に走らせた」[32]ことは事実と言えよう。老練な元老たちのアドヴァイスを受けつつ受動的に行動できた明治天皇と異なり、そうした適切な助言者を欠いたまま政府と統帥部の上にひとりで立たねばならず、場合によっては能動的君主として動かねばならない昭和天皇の巨大な権力者としての「悲劇」がそこにあったと言えよう[33]。そうした「悲劇」は、満州事変の発火点となった柳条湖事件への対応のさいに増幅した形で繰り返されるが、昭和天皇の行動の底には、満蒙侵略を肯定する帝国主義者の心性を、彼もまた人一倍備えていた事実が横たわっていたことは言うまでもない[34]。

二　民間ブルジョアジーによる満州投資の特徴

中国東北部＝満州へは、満鉄を中心としながらも、さまざまなタイプの日本の民間資本が進出した。その中でまず問題となるのは、日本国内において中心的地位を占めた財閥系資本がどの程度進出し、満鉄と如何なる関係にあったかということであり、次いで租借地の大連や満鉄沿線都市に進出した無数の中小の日本人商工業者の活動である。

表14は、第一次世界大戦以降の主要財閥の中国との貿易取引と投資関係の推移であり、その中での満州の位置付けも合わせて見たものである。一九一四・一五年当時の貿易取引と事業投資の数値を一見すれば判明するように、第一次世界大戦開始時の中国への資本輸出はまことに微々たるものであった。住友財閥は、二十一カ条要求に基づく「日支条約」成立を「天賦絶好ノ機会」と見て、これまで手を着けなかった対中国投資を実施すべく、内外の資

本投資家について実態調査を行ったのである。[35] 調査担当者の住友総本店太田外世雄によれば、「我対支那経済的発展ハ、貿易額上比年相当ノ増加ヲ遂ケシト雖モ、投資額ニ至リテハ十数年来殆ンド見ルヘキノ発展ヲ示サズ、只纔ニ公的機関トシテ、東亜興業、中日実業両会社ノ設立セラレ、個人トシテハ大倉、三井、三菱、古河、安田ノ如キ大資本家ガ研究的ニ其指ヲ染ムルノミ」という嘆かわしい現状があるが、それは、「世ノ対支那経営ヲ唱道奨励スルモノハ、多ク貿易中心主義ニシテ、対支投資ノ真ニ我国運ノ消長ニ至大ノ関係アル事ヲ了解」しないことと、「投資事業ハ大資本ヲ固定セザルベカラザルニ、我国内ニ於テ融通シ得ベキモノ其額未ダ大ナラズ」という資本不足のためであると論じ、住友家のような「大資本家」が今こそ奮起すべきだと主張した。表示した四財閥では、三井財閥と大倉財閥が投資活動において相対的に先行しており、もっとも遅れた住友財閥は、一九一六年一〇月になってようやく上海と漢口に住友洋行を設置して自前の販売機構を整備し始めるのであり、海外への株式投資は一五年当時、満鉄株と上記東亜興業・中日実業株を少し持つに過ぎなかった。

　大戦ブームによる巨大な資本蓄積は、財閥にとっても海外投資のための基礎条件を準備したが、一九二〇年代にかけて対中国投資で伸びが著しいのは、「借款投資」であった。それは武器代金や

表14　財閥の対中国貿易と投資

（千円）

種類・年次(末)	三井	三菱	住友	大倉
貿易取引・1914	170, 320	7, 800	0	8, 550
（うち満州）	69, 080	0	0	1, 000
事業投資・1915	4, 500	1, 500	a) 46	5, 000
（うち満州）	0	0	a) 6	4, 500
借款投資・1923	17, 312	137	42	9, 202
借款投資・1930	b) 57, 943	187	71	c) 23, 283
事業投資・1930	b) 35, 803	d) 1, 282	e) 148	c) 15, 850
（うち満州）	b) 30, 399	d) 0	e) 110	c) 8, 941

出典）貿易取引・1914，事業投資・1915 は，『住友家ト対支那経営』（1915 年）東京大学経済学図書館所蔵，ただし，a) は山本一雄『住友本社経営史』上巻（京都大学学術出版会，2010 年），328 頁（1916 末）。借款投資・1923，30 は，坂本雅子『財閥と帝国主義』（ミネルヴァ書房，2003 年）118-119 頁，ただし，b) は春日豊「三井財閥と中国・満州投資」中村政則編『日本の近代と資本主義』（東京大学出版会，1992 年）43 頁，c) は大倉財閥研究会編『大倉財閥の研究』（近藤出版社，1982 年）145 頁（1928 末），143 頁（満州，1928 末）。d) は旗手勲『日本の財閥と三菱』（楽游書房，1978 年）218 頁（1928 末），e) は山本一雄前掲『住友本社経営史』上巻，748-757 頁の数値。

備考）事業投資には株式・社債所有をもって充てたため，いわゆる直接投資より広範囲である。

重工業製品の売掛代金が焦げついて借款に変わったものが大部分であり、貿易から派生した投資であった。[36] それに対して、三井や大倉の「事業投資」も一九三〇年にかけて急増しているが、三井の場合は、満州への金融三社（銀行・信託・生命）とくに三井銀行による満鉄社債の大量購入（一九三〇年末当時・二五四〇万七千円）が本表では算入されていることに注意すべきであろう。これは「事業投資」と言っても経営権に介入する直接投資ではない。三井財閥の資本蓄積にとって重要なのは、満州ではここで言う「事業投資」よりも、満鉄を利用しての三井物産の商業活動であった。そこで、三井物産の満州での活動にとって満鉄との関係がどのようなものであったかを考えておこう。この問題については、満鉄の定款草案の中にあった鉄道貨物の販売業が民間委員の異論により削除されたことから、満鉄が満州貿易で実績のあった三井物産に創業当初から配慮したことが指摘され、[37] 満鉄を前提として三井物産が満州奥地に進出して利益を上げたことから、両者の緊密な連携が論じられてきた。[38] しかし、一九二〇年代半ばになると、奥地買付は利益が上がらなくなるが、その原因は、張作霖らの意を受けた官商による大豆買占めや、ウスリー鉄道によるウラジオストック向け輸送、およびそれらに対抗して満鉄が自ら展開する大豆商売にあった。この点につき、一九二六年六月の三井物産支店長会議での石田大連支店長の報告の一部を引用しよう。

従来ハ奥地ニテ買付ヲ為スハ大連ノ如キ市場ニテ買付ヲ為スヨリハ非常ニ有利ナル地位ニ在リタレドモ、本年ハ全然其利益ナカリシガ其原因ハ即チ官商ノ跋扈ニシテ、満州ニ於ケル奥地ノ商売即チ買付ハ何人ガ最モ多キヤト云ヘバ貿易商ニ非ズシテ、先ズ第一ニ満鉄ノ手先タル国際運送会社ニシテ、同社ハ一千万円、半額払込ノ会社ナルガ、同社ハ満鉄ノ旨ヲ受ケテ北満ノ貨物ノ南下ニ努力シ、又成発東ナル商店アリ、……是又満鉄ノ手先ヲ為セリ、之ニ対シ烏蘇里《ウスリ》鉄道ハ極東貿易局ナルモノアリ、其他「イースト・アジアチック・コムパニー」ニ対シ特別ノ割引ヲ与ヘ、満鉄ハ成発東ニ同ジク割引ヲ与ヘテ貨物ヲ大連ニ吸収セントシ、茲ニ争奪戦ヲ開始スルニ至リ、其他当社ノ買付ニ対シ妨害ヲ与フルモノハ張作霖ニシテ、公済桟ナル豆問屋ノ手ニテ此商売ヲ為シ、其他吉林督軍、黒龍江督軍モ常ニ大豆商売ヲ為シ、以上述ベタル官商ガ互ニ鎬ヲ削リテ激烈ナル商戦ヲ為スヲ以テ、当社ノ如キ割引ノ特典ヲ有セザルモノハ如何トモ手ヲ下スニ由ナク、止ムヲ得ズ小市場ニテ買付ヲ為ス外ナキ状態ニ立至リタル次第ナリ……(39)

ここに登場する国際運送会社というのは、形の上では内地企業であるが、その満州支店は満鉄出向社員で固めた満鉄のダミーで、多数の馬車を使って北満大豆を吸収し、大連へ送っていた(40)。同社については、鉄道会社が大豆商売をするのは不都合だとして三井物産は満鉄に抗議したが無視されたという。三井物産にとっては、満鉄も張作霖配下の「官商」と同質の特権的「官商」であった。このことは、満鉄の諸方面における活動が、三井物産のような巨大な日本企業についてすら、満州における自由な活動を圧迫しうることを物語るものだと言えよう。

さらに、富士瓦斯紡績と満鉄の共同出資で一九二四年に設立された満州紡績について、鐘淵紡績の武藤山治が、日本の紡績業者が多年苦心の末、アメリカ綿布を駆逐したところへ、半官半民の満鉄が紡績会社を興すのは「実に怪しからぬ話(41)」だと厳しく批判していることも指摘しておこう。そうした満鉄によるビジネスチャンスの独占状況は、大連などの中小商工業者にとって一層深刻であることは、後述する通りである。

満州における諸財閥の「事業投資」の中心となったのは、大倉財閥であった。三井・三菱・住友・安田の四大財閥に比べて、大倉財閥がスケールにおいて劣ることは、しばしば指摘される通りである。三大総合財閥の純資産規模は、三井財閥（一九〇九年一〇月）六三二七万円、三菱財閥（同年同月）六八九八万円、住友財閥（一三年一二月）三六三六万円(42)と推計されている。それに対して、安田財閥の場合は、一九一二年一月に合名会社保善社が従来の基本財産（資本金・積立金に相当する）をそのまま引き継いで設立したさいの資本金一千万円が、個人資産の少ない安田の純資産規模の下限を示すものと思われる。[43] また、大倉財閥については、一九一一年一一月に資本金一千万円(払込四〇〇万円)の株式会社大倉組が各現業部門を統合して設立され、旧合名会社大倉組は〇八年恐慌時に中国天津支店で生じた不良債権二八〇万円の回収機関となったという。[44] 大倉の場合は、この恐慌時に横浜正金銀行からの負債二〇〇万円を日本銀行の公債担保融資によって返済したが、当時の日銀総裁高橋是清によれば大倉は公債六〇〇万円を常時準備していたそうであるから、[45] 担保外の公債四〇〇万円を個人資産と見做せば、株式会社大倉組の払込資本と合わせて、大倉財閥の純資産額は、安田財閥にやや劣る八〇〇万円前後となろう。[46]

このように、三井・三菱・住友の三大総合財閥の対外投資が必ずしも積極的でなく、一段規模の劣る大倉財閥が対外投資に積極的であったのは何故であろうか。大倉喜八郎が渋沢栄一とともに日清戦争から日露戦争にかけての時期に、朝鮮さらに中国への対外投資の先端を切る動きを示したのは、政府の奨励による面が強かったためであると同時に、三大総合財閥が国内に蓄積基盤を独占的に確保し、対外投資のインセンティヴが乏しかったのと異なり、大倉や渋沢は国内での蓄積基盤が十分でなかったためではないかと思われる。[47] 第一次世界大戦期の三井・三菱両財閥の対外投資の小規模性の原因を検討した須永徳武氏も、「傘下の国内事業部門の規模拡大のための資金需要が優先された」[48] と指摘し、「資本の過剰化」はこの段階でも生じなかったとしているが、事業の多角化を特徴とする財閥においては特定部門への投資にこだわる必要がないから「過剰化」が現象しにくく、海外投資は一つの選択肢に過ぎないことに留意すべきであろう。大倉喜八郎が、日露戦争を契機に、森林資源と鉱物資源の確保を目指して、活発な対満投資を開始した直後に、前述のように、合名会社大倉組の業績は天津支店での巨額な不良債権の発生により極度に悪化した。一九一〇年の商弁本渓湖煤礦有限公司の設立について、村上勝彦氏は、「合名大倉組の好成績を予想し、それと本渓湖事業の展開とを直結させるという仮定は成立しない」[49] と指摘した。大倉の場合は、海外貿易での損失によって後退するのでなく、むしろ新たな海外投資を積極的に選択することによって損失を取り戻そうとしたのであろう。一九二三年の新潟県人会において大倉喜八郎は「進一層」という自らの人生哲学を披露した。すなわち、大倉は、「退一歩」という徳川時代の金言を「消極的な処世法」として批判し、「困難にブツカッた時、難局に処した場合には、迚も『退一歩』などと云ふ消極的な覚悟では、左顧右眄到底難関を突破することは出来ない。さういふ場合には、何うしても勇気を奮ひ起さなければいけないと思ふ。言葉を換へて云へば、これ即ち『勇気』であり『進一層』といふ事になる」[50]と論じた。大倉にとっての難局は幾つもあったと思われるが、天津支店での失敗はその一つであったことは間違いない。大倉は、その失敗をさらなる前進のチャンスとしたのであった。

大倉財閥の満州での設立企業の多くは、満鉄系企業との競合を避けながら、中国政府との合弁企業の形をとった。それは、大倉が進出した鉱業や林業の分野では、中国側が外国人による単独投資を禁止したためである。大倉が最初に手掛けた満州への資本輸出は、日露戦争中の一九〇四年に鴨緑江沿岸の龍岩浦に設立した軍用製材所であり、一三年には秋田木材会社と共同で、満鉄の市街地開発需要に応じた安東県大倉製材所に発展させ、一五年には日中官商合弁の鴨緑江製材無限公司（資本金五〇万円）に改組し、吉林省にも進出しつつ小規模ながら好成績を上げた。吉林省の林業利権の獲得には、三井、三菱、王子製紙も参加し、一九一七年から二二年にかけて、王子製紙系の三公司（払込資本合計三二五万円）、大倉組系の二公司（同二五〇万円）が中国側政治家との合弁でそれぞれ設立されたが、実際の出資は全額日本側であった。これらの公司は、政治情勢の変化によって経営不振に陥り、一九二三年には前記五公司が合同して共栄起業（払込資本一千万円）となったが、排日運動の影響のため損失続きで、二九年には休業に追い込まれた。大倉組は、さらに、一九一九年に大川平三郎と共同で鴨緑江製紙会社（払込資本二七五万円）を設立したが、これも赤字経営が続いた。金子文夫氏は、満州での林業投資は「政治権力との癒着という利権獲得の要因が同時に失敗の要因でもあった」[51]と結論づけている。

一九一〇年に大倉組と奉天省の折半出資により設立された商弁本渓湖煤礦有限公司（資本金二〇〇万元、翌年製鉄事業を加えて資本金四〇〇万元の煤鉄有限公司となる）は、そうした不安定性を克服して、十分な利益を上げることのできた、大倉財閥にとってほぼ唯一の成功例であった。成功の基礎には、鉄鉱石・コークス用石炭・石灰石が近くで産出されたこと、日本人労働者の半分以下の賃金で多数の中国人労働者を働かせたこと、さらに、満鉄運賃割戻や製鉄奨励金などの補助策に支えられつつ、中国側株主の反対を抑えて固定資産償却に力を入れたことがあった。一九一八年の公司には職員二七八人と労働者七四五一人（うち中国人六八〇七人）が働いていたが、「常役工」以下の大部分の労働者に対して、満鉄撫順炭鉱などと異なり、張作霖政権発行の不換紙幣奉天票で支払ったため、その暴落にさいして賃上げ争議が頻発した。一九二七年八月の大争議にさいしては、満鉄付属地と異なる公司の租借地に日本軍守備隊と日本警察が侵入して労働者と衝突、死傷者が出るまでになった。ここには、合弁企業でありながら日本人経営者が実権を握り、満鉄の場合よりも過酷な労働条件を中国人労働者に押し付けていたことが窺えよう。(52)

鉱山利権については、一九一四年の中国政府による鉄鉱国有化政策によって、満鉄をはじめとする日本資本の利権が否定されかけたのを、翌年、日本政府が二十一カ条要求によって強引に利権を確保したが、そのさい大倉は、日本政府には秘密に中国政府要人との個人的コネクションを利用して本渓湖周辺の鉱山利権をいくつも要求し、その獲得に成功した。(53)こうした大倉の利権獲得活動は、揚子江沿岸の鳳凰山鉄鉱についても進められ、一九一六年には中国人名義の華寧公司によって採掘権を獲得したが、それは鉄鉱国有主義に反するとして取り消され、大倉はその再認可の交渉を外務省の支援のもとで行っていた。だが、そうした大倉の交渉は、寺内正毅内閣が一九一八年に西原亀三を通じて中国政府に提起した一億円の製鉄所借款にとっては全くの邪魔物であった。何故ならば、西原の提案は、鉄鉱国有主義を認めた上で官営製鉄所の設立を援助し、その見返りに日本人技師長の招聘と製鉄原料（鉄鉱石ないし銑鉄）の供給を約束させるもので、鳳凰山鉄鉱はその官営製鉄所の原料に予定されていたからである。西原の製鉄所借款構想は、閣内でも反対があり、米騒動を契機とする寺内内閣の辞職によって挫折したが、(54)西原は、苦心のアイディアである「日支共通鉄自給ノ策」を不可能にする大倉の個別交渉を激しく非難し、「彼等ハ白昼ニ公道ヲ闊歩シ能ハサルノ輩タルハ天下ノ認ムル所ニ候」という悪口まで勝田主計蔵相に書き送っていた。[55] 確かに大倉のような個人的コネクションを通じて非合法に近い合弁企業を設立してしまうという裏街道方式は、二十一カ条要求を正面から強引に押し付けた大隈重信内閣や、西原借款という国家間取引を通じて国全体の従属関係を創出しようとした寺内内閣の表街道方式に比べると恰好は良くないが、資本投下先の中国から見た場合にどちらがより好ましかったかは明らかであろう。

満鉄と財閥系資本の対極では、租借地の大連や満鉄沿線都市に進出した無数の日本人中小商工業者が活動していた。大連に関する柳沢遊氏の研究[56]によれば、日露戦争直後には一攫千金を目指す徒手空拳の「一旗組」の商人が続々と満州へ渡り、続いて国内企業の支店開設も進んだが、彼らは生活費の安い中国人商人との競争に打ち勝つことができないため、その取引相手は日本人に限られるという「共食主義」の傾向があった。一九一一年に満州を視察した京都帝国大学教授末広重雄は、この問題につき、「さる日本の商店の主人公が、大連に在る支店を視察するためやっていったのである。主人公は背広に鳥打といふ粗末な姿で汽船の二等に乗って出かけた。所がお出迎に馳せ参じた支店の番頭先生、フロックの堂々たる風采であった。一体満州にある商店の番頭など旅行するには、一等の汽車、汽船に搭ずる者が多いさうな。主人公はいたく其の不心得を叱責したといふ話である[57]」と記し、かかる贅沢な生活振りでは、中国人商人に太刀打ちできないのも当然だとしている。

第一次世界大戦期には、「鮮満一体化」政策に支えられた東洋拓殖会社・朝鮮銀行の満州での放漫な貸出によって、大連経済は朝鮮・台湾を上回る「バブル経済」に突入し、それだけに一九二〇年恐慌による打撃は深刻さを極めた。朝鮮銀行の満州進出の結果、一九一七年一一月には、朝鮮銀行券＝金券の関東州・満鉄付属地での無制限通用が定められたが、それは、他方での横浜正金銀行券＝銀券の発行を容認するという不徹底な措置であった。寺内内閣のこうした「鮮満一体化」政策は、最終的には中国幣制全体の金円化を図ろうとする西原構想と結び付いており、一九一八年八月には中国政府が金券条例を発布するまでになるが、結局そうした西原構想も前述の製鉄所借款構想とともに翌月の寺内内閣退陣により挫折した。しかし、関東庁は、一九二一年四月になって、突然同年一〇月から大連取引所の建値を金建てにする方針を明らかにしたため、銀建取引の大連経済界の猛烈な反対運動に直面した。それは、中国幣制の金円化の見込みがなくなったにもかかわらず、朝鮮銀行に強く迫られた関東庁がとった政策であって、紛争は長期化し、一九二三年九月に金銀両建制に改正され、金建てはやがて消滅した(58)。

この長期紛争は、恐慌からの回復に水をさし、窮迫化した日本人商工業者は、満鉄や関東庁の需要に依存しつつ、その依存を阻む満鉄消費組合の撤廃運動を繰り返した。そして、消費組合の全面的撤廃が不可能と知るや、一九二八年には、小売商団体は満州輸入組合を作って仕入資金を満鉄から調達することに成功するが、連帯保証が必要な上、貸付枠の制限が厳しかったため、その効果は限られていた。消費組合撤廃の要求に対する山本満鉄社長の最初の回答は、日本人小売商の窮状は、生活費の膨張によって中国人商人との競争に敗れた結果であり、仮に消費組合を撤廃しても代わって中国人商人が伸びたのでは意味が無かろうという、甚だそっけないものであったという(59)。確かにそういう側面があったことは前述のように早くから指摘されていたが、実力のある日本人商工業者が満州に来ようとしないのは、うま味のある活動分野を満鉄が独占しているためだという構造的な問題もまた考慮されねばならない。その点を指摘したものとして、満州事変直後の『東洋経済新報』の座談会での前日本興業銀行総裁志立鉄次郎の発言を引用しよう。

> 話序でに満鉄に希望を申述べたい。決して攻撃ではありませんが——それは何故満州に日本の工業が発達しないかといふ事に就てであります。之は満鉄があまり独占的だといふ事に帰着する。満鉄は何も彼も自分の

手でやる。現在のやうなことでは民間の人はとても満鉄とは競争が出来ないといふことで仕事をしない。それでは満州において企業を民間の人が満鉄を放れてやるといふことは到底出来ない。満州は満鉄の独占的企業のみが許さるさるべきところではない。事業はもっと民間にやらせる方針にした方がよいと思ふ。……満鉄は専ら鉄道運輸事業といふことに全力を尽されて、外の事業はなるべくこれを切り離して行くといふことが、日本の発達のために必要であると考へるのです……[60]。

一九二〇年度の営業報告によれば、満鉄は鉄道、港湾、鉱山、発電所、製鉄所、硫酸・骸炭工場などを経営し、電力・水道・瓦斯を供給するほか、旅館五カ所、病院一六カ所、学校一〇八カ所を所有・経営していた。日露戦争にさいして陸軍の依頼で一五〇〇人の軍役夫を用いる荷役作業に従事した原田猪八郎のように、戦後大連港に開設した原田組が、同港の埠頭荷役が満鉄直営となったために閉鎖を余儀なくされ、満鉄への機械・鉄材などの納入活動に重点を置かざるをえなくなった者もいたのである[61]。これはほんの一例に過ぎず、例えば、一九一四年の『実業之日本』では、ある貿易商が「この機に於て満鉄の大改革を断行せよ」と題して、満鉄が「三井以外の計画者に対して何等援助を与へざるのみならず、三井と共同一致して奪う妨害の行動を執る故に、今日独立せる青年実業家が如何に奮闘するも満州に発展し難いのは、全く三井と満鉄が各種事業を独占したるが為めに外ならぬ[62]」と厳しい批判を行っていた。

満鉄のモデルとなったイギリス東インド会社の社員が、短期間のインド滞在で巨利を得、「ネイボッブ」（インド成り金）として帰国して土地を買い政治家となるというようなケース[63]、あるいは、東インド会社に結び付いて中国とのアヘンの密貿易に従事して巨利を博した「カントリー・トレーダー」（地方貿易商人）のようなケース[64]は、給与は相対的に高いとはいえサラリーマンに過ぎない満鉄日本人社員の場合には存在しなかったし、満鉄に有利なビジネスチャンスを独占された満州在留の日本人中小商工業者にとってもほとんどありえない夢物語であった。

三　満蒙領有論（石原莞爾）と満蒙放棄論（石橋湛山）

張作霖爆殺事件の四カ月後の一九二八年（昭和三）一〇月に陸軍大学校教官の石原莞爾中佐が関東軍作戦参謀として旅順の関東軍司令部に着任し、翌二九年五月には河本大作大佐の後任として板垣征四郎大佐が高級参謀として着任したことによって、満州事変の立役者が出揃った。石原は、ドイツ留学中に研究した古代から欧州大戦に至る戦争史においては、「殲滅戦争」（決戦戦争）と「消耗戦争」（持久戦争）が交替してきたが、将来は日蓮聖人によって示された世界最終戦争が飛行機を主力武器とする殲滅戦争として日米間で戦われるという確信を得たという。(65)アジア太平洋戦争が始まったときに、石原は、「とうとう大東亜戦争になりました。これは最終戦争ではありません。最終戦争は徹底した決戦であるべきに、今度の大東亜戦争は持久戦争であります(66)」と位置付けている。一九二七年一二月に、石原は陸軍大学校での戦史講義の結論を伊豆伊東で起案し、後に「現在及将来ニ於ケル日本ノ国防」（一九三一年四月）として印刷したが、そこでは、将来戦は「飛行機ノ発達ニ依リ全国民ヲ挙ゲ全力ヲ尽シテ一挙ニ決戦ヲ求ムル殲滅戦略行ハレ在来ノ海軍ハ殆ント其影ヲ没シ陸軍亦現在ノ要塞ノ如キモノトナリ終ルヘシ」と予想しつつ、日本の現状については、「我国情ハ殆ント行詰リ人口糧食ノ重要諸問題皆解決ノ途ナキガ如シ、唯一ノ途ハ満蒙開発ノ断行ニアルハ輿論ノ認ムル所ナリ」と、今や満蒙領有こそが絶対に必要だとする。そして、それに対抗する米英露との「消耗戦争」になった場合、「更ニ支那本部ヲ占領スヘキヤ否ヤハ重大ナル問題」であるから、そのための研究準備が必要であると主張していた。(67)

翌一九二八年一月の陸軍中堅将校らの「木曜会」の席で、石原は同趣旨の「我が国防方針」を報告したところ、参加者の評価はさまざまで、永田鉄山大佐は満蒙進攻は不要だと反駁したが、鈴木貞一少佐は強い印象を受けたという。[68] 石原は、一九二九年七月に板垣大佐らと参謀演習旅行を試み、そこで自分の満蒙領有計画を披露するとともに、満蒙領有が対米持久戦争を引き起こした場合に中国本部の領有も必要になると指摘した。[69] また、一九三〇年五月の参謀演習旅行では、石原は、「日本ハ近ク行ハルヘキ日米持久戦争ニヨリ国内ヲ統一シテ国運ノ基礎ヲ固メ、次テ行ハル決戦戦争ニヨリ世界統一ノ大業ヲ完成」するものとし、「日米決戦戦争」の時期は、「飛行機ガ無着陸世界一周ヲナシ得ル」「数十年後ナルヘシ」と予測した。さらに、一九三一年四月には、満蒙領有に伴う対米戦争にさいしてはフィリピン・グァム等の占領による西太平洋の制海権の確保に努め、中国との戦争になった場合は「一挙ニ南京ヲ攻略シ中支那以北ノ要点ヲ占領ス」という踏み込んだ計画を作成した。こうした石原の説得にもかかわらず、一九三一年春の関東軍司令部では、満蒙領有論から「山条〔前満鉄総裁・山本条太郎〕程度ノ要求」に至る各種解決案があり、方法についても外交要求から謀略行使までさまざまな意見があったのであり、石原の意見はもっとも急進的な満蒙領有論・謀略行使策であった。満州事変直前の一九三一年五月作成の「満蒙問題私見」で、石原は次のように説いている。

> 満蒙ハ、我人口問題解決地ニ適セス、資源亦大日本ノ為ニハ十分ナラサルモ、次ノ諸点ヨリ観テ所謂満蒙問題ノ解決ハ刻下第一ノ急務ト云ハサルヘカラス。……政治的価値……満蒙ハ正シク我国運発展ノ為最モ重要ナル戦略拠点ナリ。……経済的価値　一・満蒙ノ農産ハ我国民ノ糧食問題ヲ解決スルニ足ル。二・鞍山ノ鉄、撫順ノ石炭等ハ現下ニ於ケル我重工業ノ基礎ヲ確立スルニ足ル。三・満蒙ニ於ケル各種企業ハ我国現在ノ有識失業者ヲ救ヒ不況ヲ打開スルヲ得ヘシ。要スルニ満蒙ノ資源ハ我ヲシテ東洋ノ選手タラシムルニ足ラサルモ刻下

ノ急ヲ救ヒ大飛躍ノ素地ヲ造ルニ十分ナリ。……満蒙問題ノ解決策ハ満蒙ヲ我領土トスル以外絶対ニ途ナキコトヲ肝銘スルヲ要ス。……支那問題満蒙問題ハ対支問題ニ非スシテ対米問題ナリ。此敵ヲ撃破スル覚悟ナクシテ此問題ヲ解決セントスルハ木ニ拠リテ魚ヲ求ムルノ類ナリ。……国民経済ニ於テモ止ムナキ場合ニ於テハ、本国及占領地ヲ範囲トスル計画経済ヲ断行スヘク経済界ノ一時的大動揺ハ固ヨリ免ルル能ハストスルモ、此苦境ヲ打開シテ日本ハ初メテ先進工業国ノ水準ニ躍進スルヲ得ヘシ。此戦争ハ露国ノ復興及米国海軍力ノ増加前即チ遅クモ一九三六年以前ニ行ハルルヲ有利トス。……好機来ルニ於テハ関東軍ノ主動的行動ニ依リ回天ノ偉業ヲナシ得ル望絶無ト称シ難シ(70)。

ここでは、石原は、問題を満蒙問題に絞り込んだ形で提示し、当面の不況を打開し、将来の対米決戦を戦える「先進工業国の水準」に達するには、関東軍が先導して満蒙領有を五年以内に決行するしかないという大胆な意見を述べたのである。五年以内に満蒙領有を決行し、それが引き起こすであろう対米持久戦争を戦いながら満蒙開発を進めて先進国並みの工業水準を実現するという夢のような話が示されているが、無着陸で世界一周できるような飛行機による対米決戦戦争を戦えるような重工業の建設は、「鞍山ノ鉄、撫順ノ石炭」を基礎にすれば自ずと実現するといった簡単な事柄ではない。第4章で述べたように、第一次世界大戦において戦車や飛行機を新兵器として作り出した基礎には長年にわたる自動車産業の発展が横たわっており、その部品生産を支える特殊鋼や工作機械の製造工業の発達が不可欠であった。満蒙の地下資源の獲得を重視する論者には、それを土台にして如何にして自動車＝飛行機工業段階の重化学工業を育成するかという肝心な部分への言及が欠如していることが多いが、石原の構想でもそうした経済建設の困難さが全く考慮されないまま、「計画経済」を導入すれば解決するといった安易な発想しかなかった。

そうした経済的・技術的問題についての石原の無理解振りは、アジア太平洋戦争が始まった頃には大分改善されるが、それでも「二十年を目標にして南北アメリカ以上の生産能力を作ることは、今までの常識を以てすれば気狂い沙汰であります。然し最終戦争を目標にする感激の下に、東亜人の特異性を以て建設して行けば断じて可能である」とし、「この大きな革新の時代には天才の力が実に物をいふのであります。私は新しき発明に最も期待します」[71]と論ずるのは、神頼みに近い発想でしかないと言えよう。石原は、具体的な事例として日本の自転車製造の家内工業が一台一〇円位の原価のときに、最も進歩したロンドンの自転車工場では一台に百円を要したことを取り上げ、「つまり日本は十倍の能率を発揮している」として、大河内正敏が説くように「農村における家内工業に基盤をおく田園工場の生産に最も適した工作機械をどしどし生産し得るものと信ずるのである。軍艦は既に世界第一ではないか、飛行機、戦車、大砲等も日本独特のすばらしいものが生まれんとし、また生まれつつある」[72]と論ずるのであるが、聞くものは、石原が自動車と自転車を混同しているような錯覚を覚えるであろう。石原は持久戦争を戦いつつ満蒙開発等によってアメリカの工業力に近づくと論じているが、日本の鉱工業生産は日中戦争中の一九四一年にすでに限界に達しており、大河内正敏が理研において試みた「科学主義工業」も、もともと満蒙立地は適切な労働力を欠くとして否定しており、戦時統制が進み、注文が多様化してくると、専門工作機械を開発する余裕がなくなり、理研そのものが再編・解体されるのである[73]。

アメリカとの世界最終戦に備えるために、まず満蒙を領有し、その地下資源と食料を確保する必要があるとする石原の構想は、ドイツのアドルフ・ヒトラーが『わが闘争』（一九二五―二七年）や『第二の書』（一九二八年）に示した、アメリカ世界帝国との最終決戦に備えて、ロシアを征服して「劣等人種」スラブ人の労働力を使う大陸帝国を建設する構想[74]に類似していた。「ドイツ民族に対して相応の領土をこの地上で確保する」ことを目標とするヒトラーは『わが闘争』の中で次のように論じている。

> ドイツは世界的強国になるか、あるいは全然存在できないかのどちらかである。しかし、世界的強国になるためには、今日ドイツに必要な意義を与え、その国民に生活を与える国土の大きさが必要である。……われわれは六百年前に到達した地点から出発する。われわれはヨーロッパの南方および西方に向かう永遠のゲルマン人の移動をストップして、東方の土地に視線を向ける。われわれはついに戦前の海外植民地および貿易政策を清算し、将来の領土政策へ移行する。だが、われわれが今日ヨーロッパで新しい領土について語る場合、第一にただロシアとそれに従属する周辺国家が思いつかれるに過ぎない。[75]

石原の場合と同様にアメリカとの決戦を戦うためには、隣接する広大な領土の支配が必要だとしている点、きわめて共通した構想である。もっとも、ドイツ経済は、第一次世界大戦期には自動車を製造しうる技術水準に達しており、同国自動車工業は、ダイムラー・ベンツ社を中心に、一九二〇年代の「生産合理化」を通じてしだいに量産体制を構築し、ナチス政権の援助の下で飛行機・戦車の製造にも乗り出すのであって[76]、地下資源の確保を目指す石原構想とは大きく異なっていた。

以上のような石原の満蒙領有論の対極に位置したのが、『東洋経済新報』主筆石橋湛山による満蒙放棄論であった。もっとも、満蒙放棄論そのものは、石橋が東洋経済新報社に入社した一九一一年前後から同誌の主張として形成されはじめており、石橋はそれを引き継いで発展させたのであった。すなわち、一九一〇年三月の社説「支那畏る可し」（『東洋経済新報』一九一〇年三月五日号）を画期に同社はそれまでの中国蔑視の姿勢から脱却し、一三年前半の三浦銕太郎主幹による連載社説「満州放棄乎軍備拡張乎」全八回（同一九一三年一月五日号―三月一五日号）、および、「大日本主義乎小日本主義乎」全六回（同一九一三年四月一五日号―六月一五日号）において、帝国主義の全面的な批判へと踏み切った。三浦は中国分割の第一歩としての「満州」独占は、ロシアと中国を腹背の敵とすることになり、国防を却って危うくするとし、国防線を遼東半島より朝鮮国境の線に下げることにより軍備を縮小し、その余裕で悪税廃止・公債償還をせよと主張したのである。ここでは朝鮮植民地の支配は前提とされていたが、その後の同誌は、帝国主義批判を徹底する方向に進んで行く。[77] 一九二一年七月にアメリカが海軍軍縮と中国問題を討議するいわゆるワシントン会議を招集したとき、『東洋経済新報』の主幹石橋湛山は、社説「一切を棄つる覚悟」(同一九二一年七月二三日号)において、「若し政府と国民に、総てを棄てて掛るの覚悟があるならば、会議そのものは、必ず我に有利に導き得るに相違ない。例えば満州を棄てる、山東を棄てる、其他支那が我国から受けつつありと考うる一切の圧迫を棄てる、其結果は何うなるか、又例えば朝鮮に、台湾に自由を許す、其結果は何うなるか。英国にせよ、米国にせよ、非常の苦境に陥るだろう。何となれば彼等は日本にのみ斯くの如き自由主義を採られては、世界に於ける其道徳的位地を保つを得ぬに至るからである」と提言した。続いて石橋は、連載社説「大日本主義の幻想」三回(同一九二一年七月三〇日号、八月六日号、八月一三日号)において、そうした提言への予想される反論に対して次のように答えた。①朝鮮・台湾・関東州がないと経済的に自立できないという反論は、それら三地域との貿易額合計がアメリカ一国にも及ばず、綿花・石炭・石油・米・鉄などの重要品で三地域から専ら調達できるものは一つもないことから成り立たない。②国防上、三地域が不可欠だという反論も、日本本土を侵略しようという国は存在せず、侵略対象はそれら三地域であろうから、日本が植民地・租借地を放棄すれば、戦争は絶対に起こらない。③移民による人口問題の解決といっても、日露戦争からの十余年間の近隣アジアへの移住者は総計で八〇万人足らずであり、人口増加分の八・六%にしかならぬことを考えても不可能である。④列強と比べて狭小な国土しかない日本に植民地を棄てよと要求するのは不公平だという反論については、「我国民が、世界を我国土として活躍する為めには、即ち大日本主義を棄てねばならぬと云うのである。そは決して国土を小にするの主張ではなくして、却って之を世界大に拡ぐるの策である」と。この③④の論点に関連して注目されるのは、石橋が、広大な国土をもつ国への移民の制限は致し方ないが、そこで商業を営み、産業に投資することは一定の制限のもとで可能であり、その方が移民よりも利益が多いと、次のように論じていることである。

吾輩は、我国からが率先して、此種の〔営業〕制限を、外国人の企業に加えておることを、宜しくないことに思っておる。之も是非各国に撤廃させねばならぬ。併し吾輩の見る処に依れば、仮令斯くの如き制限は、各国に行われておると雖も、なお外国人が、経済的に、そこに活動する範囲は相当に大きく開かれておる。欧州戦争の数年前、米国政府の調査した処に依れば、同国は、鉄道其他に対し、英国から三十五億弗、其他の欧州諸国から二十五億弗の固定放資（一時の金融を除いた以外の放資）を得ておると云うことだった。即ちそれだけの企業は、米国内に於て、少なくも間接に外国人に依って営まれていたのである。斯くの如く、仮令種々の制限はあるにしても、資本さえあるならば、之を外国の生産業に投じ、間接にそれを経営する道は、決して乏しくないのである。而して投資さえすれば、それに応じただけの生産利益は受けられる。必ずしも外国へ自ら出かけて行って、直接事業を営まねばならぬことはない。要は我れに其資本ありや否やである……。

石橋の議論は、国際貿易による損得計算の話が多く、資本輸出入の役割について論じることは少ないが、この引用部分は、石橋が資本輸出入のもたらす利益をはっきりと肯定している点で重要である。というのは、『東洋経済新報』による帝国主義批判を論じた井上清氏が、同誌は「資本輸出」を一九二二年には最愚策として批判していたのに、二五年には最も必要なことであると評価するように変わったとして、同誌の帝国主義批判の姿勢が動揺していると述べているからである。[78] 井上氏は、同誌の一九二二年一〇月一四日号の社説「支那の関税引上と我対支貿易」が、「彼地に産業の移植を図るが如きは万策つきての窮策といふべし」と述べているのは、同誌の「帝国主義に徹底的に反対する立場をよく示している」というが、これはいささか無理な読み込みであろう。大戦中の賃金上昇のために競争力が低下していた日本紡績業が、関税引上げに対処するには、上海その他に直接投資をするしか打つ手がなかったことは前章で検討した通りであるが、それは事実の問題であって、それを指摘することが直ちに帝国主義批判の意味をもつとは言えない。おそらく、井上氏は、レーニンの『帝国主義』を念頭に置いて、帝国主義国によるあらゆる資本輸出が世界分割をもたらす凶悪な手段であると考え、資本輸出の役割を否定的に捉えることが帝国主義批判になると思われたのであろう。しかし、それは時と場合によることは、引用した石橋の指摘する二〇世紀初頭のヨーロッパからアメリカへの資本輸出の役割を考えれば明らかであるし、二〇世紀後半の発展途上国の中に、外資に依存して急成長した国々があるという事実を見ても明白であろう。井上氏が引用する一九二二年一〇月一四日号の社説は、『石橋湛山全集』に収録されていないので、石橋が執筆したものか否か明らかでないが、少なくとも石橋自身は、アメリカに対するような資本輸出は、肯定的に眺めていた。また、江口圭一氏が指摘するように、『東洋経済新報』も、一九二九年二月に国民政府が新関税を実施した時には、時評において、「我国の対支産業家はここに十分の覚悟をするを要する。最近鐘紡の武藤社長は、其対応策として支那に大きい紡績工場を起さうとしてをるらしいが之も素より一策であらう」[79]と、在華紡の進出を積極的に評価していた。だが、そのことが、同誌のもつ帝国主義批判の姿勢を否定するものとは言えないであろう。満州事変が勃発した直後の事変批判である、社説「満蒙問題解決の根本方針如何」（同一九三一年九月二六日号、一〇月一〇日号）においても、石橋は、「満蒙なくば我国亡ぶ」という主張に反駁し、人口問題、原料問題、国防問題のいずれをとっても、満蒙による解決はありえぬことを論ずるが、その趣旨は一九二一年の社説「大日本主義の幻想」と同じであった。しかし、満州事変に対する同誌の全面的批判は、ジャーナリズムの大勢からはまったく隔絶しており、孤立が深まる中で、翌三二年二月には、『東洋経済新報』はついに年来の主張を大転換し、満蒙特殊権益の放棄論から擁護論へと変わって行くことになった。[80]

四　満州事変への動きと柳条湖事件

一九三一年（昭和六）九月一八日の柳条湖事件（満鉄線路の爆破）は、今日では周知のように、関東軍の板垣征四郎と石原莞爾の謀略によって起こされ、全満州を領有すべく関東軍の軍事行動が開始されたが、事件が関東軍によって作り上げられたことを察知した政府と参謀本部は、事件の不拡大方針を一旦決めたにもかかわらず、関東軍と朝鮮軍による事件の一方的拡大を抑えることができなかった。そして、政府と参謀本部を統括すべき天皇も、朝鮮軍の独断越境（他国への侵入）という自らの軍事大権が真っ向から侵された行為を追認した。大新聞などのジャーナリズムは、飛行機で特派員を派遣し、謀略の存在をある程度知ったにもかかわらず、関東軍の公式発表に反駁しなかっただけでなく、事件が中国側の破壊工作によるものだとする関東軍の作成した写真を掲載し、公式発表を裏付ける役割を果たした。政府発表を鵜呑みにしたジャーナリズムのこうした「報道」こそが、満州事変への国民的支持を創り出したのであり、とくに世界大恐慌下で苦しむ農民たちの目を満州移民へと誘導した。事件が関東軍の謀略によるものであったことは、極東軍事裁判のときも明らかにされず、石原莞爾は戦犯指名を免れ、その後、満鉄線路爆破の首謀者の一人花谷正少佐の回想が発表された一九五六年に初めて事件の真相が天下に周知されたのである。(81) 満州事変に始まる帝国主義日本の中国への足掛け一五年間にわたる軍事侵略の開始が、柳条湖事件を中国側の破壊工作であったとする説明によって正当化されたことを考えると、国民は最初から最後まで虚偽の自己正当化に支えられて戦争に加担したことになる。(82)

ここでは、満州事変が国民の圧倒的支持を受けた理由を、単に軍部・政府・新聞社の欺瞞的キャンペーンだけに求めるのでなく、何よりも当時の満州と本国での経済社会の危機的状況に求める見方について検討しておきたい。

こうした見方は、満州事変当時の分析の中にも見られ、満州事変の基礎には特殊日本的に深刻な「農村不況」があったことが強調されたが、[83]戦後は、「農業危機」下の「農民の反抗と不平不満は、一方における弾圧と、他方におけるデマゴギーによって植民地侵略に駆り立てられた[84]」という説明になり、最近では、「生活苦に陥った国民」の苦境の打開を求める期待が高まった瞬間を捉えて、関東軍が満州で軍事行動に踏み切ったことを、「着火点に火が付けられ」たようなものとする説明[85]も行われるようになった。こうした把握は、満州での満鉄の経営危機や本国での農民の生活苦という背景の重要さを指摘した限りでは有益であるが、国内外での実際の危機状況がどのようなものであり、その打開を求める人々が実際に満州侵略を求めていたかという点では、十分な説明がなされているとは言えないように思われる。

まず、必ず引用される、一九三一年一月二三日の衆議院本会議での松岡洋右の幣原外交への批判を見よう。松岡は、アメリカの日本人移民禁止法、イギリスのシンガポール軍港築造、ロシアによる北海漁業圧迫、中国との「南京事件」（一九二七年の国民革命軍の南京入城にさいしての日本領事館襲撃事件）処理方法など、いずれについても幣原外交は「屈辱」的姿勢に終始していることを批判した上で、「満蒙問題」と「外交の経済化」についても次のように厳しく批判した。

第五ニ満蒙問題ニ付テ御尋シマス、満蒙問題ハ、私ハ是ハ我国ノ存亡ニ係ハル問題デアル、我ガ国民ノ――我ガ国民ノ生命線デアルト考ヘテ居ル（拍手）国防上ニモ亦経済的ニモ左様ニ考ヘテ居ルノデアリマス、私等ノ観ル所デハ、満蒙問題ト云フモノハ、唯二十万ノ日本人ガ居ルカラトカ、鉄道ヲ持ッテ居ルカラトカ云フヤウナコトガ満蒙問題ノ総テデハナイト考ヘテ居ル（拍手）是ハ実ニ我国ノ生命線デアルト斯様ニ承知シテ居ル……現内閣成立以来茲ニ一年半、此間現内閣ハ満蒙デ何ヲ為サッタカト云フコトデアル（拍手）満鉄始メ我ガ出先ノ書記官ハ、此一年半ノ間、唯儀礼的ニ支那側ト時ニ往復シタ以外、何等ノ折衝スラシナイノデアル、一年半茲ニモ吾々ガ見マスト云フト、此満蒙ノ地ニ於テモ亦幣原外相ノ絶対無為傍観主義ガ遺憾ナク徹底サレテアルヤウニ見エルノデアル（拍手）……第六ハ、最後ニ私ハ幣原外相ノ所謂外交ノ経済化ナルモノニ付テ御尋ヲ致シマス……遺憾ナガラ我ガ国民ニ取リマシテハ、殆ド世界中移民ニ付テハ八方塞ガリデアリマス……アレ程声高ク宣伝ヲサレマス所ノ外交ノ経済化ナルモノノ実質ハ一体何処ニアルノデアルカト云フコトヲ御伺シタイ（ヒヤヒヤ、拍手）……内ハ御承知ノヤウニ、モウ「パン」ノ問題デ叫ンデ居ル者スラ日ヲ逐ウテ増加シツツアルノデアリマス、此経済国難ハ、半バ或ハソレ以上外交ニ懸ッテ居ルノデアリマス……吾々ガ求メル所ノモノハ、生物トシテノ最小限度ノモノヲ求メテ居ル、即チ生キンコトヲ求メテ居ル、息ヲ吸フダケノ余地ヲ求メテ居ルノデアリマス、之ヲ語ヲ換ヘテ申シマスレバ、大和民族ガ最小限度ニ於テ生存権ヲ主張シテ居ルノデアリマス（拍手）(86)

ここでは、満蒙が生命線であるという意味を、居留民や鉄道経営の存在を超えるものとしての、国防と経済の両面から論じている。対ソ戦略という国防上の拠点としての満蒙の位置付けは当然として、経済的とは何を意味するのであろうか。おそらく満鉄副社長の経験者としての松岡がまず言いたいのは、重化学工業の拠点としての満州開発であろうが、もう一つは、移民先としての満州経営ではなかったかと思われる。演説の最後で「生存権」を論ずるさいに、恐慌下で「生キンコトヲ求メテ居ル」農民たちの移民先として満州を想定していたと思われる松岡の主張は、ヒトラーの「生存圏」の主張に対比しうる見解であって、満州で生活する中国人への配慮は一片もなかった。第3章で触れたように日露戦後の調査では移民先として不適切とされていた満州への侵略が帝国議会において堂々と主張され、野党議員の拍手を浴びていることは、昭和恐慌下のエリート日本人層への危機意識と帝国主義的心性の広がりを如実に示すものと言えよう。加藤陽子氏が指摘する、東京帝国大学学生のアンケート調査において満蒙問題の武力解決を支持するものが圧倒的多数を占めたことも、こうした政治的雰囲気の中では当然であった[87]。

しかし、このときの松岡演説は、まだ世論への影響力をほとんどもたなかった。芳井研一氏によれば、一九三〇年九月頃から各新聞による幣原外交批判がボルテージを高めており、三一年二月一日の『東京朝日新聞』社説は、帝国議会で幣原外交を批判したのが松岡だけで、「対支問題についての無関心」なことを嘆いていたという[88]。一般的には、「地方世論はより積極外交を支持する傾向があり、協調外交は知識人世論との接点が深かった」[89]と指摘されているが、満州事変直前段階の満蒙問題については、ここで見たように新聞記者・議員・学生がむしろ強硬派であったのに対して、地方で活動中の農民運動の当事者は、関心が薄かったのである。

西田美昭氏らが分析した長野県小県郡西塩田村では、一九三〇年一一月から三二年三月にかけて全国農民会議の指導のもとに小作料減免を目指す激しい小作争議が闘われ、調停によって妥結するが、その過程での満州事変の勃発によって左翼批判が強まり、三一年末には「満蒙生命線」が強調されるようになり、「三二年に入ると、不況対策運動は、それまでの対決型の運動に代わって陳情型の運動が主流になった」と指摘されている[90]。そして、一九三二年四月からの政府・帝国議会への農村救済請願運動を担った日本農民協会のリーダー和合恒男の作成した「三ヶ条請願」は、①「農村負債三ヶ年据置」、②「肥料資金反当一円補助」、③「満蒙移住費五千万円補助」からなっており、それが貴族院によって握りつぶされた後、八月の臨時議会へ向けて作成された「五ヶ条請願」には、新潟・静岡からの意見を取り入れて、④「俸給令の改正」と⑤「強制執行法の改正」が組み込まれた。安田常雄氏の研究によれば、運動主体が最大の力点を置いたのは、「食料」「立毛」「耕作地」の差押・強制執行を禁止することにより、地主の「土地取上」に対抗して農民の生活を防衛する⑤であったという。この請願は、⑤の重大性に気付いた官僚の忠告によって政党も急に態度を変え、結局握りつぶされて終わった。こうして、日本農民協会は、国内改造先決か、対外侵略優先かの岐路に立たされた。一九三二年一二月二四日に、加藤完治に会ってその満州移民構想をほぼ納得し、その翌日に権藤成卿を訪ねたさいの和合恒男の動揺振りを、安田氏の著書から再引用しよう。

午後、権藤先生を訪ふ。満州移民についておたづねすると歴史の上からも現在の国際法の上からも、くはしく御説き下さって「鉄砲玉の下で農業が出来ますか！」とキツイいましめをたれられる。加藤先生のお心も尤もだし、権藤先生の御言葉も本当だ、内地の改造が先か？　満州移民が急か？　どちらもヌキサシならぬ時だ。さてどう腹をきめたものか？(91)

こうした和合と日本農民協会の動揺は、翌一九三三年二月二六日の同協会第二回大会において、加藤完治系の満州移民構想に向かう決議を行う形で決着することになる。すなわち、満州事変勃発直前の農民運動は、小作争議を闘うことで、問題の国内解決に全力をあげており、事変勃発後の請願運動においては、満州移民への補助金も取り上げたとはいえ、最大の力点は依然として強制執行法の改正という国内改造に置かれ、満州移民＝対外侵略優先に舵を切るのは、請願が握りつぶされた後のことだったのである。したがって、恐慌下の生活苦からの脱出口を満州移民に求める農民の要求が、満州事変の勃発を背後で押し進めたという解釈は歴史的に見て成り立たないと言わねばならない。

これに対して、満州事変直前の満州においては、張学良政権による利権回収活動によって満鉄の存在そのものが否定されるかもしれないという危機意識が高まっていた。在華紡が、一九三〇・三一両年において日本国内の紡績を上回る二〇％前後の高利益率を上げていたのに対し、満鉄の利益率は二九年の一二％から、三〇年の六％、三一年の三％と急落し、三一年には利益に含めた積立金の取崩し分を除くと、実際には赤字決算に転落したのである。(92)満鉄減益の要因を分析した金子文夫氏によれば、世界大恐慌が大豆の輸出減退を招き、中ソ紛争の解決による東支鉄道の機能回復が満鉄大豆輸送をさらに減少させ、銀価低落が金建ての撫順炭への中国炭の攻勢を強めたことが主要要因であり、「満鉄包囲網」と言われた張学良政権の鉄道政策が、満鉄の利益を実際に圧迫した度合いはまだ低かったという。しかし、中国側の大豆収買策が流通・金融政策とも結合して体系化された場合には、幣原外相による迅速かつ効果的な対応の欠如が続く限り、満鉄を大豆輸送そのものから締め出す可能性があった。[93] 一九二八年一二月に、満鉄ホワイトカラー層の青年社員たちをリーダーとし、ジャーナリズム関係者、満鉄現場社員、商店主・店員などによって結成された満州青年連盟は、民族協和による「満蒙自治国」の創設を唱えて活動し、三一年に入ると緊迫した満蒙の情勢を背景に「新満蒙政策確立運動」を展開することとして、七月から八月にかけて本国に遊説隊を派遣し、広く「排日」の実相をキャンペーンした。八月二三日には、関東軍参謀の要請により、青年連盟幹部との会見がもたれ、彼らとの会話を通じて、石原莞爾らは「民族協和」の「王道楽土」を建設するという戦争目的についての確信を得たという。[94] 満鉄の経営悪化は、一九二〇年代後半に中国人商人の台頭に直面して、「満鉄依存」を深化させていた大連の日本人経済界にとっては、頼りにした最後の砦までが崩れかけたものと意識された。大連の場合は、中国政府が一九三一年四月から戻税制度を廃止したことによって、上海などで輸入された外国商品が大連に再輸入された場合に「二重課税」されるようになったことも、「大連港の経済封鎖」と映り、「権益擁護」という危機意識をいっそう昂進させた。[95] 関東軍が、軍部中央と異なり、武力侵略を求める日本国内の世論の全面高揚を待たずに、むしろ世論そのものを高揚させる契機を作ろうと柳条湖事件の謀略を決行した背景には、国内と違う満州での居留民の危機意識の高揚が横たわっていたと言えよう。

注

(1) 金子文夫『近代日本における対満州投資の研究』(近藤出版社、一九九一年)表二-三、表八-一。

(2) 三谷太一郎『ウォール・ストリートと極東――政治における国際金融資本』(東京大学出版会、二〇〇九年) 一〇六―一三一頁。
(3) 橘川武郎『日本電力業の発展と松永安左ヱ門』(名古屋大学出版会、一九九五年) 一一七頁。
(4) 愛知県半田市・小栗三郎家文書二八七-一-四三。
(5) 金子文夫前掲『近代日本における対満州投資の研究』三七八頁。
(6) 春日豊「三井財閥と中国・満州投資」中村政則編『日本の近代と資本主義――国際化と地域』(東京大学出版会、一九九二年)。
(7) 小林和子「消化、流通、保有の状況」志村嘉一編著『日本公社債市場史』(東京大学出版会、一九八〇年) 七〇―七九頁。
(8) 安藤彦太郎編『満鉄――日本帝国主義と中国』(御茶の水書房、一九六五年) 五四頁、金子文夫前掲『近代日本における対満州投資の研究』三七七頁。
(9) 平山勉「満鉄の増資と株主の変動――一九三三年増資の払込期間を中心として」『歴史と経済』第二〇二号、二〇〇九年、など。
(10) 春日豊前掲「三井財閥と中国・満州投資」。
(11)『山本条太郎　伝記』(山本条太郎伝記編纂委員会、一九四二年) 五二八、六三九頁。
(12) 小林英夫『満鉄――「知の集団」の誕生と死』(吉川弘文館、一九九六年) 八四頁。
(13) 松村高夫他編著『満鉄労働史の研究』(日本経済評論社、二〇〇二年) 一二六頁。
(14)『南満州鉄道株式会社営業報告書』第二十回営業報告書 (龍渓書舎、一九七七年)。
(15) 松村高夫他編著前掲『満鉄労働史の研究』二九七頁。
(16) 阿部武司「産業構造の変化と独占」石井寛治・原朗・武田晴人編『日本経済史3　両大戦間期』(東京大学出版会、二〇〇二年) 六二頁。ここでの企業には私企業だけでなく国営企業、市営企業などの公企業も含まれる。
(17) 高橋泰隆『日本植民地鉄道史論――台湾、朝鮮、満州、華北、華中鉄道の経営史的研究』(関東学園大学、一九九五年) 一七四頁。
(18) 松村高夫他編著前掲『満鉄労働史の研究』四一六―四二七頁。
(19)『山本条太郎論策二』(山本条太郎伝記編纂委員会、一九四二年) 六二九―六三〇頁。
(20) 土川信男「政党内閣と産業政策　一九二五―一九三二(一)」『国家学会雑誌』第一〇七巻第一一・一二号、一九九四年。
(21) 奈倉文二『日本鉄鋼業史の研究――一九一〇年代から三〇年代前半の構造的特徴』(近藤出版社、一九八四年) 二六一―二八一頁。
(22) 山本裕「満鉄オイルシェール事業――一九〇九―三一年」『三田学会雑誌』第九五巻第四号、二〇〇三年。
(23) 飯塚靖「満州中央試験所と満州化学工業」岡部牧夫編『南満州鉄道会社の研究』(日本経済評論社、二〇〇八年)。

(24) 前掲『南満州鉄道株式会社営業報告書』昭和三年度事業説明書。
(25) 橋本寿朗『戦間期の産業発展と産業組織Ⅱ』(東京大学出版会、二〇〇四年)一三二―一三四頁。
(26) 前掲『山本条太郎論策二』六八七頁。
(27) 前掲『山本条太郎　伝記』五六四頁。
(28) 加藤聖文『満鉄全史――「国策会社」の全貌』(講談社、二〇〇六年)九二―一〇七頁。
(29) 安藤彦太郎編前掲『満鉄』一五六頁。
(30) 安田浩『天皇の政治史――睦仁・嘉仁・裕仁の時代』(青木書店、一九九八年)二〇五―二〇九頁。この経緯に関するもっとも詳細な研究としては、永井和『青年君主昭和天皇と元老西園寺』(京都大学学術出版会、二〇〇三年)、とくに第四章参照。
(31) 安田浩『近代天皇制国家の歴史的位置――普遍性と特殊性を読みとく視座』(大月書店、二〇一一年)、とくに第八章、第九章参照。
(32) 大江志乃夫『張作霖爆殺――昭和天皇の統帥』(中公新書、一九八九年)一七八頁。
(33) 藤原彰『天皇制と軍隊』(青木書店、一九七八年)一八〇頁。
(34) 井上清『天皇の戦争責任』(現代評論社、一九七五年)六八頁。なお、ハーバート・ビックス、岡部牧夫・川島高峰訳『昭和天皇』(講談社、二〇〇二年。原著、二〇〇〇年)も、天皇は『独白録』の中で、田中が事件を「もみ消す」と言ったときに怒って辞任を求めたのは「若気のいたり」だったと述べたが、「彼は、自分もまたこの暗殺のもみ消しを望んだことは、都合よく忘れている」と、第六章「政治的君主の誕生」で厳しく指摘している。
(35) 山本一雄『住友本社経営史』上巻(京都大学学術出版会、二〇一〇年)、三六一頁。この調査が、一九一五年五月の「日支条約」調印以降、同年末にかけて行われたことは、例えば三菱合資会社について、「最近ノ情報ニヨレバ、加藤前外相ノ慫慂ニ従ヒ、今次日支交渉ニヨリ新タニ本邦ノ獲得ニ帰セル満州ノ鉱山及水田事業ニ投資スルコトニ決定シ、目下人ヲ派シテ之レカ詳細ヲ調査シツツアル由」とあり、一九一五年八月一〇日の加藤高明外相の辞任以降の記述が見られることなどから明らかである。
(36) 坂本雅子『財閥と帝国主義――三井物産と中国』(ミネルヴァ書房、二〇〇三年)第二章。
(37) 安藤彦太郎前掲『満鉄』四四―四五頁。
(38) 坂本雅子前掲『財閥と帝国主義』五一頁。
(39) 『三井物産支店長会議議事録15　大正十五年』(丸善、二〇〇五年復刻)三四五―三四六頁。
(40) 金子文夫前掲『近代日本における対満州投資の研究』四〇四―四〇六頁。
(41) 『武藤山治全集』第四巻(新樹社、一九六三年)、四二四頁。

(42) 石井寛治「企業金融の形成」『講座・日本経営史2　産業革命と企業経営』(ミネルヴァ書房、二〇一〇年)二五九頁。
(43) 由井常彦編『安田財閥』(日本経済新聞社、一九八六年)二九〇頁。
(44) 中村青志「大倉財閥の明治末の改組をめぐる一考察」土屋守章・森川英正編『企業者活動の史的研究』(日本経済新聞社、一九八一年)。
(45) 鶴友会編『鶴翁余影』(鶴友会、一九二九年)二三頁。
(46) なお、『実業之世界』第六巻第一号(一九〇九年一月一日)付録に掲載された「東京大阪五〇万円以上の財産家調べ」によれば、ブルジョアジーでは、岩崎久弥・三井八郎右衛門が各一億円以上、住友吉左衛門四千万円、安田善次郎三五〇〇万円、古河虎之助二千万円、大倉喜八郎・渡辺治右衛門・村井吉兵衛各一千万円であり、旧大名では前田利為・島津忠重・毛利元昭各一五〇〇万円、鍋島直大・岩倉具定・浅野長勲・徳川頼倫各一千万円と推定されている。有名な一九一六年の『時事新報』全国調査による推定資産額でも、三井家・岩崎家各二億円以上、住友家・安田家各七千万円、大倉家三千万円とあり、四大財閥と大倉財閥の差が示されている(石井寛治『日本の産業革命――日清・日露戦争から考える』朝日新聞社、一九九七年、二一五頁)。
(47) 石井寛治『近代日本金融史序説』(東京大学出版会、一九九九年)第一二章「資産家層の形成と資本輸出」参照。
(48) 須永徳武「第一次大戦期日本の対中国借款投資」『日本植民地研究』第四号、一九九一年。
(49) 村上勝彦「本渓湖煤鉄公司と大倉財閥」大倉財閥研究会編『大倉財閥の研究――大倉と大陸』(近藤出版社、一九八二年)四五二頁。
(50) 大倉高等商業学校編『鶴彦翁回顧録』(大倉高等商業学校、一九四〇年)一九九頁。
(51) 金子文夫「満州における大倉財閥」前掲『大倉財閥の研究』三六八頁。
(52) 村上勝彦「本渓湖煤鉄公司と大倉財閥」前掲『大倉財閥の研究』第五章。
(53) 同上、五二五―五三三頁。
(54) 大森とく子「西原借款について」『歴史学研究』第四一九号、一九七五年。
(55) 池上和夫「大倉財閥の対中国投資」前掲『大倉財閥の研究』一六一頁。
(56) 柳沢遊『日本人の植民地経験――大連日本人商工業者の歴史』(青木書店、一九九九年)。なお、競争力の劣る日本人商人が存在できた原因として、塚瀬進『満州の日本人』(吉川弘文館、二〇〇四年)は、顧客である在満日本人の給与水準が高いことと、彼らが中国人商店より値段が高くても日本人商店で買い物をしたことを挙げている(一四八―一五二頁)。
(57) 末広重雄「満州を見物して余は大いに失望したり」『実業之日本』第一四巻第二三号、一九一一年一一月。
(58) 柴田善雅「日本の対「満州」通貨金融政策の形成とその機能の実態」『社会経済史学』第四三巻第二号、一九七七年、波形昭一

『日本植民地金融政策史の研究』（早稲田大学出版部、一九八五年）。
(59) 柳沢遊前掲『日本人の植民地経験』一七二―二三二頁。
(60) 「満蒙問題座談会」『東洋経済新報』一九三一年一〇月一〇日号。
(61) 柳沢遊前掲『日本人の植民地経験』一九六―一九八頁。
(62) 『実業之日本』第一七巻第一一号、一九一四年五月。
(63) 浅田實『イギリス東インド会社とインド成り金』（ミネルヴァ書房、二〇〇一年）。
(64) 石井摩耶子『近代中国とイギリス資本――一九世紀後半のジャーディン・マセソン商会を中心に』（東京大学出版会、一九九八年）。
(65) 石原莞爾「戦争史大観」一九四一年四月『石原莞爾全集』第一巻（石原莞爾全集刊行会、一九七六年）、二三―二四頁。
(66) 石原莞爾「国防政治論」一九四二年九月『石原莞爾全集』第二巻（石原莞爾全集刊行会、一九七七年）、五〇頁。
(67) 角田順編『石原莞爾資料――国防論策篇』（原書房、一九七一年）五八―六八頁。
(68) 阿部博行『石原莞爾――生涯とその時代』上巻（法政大学出版局、二〇〇五年）、一四一―一四二頁。
(69) 角田順編前掲『石原莞爾資料』三五―四五頁。
(70) 同上、七六―七九頁。
(71) 石原莞爾「国防政治論」一九四二年九月、前掲『石原莞爾全集』第二巻、二〇九―二一〇頁。
(72) 石原莞爾「昭和維新宣言」一九四二年一〇月『石原莞爾全集』第三巻（石原莞爾全集刊行会、一九七六年）、五五―五六頁。
(73) 斎藤憲『新興コンツェルン理研の研究――大河内正敏と理研産業団』（時潮社、一九八七年）二五二―二六九頁。
(74) 高橋進「第二次世界大戦」『平凡社大百科事典』一九八五年。
(75) アドルフ・ヒトラー、平野一郎・将積茂訳『わが闘争』下巻（角川文庫、一九七三年）、三五七―三五八頁。
(76) 西牟田祐二『ナチズムとドイツ自動車工業』（有斐閣、一九九九年）。
(77) 松尾尊兊「急進的自由主義の成立過程」井上清・渡辺徹編『大正期の急進的自由主義――『東洋経済新報』を中心として』（東洋経済新報社、一九七二年）。
(78) 井上清「日本帝国主義批判論」井上清・渡辺徹編前掲『大正期の急進的自由主義』。
(79) 『東洋経済新報』一九二九年二月九日号。
(80) 江口圭一「山東出兵・「満州事変」をめぐって」井上清・渡辺徹編前掲『大正期の急進的自由主義』、上田美和「石橋湛山の経済合理主義――アジア太平洋戦争期における展開」『歴史学研究』第八五八号、二〇〇九年一〇月。

(81) 石井寛治『情報化と国家・企業』(山川出版社、二〇〇二年)四五頁。
(82) 江口圭一『日本帝国主義史論——満州事変前後』(青木書店、一九七五年)、同『十五年戦争小史』(青木書店、一九八六年)。
(83) 例えば、コミンテルンによる一九三二年テーゼなどがそれに当たろう。コミンテルン、石堂清倫・山辺健太郎編『日本にかんするテーゼ集』(青木書店、一九六一年)参照。
(84) 井上晴丸・宇佐美誠次郎『危機における日本資本主義の構造』(岩波書店、一九五一年)五五頁。
(85) 加藤陽子『それでも、日本人は「戦争」を選んだ』(朝日出版社、二〇〇七年)二八七頁。
(86)『第五九回帝国議会衆議院議事速記録第四号、国務大臣ノ演説ニ対スル質疑、昭和六年一月二三日』四九—五〇頁、国立国会図書館ホームページ、帝国議会会議録検索システム。
(87) 加藤陽子前掲『それでも、日本人は「戦争」を選んだ』二六〇—二六六頁。
(88) 芳井研一「「満州」侵略と軍部・政党」『講座日本歴史10　近代四』(東京大学出版会、一九八五年)五八—六〇頁。
(89) 同上、四一頁。
(90) 西田美昭編著『昭和恐慌下の農村社会運動——養蚕地における展開と帰結』(御茶の水書房、一九七八年)五一〇—五一九、六五五頁。
(91) 安田常雄『日本ファシズムと民衆運動——長野県農村における歴史的実態を通して』(れんが書房新社、一九七九年)四四二頁。
(92) 石井寛治「国際関係」大石嘉一郎編前掲『日本帝国主義史2　世界大恐慌期』五九頁。
(93) 金子文夫前掲『近代日本における対満州投資の研究』四二〇—四四八頁。
(94) 松沢哲成『日本ファシズムの対外侵略』(三一書房、一九八三年)一五七—一八一頁。
(95) 柳沢遊前掲『日本人の植民地経験』二三五—二四一頁。

第7章　満州事変への日本ブルジョアジーの対応

一　柳条湖事件直後の財界諸団体の反応

一九三一年（昭和六）九月一八日の柳条湖付近における満鉄爆破事件の真相は、五六年に奉天特務機関の花谷正少佐が発表した回想「満州事変はこうして計画された」によれば、次の通りであった。

島本大隊川島中隊の河本末守中尉は、鉄道線路巡察の任務で部下数名を連れて柳条溝〔正しくは柳条湖――引用者〕へ向った。北大営の兵舎を横に見ながら約八百メートルばかり南下した地点を選んで河本は自らレールに騎兵用の小型爆薬を装置して点火した時刻は十時過ぎ、轟然たる爆発音と共に、切断されたレールと枕木が飛散した。といっても張作霖爆殺の時のように大がかりなものではなかった。今度は列車をひっくり返す必要はないばかりか、満鉄線を走る列車に被害を与えないようにせねばならぬ。そこで工兵に計算させて見ると、直線部分なら片方のレールが少々の長さに亘って切断されても尚高速力の列車であると一時傾いて、すぐ又走り去ってしまうことが出来る。その安全な長さを調べて使用爆薬量を定めた。爆破と同時に携帯電話機で報告が大隊本部と特務機関に届く。地点より四キロ北方の文官屯に在った川島中隊長は直ちに兵を率いて南下、北大営に突撃を開始した……。(1)

しかし、当時、この事件の報道は、関東軍による虚偽の発表にそのまま依拠して行われた。九月一九日朝、日本放送協会が臨時ニュースで事変発生の報道を行い、『大阪毎日新聞』の号外は、「支那軍満鉄を爆破し、奉天の日支両軍激戦中、敵勢益々加はり一部苦戦、我軍遂に奉天城攻撃開始」と伝えた。当時最大の発行紙数をもつ同紙は、九月二二日に記者を満州へ派遣し、鉄道爆破が関東軍による陰謀であることに気付いたが、もはや動き出した流れを変えることができなかった。(2)それどころか、九月二六日の同紙号外は、二四日本社特派員撮影という「現場近くで発見された支那兵の爆死体」を含む「爆破現場」の写真を掲げて、関東軍の発表がいかにも事実であったかのような報道を行い、翌二七日の社説は、「今回我国の取れる軍事行動の妥当性については、一毫の疑義もない」と論じたのである。それまで中国ナショナリズムを支持し、満州は中国の一部だとする論陣を張ってきた『大阪朝日新聞』も、十月一日には、「満蒙の独立、成功せば極東平和の新保障」という社説を掲げ、従来の立場を一八〇度転換した。この転換の背後には、九月二四日夜、右翼団体黒龍会の最高幹部内田良平が、参謀本部の意を受けつつ突然大阪を訪れ、大阪朝日新聞社の調査部長井上藤三郎と会い、同社幹部へのテロもありうることを匂わせながら社論の転換を強要した事実があった。(3)

満州事変に対する財界諸団体の反応は、いずれもかかる報道を前提にして行われた。満州事変は、日貨ボイコットを誘発し、とくに上海では激しいボイコットが起こった。九月二二日の上海特電は、「先ごろまでの排日貨には大商人が賛成せず、反日会も力及ばなかったが、今回は大頭連が進んで〔取引を〕絶つ挙に出たので、排日貨は徹底的になってきた。……二十一日日貨取引の問題から一支那商人は、反日会の作った檻に入れられ公衆にさらしものにされたが、排日貨運動始まって以来最初の出来ごとである」[4]と事態の深刻さを伝えている。上海日本商工会議所は、九月二四日には、外務大臣宛の建議を提出し、満蒙問題と併せて長江方面での排日運動の絶滅を求め、同月二九日の建議は「自衛権の発動」を求めるものへとエスカレートするが、この間の事情はやや複雑なので、後で立ち帰ることとし、先に日本国内での動きを見よう。

在華紡関係者を中心とする日華実業協会は、九月二五日に緊急幹事会を開き、会長渋沢栄一が病気欠席のため、副会長児玉謙次（横浜正金銀行）のもとで長時間にわたる協議の末、満場一致をもって次のような決議を行った。

支那官民ノ我ガ国ニ対スル言動ハ逐年著シク常軌ヲ逸シ、……遂ニハ経済上ノ絶交ヲ標榜スルニ至リ明白ナル敵対的行動ヲ以テ挑戦的態度ニ出デテ顧ミズ、今ヤ我国ニ対スル権益ノ侵害、名誉ノ毀損ハ其ノ極点ニ達シタリ。就中支那政府ノ首班者ガ排日思想ノ主タル煽動者タルノミナラズ、公然我ガ邦ニ対シ侮蔑又ハ挑戦的ノ言動ヲ為スニ至ッテハ到底黙過シ難キ所也。殊ニ満州地方ニ於テハ我ガ権益ノ侵害、在留邦人居住生命財産ノ不安日ヲ追ッテ増大……遂ニ今回南満鉄線路ノ破壊及ビ襲撃ノ如キ暴挙ヲ敢テスルニ到ラシメタリ。茲ニ於テカ、我国ハ条約上既得ノ権益ヲ確保スル為メ、自衛的応急手段ヲ採リタルハ当然ノ措置ナリト信ズ。

吾人ハ当面ノ時局ガ支那側ノ反省ニ依リ、両国間直接ノ折衝ヲ以テ、一日モ速カニ収拾セラレンコトヲ望ムト雖モ、此ノ際多年両国間ニ累積セル諸懸案ヲ徹底的ニ解決スルハ勿論、排日行為及ビ排日思想ヲ根絶スルノ方法ヲ講シ、以テ将来永久ノ平和ヲ確保スルハ絶対的ニ必要ナリト痛感ス、之ガ為メ対支関係事業及ビ貿易等ノ上ニ蒙ルベキ犠牲ハ、固ヨリ之ヲ忍ブノ覚悟ヲ有スルモノ也。　以上[5]

日華実業協会は、一九二〇年六月に設立され、その実権は渋沢会長と副会長の和田豊治（富士瓦斯紡、二四年没）、児玉謙次（横浜正金銀行、一四年末就任）と幹事会常連の安川雄之助（三井物産）、奥村政雄（三菱商事）、白仁武（日本郵船）、白岩龍平（東亜興業）ら東京勢が握っていたが、喜多又蔵（日本綿花）も常任幹事として大阪勢のパイプ役を務めていた。坂本雅子氏は、同協会の意見を「主要財閥の意志を結集したもの」(6)としているが、財閥当主は名誉顧問として入っているのみで、実際の運営は幹事会が行い、安川・奥村ら中国関内と関係の深い財閥商社の代表と、喜多のような商社・在華紡の代表が幹事役を務めていたのである。したがって、日華実業協会の意見には、在華紡に代表される現地の有力資本の意向が強く反映され、財閥についても中国関内と関係の深い商事部門の意向のみが示されており、財閥全体の意向は日本経済連盟会などの意向において表明されていたように思われる。満州事変に関する日華実業協会の決議は、関東軍の公式発表を鵜呑みにして、事変を全くの「自衛」のためのものとしつつ、併せて上海などで繰り返される日貨排斥をこのさい「根絶」することを求めるものであった。そこでは、満蒙問題こそが日貨排斥の根本原因であるという因果連関を正面から見据える余裕のないまま、このさい一挙に両問題を「解決」しようという性急で安易な見通しが語られているのである。

大阪でも九月二五日に、日華経済協会（一九二八年八月設立）が緊急常務理事会を招集した(7)。同協会は、日華実業協会が東京中心であるため、大阪を中心とする中国関係の実業家が集まったもので、初代会長は大阪合同紡績社長の谷口房蔵（一八六一―一九二九）であり、喜多又蔵（一八七七―一九三二）が副会長として東京の日華実業協会と連絡しながら指導権を発揮した(8)。満州事変勃発時には谷口は死去していたから、おそらく喜多が理事会を招集したのであろう。理事会は、上海・長江筋の排日運動に対する対抗策につき協議した結果、「対支貿易」に関係の深い大日本紡績連合会や大阪商工会議所など大阪の経済団体が一丸となって運動することとし、九月二八日に一二団体が商工会議所に集まり、大阪対支経済連盟の名前で、「満州における我が権益を確保するとともに、支那政府をして全国にわたる排日運動を即時厳禁せしめ、将来その再発防止を保障せしむるを要す(9)」という強硬策の決議を行った。決議案を作成したのは、喜多又蔵（日本綿花）、村田省蔵（大阪商船）、坂田幹太（東洋紡）、庄司乙吉（東洋紡）、高柳松一郎（大阪商工会議所）の五名であり、彼らは飯尾一二（東洋紡〔旧大阪合同紡〕系の同興紡）とともに大阪対支経済連盟では、幹事に選ばれた。

大阪対支経済連盟の決議案の作成をリードしたのは、おそらく喜多又蔵だったものと思われる。決議案の作成には加わらなかったが幹事に選ばれた飯尾一二などは、後に見るように喜多の強硬論とは一線を画する見方をしていたが、議論をして決議案をまとめるときにはややもすると声の大きい強硬論者の意見が全体を引っ張るようになる。喜多又蔵は、日本綿花社長として、綿関係品の輸出入に携わると同時に、漢口の泰安紡績、上海の日華紡織という在華紡を経営しており、幣原外交を軟弱として批判する急先鋒であった。喜多の強硬論は、在華紡の代表としてよりも、日貨ボイコットの打撃を直接に受ける綿関係貿易の利害代表として見た方が理解しやすい。日本綿花会社は一九二〇年代後半に営業不振に陥り、三〇年には累積した大欠損三八七〇万円を積立金取り崩しと六〇％の減資によって償却し、横浜正金銀行の全面的支援によって辛うじて存続していた。傘下の泰安紡績（漢口）と日華紡織（上海）の成績も在華紡中最悪であったが、日本綿花の欠損の主たる原因は綿貿易における手持商品の続落、約定品の破約にあった[10]。喜多は、一九三二年一月、上海事変の最中に没するが、白岩龍平は、「中支開発の偉勲者」と題して、次のように喜多を追悼している。

喜多氏は東京に来る毎に必らず外務当局を訪ふて彼地〔華中〕の実情を報告された。故渋沢子を主盟とした日華実業協会も最初より喜多氏は発起人である。氏は又同志と共に大阪に日華経済協会を創設し東西一致の連絡を取り輿論の趨向を導く事に努力した。最近数年間対支関係の尤も重要なる排日の高潮した時機に国内経済界の意見が常に一致して内外を指導した事は実に空前の偉観と謂ふべしだ。曩に満州事変の突発に際しても民間経済界の統一したる意見が発表され政府の当路者も多大の強味であった事は争はれない。私は之等は喜多氏の没すべからざる功績だと信ずるものである。(11)

ここには、中国へ進出した紡績業界の利害を代弁して政府に進言する喜多の姿が描かれているが、その背後には、日中綿貿易と在華紡の担当者として苦戦していた喜多自身の経営活動があった。野村得庵の追悼文は「昭和五、六年対支問題愈々紛糾するや、君は我対支外交を軟弱なりとし、認識不足を絶叫して当局に進言する処あり。而もこの間、君の蒙れる損害莫大なるものあれども毫も訴えず、偏に邦家の前途を憂ひて止まざりき(12)」とあるが、「邦家の前途」の中には、当然ながら、破産の危機に瀕した日本綿花会社の業績回復という悲願も含まれていたのであろう。

九月三〇日には、日本経済連盟会が、一九二〇年にパリで成立した国際商業会議所の会頭フォン・メンデルスゾーンからの質問に対する回答を発表した。この質問は、同会議所の「支那国内委員会」が日本の満州への干渉（intervention）のもたらす経済的影響について二四日付で抗議電報を寄せたために、「日本国内委員会」である日本経済連盟会に対して行われたものである。回答電文は、まず、今回の満州事件は「自衛行為」（unavoidable act of self defense）であって「干渉」ではないとして、「事件の真相、動因及び平和的解決の望み」等については、日本政府の二四日の声明の通り、日本軍は満鉄線路を爆破した中国軍隊と衝突したが、日本政府は不拡大方針をとっているとする。その上で、最近の中国官民による日貨排斥について次のように訴える文章を連ねていた。

……最近に於ける支那官民の日本に対する暴戻なる言動は殆ど言語に絶するものあり、支那は絶えず自国民に対して排外思想を鼓吹涵養し、常に政府の使嗾《しそう》の下に暴力を伴ふ日貨排斥を反復し、或は経済絶交をさへ標榜し、甚しきは日貨掠奪、邦人の生命迫害の如き挙に出でて顧みず、殊に政府の首班者が公然排日思想の主たる煽動者たる如き事実に於いては、支那側に於て覚醒せざる限り独り我邦のみ如何に円滑なる経済関係の持続に専念するも其効なきは明らかなり。……今回の満州事件の如き何等両国間の戦争にあらず、然るに支那国民は直ちに商品の売買契約を破棄し、銀行は手形代金の支払を拒む等戦争状態に於てのみ採り得べき手段を敢てしつつあり。吾人は当面の時局が支那側の反省に依り両国間直接の折衝を以て一日も速かに収拾せられんことを望むと同時に、此際多年両国間に累積せる諸懸案を徹底的に解決し、将来永久の平和を確保すること絶対的に必要と痛感するものにして、此点に関し貴会議所の充分なる御諒解を得ることと信ず。(13)

文中傍点を付した部分は、先に引用した日華実業協会の決議と酷似しているが、「諸懸案の解決」のために「排日行為及び排日思想を根絶するの方法を講じ」るという協会決議の強硬論の中核部分を欧米に紹介することは流石に遠慮していることが分かる。日本ブルジョアジーのもつアジアの隣人向けの顔と、欧米の友人たちへの顔の違いと言ってよかろう。一九二二年八月に金融業と鉱工業の大資本家の全国的結集として成立した日本経済連盟会は、アジアとつながる紡績資本とともにアジアを含む世界全体とつながる財閥資本の利害をも代表するものであった。そのことが、日華実業協会と日本経済連盟会の態度の違いとなって表れたと言えよう。

しかし、その違いは、相手が日本政府であるか欧米諸国のブルジョアジーであるかの違いによって規定されている面が強く、関東軍と日本政府の公式発表を鵜呑みにし、満蒙の利害に固執するとともに、日貨排斥を抑え込もうとしている本音の部分ではほとんど共通している。問題は、果たしてどのブルジョアジーも同じように考えていたのか、それとも違った考えがありながら、それらが集約される過程で強硬論に統一されたのか、ということであろう。この点を検討するためには、分野別ないし個々のブルジョアジーの意見が述べられている史料が必要である。

二　「満蒙時局懇談会」でのブルジョアジーの意見の対立

そうした点で注目される研究は、赤沢史朗氏が国立国会図書館所蔵の「憲兵隊資料」を使って分析した「満州事変の反響について」[14]という研究ノートである。短いノートであるが、ブルジョアジー一般でなく、分野別・規模別のブルジョアジーの考えやその変化が究明されており、ここでの問題関心からすると、きわめて注目に値する論考である。それによれば、ブルジョアジー内部の意見の対立が表面化するのは、関東軍の侵略が拡大し国際連盟の紛争介入が進むとともに、日貨排斥が激化して打撃に耐え兼ねる者が増えてくる一〇月のことである。一〇月一四日の在華紡を含む紡績資本家の会合では、満鉄沿線から遠く離れた張学良の拠点錦州を爆撃した関東軍の行き過ぎを批判し、国際連盟脱退を回避しようとの意見が多数を占め、一〇月二一日の大阪対支経済連盟の委員会では、飯尾一二（同興紡）などから国際連盟への刺激を避けるため「強硬」世論の喚起は見合わせるべきだとの意見が出された。さらに、一〇月二三日の大阪毎日新聞社の満蒙時局懇談会、一〇月二七日の大阪工業会臨時総会でも、「自重」論が多かったという。だが、「強硬」論と「自重」論の対立は、軍部の意向が政府を圧倒する一一月以降になると薄れて行き、貿易面での困難が薄まるとともに「自重」論は根拠を失って「強硬」論に従うようになるというのである。しかし、そのように見てしまうと、一九三二年一月に上海事変が起こる経済的背景が明らかにならないであろう。上海での日中対立はそう簡単に収まったとは言えないからである。

ここでは、まず、赤沢氏が言及した、大阪毎日新聞社が、満州財界の代表と京阪神各地の財界代表を集めて一九三一年一〇月二三日に開催した「満蒙時局懇談会」の記録を改めて検討し、上海で矛盾が累積していく様子を眺めてみたい[15]。この懇談会は、「満州主要各地の財界代表者を迎え……京阪神各地における各方面の代表的権威者十数氏とともに隔意なき意見の交換を行ひ、実情の闡明に資する一面、さらに国論の帰向発揚に資することにした」とあるように、満州財界と中国に関係の深い関西財界の意向を知るために開催されたものであり、新聞社の意向は社賓徳富蘇峰の発言と連載記事のやや偏った見出しと編集に反映されているに過ぎず、出席者はそれぞれ本音と思われる発言をしていたようである。

冒頭、座長に推された大阪商工会議所理事高柳松一郎博士は、「満州問題と排日貨問題は一つのものとしてこれを考へねばならない、要するに日本が満蒙に特殊の権益を有することが憎いといふのが、かういふ問題を生ずる原因である」とポイントを衝いた問題提起をし、その打開策をめぐって強行突破派と平和解決派が意見を述べた。満州から来た各地商工会議所代表は、次のように、満蒙問題解決の好機だとしてこもごも解決の道について述べた。

(長春商工会議所代表彼末徳雄)「私はさし当り東四省を東支那の独立政権とし、これをもって外国との交渉団体たらしむることとしたい、これとわが国も交渉することとして南京政府とは没交渉とするがよいと思ふ。一部に東四省を日露支三国に開放し、そこに一兵をも置かぬ平和境とすればよいとの説もあるが、これでは日本人に発展性がない。即ち支那人は個性が強く、たとへば一粒の砂のやうなもので、日本人は国家を形づくったときに強く丁度セメントのやうな感じである。また支那人は為替相場にしても日々の換算相場を詳しく知ってあらゆる階級を通じて先天的に金以外経済以外のことは考へない、この点において個人としては日本人は支那人に太刀打が出来ないのである。従って平和境となっても日本人は甚だ発展性が少くなる、よって私は満蒙に新政権を確立し、南京政府とは交渉せず、これと交渉するのがこの解決方法として肝要ではないかと思ふ」

(安東商工会議所代表荒川六平)「私は大阪の実業家の態度が非常に強硬なのを大いに心強く思ふ。当局に陳情に行った際にもこのことを聞いて密かに感謝した次第である。ただ不満に思ふのは一般国民の満州に対する認識不足である。……大たい私は日本人の国民性が退嬰的で海外進出に不適当なのではないかといふ疑ひさへも持ってゐる。これが一部における満蒙放棄論ともなって現れるのではあるまいか。……日本にとってこれは国家の生存権の問題であるから、この点国内の輿論を喚起して外国によく諒解せしむれば、外国もあへて干渉すまいと思ふ」「大体満蒙の利害と中南支の利害とどちらが大であるかとやかくいふのは間違ひである。……われわれは土地に関心を持たねばならない、故に日本のために満蒙の土地を開放しなければならない」

(大連商工会議所代表高田友吉)「私は廿七年間満州の地にあって支那人と取引してゐるが、支那人は必ず物の値を値切ってかかる、これは支那人の共通な取引心理で、この心理は外交政治の上にも必ず表れてゐる、……対支外交はこの国民性を呑み込んでかからなければ思はぬ失敗を招く」

(奉天商工会議所代表藤田九一郎)「私どもは事件の直後、直に出発し内地実業家、政府その他の人々と懇談して国論を湧かし激励する意味でやって来たのだが、廿余日の間にその形勢は激変し、今や国論は着々として定まり、政府の腹もきまって本懐の至りである。……十数年来の圧迫行為に忍従した私どもの体はここで如何なる苦痛とも闘ひ得る、私どもは皆さんの外皮となって飽くまでも所信を貫徹しよう。願はくは皆さんの今日のこの熱がいつまでもさめぬやう切に希望する。ただ感激のあまりここに一言する次第である」

長春代表と大連代表は、中国商人との競争に敗れつつあった日本商人の実情を図らずも明らかにし、権力依存によって事態を打開したいと告白した。安東代表と奉天代表は、事件後一カ月で国内世論が大きく変わったことを示しながらも、上海などでの日貨ボイコットがやはり気になると見えて、満蒙問題の特徴は領土拡張にあることを強調した。ここに登場する満蒙の日本ブルジョアジーは、第6章第二節において検討した通りの人々であり、満蒙問題と日貨排斥の抜き差しならない関連についての把握も、関西実業家に比べるとあまり明確でないと言えよう。

座談会の最後に奉天代表が述べたように、座談会の全体としての雰囲気は強硬突破派のものであった。そのきっかけは、長春代表に続いて、社賓の徳富蘇峰が立ち、「〔満蒙〕問題は今や最後の清算をする時に立ちいたってゐる、ここで確保出来なかったら満蒙を引揚げるよりほかない。……欧州各国の小国を目標にしてつまらぬ考へを持つべきではない、今や日本はここまで大きくなったのであるから大人として処すべきではないか、即ちこの問題については徹底的にやる考へを持ちたい。……満蒙と排日貨は高柳博士のいはれる如くこれを同時に考へねばならない、国論を統一し政府を鞭撻し世界の輿論をわが国から定めることが肝要である。すでに乗りかかった船である。徹底的にやるべしだ。……この際十年の溜飲を一日で下げて見たい」と、危機意識と大国意識を煽って、強硬論をぶち上げたことによって作られた。帝国主義のイデオローグに相応しい発言であるが、「徹底的」にやった結果どうなるかは全く述べていないのが、蘇峰ら強硬論者に共通した特徴であった。

こうした徳富発言に対して、国際連盟との協調を重視する発言が続いた。まず、京都帝国大学名誉教授の末広重雄が、満鉄付属地以外から一旦撤兵し、連盟の中に日本の支持国を作る努力をすべきだと主張し、大阪商工会議所会頭稲畑勝太郎も、それに賛成した。さらに、住友合資会社総理事小倉正恒が、次のように述べた。

先日私は東京で大阪の実業家の支那に対する強硬な態度はいつまで続くことだらうといふやうな話を聞いた。大阪と支那との関係を正当に認識しないところからかうした疑問も起るのである。対支貿易はわが国にとって実に重大な関係を有する。事件発生以来上海方面における損害は一億五千万円に上ってゐるといふ。しかし、大阪が困る時は、即ち日本が困る時なのだから、満蒙におけるわが国の巨大な権益を擁護するためには挙国一致して円満に解決を計るべきだと思ふ。排日の効果については二つの見方がある、その一つは、両国間の貿易は如何なる場合でも必至的であり、どんなに排日をやらうともある程度の日貨はどこからか出てゆくから大した心配はないとなすもの、一は支那人の性質として威迫すればとんでもないことをやるから、或ひは困った結果を招来するのではないかとなすものである。いづれにせよこの解決は世界の問題であり、連盟、アメリカ双方の諒解のもとに何とか円満に片づけたい。アメリカは最近の様子では比較的わが国に好意をもってゐるやうであるから、まづこのためには従来の彼の誤解をのぞくやうに善処すべきである。

「大阪が困る時は、即ち日本が困る時」という表現には、綿紡績業を中心とした当時の日本経済の特徴を踏まえた見解が埋め込められているが、そのことと、将来の日本経済の建設のための満蒙権益の擁護との間の厳しい矛盾関係をどうすべきかについては、国際連盟とアメリカ（とくに経済制裁案のスチムソン国務長官を抑えるフーバー大統領）との協力による「円満」解決以上のアイディアはない。上海に住友銀行支店を出しているとはいえ、三井物産や三菱商事のような形で直接に中国貿易と深い関係をもたなかった住友財閥は、満州事変の前年に合資会社経理部商工課長の小畑忠良が満州視察を試み、関東軍関係者とのパーソナルな関係を作って、一九三四年には満州住友鋼管を設立するが、この時期にはまだ満州投資の計画はない[16]。ここでの小倉の発言も、満蒙利権の確保と上海投資の遂行をうまく両立できないかという提言にとどまっている。そうした傍観者的発言に我慢できなくなって行われたのが、大阪商工会議所常議員中山太一（化粧品、中山太陽堂）と、貿易同盟会会長二川仁三郎の発言であった。

（中山太一）「今では外国の諒解如何の問題ではない、すでに船は港を出たのだ。日本の過去、現在、将来を考へ、われらの態度のあくまで正しいことを国民をして信ぜしめ、国論の統一を計るのが焦眉の急である。外国との友邦関係などむしろ第二であると考へる、連盟の態度に遺憾の点があれば挙国一致これに反対するまでだ。……われらは、現下の排日の暴状を見るにつけ、姑息なる手段をすてて積極的態度に出るもまたやむを得ず、と信ずるものである」

（二川仁三郎）「最近支那において休業した日本の商人は非常に多い。そして続々休業しつゝあるにも拘らず雑貨商の空気は徹底的解決を主張するに一致してゐる、やむを得ないが強く出なければならないのである。今度のボイコットはなかなか旧に戻らない、そこで〔大阪〕川口の支那商人も続々帰国するが、今度のは家具全部を売払って行く状況である。……この間の内外綿の襲撃の有様を目撃した人の話によれば、先頭に女や子供を立ててこれを盾となし発砲に備へ、もしそれらが打たれた場合には国際連盟の問題としようといふやり方で、全く用意周到である。その他排日屋の強制行為など驚くべきもので、この際どうしても徹底的解決を望んでやまない」

これらは、中国への化粧品を含む雑貨品の輸出関係者の苦境に基づく発言であるが、中山の「すでに船は港を出たのだ」という言い方は、先に見た徳富蘇峰の「すでに乗りかかった船である」という言い回しとそっくりの強硬発言である。満州事変という既成事実を突き付けられた状況における強硬論者の特徴は、もうゆっくり考える暇はなくなり、突っ走るしかないという思考停止状態の主張をすることであった。ただし、二川の「徹底的解決」の方法が、軍事力に依存する強硬論者一般とは異なり、むしろ軍部批判であったことは、第四節で改めて問題とする。

では、在華紡を中心とする綿業関係者の主張はどのようなものだったのであろうか。彼らの主張は、平和解決論と強硬突破論の両極に分かれた。強硬論者は、以下に引用する日本綿花社長の喜多又蔵と内外綿常務取締役の岡田源太郎であった。

（喜多又蔵）「満蒙問題と今度の排日貨ボイコットとは二にして一、決して分離して論ずる性質のものではなく、従って同時に解決すべき問題である。……政府部内においても、ややもすれば一致を欠くかの観がほの見えぬでもなかったが、最近その憂はなくなった。吾人はもう一気に押し切ればいいのだ。……政府部内の態度も決し方針も確立した以上、上海在住の実業家に対しても商売人の経済活動の背後には国家が厳然として控へ、これを保護してゐることを認識せしめることが必要である」

（岡田源太郎）「ボイコット問題は、支那において名こそ経済的の問題となってゐるが、実際は経済問題を超越してゐる、支那政府の指令による敵対行為である。……そこで再びこんな問題が起らぬやう、日本政府は支那政府と絶対的外交手段によって十分なる解決をして欲しいものである。満州における懸案が解決すれば排日が緩和されるとは絶対に思はれないから、解決に当っては、条約中にこれに関する条文を入れて、今後支那政府は排日に関しある程度まで責任を持つといふ風にしなければ駄目だ」

両名の発言とも、日貨ボイコットによる被害を受けた企業の立場を反映した発言であると言えよう。喜多の率いる日本綿花の窮状については前述した。日本綿花傘下の日華紡織（田辺輝雄社長）は、一九三一年には対払込資本利益率が一〇・九％（上期）から六・一％（下期）に落ち込んで五％配当（上期）から無配当（下期）となるが[17]、それは、満州事変後、綿糸は「販路途絶」、綿布も「商議途絶、荷動絶無」となったためであった[18]。また、漢口の泰安紡績も一九三一年上期（四—九月、社長喜多又蔵）は、六万円余の損失で無配のまま次期へ四万円余の損失を繰り越し、同年下期（一〇—三月、常務取締役近藤宗治）には、一〇月二六日から工場閉鎖に追い込まれ、新たに二〇万円余の損失を生んだ[19]。他方、岡田が常務を務める内外綿（社長武居綾蔵）の第八九期（一九三一年六—一一月）は、満州事変後も青島・金州工場が「殆ド排日ノ憂無ク」、「排日熱熾烈商取引荷動キ共停止状態」となった上海諸工場も、「印度南洋又ハ満州北支等ニ向ケ製品ノ輸出ニ努力シタル為相当ノ結果ヲ収ムルヲ得」特別配当一〇％を含む二二%配当を実施し、九月二八日の臨時株主総会では予定通り三三〇〇万円への増資を決定した[20]。同期利益率四一・一%は、在華紡中最高の成績であり、日華紡織や泰安紡績とは対照的であった。したがって、岡田の強硬論は、満蒙権益問題から繰り返し生ずる日貨ボイコットだけでなく、第5章第四節で検討した不平等条約撤廃という在華紡の存立基盤に関わる日中対立への対応を見通したものであったと言えよう。

　喜多・岡田と異なり、平和解決論を主張したのは、次に引用する大日本紡績連合会委員長の阿部房次郎と在華紡の同興紡織社長の飯尾一二であった。

(阿部房次郎)「この機会こそ連盟に対しわが国の立場および満蒙における権益の特殊性を十分説明し、理解せしめ、しかして連盟の主張も可及的に尊重して支那に対し交渉を進め得ないであらうか、連盟無視はわれらのとらないところである。……今度の満蒙事件、引いて起ったボイコットによってわが商工業の受ける打撃は勿論甚大である。しかし今は最早その打撃だけを云々してゐる時ではない、……綿製品に対するボイコットは日本に対して苦痛であるのみならず、支那にとってはより以上に苦痛である点から考へて事実問題としては何時まで永続し得るものか疑はしいが、といって今日の状態で排日は決して急に終息するものではないから、吾人は相当腹をきめてこれが解決に努力せねばならぬ」

(飯尾一二)「満州には関係はないが、中部支那では最も大きな打撃を受けてゐるものである、しかし満州問題とかけ離れて排日を防げるとは思はない。……満州問題だが皆さんはこの際徹底的にやれといふが、その徹底的の意味を考へるに、日清、日露の戦争で得た権益を絶対に守る必要があるといふのだ。しかし、三、四十年前に得た権益を今なほ昔日と同じやうに考へるのはどうであらうか、時代は変遷してゐる、今や世界の現状ではわが国も最小限度で満足する必要があるのではなからうか。支那との直接交渉に際し、外務省が昔日通りのことを要求したならば、或はそこに失敗を生じやしないかといふ懸念もある。その点を好く研究してかかるべきだと思ふ」

阿部房次郎（一八六八―一九三七）は、一九二六年から東洋紡績の社長を務め、飯尾一二（一八七一―一九四〇）は大阪合同紡績の社長に就任した直後の三〇年一一月に東洋紡績（阿部房次郎社長）との合併を決め、三一年三月に実施した。一九三〇年代の東洋紡の対払込資本利益率は二〇％台で安定している。飯尾は大阪合同紡系の在華紡＝同興紡織（一九二〇年設立）の社長の方は続けていた。八％配当を続けてきた同興紡織は、一九三一年下期（五―一〇月）にも翌年二月までの成約をみていたため満州事変以降「商取引、荷動キ全ク停止」したにもかかわらず八％配当を行い、三二年上期（一一―四月）には一月二九日以降は上海事変で工場閉鎖を余儀なくされたが、「輸移出方面ニ力ヲ注ギ極力製品ノ引渡ニ務タル為、大ナル滞貨ヲ見ズシテ本期ヲ終了」し、六％配当を実施することができた。[21] 大恐慌の中で安定的な利益を上げている紡績業界の代表者阿部が、国際連盟での時間をかけた問題解決を願うのは当然であるが、満蒙の支配を簡単に国際連盟が認めると思っているのであろうか。高柳座長の問題提起に対する答えとしては迫力を欠いていることは否めないであろう。その意味では、大阪合同紡の社長を短期間務め、合同紡系の同興紡の社長を務めている飯尾の主張は筋が通った批判としてもっとも注目されよう。領土支配を狙う関東軍の戦いを時代錯誤と決めつけ、外務省の交渉についても批判的スタンスをもつ飯尾の見解は、石橋湛山の満蒙放棄論と響き合うものと言ってよい。前述のように、赤沢氏の研究ノートによれば飯尾は一〇月二一日の大阪対支経済連盟の委員会でも慎重論を説いていたのである。

このように、大阪毎日新聞社主催の「満蒙時局懇談会」は、満州側出席者が、いずれも事態の強硬突破論に立ち、内地側出席者では、中山太一によって代表される中国上海との取引の多い中小商工業者や日本綿花の喜多又蔵らが強硬論を吐いたのに対して、住友財閥の小倉正恒や、紡績連合会の阿部房次郎、在華紡の飯尾一二らが慎重論を唱え、飯尾に至っては関東軍の行動に対して批判的な発言も行った。その意味では、主催者の思惑通りには会議が進まなかったと言えよう。六日間にわたる懇談会の連載記事の見出しが、「実力を蔵すれば連盟恐るるなし」「既定国策の遂行を強調」「挙国一致の緊張を唱道」「財人の強硬意見を宣揚」「休業商人すらなほ強硬な態度」「此機を逸しては永久に権益喪失」という具合に強硬突破論一色に塗りつぶされていることが、主催者の焦りを示している。

だが、平和解決論者が期待した国際連盟での協議は、幣原喜重郎外相が撤兵条件として鉄道に関する「取極」を結ぶことを頑なに主張したため行き詰まってしまった。その一方で、関東軍による満州国建設の準備が進められていく。[22]そうした状況のもとで、上海では、日貨ボイコットによって追い詰められた居留民とくに中小商工業者の排外熱が高まり、彼らの強硬な要求に応じて海軍陸戦隊が暴走して上海事変を引き起こすことになる。われわれも目を本国から中国とくに上海へ移すことにしよう。

三　対日経済絶交運動の深刻化と上海事変

一時沈静化するかのように見えた日貨ボイコットは、一九三一年七月の万宝山事件（長春郊外での朝鮮人入植者と中国人農民との衝突と、それをめぐる朝鮮での反中国暴動）を契機に再燃した。上海では朝鮮での中国人迫害は日本の教唆によるとの報道がなされ、日貨ボイコットが始まり、反日会の検査員による中国商人所有の日本製品（綿糸、石鹸など）の没収が始まった。日本人所有のものには手を触れないことになっていたが、日本綿花、伊藤洋行、東洋綿花のような有力資本の綿糸布なども誤って抑留された。[23]八月一四日に、米里紋吉上海日本商工会議所会頭は、村井倉松上海総領事を通じて、中国に対する抗議を要請する嘆願書を幣原外相に送ったが、ほとんど反応がなかった。問題は、この間、上海駐留の第一遣外艦隊司令官の塩沢幸一海軍少将が、所属の海軍陸戦隊に日本品の没収が行われるさいは取り締まるよう命令し、陸戦隊が何回も出動して取り締まったため、日本人商工業者の海軍に対する期待が高まったことにあった。外務省に無断でかかる取締を行うことは、海軍の越権行為であったが、外務省の抗議にもかかわらず塩沢の命令はそのまま効力をもち、在華紡関係者なども中国側との交渉には武力を背景とした強硬態度が重要だと確信したという[24]。満州事変後に抑留された日本人所有貨物についても、「領事館の交渉により即日返還」されたケースとともに、「海軍の手により即時返還」されたケースがあり、金額的には後者の方が多かったのである[25]。

この事実は、上海の日本人居留者を、財閥系資本と在華紡からなる少数の「会社派」＝大資本家グループと多数の中小商工業者からなる「土着派」の二類型として把握し、満州事変後の対応が慎重論の「会社派」と強硬論の「土着派」に分かれてゆき、後者が、前者を引きずって上海事変を引き起こす社会的基盤となったという山村睦夫氏の論文による通説的把握について部分的な再検討を迫るものと言えよう[26]。

本章の冒頭でも触れたように、満州事変によって排日運動は急速に激化し、九月二二日には上海市党部の要請で抗日救国会が組織されて、執行委員六〇名、うち常務委員一一名、特殊委員七二名を選任し、ボイコットを徹底するためにあらゆる手段を動員することとなった。上海抗日救国会の経済絶交方式は、①日本商品の売買・運搬・消費を禁止、②中国商人は一切の日貨を抗日会の倉庫に移入、③日本人への原料供給禁止、④日本商品の荷揚げ・荷降ろし、日本船への乗船禁止、⑤日本の銀行からの預金引き出し、⑥中国系銀行の日系商社との取引禁止、⑦日本人のための労働停止、⑧中国系商社の日本人解雇、といったものであり、日本人居留民に与えた打撃は深刻であった[27]。かかる事態の悪化に対して、上海日本商工会議所が素早い対応を示したのは当然と言えよう。すなわち、同会議所は九月二六日に、「対支貿易を犠牲にするもやむを得すとの悲壮なる覚悟を定めて」、次のような建議を外相に提出した。

今次満州事件の解決は、之を地方問題として単に満蒙に於ける諸懸案解決と既得権擁護のみに局限せんとするも不可能にして、其根源たる南京政権の対日根本方針を改変せしむるにあらざれば、今後日支の関係は永久に紛糾を続け、長江を中心とする全支那に於ける我経済的基礎は根本的に破壊せらるるのみならず、満蒙に於ける既得権益の維持も亦困難なるに至るべし。……故に今次の事件解決に当りては、満蒙に於ける諸懸案解決と既得権確保は勿論、日支関係の全局且つ恒久的の解決を目標とし、之が為めには如何なる犠牲をも忍ぶの覚悟を以て、……諸懸案を一切解決する様、徹底的交渉を為すを絶対必要なりと認む。(28)

常識的には、満蒙問題がもとで上海での日貨ボイコットが繰り返し起こるのだとすれば、できるだけ早期に満州事件を解決して、上海への影響を防ぐことを要請すべきであるが、この建議は、逆に満蒙問題を日中関係全般の問題に広げて交渉すべきだ主張している。さらに注目されるのは、九月二九日には会議所は、在留邦人の引揚げは現地復帰の機会が失われて相手の思う壺になるだけであるから、現地で保護すべきであり、万一の場合は「我が自衛権の発動」をもって対処すべきだという決議文を外相宛に電送したことである。上海日本商工会議所のメンバーは、どうしてそのような提言を考えたのであろうか。おそらく、日貨ボイコットは満州事変前に再発して対策に苦慮しており、海軍力に頼った強硬策の有効性をある程度経験したので、このさい「自衛権の発動」に頼ってでも、一挙に日貨排斥問題を解決したいと思ったのであろう。しかし、海軍に頼る強硬策が、現実に有効だという保障はなかったから、苦し紛れの提言だったとしか言いようがない。

そうした方向に会議所の議論を誘導していったのは、前掲山村論文が上海の重光葵公使の報告を引用しつつ指摘

表15　上海関連主要企業の対払込資本利益率

（%）

年度	紡績会社				貿易商社			海運会社	
	全在華紡	内外綿	日華紡織	同興紡績	三井物産	東洋綿花	日本綿花	日本郵船	日清汽船
1927	8.4	18.9	▲7.4	13.9	15.6	13.3	17.0	9.1	20.8
28	12.5	24.2	3.4	12.2	17.7	5.3	13.9	9.8	5.7
29	18.8	28.9	12.5	14.0	17.6	9.6	11.5	9.9	1.9
30	17.6	24.7	11.0	12.6	13.5	5.3	▲113.3	▲9.1	▲2.2
31	20.2	33.5	8.5	12.3	11.6	9.4	▲10.5	▲1.1	▲6.6
32	9.0	21.6	▲14.3	9.9	11.6	15.2	17.2	0.3	▲8.5
33	12.2	22.8	▲8.3	11.5	20.8	17.0	5.2	3.0	0.1
34	16.7	23.1	4.6	13.4	14.0	15.0	34.6	6.6	2.9
35	18.0	22.7	▲9.4	14.1	14.4	17.0	7.0	12.5	2.6

出典）高村直助『近代日本綿業と中国』（東京大学出版会，1982年），春日豊『帝国日本と財閥商社』（名古屋大学出版会，2010年），日本経営史研究所編『日本郵船株式会社百年史』（日本郵船，1988年），『日清汽船株式会社三十年史及追補』（日清汽船，1941年）。
注）▲はマイナス。

した通り、会議所会頭で日清汽船専務取締役の米里紋吉であったと思われる。幣原外相への重光公使の報告は、「関係者ノ説明ニ依レハ」と断っているように間接的な情報に過ぎないとはいえ、「自衛権ノ発動」を求める過激な要求が米里の「平素ノ主張」であったとしているからである。(29)米里は、一九〇七年の日清汽船創業以来の社員で、二八年に取締役、二九年一一月に専務取締役に選ばれて同社の経営を担っていたが、当時の同社の営業成績は、不況と度重なる日貨排斥等のために不振を極めていた。いま参考までに、上海で活躍する主要な紡績会社、貿易会社、海運会社の利益率の推移を比較すると、表15の通りである。

すでに触れたように在華紡は、一九三〇・三一年度を除いて本国の紡績会社よりやや業績が落ちるが、なかでも喜多又蔵の日華紡織が不振で、内外綿や飯尾一二の同興紡績の安定振りと対照的であること、貿易商社では三井物産と、その綿業部門を軸に独立した東洋綿花が高い利益を上げているのに対して、喜多の日本綿花が一九三〇・三一年度に最悪の危機に陥っていること、海運会社はトップの日本郵船も含めて利益が低いが、米里の率いる日清汽船の落ち込み方はとりわけ深刻であることが判明しよう。

日清汽船の社史によれば、「満州事変発生するや、……抗日運動は決河の如く全支那に瀰漫《びまん》した。……我社の受けたる影響は無残深刻の極に達し、貨物不積決議は固より、使用支那人の辞職強要、通関業者の不扱決議、荷役の妨害、乗客の阻止より進んで、更に買弁の捕縛私刑、暴徒の店舗襲撃等、あらゆる迫害を受け、苦難筆舌に尽し難きものがあった。之が為めに九月先づ上海／宣昌、上海／天津、上海／広東各航路の休航に次ぎ、十月漢口／常徳航路、重慶航路の停止となり、各地の営業所も続々閉鎖の已むなきに陥り、……更に昭和七年一月遂に上海事変の惹起するに及び、全支震駭、主幹航路上海／漢口線も亦た休航に陥り、纔に漢口／宣昌、漢口／湘潭の両線のみの航行を継続したるも、之とて単に邦人交通維持の為に強行せるに過ぎなかった(30)」という状態であった。先に紹介した上海抗日救国会の経済絶交方式の多くが実行されていたことが窺えよう。日清汽船の場合、社船の多くが河川用の「浅吃水船」であったため、他で流用できず、空しく繋船したまま状況の好転を待つしかなかったことも災いした。そうした企業のトップとしての米里が、状況の打開に、商工会議所会頭としての地位をフルに活用したいと思ったのは当然であった。本国における喜多又蔵と類似した立場にあった米里が、上海の「会社派」を強硬論へと引きずったことは否定できなかろう。

だが、「会社派」の中心をなしたのはいわゆる在華紡の関係者であり、彼らの動向こそが強硬論との関係を決めたことが注意されなければなるまい。満州事変による上海への影響について、九月二三日に大阪で在華日本紡績同業会が緊急委員会を開き、内外綿常務取締役の岡田源太郎が外務省からの情報を伝え、目下のところ在華紡ではストライキ勃発の形勢はないが、排日運動の拡大激化は免れがたいとして警戒を申し合わせた。「今回の排日運動については、綿業関係者はいずれも覚悟を決め、満州における事態がかくまで発展した以上、綿業者としても対支貿易上の犠牲を分担するは已むを得ずとしてゐる」という(31)。一〇月三日の在華日本紡績同業会の委員会では、今後は機敏な対応を必要とするので毎週土曜日に委員会を開催することとし、そこでの情報交換によれば、「在支工場は、青島は平穏に操業、製品も売行きあり、上海は操業はしてゐるが、ボイコットのため支那筋へは売れず、専ら輸出に努めてゐ」た[32]。その後、上海では排日貨の影響で、工場閉鎖が相次ぎ、在華紡も一〇月中には閉鎖かと報じられ[33]、上海在華紡の間で一斉閉鎖をめぐって再三協議がなされたが、時期の決定と善後処置の点で意見が一致せず、結局、内外綿、豊田、公大、日華の四代表者からなる小委員会で検討し、「閉鎖の時期は職工の動揺と工場占拠をおそれて極秘に附し、全く不意打ちに閉鎖するものの如く、遅くとも十一月中旬までには決行される模様[34]」と報じられた。ところが、四日の会合で小委員会案が大体承認されたにもかかわらず、「肝心の閉鎖時期は各社それぞれ事情を異にし、本心から閉鎖はやむを得ぬとするものと、このまま操業したいものとの二つの立場があり、しかも互ひに本心の発表を避けてゐるため実際の共同一致はなかなか困難らしく、結局まだ何等の決定を見なかった[35]」。そこで、在華日本紡績同業会では、六日の緊急総会で協議したが、「大阪からの操短勧告電報が入ったために、二、三社の態度変わり閉鎖に反対するに至り、閉鎖断行の足並みは急に乱れるに至った。一方、支那に本拠を有する内外綿、上海紡織等も反対意向なるものの如くで、閉鎖問題は俄かに難問に逢着した[36]」。かかる不統一を調整すべく、一一月一〇日に、大阪の在華紡績連合会は、緊急協議会を開催し、委員長武居綾蔵（内外綿）、岡田源太郎（同）、庄司乙吉（東洋紡）、飯尾一二（同興紡）、喜多又蔵（泰安紡）、山崎一保（上海紡）、吉川十四男（豊田紡）、和泉正二（富士瓦斯紡）、原茂久雄（長崎紡）、尾崎庚（日華紡）、多賀辰三郎（日清紡）、津田信吾（鐘渕紡）小寺源吾（大日本紡）、小谷一郎（東華紡）の一四名が協議の結果、工場閉鎖問題は「国策のためならば当然既定方針通り一斉閉鎖を行ふが、現在は未だその時期に非ざること」、操業短縮問題は、「右の前提として各社一斉に二割程度の操短を実行すること」に決めた[37]。こうして、「大阪側首脳者」間の意見調整の結果、在華紡の工場閉鎖は中止され、当面操業短縮しつつ中国東北部・華北移出や東南アジア・南アジア輸出によって販売難を乗り切ることになったのである。

内外綿の取締役頭取武居綾蔵が、一二月八日付で上海視察の結果を幣原外相に報告したところによると、「在華日本紡績会社製品ニ対シテハ、支那人ハ啻ニ新規買約ヲ為サザルノミナラズ絶対ニ既約品ノ引取ヲ為サズ、売行荷捌共ニ依然トシテ皆無ニ有之候。依テ各社ハ已ムナク印度、南洋、其他ノ方面ニ対スル輸出ヲ計画シ少量乍ラ実行致シ居候……各社トモ操業短縮ノ方法ヲ採ルコトニ一決致シ現ニ実施致シ居候。七、八％ヨリ二四、五％ニ至ル迄平均十六、七％ノ操短ヲ実施致シ居候」という状態であるが、あまり長期にわたる操短は無理なので、「排日緩和」策として、日本の六大銀行（正金・台銀・朝銀・三井・三菱・住友）の上海支店が香港上海銀行に預けてある両銀一五〇〇万両を回収し、同行からの銭荘への融資源を絶って金融難に追い込む案と、大連、安東、営口の三税関を差押え、三千万元の南京政府の収入源を絶つ案があると提言している。[38]いずれの提言も取り上げられなかったが、在華紡としても決して安泰ではなかったことが窺えよう。在華紡が操業短縮策で事態を切り抜けることができたのは、マーケットが上海とその近傍に限られた中小商工業者と異なり、販路を海外にも求めることができたためであったが、同時に、中国人労働者が、上海抗日救国会の経済絶交方式の⑦日本人のための労働を停止、という指針にもかかわらず、在華紡での就業を続けたためであった。それは生計を維持するためには当然のことであり、在華紡はそれだけ深く中国民衆の中に入り込んでいたのである。

したがって、一九三二年一月に入り、在華紡各社が、操短に伴う経費節減策として、労働者の「皆勤手当」（一週間の皆勤者に対して二日分を支給）を一五日以降全廃すると発表すると、それに反対するストライキが広がり始めた。[39]一月一八日に田中隆吉陸軍少佐の謀略による日本人僧侶殺傷事件が起こったのを契機に、激昂した日本人居留民による排日団体解散の要求が高まるが、一月二四日には、在華日本紡績同業会が上海市長に対して解散要求を呑まなければ「工場閉鎖」を決行すると脅している。[40]国策のためには工場閉鎖を行うこともあるというのが大阪での一一月一〇日の決定であったが、ここでは工場閉鎖がストライキに対抗する手段としての意味ももっていたのであり、在華紡もまた、かなりの程度追い詰められていたのである。

しかし、上海事変を引き起こす社会的基盤として、上海の日本人中小商工業者が排日運動による経営難からの脱却を求めて海軍の武力行使に期待したことが、もっとも重要であったことは、前掲山村論文の指摘する通りであろう。一一月一〇日の『大阪毎日新聞』は、上海における排日の状態を、九日発上海本社特電として次のように報じている。

上海の排日は十一月初旬を過ぎるも、なほ依然最悪の絶頂にあり。在留邦人はさながら仮死の状態である。……〔上海への〕輸入の激減ぶりは絶望的だ。八日入港の阿蘇丸のごときは、邦人関係の雑貨百五十トンを積んで来る有様だ。かくて邦人中小商工業者の打撃はいよいよ致命的となり、今は手をつかねて肉薄する破産を待つばかりだが、〔在華紡を除く〕職工卅名以上の工場四十のうち卅三はすでに閉鎖、残り七も邦人相手の印刷屋と紡績下受け鉄工所にすぎず、これらの分も単に時間の問題だ。また、中小貿易商百七十に至っては殆んど死命を制せられて呆然自失、果然給料を払へない店が多くなった。(41)

一一月一〇日には在華紡が工場閉鎖でなく操業短縮で事態を突破しようと決定したのに対して、中小商工業者の工場・店舗はほとんどが閉鎖を余儀なくされていた。大資本と中小資本のこのコントラストに注意すべきであるが、中国での活動が多い貿易業者と海運業者に関する限り、排日貨運動は資本の大小を問わず徹底的打撃を与え、喜多の日本綿花や米里の日清汽船をも、中小資本同様に直撃したことに留意したい。

ところが、一二月から翌年一月にかけては、日本本国の新聞などで上海における排日貨が弱まったという報道が流れた。例えば、『大阪朝日新聞』一九三一年一二月二五日号は、上海の抗日会は運動資金が欠乏したため、「支那商人」より「特許料」を寄付させて秘かに日貨取扱を許していると報道し、(42)同紙一二月二四日号は、「銭荘銀行等は背に腹は代へられず反日会を買収して半ば公然と日貨の売り捌きを開始」していると報じ、(43)『東京朝日新聞』一九三二年一月一六日号も、「海運不況の重要因子をなせる上海の排日運動につき、十五日郵船入電によれば、排日の気勢は緩和の傾向がある」と報道した[44]。こうした楽観説に対して、上海日本商工会議所が一九二八年以来所内に組織した排日貨運動の対策組織・金曜会の『金曜会パンフレット』[45]は、それらの報道は、①上海の抗日救国会が分裂し崩壊しつつある、②蔣介石の下野を条件として南京に成立した国民党政権が排貨を抑圧する可能性がある、③排貨の負担に耐え切れなくなった民衆が排貨を停止しつつある、といった観測をしているが、「現地の現実」はいずれも正反対であると反論した。金曜会の主張によれば、今回の排日貨運動は、かつての国権回収を目指す運動と異なり、「打倒日本帝国主義」を指導原理とするもので、そう簡単に変更されるものではなく、年末年始における日貨取引の取引回復は、国民党の政変に乗じて起こった「抜け商ひ」の呼び声を取引回復と錯覚したものに過ぎない。こうした反論は、関東州を除く対中国輸出が、一九三一年九月の一七四六万円（対前年比三六％減）からさらに激減して同年一二月には五三七万円（同七九％）まで落ち込んだ後、三二年一月には五七〇万円（同六八％）へとやや持ち直したとはいえ、絶対的には相変わらず低迷していることを強調したもの[46]であろう。パンフレットの論説は、最後に、「斯くてわれ等は断言する、今のところ対日経済絶交が終熄すると見るべき条件は一つもなく、取引恢復と称すべき事実は全然ないと。更に断言する、この日支間の悪因縁と劫運を切開き、両国真に和親依存の真実境に到達するがためには、支那自身の自発的覚醒と転身とを期待し得さる以上、唯一最高の方策は一切を破壊したのちの立直しあるのみと」という武力鎮圧路線を表明するのである[47]。

このように見て来ると、「会社派」の慎重論が、「土着派」の強硬論に屈服した背後には、排日貨を軸とする対日経済絶交運動が、「会社派」の企業に対してもさまざまな打撃を与えるようになったという事実が横たわっていたと言うべきであろう。ただし、そうした緊張の激化による居留民の危機意識の高揚が、現実の海軍陸戦隊による行動開始に結び付くには、そうした民衆意識を創出した陸軍の陰謀と、事態の収拾能力に欠けた日本外務省の無策、および、中国軍の実力を過小評価した海軍の誤算が機能していたことは改めて指摘するまでもない[48]。

四　紡績ブルジョアジーのエートス

以上の検討から明らかなように、満州事変に対する経済界の対応の中で、自己の利害に直接かかわる問題として対応を迫られた点で、もっともユニークな位置を占めたのは、関西を中心とする紡績ブルジョアジーであった。彼らは、上海、青島などへの在華紡投資を通じて、中国関内の経済社会に深く食い込んでおり、満州事変を契機とする対日経済絶交運動によって大きな打撃を受けた。もっとも、彼らは、例えば製品の販路を輸出市場にシフトする形で、ある程度まで打撃を軽減できた点で、活動場所が上海周辺に限られていた貿易商社や海運会社、あるいは、中小商工業者とは違っていたが、多数の中国人労働者を雇っていた点では、民族対立がしばしば労使対立に入り込むという固有の問題を抱え込んでいた。投資額の中心を占める在華紡の動向こそが、関内の日中経済関係のあり方を規定すると同時に、日中関係全体の帰趨を左右する要因となっていたと言ってよい。本章第二節の冒頭で言及した、赤沢氏の研究ノートが依拠した「憲兵隊資料」は、満州事変に対する在日外国人の対応と、日本人左翼運動の活動を詳細に調査するとともに、とくに「大阪財界方面ノ反響」を繰り返し調査・報告しているのであり、軍部がブルジョアジーの中でも、とくに大阪を中心とする関西地方のブルジョアジーの動静に神経を尖らせていたことが窺えるのである。彼らの全体としての動向の大筋については、すでに検討したので、ここでは、紡績ブルジョアジーの何名かを取り上げ、彼らの戦争や政治に対する態度と思想を跡付けてみたい。

紡績ブルジョアジーの中で、政治との関わりがもっとも緊密であったのは、鐘淵紡績の社長（一九二一―三〇年）を務めつつ、実業同志会を結成して仲間とともに衆議院の議席を獲得した武藤山治（一八六七―一九三四）であろう。一九二四年五月の総選挙で関西中心に八名の当選者を得た小政党であったが、議会での武藤は、行財政の整理緊縮を説き、震災手形法案による「政商」救済を厳しく批判した。武藤の言う「政治の実業化[49]」は、経済の合理的論理によって政治改革を試みようとするものであったが、少数政党の力の限界はしだいに明らかとなり、一九三二年二月限りで政界を引退した。鐘淵紡績の中国直接投資は、他の大紡績に比べてやや遅れ、一九二二年に上海工場が完成したが、二五年当時の武藤の抱く中国の未来展望はきわめて明るく、政治さえ良くなれば、「二三十年以内に、東洋の米国といふ様な非常な富強繁栄の国となって現はれるのは、何でもない問題であると思ふ[50]」と講演している。日貨ボイコットに対する武藤の意見は、一九二三年の旅順大連回収運動に関して、「支那の希望する所は、日支親善の如き甘言にあらずして、支那の財政の救済に外ならざるを知らねばなりません。日貨排斥の如き、土匪の暴動の如き、皆是支那に於ける財政経済の行詰れる一大病症に伴うて起る余病の発生せるものに過ぎませぬ[51]」という発言に示されるように、ボイコット運動の原因は、満蒙権益に固執する日本政府にあるのではなく、専ら中国政府の財政難による政治的不安定にあるとし、その救済こそが重要だというものであった。そこには、国権回復を願う中国民衆の要求への同情は全く見られず、彼らの要求を、明治維新における「攘夷論」と同様の「誤った排外思想[52]」に発するものと見做している点で、武藤は恩師福沢諭吉の「攘夷論」嫌いのエートスを忠実に受け継いでいたと言えよう。武藤の対中国政策についての意見は、「在留民保護に対する準備が常に遅れ勝ちである[53]」という一般の幣原外交批判と同じ意見や、「積極的対支外交は実に現田中内閣の一の取柄であると確信する[54]」という意見を述べていることから見て、明らかに政友会寄りであって、紡績ブルジョアジーの独自利害をあくまで貫こうというものではなかったように思われる。

楽観論の武藤と異なり、一貫して悲観論に立ち、大阪対支経済連盟の議論を強硬論に引っ張ろうとしたのが日本綿花社長の喜多又蔵であったことは、本章第一節において述べた通りである。ここでは、「憲兵隊資料」に収録されていた喜多の生の意見と思われる記録を紹介しよう。九月二八日に対支経済連盟が組織され、政府へ提案すべき強硬策の決議を行ったことは、新聞記事によりつつ前述したが、「憲兵隊資料」によれば、「関西実業団体ノ意嚮ハ表面的ニハ一致セルモ、而モ内部ニ於ケル真ノ空気ハ喜多、庄司、飯尾、二川、伊藤等ノ極メテ強硬ナルニ反シ、阿部、平生等ノ態度ハ未タ日和見的雰囲気ヲ脱セサル感アリ」と、内部にはかなりの意見の違いがあったことが窺える。(55) その翌日の役員会で、各省に強硬策を鞭撻する上京委員に日本紡績連合会代表の阿部房次郎を選んだが、そこでの「参会者・代表意見」として、「目的ハ我カ外交政策ヲ強硬ナラシムルニアル」（輸出綿糸布同業会代表伊藤忠兵衛）、「支那カ誠意ヲ示ササル限リ、日本カ急速ニ解決ヲ望ムコトハ不利テアル」（幹事庄司乙吉）という意見と共に、幹事喜多又蔵が次のような急進的意見を述べたことが報告された。

> 近来各所ニ催サレテ居ル満蒙問題ノ講演ヤ国防思想普及講演等ノ内容ヲ吟味スルニ、仮ニ我国カ他国ト戦端ヲ開クトセハ今カ最モ好時機テ、数年ヲ経タナラハ極メテ不利ノ状況ニ至ルカ如シ。然カモ内外ノ情勢カ益々我国ニ圧迫ヲ加ヘツツアルノ現状ニ於テ、吾々ハ軍部当局ノ言ニ信頼シテ徹底的ニ満蒙問題ノ解決ヲ図ルコトハ、我国ノ犠牲ヲ少クシ而モ有利ナ解決ヲ告クルモノト信スルノテアル。殊ニ昨今ニ於ケル南方支那ノ排貨排日ハ吾々ノ想像外テ、暴虐無頼ノ支那国民ニ対シテハ最早尋常一様ノ手段ヲ以テシテモ無駄ナルコトハ云フ迄モナイ事テアル。私ハ今回ノ日支衝突事件ハ偶然ニモ全ク好機会ヲ恵マレタモノト信スルト共ニ、我カ経済連盟ノ運動モ重大ナ使命ヲ有スルモノト考ヘルモノテアル。(56)

すなわち、喜多は軍部の意見に基づいて、今や中国から満蒙地域を軍事的に獲得する絶好の機会だとするのであるが、それが「南方支那ノ排貨排日」を激化させるのか、それとも根絶させるのかは示していない。おそらく満蒙地域も南方支那も、日本の軍事力の支配下に置き、民族運動を徹底的に弾圧しようというのであろう。ここでの喜多は、経済的合理性を追求することを断念し、軍事力に依存する形での商社活動と在華紡経営の姿を求めていると言えよう。一九〇七年恐慌における日本綿花の大欠損を、喜多は三品取引所での投機取引によって一挙に回復した経験をもつが、日本綿花はそうした非合理的な経営体質を保った結果、大戦期の大利益と戦後期の大欠損を生み、喜多は、最晩期に日貨排斥に遭うと軍事力への依存という非経済的・非合理的な手段に大きく頼るようになるのである。

次に、本章第二節において、大阪毎日新聞社の「満蒙時局懇談会」を紹介したときに注目した同興紡の飯尾一二の見解について「憲兵隊資料」の伝えるところを見よう。飯尾の経歴については詳しいことは分からないが、一八七一年大阪に生まれ、九三年に大阪高等商業学校を卒業(57)、一九〇〇年に専務取締役として明治紡績を再建中の谷口房蔵に同社支配人としてスカウトされ、同社取締役を経て、一六年には大阪合同紡績の取締役になり、三〇年には谷口房蔵・秋山広太の後を継いで同社社長になるが、東洋紡との合併を決め、三一年三月に実施した。したがって、満州事変勃発時には大阪合同紡績はなくなっており、飯尾は旧合同紡系の同興紡織の社長であった。すでに引用した一〇月一日付報告によれば、飯尾の意見は、大阪対支経済連盟の中では、同じ幹事役の喜多又蔵（日本綿花）や庄司乙吉（東洋紡績）、あるいは、二川仁三郎（大阪貿易同盟会代表）、伊藤忠兵衛（輸出綿糸布同業会代表）と同じ「強硬」派に属し、阿部房次郎（大日本紡績連合会代表）や平生釟三郎（自由通商協会代表）と対立していた。さらに、一〇月三日に開かれた在華紡績連合会と大阪輸出綿糸布同業組合の対支共同委員会では、在留邦人の保護のために「軍艦ノ派遣等現地保護ノ徹底方ヲ〔対支経済〕連盟ニ提議、政府ニ進言セシムルコトトシ」たが、そこでの意見交換にさいして、飯尾は、「南方支那ニ於ケル排日ハ免レ難ク、之カ根本的解決ハ満州事変ノ解決ニ俟タサルヘカラスモ、昨今ノ状況ニ於テハ交渉甚タ困難テアル、故ニ此際飽ク迄政府ヲ鞭撻シ、強硬ナル態度ヲ以テ臨マシムル必要アル旨ヲ説」いたと報告されている(58)。喜多が「軍部」依存の態度を示したのに対して飯尾はあくまで「政府」を鞭撻しようとしている点に違いがあるとはいえ、「強硬」策を説いていることには変わりがない。この一〇月三日時点での飯尾の「強硬」意見と、一〇月二三日の「満蒙時局懇談会」における飯尾の関東軍批判とは、一体どのような関係にあるのであろうか。

この間の状況の変化としては、関東軍が日本政府の不拡大方針を突き破って、一〇月八日に満鉄沿線から遠く離れた錦州（張学良の拠点）を爆撃したこと、そのために国際連盟の空気が一変して対日批判が強まり、一〇月二四日には日本軍の撤兵を求める決議がなされるようになることが注目されなければならない。一〇月一四日には在阪紡績業者の緊急代表者委員会が開かれ、日本が国際連盟から脱退することになれば、「日支間ノミナラス米露トノ戦争モ予期セネバナラヌ」が、そのような戦争は経済的に無理なので、「表面ハ国民一致ノ強硬策ヲ主張スルモ、巧妙ナル外交ニ依リテ連盟ヲ操縦シ迅速ニ事件ノ解決ヲ図ルカ現在ノ我国トシテ得策テアル」という幣原外交への期待を保ちつつ、「軍部」に対しては、「必要以上ニ軍事行動ヲ拡大スルコトハ我国ノ満蒙ニ於ケル領土的野心ヲ疑ハシムルモノテ、我々日本人カラ考察シテモ錦州事件ニ対スル日本軍ノ行動ハヤリスギノ嫌アリ」という手厳しい批判が参加者から出されたという。この委員会には、武居綾蔵（内外綿）、菊池恭三（大日本紡）、武田尚一（上海紡）、飯尾一二（同興紡）、阿部房次郎（東洋紡）、喜多又蔵（日華紡）ら二九名が参加していた。[59] 喜多又蔵流の考えからすれば、戦闘拡大は願ってもないはずであるが、そうした意味での「強硬」論者は、ここでは少数派にとどまった。飯尾一二が唱えてきた「強硬」策も、錦州爆撃のような戦闘拡大は全く予想していなかったから、一四日の委員会での飯尾は政府外交による「事件ノ解決」を求めていたと言えよう。したがって、二三日の「満蒙時局懇談会」における飯尾の関東軍批判は、決して飯尾だけの孤立した批判ではなく、少なくとも関西紡績ブルジョアジーのかなり多くが唱える批判であったことになる。そればかりではない。飯尾の「満蒙時局懇談会」での発言の主要部分については、新聞から、「三、四十年前に得た権益を今なほ昔日と同じやうに考へるのはどうであらうか」と引用したが、「憲兵隊資料」の記録によれば、飯尾は、より明確に「二十一ケ条条約ヲ訂正セサル限リ解決ハ困難テアル」と発言したことになっている。そうだとすると、飯尾の批判は、関東軍だけでなく、満蒙権益だけは守ろうとする幣原外相にも向けられており、石橋湛山の権益放棄論に近いラディカルなものであったと言えよう。

飯尾が、このように明確な関東軍批判を述べたことについては、飯尾が「直情径行、思ったことをズバズバ云ってのける……頑固者[60]」であったことも影響しているが、それ以上に、一九二九年四月に六八歳で死去した大阪合同紡社長谷口房蔵との関係を考慮しなければなるまい。前述のように、飯尾が紡績業界に入ったのは、谷口に「計数的の智識」を買われて採用されたためであり、以後、三〇年にわたって谷口の信任を得て働いてきた[61]。谷口は、亡くなった時に、「支那問題についても一見識を有し、済南出兵〔一九二八年五月、中国山東省済南で日本軍と国民革命軍が軍事衝突した事件〕には頭から反対でその撤兵の必要は当時の一枚看板であった。また国民政府の正式承認も持論で、このあたり事大主義の大阪財人と一寸違った味がある[62]」と評され、また、「田中内閣の対支政策には、根本から反対」で、一九二八年八月二五日に「森外務次官から支那問題を聞かされたが、君〔谷口〕は、それは田中外交の大風呂敷だ。今少し支那の内情を研究すれば、ソンな暴論は通用せぬと冷笑した……。越へて九月十七日、幣原男を迎へて、堂島阪口に晩餐を共にし、胸襟を披いて自説を開陳し、男の対支意見を聴くに及んで、初めてわが意を得たりといふ風であった[63]」と記されている。谷口は、一九二五年八月には在華日本紡績同業会を組織して初代委員長になり、二八年八月には日華経済協会を創設してその会長に就任するなど、紡績業界の中国との関係改善の先頭に立って働いた。その立場は、大体において民政党の幣原外交の線に「共鳴する」ものであったという[64]。そうだとすれば、満州事変後とくに一九三一年一〇月における飯尾の関東軍批判の発言は、かつての谷口の主張を踏まえながら、それをさらに徹底したものであったと言えよう。

さらに、本章第二節では、新聞報道によりつつ強硬論に分類した貿易業者二川仁三郎の発言も、「憲兵隊資料」では、「飯尾氏ノ説ニ共鳴スルモノテ、根本問題ノ解決ハ条約ノ改正ニアルト思フ。軍部カ兎角積極的ニ行動スルコトハ排日排貨助成ノ一原因トナル恐レカアル」となっており、「この際どうしても徹底的解決を望んでやまない」と新聞に記された二川の「解決」方法というのは、関東軍の独走を抑えて、二十一カ条条約で取り決めた満蒙利権の「改正」をせよという飯尾説と同じラディカルなものだったようである。憲兵による情報収集の最大の狙いは、軍部批判の摘発にあったから、飯尾や二川が関東軍の行動やそれが前提とする満蒙利権の存続を批判する趣旨の発言は、実際に行われたものであったのであろう。大阪毎日新聞社としては、そのような明確な批判が表に出ることを恐れた結果、曖昧な形に記録を作り上げたものと思われる。

このように、一九三一年一〇月下旬までは、紡績ブルジョアジーを中心として、中国関内とのつながりの強い関西地域のブルジョアジーの内部には、満州での関東軍の戦闘拡大に対する批判が相当根強く存在していた。一九二八年一月に発足した大阪自由通商協会の幹部会が、満州事変勃発直後の九月二〇日には、「軍部ノ積極的作戦行動ハ已ムヲ得サルモ、徹底的ニ支那ヲ膺懲セントスルノ行動ハ慎ムヘキテアルト思フ、寧ロ斯ル場合コソ幣原外相ノ手腕ニ俟ツヲ至当トスルモノテアル[65]」と「自重論」を唱えていたことは、そうした批判の広がりを示すものと言えよう。それは、組織としては必ずしも外部に向かって表明されなかったが、組織内部では、強硬論を唱える者よりもむしろ慎重論を主張するものが多かった。その意味では、かつて私は、喜多又蔵の強硬論に引きずられた日華実業協会の意向をそのまま在華紡の意向と見做し、在華紡は幣原外交と対立するとしたが[66]、それは誤りであり、在華紡関係者の多くは幣原外交に期待し、それを支えようとしていたと言わなければならない。

問題は、それにもかかわらず、一一月に入ると、大阪財界では、関東軍批判の声が聞かれなくなり、国際連盟の勧告に逆らって、日本が一九三二年三月に傀儡国家「満洲国」を設立する動きに同調したのは何故かということである。軍部への批判を驚くほど丹念に収集し、参謀次長二宮治重宛に報告していた憲兵司令官外山典造からの情報量が激減するのは、情報源そのものが乏しくなった可能性もあるとはいえ、主たる理由は、かつてのような大阪財界の批判的活動が変化したためであろう。その変化を促した契機として注目されるのは、大阪自由通商協会の代表者平生釟三郎（東京海上取締役、一八六六―一九四五）らによって一九三一年三月に結成された大阪軍縮促進会の活動を憂慮した大阪第四師団参謀長後宮淳大佐が、軍人と実業家の意見交換の場として同年九月に軍事研究会を設け、実業家への働きかけを繰り返し行ったことである。[67]同研究会には、陸軍側から阿部信行師団長、後宮などが出席し、軍縮促進会側からは、平生をはじめ、高柳松一郎（大阪商工会議所理事）、森平兵衛（大阪商工会議所副会頭、売薬業＝丹平商会主）、安宅弥吉（大阪商工会議所副会頭、貿易商＝安宅商会社長）、田附政次郎（綿糸布商＝田附商店社長）、阿部房次郎（大日本紡績連合会代表、東洋紡）、河田嗣郎（大阪商科大学学長）、高原操（大阪朝日新聞社）、高石真五郎（大阪毎日新聞社）らが参加したというから、紡績ブルジョアジーもある程度加わっていたことになろう。満州事変への対応に迷っていた平生は、後宮の率直な態度に好意を抱き、同年一一月には自由通商主義から領土拡張主義へと態度を大きく転換したという。[68]

さらに、一一月一八日付の憲兵隊報告によれば、軍部の積極的行動を牽制する必要があるとしてきた稲畑勝太郎（大阪商工会議所会頭、稲畑商店）、小倉正恒（住友合資会社総理事）、八代則彦（住友銀行）、片岡安（大阪工業会理事長）、飯島幡司（大阪鉄工所）、高柳松一郎（大阪商工会議所理事）らが、積極的行動を支持してきた安宅弥吉（大阪商工会議所副会頭、安宅商会）らと秘密会合をもち、現在の輿論に逆らうことはできないという結論に達したようであり、その背後には政府との接触があったらしいという。必ずしも正確な情報とは言えないが、大阪財界とくにその上層部は、もはや軍部とそれに追従する政府に従うほかないと考えるに至ったようである。[69]

もっとも、憲兵隊報告に挙げられたメンバーには紡績ブルジョアジーの名前がないが、彼らが独自な動きをしていれば、憲兵隊の情報アンテナのどこかでキャッチされたであろうし、軍事研究会には阿部房次郎などが参加していた。この時期の紡績関係者は上海で工場閉鎖を実施するかどうかで頭を悩ましており、その面からも軍部批判の余裕はなくなっていたのかもしれない。その意味では、前述の一〇月三日の在華紡績連合会と大阪輸出綿糸布同業組合の対支共同委員会の席で、大日本紡績連合会代表の阿部房次郎が、満州事変の影響について「我カ財界人ハ『個人トシテハ致命的打撃ナルモ国家的立場ヨリ已ムヲ得サルモノト認ムルノテアル』云々ノ意見ヲ発表シ、大体ノ意見亦一致セルモノノ如シ」と、憲兵によって報告されていることを重視したい。それによれば、阿部は、彼らの企業家としての活動は、あくまでも「個人」的な私的活動に過ぎず、国家の政策のあり方を決める要因とは考えておらず、満蒙の利害を「国家的立場」から軍事力によって拡充せんとする動きに対して、企業家は、本来それを批判する立場にないものと考えていた。そこには、政治的価値の優位を前提としてしか自らの経済的価値を主張しえないという紡績業者を含む「日本型ブルジョアジー」のエートス固有の限界が露呈されていたと言えよう。とくに、阿部房次郎は、「政治とかそういうことにかかわりあいにならず、会社の仕事に一途専念するといったような人が多かった」と言われる「東洋紡績の特色」を典型的に体現していたと、長男で敗戦後長く東洋紡績社長・会長を務めた阿部孝次郎が回顧しているような性格であったことも留意したい[70]。

もしも、実業同志会の武藤山治の唱えたような経済的論理に立とうとする主張を真っ直ぐに貫けば、あるいは「国家的立場」なるものの内実を批判できたかもしれないが、武藤自身にその気概はもはやなく[71]、谷口房蔵も亡くなった今となっては、阿部房次郎に率いられた紡績業関係者たちに、そうした経済合理性の貫徹を期待することは困難であった。かつて彼らが批判した関東軍の暴走も、一九三一年一〇月二六日に、日本政府が満鉄付属地内への撤兵を拒否し、翌三二年一月三日に錦州を無血占領した関東軍の行動を、同月八日に「朕深ク其忠烈ヲ嘉《ヨミ》ス」とする天皇の勅語[72]が発せられると、もはや批判することが許されないものとなったのである[73]。

注

（1）『別冊知性5　秘められた昭和史』（河出書房新社、一九五六年一二月）。
（2）江口圭一『昭和の歴史4　十五年戦争の開幕』（小学館、一九八二年）八六頁。
（3）『朝日新聞社史　大正・昭和戦前編』（朝日新聞社、一九九一年）。
（4）「上海の排日愈々悪化す　大商人も一致賛成」『大阪朝日新聞』一九三一年九月二三日号。
（5）『大阪朝日新聞』一九三一年九月二六日号（『渋沢栄一伝記資料』第五五巻、渋沢栄一伝記資料刊行会、一九六四年、五三六―五三七頁より再引用）。
（6）坂本雅子『財閥と帝国主義――三井物産と中国』（ミネルヴァ書房、二〇〇三年）二一八頁。
（7）「東西経済団体　呼応して立つ　対支強硬を絶叫」『大阪朝日新聞』一九三一年九月二六日号。
（8）大岡破挫魔編『喜多又蔵君伝』（日本綿花株式会社、一九三三年）対支問題と其意見三三頁。
（9）「大阪十団体の決議案成る」『大阪朝日新聞』一九三一年九月二七日号、「実業家の排日根絶運動」同、九月二九日号。
（10）山口和雄・加藤俊彦編『両大戦間の横浜正金銀行』（日本経営史研究所、一九八八年）一五三頁。
（11）大岡破挫魔編前掲『喜多又蔵君伝』追憶六一頁。
（12）同上、四七頁。
（13）『経済連盟』第一巻第一号、一九三一年一一月。
（14）赤沢史朗「満州事変の反響について」『歴史評論』第三七七号、一九八一年。
（15）『大阪毎日新聞』一九三一年一〇月二四日号―三〇日号。
（16）作道洋太郎『住友財閥』（日本経済新聞社、一九八二年）二六六頁。
（17）高村直助『近代日本綿業と中国』（東京大学出版会、一九八二年）一二五頁。
（18）『日華紡織　第二七回報告書』大阪大学附属図書館所蔵。
（19）『泰安紡績　第一五回、第一六回報告書』大阪大学附属図書館所蔵。
（20）『内外綿株式会社　第八九期報告書』大阪大学附属図書館所蔵。
（21）『同興紡織　第二二回、二三回報告書』大阪大学附属図書館所蔵。
（22）伊香俊哉『近代日本と戦争違法化体制――第一次世界大戦から日中戦争へ』（吉川弘文館、二〇〇二年）第四章。
（23）菊池貴晴『中国民族運動の基本構造――対外ボイコットの研究』（大安、一九六六年）三八三頁。
（24）後藤春美『上海をめぐる日英関係　一九二五―一九三二年――日英同盟後の協調と対抗』（東京大学出版会、二〇〇六年）二一一七―二三〇頁。

(25) 上海日本商工会議所『満州事変後の対日経済絶交運動』一九三一年一〇月、一三五―一三六頁。

(26) 山村睦夫「満州事変期における上海居留日本資本と排日運動」『和光経済』第二〇巻第二、三号、一九八八年。なお、村井幸恵「上海事変と日本人商工業者」(『年報・近代日本研究6　政党内閣の成立と崩壊』山川出版社、一九八四年)は、満州事変直前の一九三一年春の上海では、治外法権撤廃をめぐって、在華紡など「会社関係の人」が現状維持という「強硬論」に立ち、三井物産を含む貿易業者や進出雑貨工業の経営者が現状打破の「親善論」を主張していたと指摘しているが、仮にそうであったとしても、満州事変後のボイコットへの対応では、「強硬論」と「親善論」の担い手のほとんどが逆転する点への言及がないため、上海事変への道筋が見えてこないように思われる。

(27) 菊池貴晴前掲『中国民族運動の基本構造』三八五―三八六頁。

(28) 『金曜会パンフレット』第六九号、一九三一年一〇月八日。

(29) 『日本外交文書』満州事変第一巻第二冊、五五二頁。

(30) 『日清汽船株式会社三十年史』(日清汽船、一九四一年)一〇〇―一〇一頁。

(31) 「在華紡績、警戒申合せ、排日は覚悟」『大阪朝日新聞』一九三一年九月二四日号。在華日本紡績同業会については、阿部武司「戦間期における在華日本紡績同業会の活動」(富澤芳亜・久保亨・萩原充編著『近代中国を生きた日系企業』大阪大学出版会、二〇一一年)が考察し、日本内地の紡績会社の単なる別働隊ではなかったことを指摘している。ただし、同会が一九三一年一〇月に上海で工場閉鎖を行ったという同論文の指摘は、事実に反するように思われる。

(32) 「時局に鑑み、在華紡委員会、毎週土曜日に」『大阪朝日新聞』一九三一年一〇月四日号。

(33) 「排日貨の深化で工場閉鎖が続出」『大阪朝日新聞』一九三一年一〇月一四日号。

(34) 「上海邦人紡の閉鎖愈々切迫す」『大阪毎日新聞』一九三一年一一月一日号。

(35) 「上海邦人紡の閉鎖に諸種の困難伴ふ」『大阪毎日新聞』一九三一年一一月五日号。

(36) 「在華紡閉鎖に反対続出、内部の足並乱る」『大阪朝日新聞』一九三一年一一月七日号。

(37) 「閉鎖を見合せ、操短を実行する」『大阪毎日新聞』一九三一年一一月一一日号。

(38) 『日本外交文書』満州事変、第一巻第二冊、七三一―七三四頁。

(39) 同上、第二巻第一冊、四―五頁。

(40) 同上、九頁。

(41) 「排日禁止は真赤な嘘　南京政府はむしろ積極的に指導　上海の形勢悪化」『大阪毎日新聞』一九三一年一一月一〇日号。

(42)「特許料を徴収して秘に日貨を扱はす　資金に窮する抗日会」『大阪朝日新聞』一九三一年一一月二五日号。
(43)「上海排日貨緩和せん　苦しい年末」『大阪朝日新聞』一九三一年一二月二四日号。
(44)「排日緩和の傾向　次第に顕著になる」『東京朝日新聞』一九三二年一月一六日号。
(45)「観測と推論を謬れる抗日排貨終熄説」『金曜会パンフレット』第七八号、一九三二年一月二八日。
(46)菊池貴晴前掲『中国民族運動の基本構造』四一七―四一九頁より算出。
(47)山村睦夫前掲「満州事変期における上海居留日本資本と排日運動」によれば、上海日本商工会議所も、一月二二日には、日本政府宛に事実上の出兵要請を行っている。
(48)ここでは、上海事変そのものの経過と日本軍および居留民による侵略・暴虐行為には触れない。必要があれば、島田俊彦「満州事変の展開」日本国際政治学会編『太平洋戦争への道２　満州事変』(朝日新聞社、一九六二年)、高綱博文「上海事変と日本人居留民――日本人居留民による中国人民衆虐殺の背景」中央大学人文科学研究所編『日中戦争』(中央大学出版部、一九九三年)を参照されたい。
(49)武藤山治「政界革新運動と実業同志会」一九二三年一一月四日『武藤山治全集』第四巻(新樹社、一九六四年)、四二〇頁。武藤は、「政治を実業化せしめねばならぬ」と論ずると同時に「事業より政治を追い出さねばならぬ」と主張しており、後者については、当時の渋沢栄一の政治姿勢を厳しく批判している。すなわち、『ダイヤモンド』一九二一年三月号掲載の「政治一新論」において、渋沢「子爵が吾実業界発達上大功労者なると同時に我実業界を政府と結び付け、政治と実業とが離るべからざる習慣を醸成するに至りたる事実は之を否むべからず。……実業界より渋沢宗の教義たる政府万能の題目を唱へて一にも二にも政府に依らんとする弊風を根絶して、維新以来の情弊を洗浄せざるべからず」(前掲『武藤山治全集』第四巻、一三九―一四〇頁)と、渋沢に代表される実業界の政府依存体質を糾弾した。しかし、その武藤も、中国への進出にさいしては、日本政府による権力的支援を要請している。すなわち、『改造』一九二五年一〇月号掲載の「支那関税問題と日本」において、「支那は今度の関税特別会議に於て、極力治外法権の撤廃と関税自主権の回復を主張するやうである。是は支那としては当然のことである。……〔だが〕論理は如何に明らかであっても、治外法権の撤廃は勿論、上海の居留地が支那人の管理に移さるることは、何人も其不可なるを認むる。蓋し支那人自身も之を嫌ふであらう。支那の商人抔は、居留地が現行制度の下にあるの故を以て居留地に集って来るのであって、支那人の手に其管理が帰するは第一に反対すると思ふ」(『武藤山治全集』第六巻、新樹社、一九六四年、五一四頁)と述べており、居留地の存続を当然のこととして日本政府にそのための努力を要請し、中国人商人もそれを望んでいると誤解している。
(50)武藤山治「支那問題に就て」(講演)一九二五年『武藤山治全集』増補(新樹社、一九六六年)、一七一頁。
(51)武藤山治「実業同志会神戸支部発会式に於ける挨拶」一九二三年七月一七日『武藤山治全集』第五巻(新樹社、一九六四年)、三一頁。
(52) 武藤山治「実業同志会第十四回全国大会後の演説」一九二九年一月二〇日、同上、七八八頁。
(53)『関西日報』一九二七年四月一三日号(『武藤山治全集』第六巻、新樹社、一九六五年、所収)。
(54)『二六新報』一九二八年七月二八日号(『武藤山治全集』第五巻、新樹社、一九六四年、所収)。
(55) 憲高秘第五六一号「満州事変ニ対スル大阪財界方面ノ反響ニ関スル件報告(通牒)」一九三一年一〇月一日。
(56) 憲高秘第五六九号「満州事変ニ関スル大阪財界方面ノ反響ニ関スル件報告(通牒)」一九三一年一〇月二日。
(57) 人事興信所編『銀行・会社事業興信録――五ヶ年対照』(人事興信所、一九三三年)。
(58) 憲高秘第五九七号「満州事変ニ対スル大阪財界方面ノ反響ニ関スル件報告(通牒)」一九三一年一〇月七日。
(59) 憲高秘第六五七号「満州事変ノ反響及其他ニ関スル件報告(通牒)」一九三一年一〇月一九日。
(60)『庄司乙吉伝』(東洋紡績、一九五三年)二〇六頁。
(61) 坂田幹太ほか編『谷口房蔵翁伝』(谷口房蔵翁伝記編纂委員会、一九三一年)六四三頁。
(62) 同上、五〇三頁。
(63) 同上、五九〇頁。
(64) 同上、四四八頁。
(65) 憲高秘第五四七号「満州事変ニ対スル大阪財界方面ノ反響ニ関スル件報告(通牒)」一九三一年九月三〇日。
(66) 石井寛治「国際関係」大石嘉一郎編『日本帝国主義史2　世界大恐慌期』(東京大学出版会、一九八七年)四七頁。
(67) 広川禎秀「自由通商主義から領土侵略主義へ――自由通商協会をめぐって」(岸俊男教授退官記念会編『日本政治社会史』下巻、塙書房、一九八五年)。
(68) 河合哲雄『平生釟三郎』(羽田書店、一九五二年)六五六頁。この軍事研究会に大阪朝日新聞や大阪毎日新聞の関係者が出席していたことも留意したい。本章冒頭で述べたように、大阪朝日新聞は一〇月一日に、満州を中国の一部だとする従来の主張を一八〇度転換しており、その背後には、参謀本部の意を受けた黒龍会最高幹部内田良平が同社を訪れ、同社幹部へのテロもありうることを匂わせながら社論の転換を強要した事実があった(石井寛治『情報化と国家・企業』山川出版社、二〇〇二年、五〇頁)。なお、平生釟三郎は、美濃国生まれで東京高商卒。三菱財閥系の東京海上保険会社の神戸・大阪支店長として神戸に移住、一九一七年からは各務鎌吉とともに専務取締役となり、二五年に専務を辞するまで同社を日本最大の海上保険会社に押し上げた。平生は大阪自由通商協会の事実上の代表者として、講演会や機関誌『自由通商』を通じて保護主義に反対するとともに、平和と軍縮の必要を説いた。その平生の態度転換の理由は必ずしも明らかでないが、一九三一年一一月に東京自由通商協会の上田貞次郎(東京商大教授）が平生に向かって「満蒙進出論に反対を唱えてみようか」と相談したところ、平生は「危険だからやめろ、君の生命位で食止められぬ」と制止したという（広川禎秀前掲「自由通商主義から領土拡張主義へ」）。そうだとすれば、平生の態度転換は、単に「軍人への好意」によるものではなく、そこには「軍人への恐怖」もまた働いていたことになろう。さらに、平生は、一九三六年に広田内閣の文部大臣になり、四〇年からは大日本産業報国会会長として戦時統制に尽力するが、そうした態度を理解するためには、湯沢三千男が「平生さんは国家的信念の固い人であった。宣戦の詔勅を毎朝捧読して、一意戦争目的遂行に努力されたが、一度終戦となるや、今度は終戦の詔勅を毎朝捧読して、自ら詔勅の御趣旨の体現に期せられたといふことである」（津島純平編『平生釟三郎追憶記』拾芳会、一九五〇年、七〇頁）と回顧していることが注目される。すなわち、平生の価値意識は、その時々の国家に仕えるということにおいて一貫していたのであり、本人は自分の生き方が変化しているという自覚はあまりなかったのではないかと思われる。

（69）憲高秘第七五四号「満州事変ニ対スル大阪経済界ノ状況ニ関スル件報告（通牒）」一九三一年一一月一八日。

（70）『財界人思想全集　第六巻　財界人の外国観』（ダイヤモンド社、一九七〇年）一一七頁。

（71）もともと武藤の軍部へのスタンスは、軍縮を要求し、軍人は軍政から手を引くべきだとすると同時に、軍人の優遇を唱えるというものであり（「軍人優遇論」前掲『武藤山治全集』第四巻、五一頁）、中国についてはその内政にまで立ち入って世話をするという政友会並みの積極政策を唱えていた。一九三二年二月限りで政界を引退した後、五・一五事件が起こると、「軍人のみを全然政治の圏外に立たしめようとするよりも……軍人内閣をも造らせて見る位捌けた扱方に出たらどうだらうか」（「軍人と政治」一九三二年八月一五日『武藤山治全集』第七巻、新樹社、一九六四年、七八二頁）という妥協案を示すなど、軍部への姿勢はぐらついていた。

（72）参考までに、『大阪朝日新聞』一九三二年一月九日号一面に掲げられた「関東軍に賜ひし優渥なる勅語」を掲げておこう。「勅語　曩ニ満洲ニ於テ事変ノ勃発スルヤ自衛ノ必要上関東軍ノ将兵ハ果断神速寡克ク衆ヲ制シ速ニ之ヲ芟討セリ爾来艱苦ヲ凌キ祁寒ニ耐ヘ各地ニ蜂起セル匪賊ヲ掃蕩シ克ク警備ノ任ヲ全ウシ或ハ嫩江斉々哈爾地方ニ或ハ遼西錦州地方ニ氷雪ヲ衝キ勇戦ヲ闘以テ其禍根抜キテ皇軍ノ威武ヲ中外ニ宣揚セリ　朕深ク其忠烈ヲ嘉ス汝将兵益々堅忍自重以テ東洋平和ノ基礎ヲ確立シ　朕カ信倚ニ対ヘンコトヲ期セヨ　昭和七年一月八日」。この勅語により、関東軍の謀略による満州事変が「自衛」のためであったと正当化され、到底「自衛」の枠に入り切らず諸国の非難を浴びた錦州占領も天皇は勇ましい戦闘行為を賞賛するという別の論理で承認した。対外的には全く通用しない混乱した内容も、日本国民の批判を封じ込める威力だけは十分にあった。

（73）江口圭一『十五年戦争小史』（青木書店、一九八六年）三三、三七頁。

第8章　準戦時体制下における対外膨張

一　満州事変期における高橋財政

本章は、一九三一年九月の満州事変開始から、三二年三月の傀儡国家「満洲国」建国、三三年五月の塘沽停戦協定を経て、三七年七月の日中戦争開始までの、いわゆる満州事変期における帝国主義日本の対外膨張が、なぜ日中全面戦争に至ったかを「準戦時体制」の問題として扱う。もともと「準戦時体制」という用語は、一九三六年の二・二六事件後に成立した広田弘毅内閣によって組まれた昭和一二年度の予算を馬場鍈一蔵相が「準戦時体制予算」と名付けたことから一般に広まったと言われるが[1]、ここでは、やや時期を広げて満州事変期全体を指す用語として用いたい。その理由は、後述するように、一九三一年の満州事変（九月）と金本位制離脱（一二月）が画期となって日本経済の構造と政策のあり方が大きく変容し、三七年以降の本格的戦時体制を準備することになったことを重視したいためである。

この時期における日本経済の変容は、植民地と「満洲国」における経済の変化を含んでおり、日本帝国経済の変

表 16　工業生産の重化学工業化

（百万円）

年	重化学工業				軽工業			工業合計
	化学	金属	機械	小計	食料品	紡織品	小計	
1926	1, 059	679	839	2, 577	2, 597	3, 663	6, 260	10, 046
1931	997	611	694	2, 302	2, 010	2, 562	4, 572	7, 877
1937	3, 385	3, 533	3, 521	10, 439	2, 739	5, 604	8, 343	21, 072

出典）伊藤正直「資本蓄積(1)　重化学工業」大石嘉一郎編『日本帝国主義史 2　世界大恐慌期』（東京大学出版会，1987 年）120-121 頁。

容として把握しなければならないが、その点は後に述べるとして、ここでは一九二九年の世界大恐慌を境とする日本本国経済の変容振りを、しばしば指摘される重化学工業化の進展や農業恐慌の深刻さという点から確認しておこう。表16は、当年価格による工業生産額の統計である。一九三一年には主として製品単価の低落による減少が生じるが、その後、とりわけ重化学工業の生産回復が著しく、三七年には、工業全体が二六年水準の二倍に達するとともに、重化学工業の生産額が軽工業のそれを上回るに至ったことが分かる。世界大恐慌による工業生産量の減少（一九二九—三二年）は、アメリカの四八％、イギリスの一八％に対して、日本はわずか五％に過ぎず、二九年水準への回復時期も、それぞれ三七年、三五年、三三年と日本がもっとも早いのである(2)。農産物価格の回復は工産物価格に比べて遅れ、米が一九三四年に、麦も三六年には二九年水準に回復したのに対して、繭は三七年になっても二九年の七六％の水準にとどまっていた。ただし、国際的には日本の農産物の全体としての価格回復が比較的早期であり、その最大の原因は金輸出再禁止による為替相場の下落だということが指摘されている(3)。輸入依存度の高い小麦についてはその通りであるが、繭価格の低迷についてはアメリカでの生糸需要の長期低迷が問題であるし、輸入依存度の低い米については、国内での政策的な米価引上げが問題となろう。

このような恐慌からの早期回復の原因としては、高橋財政の役割が改めて注目されている。かつて中村政則氏が行った研究史整理(4)によれば、それまでの通説は、高橋財政を、軍需インフレを煽り、経済の軍事化を決定付けたフアシズム型財政であったとしてきたが、三和良一氏は、軍需費支出が景気回復を牽引したのは景気回復の初期だけで、その後の景気回復は民需産業主導であり、そうした経済構造から観察する限りでは、経済軍事化の途だけでなく、「平和的」経済成長の途を選ぶ可能性もあったという見解を唱えたことを紹介し、三和氏は「高橋財政を小型ニューディール」と見做したと評価している。[5]

その上で、中村氏自身は、一九三三年当時の高橋是清が、「単年度主義の均衡予算はなにも維持する必要はなく、不況期における財政の赤字を、好況期の黒字で回収して予算の均衡をはかればそれでよい」という意味の演説をしていることを引用して、高橋が当時早くもこのようなケインズ的見解をもっていたのは驚くべきことだとしている。中村氏によると、ローズヴェルト大統領のニューディール財政は、軍事費支出が限定されていた反面で、失業救済・公共事業を大々的に実施し、労働者の団結権・団体交渉権を認め、民主主義の再生に努めたが、単年度の均衡財政にこだわったため、景気回復には失敗した。それに対して、高橋財政は、景気の回復には有効であったが、増加する軍事費支出に圧迫されて公共事業が限定され、労働者・農民の政治的自由は弾圧されたままであったため、軍国主義への方向を阻止できなかったという。中村氏は、ニューディール財政が「経済的には（景気回復の点では）失敗したが、政治的には成功し」、「高橋財政は、経済的には成功したが、政治的には失敗した」[6]と評価した。

それでは、高橋財政が政治的に失敗したのは何故であり、失敗について高橋自身の思想と行動はどのように関係しているのであろうか。この点について、報知新聞記者として高橋の最後の数年間、大蔵省を担当していた今村武雄氏は、一九六五年に刊行した高橋の伝記[7]において、三四年春の議会で三四年度予算が編成されたさいに、戦争は日本からしかけぬ限り起こらないから、軍備は繰り延べてもよいではないかという議論に対して、蔵相高橋が、「わが正しき外交の工作にたいして、列国に相当の敬意をもたせるには、やはり、背後に国の防衛のために相当なる兵備がなければならぬ。今日、軍備の予算を第一として取扱いましたわけは、なにもすぐ戦争をするという意味ではない。戦を避けるためにする外交の工作をして十分に効果あらしめるためであります」と述べ、「外交と国防、国家の財力、この三つのものが調整されて、はじめてその目的を達することができる」と主張したことを引用しつつ、高橋は「けっして平和論者ではない。むしろ、節度のある帝国主義を主張した」[8]と評価し、高橋自身が軍拡を積極的に推進したと論じた。

こうした通説的理解に対して、最近のR・J・スメサースト氏による浩瀚な伝記『高橋是清』[9]は、高橋財政と軍国主義の台頭との関係について、高橋が積極的に中国侵略を支持したという説を否定しただけでなく、高橋は侵略を容認したくはなかったが、軍事支出を削減できず、潜在的に戦争への道を開いたという説も否定し、高橋には軍国主義の台頭への責任はなく、ただ「満州の征服は彼が編成した予算によってはじめて可能となった」という意味で「軍国主義と全面戦争の第一歩であった」と論じた[10]。高橋に軍国主義台頭の責任がないというスメサースト説の根拠は、高橋が軍需支出の削減に努力し、その挙句、命を奪われたという一点にあると言ってよかろう。確かに、一九三二年の五・一五事件で犬養毅首相が暗殺された後の、斎藤実内閣・岡田啓介内閣での高橋蔵相の軍部との予算をめぐる対決姿勢は尊敬に値する。しかし、犬養内閣の解体とともに政党政治そのものが崩壊に瀕したことを考えると、その後の高橋蔵相の行動は、政党政治の再建を諦めて超然内閣論者に変身した者としての活動に過ぎず、軍部の圧力に組織として抵抗することはもはやきわめて困難であった[11]。その意味では、高橋について、池田成彬が、「あの人は人間は非常に正直で、悪いことはしなかった。……ただ政治家という立場からは問題です。やはりいつでも大蔵大臣で、財政経済以外のことはしなかった」[12]と評しているのは、的を射た評価のように思われる。

もちろん、高橋が、日本の政治のあり方について、次第に広い国際的視野に立った独自の見識をもつようになったことは事実である。スメサースト前掲書は、高橋が、一九一五年の加藤高明外相による二十一カ条要求を批判したこと、二一年五月に原敬首相に提出した「東亜経済力樹立ニ関スル意見」において、「満州は中国から切り離された存在であり日本はそこに特殊権益を持っているという考え方を拒絶した」と述べ、原から「書生論」に過ぎぬと評されたことを紹介しつつ、高橋は「日中の対等な協力関係を提唱した」と高く評価する。と同時に、「満州における日本の独断専行のやり方と軍事征服に異を唱えた」高橋が、その後、「必要に応じて意見を修正していった」ことも認めている。[13] 一九三三年頃に高橋が執筆したものと思われる「神の心・人の心」という随筆の中で、「支那人を軽蔑するな」と題して次のように述べているのは、そうした「修正」の一例であろう。

> 満州国問題も、まづどうやら目鼻がついて来たやうだが、大切なのはこれからだ。独立国として世界に乗り出させた満州国は、あくまでも独立国として対さねばならぬ。属国あつかひにしたり、あるいは征服した国のやうに振舞ったりしたら、満州国の人心を得ることは出来ぬ。満州の人心を得なければ、満州をわが国の藩屏たらしめることは出来ぬわけだ。わが国が、満州問題で起ったのは、決して欲得づくからのことではない。偏に、わが国家の存立のため、自衛のためである。一小島国日本が、三千年来の謂はゆる金甌無欠《きんおうむけつ》〔独立性が強固〕のこの光栄ある国家を維持してゆくにはそれに対する脅威を除かねばならぬ。そのためには、国境に安全地帯を作ることが、是非必要なので、その最小限度の必要から、満州に兵を動かしたのである。決して、これを慾得づく、算盤づくに考へてはならぬ。そんな考へは、ますます世界の疑惑を深くする事になるであらうから、つとめて、それを捨てなければならぬ。日本人は、日清戦争以来、支那人を軽蔑する風がある。日本人が、上下ともに支那人を馬鹿にするといふ一般的な気風——これが間違ひのもとなのだ……。[14]

事実と経験に基づいて判断することが得意な高橋が、関東軍による満州事変と傀儡国家「満洲国」建設の経緯を全く知らないことはありえないから、ここでの満州事変と「満洲国」についての説明は、一般国民向けの政府見解を繰り返しただけのようである。それにしても「国境に安全地帯を作る」ための満州支配という言い方は、かつて山県有朋が日本は「主権線」である国境を守るために、その外にある朝鮮という「利益線」を支配しなければならないと述べたのと瓜二つの言い方である。この論法をもってすれば帝国主義日本の「国境」が外へ向かって広がれば広がるだけ、「国家の存立」のためにさらなる「安全地帯」を求めるという対外侵略衝動を肯定することになる。朝鮮を植民地化した日本人が、日清戦争後は中国人を軽蔑し、日露戦争以降は満州支配を推し進めてきた事実を前にして、「支那人を馬鹿にするといふ一般的な気風――これが間違ひのもとなのだ」と国民に説教を垂れる高橋の頭の中は一体どうなっているのであろうか。

おそらく、高橋は、その時々の日本国家のために尽くすことに至上の価値を見出していたために、自分の属する内閣の政策を批判した場合でも、一旦内閣としての方針が定まると、それをできるだけ忠実に実行するといういわば官僚的な精神を最後まで強く保っていたのであろう。一九一三年の組閣にさいして、山本権兵衛は、高橋に蔵相への就任を頼もうとして、「松方公に聞いたんだが、君は国家のためならば、己を空しうして尽すと云う事をきいた。君を大蔵大臣にすると云っても、君の手腕を第一に頼りにすると言ふのじゃない。君の精神を頼りにして頼むんだ」と述べ、それに対して高橋は、「己を空しうして国家のために尽すと云ふ精神に至っては、私は決して人後に落ちぬ。手腕を問はぬと云ふことであるならば宜しい、お受けしよう」と答えたという[15]。後年「日本のケインズ」と呼ばれるほどの財政手腕を発揮することになる高橋が、最初は「手腕」でなく「精神」を買われたという話は面白いが、高橋の必ずしも一貫性のない行動を理解するには、彼の「己を空しうして国家のために尽すと云ふ精神」における「一貫性」に注目する必要があろう。第1章において指摘した、一八九七年当時の高橋が政府の軍拡財政を支持して東京商業会議所の渋沢栄一らと鋭く対立した事実と、日露戦後の高橋が過度の軍需支出に異議を唱えた事実[16]とは、いずれもその時々の政府にとって重要だと高橋が判断しての発言であった点で一貫していたのである。

高橋財政のあり方は、高橋個人だけでなく、高橋の周囲の大蔵官僚や日銀当局者によって支えられ制約されていたことは言うまでもない。井出英策氏は、五・一五事件による政党政治の凋落が、官僚に大きな解放感をもたらし、議会による国家予算の統制に代わって大蔵官僚が軍部等との折衝によって予算を事実上決定するようになったこと、そのさい資金源としての国債の日銀引受けは大蔵省によって日銀に押し付けられたのでなく、事前に日銀側によって準備されていたことを詳細に究明し、それ故に、国債の日銀引受けを「打ち出の小槌」と見做す軍部や財界・政党等の予算拡大要求を大蔵省が抑制する手段はきわめて限られることになったと論じた[17]。井出氏の指摘によれば、大蔵省は、預金部資金と日銀信用を基礎とすることによって、時局匡救事業の打切り後にも米穀統制法による米価吊り上げを通じて農村を救済すると同時に、軍部の要求に押されて軍事費を増大したのであり、そうした大蔵官僚の上に乗った高橋蔵相の「経済的成功と政治的失敗は同じコインの裏表だった[18]」という。

では、「政治的失敗」とされる満州事変以降の軍事予算の拡大の中味はどのようなものであり、軍部は何を根拠に予算要求をしていたのであろうか。満州事変に直接かかわる「満州事件費」は、目的が一応はっきりしているが、陸海軍の「装備改善費[19]」は、どの国との戦争を想定して軍備を強化しようとしたのであろうか。表17によれば、満州事変期の六カ年を通じて、海軍の「満州事件費」は、陸軍の「満州事件費」の一五％に過ぎないが、軍拡費用に当たる「艦艇製造費他」は、陸軍の「国防充備費他」の二倍以上の金額であり、全体としての財政資金の配分は、陸軍と海軍でほとんど差がない。一九三三年五月の塘沽停戦協定の後、陸軍は対ソ戦準備を第一義として在満兵力を増強することにしたが、対米戦備をおろそかにすべきでないとする海軍と対立し、「対ソも対米も同等で、陸軍軍備も海軍軍備もつねに平等に充実するという重点のない国防政策が展開された[20]」と指摘されており、それが陸海軍への予算配分にも表れていたと言えよう。このことは、二・二六事件後の広田弘毅内閣が定めた「国策の基準」（一九三六年八月七日）においては、「帝国トシテ確立スヘキ根本国策ハ、外交国防相俟ッテ、東亜大陸ニ於ケル帝

表 17　陸海軍省の歳出規模（決算）

（千円，％）

	1931-33 年度	1934-36 年度	6 カ年合計	比率
陸軍省合計	1, 194, 874	1, 689, 506	2, 884, 380	100
一般会計経常部	478, 416	540, 127	1, 018, 543	100
一般会計臨時部	585, 290	925, 676	1, 510, 966	100
満州事件費	402, 533	498, 971	901, 504	100
国防充備費他	140, 042	381, 912	521, 954	100
特別会計 2 件	131, 168	223, 703	354, 871	100
海軍省合計	1, 172, 390	1, 839, 023	3, 011, 413	104
一般会計経常部	490, 972	652, 283	1, 143, 255	112
一般会計臨時部	491, 231	934, 895	1, 426, 126	94
満州事件費	100, 632	32, 986	133, 618	15
艦艇製造費他	314, 717	841, 810	1, 156, 527	222
特別会計 3 件	190, 187	251, 845	442, 032	125

出典）東洋経済新報社編『昭和産業史』第 3 巻（同，1950 年）より作成。
備考）比率は陸軍省を 100 とした場合の海軍省の同様な項目の比率。なお本章注 19 も参照のこと。

国ノ地歩ヲ確保スルト共ニ、南方海洋ニ進出発展スルニ在リ」としつつ、「陸軍軍備ハ蘇国ノ極東ニ使用シ得ル兵力ニ対抗スルヲ目途トシ……海軍軍備ハ米国海軍ニ対シ西太平洋ノ制海権ヲ確保スルニ足ル兵力ヲ整備充実ス」という形で明文化された[21]。

表17で特に注目されるのは、満州事変に陸海軍合わせて一〇億円の戦費を投じながら、それをはるかに上回る一七億円近い装備改善＝軍備拡張を行っていたことであり、それは仮想敵としてのソ連陸軍とアメリカ海軍との戦闘を想定したものだったことである。満州をめぐって中国軍と戦いながら、本格的な戦争の相手は、中国軍ではないとしていたのは奇妙な話であるが、その基礎には中国は短期戦闘で簡単に征服できるという過剰な「自信」と、中国支配はソ連ないしアメリカとの戦争のためのステップに過ぎないという軍人の「野望」が横たわっていたのであろう。いずれにしても、満州事変期の軍部による軍事費の増大要求は、「満州の征服」のための費用の膨張である以上に、ソ連陸軍およびアメリカ海軍と同時に戦うための大規模軍拡の要求だったのであり、高橋がもっとも警戒していたはずのアメリカとの戦争への準備資金を求める要求であった。そのことを知りつつも、自らの考える国力の限界内での目一杯の軍拡資金を提供し続けたところに、高橋の政治家としての問題性を指摘しないわけにはいかない。

二　日印会商と満州問題

表 18　綿織物の輸出先の変化

（千円，%）

輸出先	1928 年(昭和 3)		1932 年(昭和 7)		1936 年(昭和 11)	
関東州＝満州	60, 264	17. 1	19, 371	6. 7	75, 552	15. 6
中国本部	113, 286	32. 2	37, 159	12. 9	7, 860	1. 6
香港	17, 440	5. 0	3, 755	1. 3	15, 101	3. 1
蘭領インド	39, 261	11. 1	50, 229	17. 4	55, 390	11. 5
英領インド	70, 177	19. 9	80, 654	27. 9	72, 517	15. 0
エジプト	17, 626	5. 0	27, 069	9. 4	20, 525	4. 2
その他	34, 163	9. 7	70, 476	24. 4	236, 645	48. 9
合　計	352, 217	100. 0	288, 713	100. 0	483, 590	100. 0

出典）金子文夫「資本輸出と植民地」大石嘉一郎編前掲『日本帝国主義史 2 』355 頁，および東洋経済新報社編『日本貿易精覧』(同，1935 年)。

満州事変および上海事変と、それを契機とする日貨ボイコットによって在華紡を含む日本紡績業は大きな打撃を受けた。在華紡は、ボイコットを回避するために民族紡の競争力の弱い中・細糸や加工綿布を生産し、華北や満州、東南アジアなどへの輸出に力を入れた。一九三二年上半期の在華紡製品のうち関内は六五・六％で、一七・七％が満州・大連、一六・七％が香港その他であったという[22]。

表18は、日本本国からの綿織物の輸出先の変化を示したものであるが、満州事変を画期に満州と中国本部への輸出が激減し、代わって英領インドと蘭領インドが比重を高めていること、その後一九三六年にかけて満州向け輸出は回復するが、中国本部への輸出はネグリジブルになり、英領インドと蘭領インドも比重を低め、代わって中南米やアフリカなどの「その他」への輸出が半ば近くになっていることが分かる。一九三二年には在華紡がボイコットを避けて満州へ出荷したことに対応して本国紡績からの対満輸出が抑制されたものと思われるが、三六年に中国本部への輸出がほとんどなくなったのは、在華紡の活動が回復したことと裏腹の関係にあったものと思われる[23]。

こうして日本紡績業は、一九三三年三月に国際連盟を脱退して国際的孤立を深めながらも、同年五月の塘沽停戦協定によって中国との関係を安定化させることに成功し、本国紡・産地織物業は満州市場を押さえ、在華紡は中国本部市場を掌握した。そして、本国紡・産地織物業は、英領インドと蘭領インドの市場を開拓した。しかし、為替下落の追い風を受けた日本紡績業は、イギリス紡績業はもとよりインド紡績業にとっても恐るべき競争相手であったから、インド政庁は、一九三二年八月に英国綿布の輸入関税を二五％に据え置いたまま、日本綿布への関税を五〇％に引き上げ、三三年四月には日印通商条約の廃棄を宣言することによって、イギリスと日本の差別関税を公式に可能にしながら、同年六月には日本綿布への関税だけを一気に七五％まで引き上げた。これに対して、大日本紡績連合会は、インド棉花買入停止という強硬手段によって対抗、八月からインド政庁の避暑地シムラで開かれた政府間の日印会商によって打開策が協議された。協議は最終段階でイギリス政府が介入したこともあって難航し、一九三四年一月にようやく決着した。[24]その結論は、日本の紡績ブルジョアジーにとっては、きわめて不満の多いものであった。インド棉花買入停止案を提唱した鐘淵紡績社長の津田信吾は、株主総会で「日印会商に対する当業者の感想は只暗涙を呑んで忍従すの一語に尽きて居ります」と述べ、「条約の骨子は四億碼〔ヤード・綿布〕の輸出に対し、百五十萬俵の〔棉花〕の買付を要すると云ふ過去の情勢から懸け離れた条件に屈服したのは只驚くの外はない」と数量割当方式での決着の中味を酷評した。[25]こうした不満が、津田個人のものでなかったことは、日印会商に参加した民間代表の帰国歓迎会で、大日本紡績連合会委員長の阿部房次郎東洋紡社長が、「無遠慮に申上げますと、今回の日印会商の成果に対しましては、実は我々は不満足であり、甚だしく失望して居るのであります[26]」と挨拶していることからも明らかである。

では、日本政府は、何故に綿業関係者の強い不満を抑え込んでまで、交渉を妥結させなければならなかったのであろうか。実は、結論に不満だったのは、日本の綿業者だけでなく、日本の一般世論も日印会商は完全な失敗であったと見做しており、インドの綿業者もインド政府は譲歩し過ぎたと感じていただけでなく、最も満足してよいはずのランカシャーの綿業者も不満をもっていたことが指摘されている[27]。籠谷直人氏は、そうした議論を一歩進めて、イギリス政府はマンチェスターの「産業」的利害よりもインド投資の本国への還流というシティの「サービス・金融」的利害を重視したために、日本がインド棉花の安定的購入者となる形での妥結を求めており、他方、日本政府も日本紡績資本の急激な輸出拡大を規制することによって、イギリスとの協調関係を維持し日本の国際的孤立化を緩和しようとしていた、と指摘した[28]。籠谷氏がここで述べるようなイギリス政府の重視する「経済課題」の理解は、「ジェントルマン資本主義」論[29]に依拠しているが、日本政府が重視した課題については「日本『帝国』の膨張を対外的に追認させる」という「政治課題[30]」であると指摘している。イギリス資本主義の最重要部分をなす金融的利害の基礎には、発展した重化学工業の産業的利害が存在しており、それなくしては第二次世界大戦にさいしてドイツ軍の攻撃を跳ね返すことはできなかったことが重要であろう。それとともに、日本政府がイギリスの「追認」を期待した満州支配の基礎には、日本の脆弱な重化学工業を補完したいという支配階層の意図が存在したことを見落としてはなるまい。こうして日英両国政府は、両国の綿業関係者の不満を抑えつつ、日印会商を妥結に導いたのであった。

日本の綿布輸出量は、一九二八年（昭和三）にはイギリスの三七％に過ぎなかったのが、三三年（昭和八）にはイギリスのそれを抜いて世界一の座を占める勢いであり[31]、さまざまな雑貨類の輸出も大幅に伸びたため、世界各地で通商摩擦を起こすことになった。一九三四年二―三月には、ロンドンで民間綿業者による日英会商が開かれたが、イギリス側が全世界を協定の対象にしようと提案したのに対して、日本側はイギリスとその植民地での輸入制限だけを問題とすべきだと主張し、決裂した。また、一九三四年六月からバタヴィアで始まった日蘭会商も、蘭印政府はバーター制による輸入制限を主張したのに対し、日本側は輸入制限の撤廃を主張したため、失敗に終わった[32]。一九三五年七月には、エジプト政府が、日本との通商条約を廃棄し、関税を引き上げたため、同年一〇月からカイロにおいて政府間交渉が始まったが、翌年六月に決裂した[33]。

問題は、こうした貿易摩擦の解消に向けての交渉がなかなか成功しない事態を前にして、日本の紡績ブルジョアジーの態度が大きく転換し始めたことである。一九三〇年に鐘淵紡績社長に就任した津田信吾（一八八一―一九四八）は、日印会商にさいして前述のようにインド棉花不買論という強硬策を唱え、「印棉不買は、津田が、わが紡績界をリードしつつ断行した[34]」と評されたが、そうした積極策が限界に達したと見るや、津田は、新しい発展の場として朝鮮と華北に目をつけた。すなわち、一九三四年夏に朝鮮に渡り、朝鮮総督宇垣一成と懇談して紡績工場の建設に踏み切り、さらに翌三五年秋には華北を旅行して、天津での民族紡の買収談をまとめた上で、満州へ赴き、関東軍首脳と懇談して、「満洲国」の産業開発に積極的に協力する姿勢を示したのである[35]。かつては幣原外交を支持し、満州での関東軍の行動を批判していた関西財界の中では、津田のような政治的行動をするものは「異例の存在であった[36]」とも言われているが、軍部の大陸政策に対する姿勢の変化は、鐘淵紡績の経営陣の場合だけではなかった。

例えば、日印通商条約の廃棄通知を受けて、東洋経済新報社が一九三三年五月八日に開催した座談会において、大日本紡績常務の小寺源吾（一八七九―一九五九）は、今後の対策について次のように述べている。

実は先月でしたか、突如として日印通商条約廃棄を六ヶ月の予告期間を付けてイギリスから通告して来た際に、我々紡績連合会の者も集りまして、色んな話が出ました。その時適々外務省の通商局商務官の若松君が来て居りまして随分悲憤慷慨の話も出ました。……もちろん対策の話も沢山出ましたが、その時に若松君が私に「どうです、結局対策は」と訊かれるから、私は、結局は軍備拡張だと答へました。それで面白いのは、この間又商工省の集会の時に東京へ行きまして、日清紡の宮島〔清次郎社長、一八七九―一九六三〕さんに会った。

所が、どうじゃ、これはもう議論は色々あるけれども、結局は又八々艦隊でも造って備へなければならんぞ、と言はれて居る。私は軍備拡張は最後だ、色々考慮してから、最後の手段だと言ひましたが、適々同じやうな話で、それは決して一時の悲憤慷慨から来て居るのでないのです。……ジュネーブで、国際連盟から日本が侵略国と言はれ、侵略国に対して相當制裁を加へると云ふことが世界の輿論となった。然るに、何ぞ図らんこれを言はしめたイギリスが、過去に於て最も大きな侵略者で、現に、印度などは東洋人の印度ではなかったか。それを侵略したと云ふことは明らかな事実である。……〔対策としての印棉不買については〕紡績連合会の委員中でも、必ずしも印棉不買同盟で成功するとは一致してゐないが、鐘紡さんなんかは、大いに成功すると云はれることを承りました。時事新報もさう云ふが、私共はどうも成功するや否やと云ふことを疑って居る所です[37]

東京系の鐘紡・日清紡のような政治性はないが、関西系の大日本紡のリーダーもまた国際連盟脱退後の孤立感のもとで、頼るのは最後は軍事力しかないと思い詰めている様子が窺えよう。そうした軍事依存の姿勢は、度重なる貿易摩擦をめぐる外交交渉が挫折した後の一九三五年には、関西財界全体に広がっていったようである。雑誌『改造』（一九三五年一二月号）の菱田友三「財界風聞」[38]は、「二、外務省より軍部への転向＝関西財界」と題して、かつては「幣原外交を謳歌し、武力外交をケナシつけてゐた関西の〔現在の〕財界風景」について、次のような意見を伝えている。

日印会商だ、蘭印会商だ、日英会商だ、おまけに中南米商業使節の派遣だといふ訳で、今日迄、外務省を背景にして、あの手、此の手を用ひて色々なことをやって来たのだが、一つとして成功したためしがない。会議を閉じた後から、使節が帰ったあとから、ぞくぞくと関税を引上げ市場はせばまるばかりである。こんな事をいつ迄やってゐたってラチがあかない。それで、さそはるる儘に軍部と手を握り合って、東洋市場の確保をした方が早道であり利益でもある。我々に残されたみちは、紳士らしいおだやかなジェスチャよりも、大砲と剣で市場をガッチリと握ることだ。これより商品を安全に都合よく売り込む方法はない。外務省が相変らずのジェスチャをしてゐるあひだに満州国は独立したし北支もどうやら眼鼻がつきさうで、遣り口はまことに鮮やかである。此の調子で東洋市場の確保が出来れば、現在世界市場で捌いてゐるだけのものを東洋で消化する事が出来る。

関西財界人自身の言葉ではないが、彼らの主張は却ってこの引用の中に露骨に示されていると言えよう。外交手段を諦めて軍事手段を用い、「大砲と剣で市場をガッチリと握る」という発想は、イギリスが一八世紀から一九世紀までかかってインドを侵略した行為を、二〇世紀前半の日本が中国を対象に繰り返そうという時代錯誤の発想にほかならない。四年前の満州事変勃発時の「満蒙時局懇談会」（本書第7章参照）では、飯尾一二同興紡社長のように、関東軍による満州領土支配の行動を時代錯誤と決めつける批判的見解が、関西紡績ブルジョアジーの主流的見解を代弁していたのに対して、この時期には、在華日本紡績同業会の委員長を務める飯尾一二の旧見解は表面には現れず、関西紡績ブルジョアジーの主流的見解は、東京系の津田信吾鐘紡社長や宮島清次郎日清紡社長のような軍部との協力を重視する見解に接近し、転換しつつあったのである。

三　植民地工業化と満州開発

朝鮮

本章第一節の冒頭において指摘したように、世界大恐慌からの日本経済の回復と工業生産の伸び率は主要資本主義国中最高であったが、回復の早さと伸び率は植民地朝鮮や台湾も同様であった。堀和生氏は、朝鮮のそうした急速な景気回復の内容について、一九三〇年代の日本経済の重化学工業化は、国際競争力の弱さに規定されて、「軍需とともに植民地の工業化によって自らの需要市場の創造をはかる方向に進まざるをえない」(39)と指摘した。堀氏の場合は、植民地を販路として組み込んだ重化学工業化は、朝鮮経済の軍需工業化と直結して理解されてはいないが、旧来の研究は、一九三〇年代以降の朝鮮工業化を、本国の政策に規定された「兵站基地化」として把握する傾向が見られた。そうした研究動向を批判する金洛年氏は、実際の朝鮮工業の中には軍需的な性格のものはそう多くなく、植民地末期の「大陸兵站基地論」もスローガンの性格が強かったと論じている。そのような金氏の主張の基礎には、朝鮮工業化の資金が、日本から投下されただけでなく、朝鮮内部で形成され動員された側面を注目すべきだとする最近の研究動向があり、金氏自身も一九二〇年代の産米増殖計画によって生み出された農業剰余が、朝鮮人および朝鮮在住の日本人の大地主・穀物商の手を介して工業へと資本転化された事実を実証しているのである(40)。

一九二一年九月の朝鮮総督府産業調査委員会のことは、第3章第四節において地下資源との関連で若干言及したが、同委員会の議論の重点は、産米増殖と鉄道建設に置かれ、工業に関する件はほとんど論議されなかった(41)。一九二〇年代の工業化政策として注目されるのは、国有鉄道建設計画と総督府の第一次水力調査（一九二二―二九年）である。前者は、一九二七年から一二年間で新設・買収により線路を倍増しようとするもので、軍事的性格の鉄道から産業開発的な鉄道への転換が目指されたという。[42] 後者は、第一次水力調査（一九一一―一四年）では絶望視されていた朝鮮の水力発電が、鴨緑江支流の流れを堰止めて貯水を高落差の日本海側に切落とす「流域変更式ノ発電ニ依ッタナラバ……極メテ有望デアル」という第一次と正反対の調査結果を出した。[43] この結論を根拠とする総督府の日本資本誘致に応じたのが野口遵（一八七三―一九四四）による朝鮮水電の設立（一九二六年）であり朝鮮窒素肥料の設立（二七年）であったことは周知の通りである。産米増殖計画の下で、地主・自作への肥料低利資金の貸付が硫安市場を拡大しつつあり、安い電力を用いる朝鮮窒素の利益を販売面からも保証した。[44] 一九三一年六月、朝鮮総督に任ぜられた陸軍大将宇垣一成は、「農工併進政策」を唱え、工場法適用除外などの環境整備に努めつつ民間工業資本の朝鮮への誘致を行った。野口と宇垣が「肝胆相照らす間柄」だったと評され、[45] 前述のように津田信吾に率いられた鐘紡が朝鮮に紡績工場を設けたのはその好例である。しかし、宇垣が総督を辞した直後の一九三六年一〇月に開催された朝鮮産業経済調査会が、世界的なブロック経済化の下での朝鮮経済の開発方向を検討するとして、帝国内の資源自給のための鉱物資源の調査や製鉄・軽金属・造船・液体燃料等の分野の振興を提案するにとどまったことは、宇垣の工業化政策がまだ具体性を帯びていなかったことを意味していよう。朝鮮の「大陸兵站基地化」を目指して、軍需工業の飛躍的振興が具体的目標とされるのは、日中戦争開始後の一九三八年九月に開かれた朝鮮総督府時局対策調査会においてであった。[46] 戦時体制の下で、朝鮮が「大陸兵站基地」として如何に機能したかは、本書の対象外であるが、その全体像の研究は、林采成氏の研究[47]が、日中全面戦争とアジア太平洋戦争の展開の中で、朝鮮鉄道が経営資源の調達難にもかかわらず如何に効率的に軍事輸送を行ったかを克明に分析したのを除くと、必ずしも十分には進んでいないようである。朝鮮の日本窒素興南工場の硫安生産水準が本国の硫安工場ほど低下せず、軽金属や人造石油などの軍需部門は経営的に成功しなかった事実[48]などを見ると、朝鮮工業が大陸兵站基地として活躍しえた程度は意外に低かったかもしれない。

台　湾

台湾の工業化は、製糖業を中心に朝鮮より早くから進んでいたが、一九三〇年代に入ると朝鮮と比較して工業における資本形成のテンポが停滞した[49]。その理由としては、日本の財閥系資本の流入が朝鮮より遅れて一九三五年以降ようやく活発化したことと、台湾における糖業資本の多角投資が島内よりも日本内地や中国大陸あるいは南方地域など島外での食品工業やゴム栽培事業などへの投資に傾斜していたことが指摘されてきた[50]。糖業資本が綿紡績資本に匹敵する資本蓄積を行っていたことは、一九三〇年当時の資産額上位二〇社のうち、綿紡績四社（鐘淵紡績・大日本紡績・東洋紡績・富士瓦斯紡績）の資産合計が四億一八五七万円であるのに対して、糖業四社（大日本製糖・台湾製糖・塩水港製糖・明治製糖）の資産合計が三億七一八八万円に達していることから窺えよう[51]。したがって、それらが台湾島内での投資に力を注げば台湾の工業化はより急速に進んだはずであるが、現実はそうならなかった。

もっとも、台湾総督府としては、製糖業以外の分野への工業化を奨励・促進しなかったわけではない。一九一九年に半官半民の台湾電力株式会社を設立し、当時全島で二万キロワットの発電設備しかなかったところに、自然湖日月潭《じつげつたん》の水力を用いた一〇万キロワットの大発電所を作り、島内の電灯はもちろんのこと工業動力も廉価に提供し、台湾工業化の布石としようとしたのである。しかし、この計画は時期尚早で資金調達に行き詰まり、日月潭発電所が完成したのは一九三四年のことであった。そのさい大口需要の開拓が大きな課題となり、硫安産業の誘致の試みが失敗した後、アルミニウム精錬業の日本アルミニウム会社の台湾誘致が実現したことが注目されねばならない[52]。アルミニウムに銅やマグネシウムなどを加えたジュラルミンは航空機の基本的な構造材料だったため、アルミニウム精錬業は重要な軍需産業であったが、軍部は兵器自給を目指してボーキサイトを輸入する代わりに白粘土等を用いた国産化を民間企業に試験させた。しかし、価格の点で国産化は困難であり、主要各社は結局輸入ボーキサイトに依存していった。その中で先発の日本電工、住友金属に続く古河鉱業は、一九三一年にシンガポール付近のビンタン島産のボーキサイトの確保に成功し、三井・三菱・台湾電力などと共同出資で三五年に日本アルミニウム会社を設立し、原料産地に近く電力の得やすい台湾高雄に世界最新鋭の工場を建設したのである。同社の実権は最大株主で専務役員を出した三菱が握り[53]、一九三九年には内地・朝鮮・台湾合計のアルミニウム生産量の二五％を占めるまでになった[54]。

台湾の工業化については、台湾総督小林躋造（一九三六年九月―四〇年一一月）が、一九三九年五月に示した「小林統治の三原則」（皇民化運動、工業化、南進基地としての態勢整備）に基づく軍需的工業化の進展が指摘されており[55]、日中戦争開始前においても大規模電源開発と結び付いたアルミニウム精錬工場の建設という形で、本国で進行中の軍備拡大を支える軍需的工業化が進み始めていたのである。台湾総督府が軍需工業を中心とする本格的な工業化構想を打ち出すのは、長谷川清総督（一九四〇年一一月―四四年一二月）の下で四一年一〇月に開催された臨時台湾経済審議会においてである。同審議会の議論と政策の実施過程、とくに計画の達成度が満州や朝鮮に比較して低かった点については、小林英夫氏の分析[56]を参照されたい。最近では、洪紹洋『台湾造船公司の研究』（御茶の水書房、二〇一一年）のように、戦前・戦後を通ずる個別経営史の研究も現れたが、それによれば、戦時経済下で総督府は遅れた機械工業の振興策を計画したが効果は乏しかったという。

満　州

このように、満州事変期の準戦時体制に見合う形で、植民地朝鮮・台湾では大規模電源開発を契機に硫安製造やアルミニウム精錬などの重化学工業化が進んだが、創設された傀儡国家「満洲国」では、工業化を主軸とし、農業移民を副軸とした経済開発は最初どのように計画され、如何に進展したのであろうか。この問題については、根本史料による実証研究がつとに原朗氏によって行われており、政策サイドの基本については、ほとんど究明済みであるといってよい[57]。

原氏の研究によれば、関東軍の依頼に応じて満鉄が設置した経済調査会が、関東軍特務部との協議を重ねて一九三二年三月に作成した「満州経済建設綱要」が、満州国政府と満鉄を中心とする出資によって各分野に一社ずつの特殊会社を作る方針を打ち出し、三四年前後に満州石油、同和自動車、満州炭鉱などが続々と設立された。そのさい、同和自動車の場合を例にとると、最初のうちはアメリカ車を輸入して需要の拡大に努めるという満鉄案が関東軍によって拒否され、需要の多寡にかかわらず日本から輸入した部品による組立会社を作ることとされた[58]。しかし、そうした漸進的な方式でもあまり成果を挙げなかったため、関東軍は満鉄を主として交通部門に特化させ、経済開発は鮎川義介（一八八〇―一九六七）の率いる満州重工業開発株式会社（満業、一九三七年一二月設立）に総合的な形で担当させ、一挙に重工業を建設することにしたのである。

こうした政策転換を主導したのは、一九三五年八月に参謀本部作戦課長に就任した石原莞爾であった。石原は一九三六年八月付の「対ソ戦争指導計画大綱」において、仮想敵国たるソ連との「戦争目的」を、「東亜平和確立ノ為、日満両国ニ対スル蘇聯邦武力ノ脅威ヲ排除スルニ在リ」と主張する。この年の二・二六事件で死去した高橋是清が、日本の満州支配を「国境に安全地帯を作る」ための必要から肯定していたこと（本章第一節）を思い起こさせる言い分であり、「平和確立」のためには世界最終戦まで行きつかないではとどまらない石原らしい乱暴な軍事的発想であるが、ここで問題としたいのは、それに続く「戦争指導方針」において、石原が、「対『ソ』戦争ニ要スル軍隊資材ハ成ルヘク平時ヨリ大陸ニ準備スルト共ニ、速ニ満州国ノ工業力ヲ増進シ、攻勢終末点〔勝ち戦のさいに立ち止まる最終地点〕進出後ハ、大陸ノ力ニヨリ戦争ヲ持久シ得ルニ至ラシムルヲ要ス」と述べ、五年後の一九四一年までに、満州において最低限年産三千機の飛行機工業と年産三千輌の戦車・特殊自動車工業を実現せよ[59]と述べていることである。ここには、満州の経済開発の最終目標が日本本国と並ぶ陸軍軍事工業の建設であり、製鉄業や石炭業はあくまでもその基礎部分として重要視されたに過ぎなかったことが示されている。この点は、一九三七年一月に関東軍司令部が作成した「満州産業開発五箇年計画綱要（鉱工業部門）」の方針の(イ)が、「兵器、飛行機、自動車、車両等の軍需関係産業の確立を期すること」、(ロ)が、「鉄、液体燃料、石炭、電力等の基礎的重要産業を開発し、特に国防上必要なる鉄、液体燃料の開発に重点を置くこと」とされ、開発目標として自動車年四千台、飛行機年三四〇台などが挙げられていることを見ても明らかであろう。[60]

実際の満業の産業別投資の合計額二七億八三六〇万円（一九三八―四五年）のうち、八五％が石炭・鉄鋼・軽金属など基礎資材開発に向けられ、飛行機・自動車・機械等への投資は一五％に過ぎないが、もともとの陸軍の鮎川への期待は日産という自動車工業をもっている経験を活かすことだったのである。[61]現実の成果としては、満業傘下の満州飛行機製造は、陸軍の高等練習機などをある程度量産し、同和自動車工業と満州自動車製造も、日本からの輸入部品による組立や修理は行ったが、「満州型自動車の製造はついに果たすことができなかった」と指摘されており、飛行機・自動車に関する限り、満業の実績は関東軍の期待から程遠いものであった。[62]

では、何故に満業による重工業とりわけ飛行機と自動車の大量生産は失敗したのであろうか。まず、満業案が登場する直前の一九三七年八月に作成された「日本の自動車工業実情と満州自動車工業拡充方策」という資料によると、満州に自動車工業を起こす計画に対する本国の当業者の意見は、「相當困難」であり「差当り車台部分品は日本より輸出」（日産自動車）するしかないとか、「実現至難」につき、「ボディ竝極簡易の部分品を満州に於て製作して車台及主要なる部分品は日本より輸出」（豊田自動車）すべきだと言う点で一致しており、「拡充方策」を提案した小委員会の「私見」も、自動車工業は「綜合工業であり精密工業であって、之に伴ふ基礎工業の拡充を要するものなるが、経済的に合理化たることを最要条件とする基礎工業の満州における現在の地位は、或る簡易部分品を除く外到底自動車調弁の採算的可能性薄き感あるを免れず。……内地自動車工業の延長に準拠し提携して進む」しかないという悲観的な結論であった。[63] そうした悲観論を一挙に逆転したのが、鮎川の率いる満業だったが、その実績は惨憺たる失敗に終わった。何故、失敗したのか、当事者の鮎川の証言を聞いてみよう。

軍人が入れ代わり立ち代わり来て、それが自動車をやりたくてしょうがない。よそを見て歩いたけれども、あんなものでは駄目だ、あなた一人にご苦労かけんからと言ったけれど、さて満州に行ってみると苦労しましたね。満州には大した資源があるからいいと惚れ込んだが、さてやってみるとそんな資源は話ばっかりでありはしなかった。結局やり損ですよ。……日本じゃ自動車をやろうと思っても、大量生産するには原料が無いでしょう。何でも外国から買わなければならん。……ところが、満州に行けば原料があるという、粘結炭も鉄も豊富にあるし、何でもあると椎名〔悦三郎――「満洲国」幹部〕は言っておりました。これを一ぺんに一つの鍋に入れて煮ればいいという考えなんです。私は物好きだから、よう調べんで行ってみたら、ありはせんというわけです。……〔満州では〕失敗ですね。成功しなかった。それは物がないからです。やはり満州は農産国ですよ。……満業は特殊法人だというんで存分に腕がふるえると思っていたら、満州には特殊法人がたくさんあるんです。……満州で自動車や飛行機をつくろうと思っても、なかなか原料屋がいうことをきかんじゃないですか。法律上互角だというところからそうなるんです。初めの約束は私だけに委すといっておったのが、空証文だったわけです。[64]

ここで鮎川が述べる最大の失敗因は、良質の鉄鉱石と石炭を大量に埋蔵すると言われた、朝鮮半島との境目に位置する東辺道地帯の地下資源が、開発すると予期に反して乏しかった事実が判明したことを指している。その開発が欧米からの外資・技術導入の決め手になると思って日産本社の満州移駐を決意した鮎川にとって、満鉄による東辺道調査のこうした誤りは決定的なダメージとなった。また、言うことを聞かない「原料屋」というのは、日満商事や満州炭鉱などが満業の総合的経営を内部から妨害したことを指すのであろう[65]。満業経営の失敗の要因について、日産コンツェルンの研究者、宇田川勝氏は、①外資導入の失敗、②資源開発の誤算、③統制経済体制の弊害、④日中戦争勃発による計画破綻、を挙げており、いずれももっともであるが[66]、仮に鮎川の計画通りに外資導入が実現していれば、経営が成功したかどうかについては疑問なしとしない。満業の活躍した時代は、日中戦争開始以降であり本書の対象外であって詳しく論ずる用意はないが、関東軍が一九三六年秋に日本内地の産業資本家を招き、満州の産業事情を視察させて開発への意見聴取をしたさいには、鮎川は、「自動車工業は、日本でもまだ大量生産まで行かず、ようやく経営単位に達した程度である。それよりも狭い満州の市場相手では、本格的な自動車工業は興こせない。自動車工業には、多くの下請工業が必要だが、満州には全然それがない。自動車や飛行機工業はそれだけを確立しようとしても無理で、関連する機械工業を同時に開発しなければならない[67]」と論じていたことの意味は大きく、その限界は外国技術の導入があったとしても、そう簡単には克服できなかったものと思われる。その意味では、外国資本・技術依存という鮎川の目論見自体に甘さがあったと言うべきであろう。

満州の経済開発については、鉱工業だけでなく、農業移民による経済開発も早くから唱えられていた。もっとも、第3章第四節において言及したように、一九〇五年末の満州産業調査においては、満州の山野は中国人農民の手によって耕作されて空地は少ないため、日本人の農業移民の可能性は小さいと指摘されていたことを忘れるべきではない。満州事変以前にも農業移民の試みは幾つか行われたが、それらはすべて失敗に終わっていた。それにもかかわらず、満州事変後には移民計画が直ちに進行し始めた[68]。すなわち、一九三二年二月に、関東軍統治部は「満蒙に於ける法制及び経済政策諮問会議」における那須皓（東京帝国大学農学部教授）と橋本伝左衛門（京都帝国大学農学部教授）の移民即刻断行論を踏まえて、「移民方策案」を決定したが、それは、軍隊経験のない農民からなる「普通移民」一〇万戸（一五カ年）と「武装移民」一万人（一〇カ年）を鉄道沿線地帯に送り込み、中国人労働者を雇う富農経営とする案であった。しかし、同年一〇月に関東軍が決定した移民「要綱」では、抗日武装闘争の展開に対応して、「武装移民」を中心とする計画に変更された。他方、本国の拓務省では、満州移民は不可能であるとの意見が支配的であったが、神がかり的な農本主義者で移民推進論者の加藤完治（一八八四―一九六七）の強力な働きかけによって「武装移民」案を作成し、一九三二年三月の犬養内閣の閣議に提出したところ、高橋蔵相が、危険であり中国農民との競争は無理だと反対したため閣議了解を得られずに終わった。しかし、同年七月に満州へ渡った加藤が、関東軍側の代表者東宮鉄男と会談して移民の具体策を打ち合わせ、拓務省が加藤案に基づいて斎藤内閣の閣議に提出した「第一次試験移民」五〇〇名の提案は承認され、同年八月の第六三臨時議会を通過した。この変化が、五・一五事件による犬養首相の殺害後の第六三臨時議会での、日本農民協会などの農村救済請願＝国内改革が、地主利害を代弁する議員によって拒絶されたこととワンセットであったことは、第6章第四節において触れた通りである。こうして、一九三二年から三五年まで、毎年、「試験移民」が行われたが、それらがあまりに非現実的で無謀な試みであり、現地人との軋轢を生んだことへの拓務省内部からの批判は、加藤や東宮によって一切無視された[69]。だが、本格的な大規模移民は大蔵省の反対によって実現せず、一九三六年の二・二六事件において高橋蔵相が殺害されたことが、移民計画実現の好機となった。同事件後、関東軍は直ちに、二〇年間に北満州地方に「武装移民」一〇〇万戸を送り込む「満州農業移民百万戸移住計画案」の作成に取り掛かり、同年八月には広田内閣によって国策として決定された。この満州移民計画が日中戦争以降の労働力不足の下で如何なる変容を蒙るかについては、既存の研究に譲らざるをえない[70]。ここでは、政策決定過程における関東軍の主導性と、その非合理的政策を権威づけ、協力した学者・農本主義者たちの役割を確認するにとどめよう。

四　華北への侵略の拡大

一九三三年三月からの熱河作戦において関東軍が、圧倒的な優勢のもとであえて平津（北平・天津）を攻略せず、同年五月に塘沽停戦協定を結び、「満洲国」に熱河省を統合しつつ河北省東部を非武装地帯とする方策を選んだ理由について、安井三吉氏は、平津地区の軍事占領後の統治計画が策定されていなかったこと、作戦の主役が関東軍であって「満洲国」の領域を確保することが狙いだったため平津侵攻の大義名分がなく、天皇も作戦に終始ブレーキをかけていたことなどを挙げた。(71) しかし、塘沽停戦協定後も、「満洲国」内部ではゲリラ戦争の形をとって日中間の戦いが継続し、同国での「匪賊」の出現回数は、一九三三年度一万三〇七二回、三四年度一万三三九五回、三五年度三万九一五〇回、三六年度三万六五一七回を数えた。また、満州事変開始から一九三六年七月までの日本軍の戦死・戦病死者三九二八名中、一三六二名は三三年九月以降の者であったという。(72) 中国軍やゲリラは、華北から「満洲国」へいくらでも入り込むし、ソ連極東軍が急速に増強されたことに備えるためにも、満州のための「安全地帯」として華北を支配する必要があるという議論が関東軍や支那派遣軍だけでなく参謀本部においても強まった。

すなわち、陸軍参謀本部では華北占領地統治計画の綱領案が一九三三年九月に作成され、それを受けて支那駐屯軍において三四年三月には長期的な拘束力をもつ北支那占領地統治計画（永久計画）が作られ、以後、その「年度計画」が作られるようになったことが明らかにされている。(73) ここで日本軍部が、「満洲国」の場合と同様な局地戦争によって華北を他地域から切り離して占領し、華中・華南とは別個に支配できると想定しているのは、彼らが、中国人は統一国家を形成する能力をもたず、中国というのは地方政権の寄せ集めに過ぎないという差別意識をもち続けていたために抱いた没歴史的な錯覚にほかならない。こうした占領統治計画があったからといって、支那駐屯軍がそのような統治の具体的「意思」をもっていたとは言えないとする批判もあるが[74]、参謀本部が占領後の統治計画のない平津攻略を諦めて塘沽停戦協定を結んだ直後に、かかる計画を作成し始めたことは、日本軍部が華北支配の具体的な可能性を考え始めたことを示唆するものではないかと思われる。そうした動きは、外務当局まで巻き込んでいった。一九三四年六月には、東京において外務・陸軍・海軍関係課長の間で華北分離工作についての意見交換がなされ、「東亜局第一課長試案」の冒頭には「北支地方ニ対シ南京政府ノ政令ノ及ハサルカ如キ情勢ヲ希望」すると記されているのである[75]。もっとも、実際に関東軍や支那派遣軍が取った方策は、統治計画が想定する軍事占領ではなく、軍事力を背景とする政治工作によって華北を分離していこうとする方法であった。

南京国民政府の蔣介石は、当時中国共産党＝紅軍の鎮圧に力を注いでおり、一九三四年一〇月には紅軍を瑞金から撤退させて延安に向けての「大長征」を余儀なくさせながらも、軍事力の強化と経済建設の必要から対日妥協策を展開した。そうした動きに対して、一九三三年九月から斎藤内閣の外相に就任し、三四年七月発足の岡田内閣でも外相に留任した広田弘毅（一八七八—一九四八）は、しだいに軍部寄りの姿勢に変わり、三四年六月、七月、一一月の陸海外三省課長会議での外務省の主張は、中国各地方に「局地政権」を分立させ、それによって蔣介石政権を牽制し打倒するという陸軍の対中国政策に接近していった[76]。そして、一九三五年五—六月に支那駐屯軍と関東軍が、それぞれ河北省とチャハル省から国民政府勢力を撤退させた事件（梅津・何応欽、土肥原・秦徳純の二協定）についても、支那駐屯軍参謀長の酒井隆大佐と関東軍奉天特務機関長の土肥原賢二少将が暴走し、軍部中央が追認したのではなく、関東軍関係者による周到な共同謀議と、軍部中央の原則的了解のもとで発動されたことが判明し、広田外相が事は統帥権に関わるとして現地軍に交渉を任せたのも、駐満大使を兼ねた南次郎関東軍司令官から「既に矢は弦を離れたるものなれば中央に於ても之を支持すべく」という報告を受けていたためとされている[77]。

軍部による華北分離工作は、一九三五年一一月の国民政府による幣制改革（後述）の成功によって大きく頓挫せしめられたが、関東軍は同月、強引に冀東防共自治委員会（のち冀東防共自治政府、「冀」＝河北省）という傀儡政権を発足させた。それに対して国民政府は、冀東政権を否認するとともに日本の直接の圧力をかわす妥協策として河北省・チャハル省を管轄する冀察政務委員会を北平に設置し、第二十九軍の宋哲元を委員長に任命した。冀東政権が出来ると、その存在を利用して、冀東経由の密貿易が激増し、一九三六年二月には冀東政権が旧関税率のほぼ四分の一という低率の輸入税を設定したため、日本商品は冀東に殺到した。そのため、国民政府は租税収入の半ばを占める関税収入の推定五分の一を失うという大打撃を蒙り[78]、民衆の抗日気運が高揚した。すでに一九三五年八月には中国共産党が抗日民族統一戦線の結成を提唱しており、三六年一二月の西安事件（張学良が蔣介石を軟禁して内戦停止と一致抗日を要求）は、第二次国共合作に向けてのステップとなった。

このように、華北分離工作は、関内に「第二の満洲国」とでも言うべきものを政治的・謀略的方法によって作ろうとする軍部の時代錯誤的方策であったが、急速に政治的・経済的統一を進めつつあった国民党政権と中国民衆の反発によって挫折に追い込まれていった。日本軍部がそうした方策を講じた最大の動機は、「満洲国」を包摂することにより、対ソ戦と対米戦の準備を固めることにあったが、総力戦段階の戦争を戦うためには、軍事力の物的基礎となる豊富な資源と高度な工業力が必要であった。満州だけでなく、華北も支配しようと目論んだ軍部の狙いの中には、そうした経済面での自給自足圏の構築という狙いもまた存在した。例えば、「満洲国」経済の研究で知られる山本有造氏は、「満洲から華北へ」向けての欲望の肥大化をもたらした経済的要因として、大豆経済に代表される「満洲」経済が中国関内との人的・物的循環なくしては成立しえない非自立性と、「満洲が、必ずしも期待どおりの資源潜在力をもたないことが、少しずつ明らかになった」という資源の不完全性を指摘した[79]。しかし、関内からの中国人出稼ぎ労働力については、日中戦争勃発までは、関東軍の主導による治安維持の観点からの入満制限政策が取られていたのであり、一九三二―三六年の五年間の入満者合計二三八万人に対して離満者合計は二〇八万

地図　「満洲国」と華北五省（綏遠，チャハル，山西，河北〔網掛けは冀東政権〕，山東）

人であって、入満者数より離満者数が三〇万人少ないことが留意さるべきであろう。満州と関内の人的交流は縮小されつつも存続していたのであり、交流の途絶をカバーするために華北侵略が目論まれたわけではない。[80]

また、満州で不足する資源として山本氏が挙げるのは、一九三六年八月の五相会議（広田首相・有田外相・寺内陸相・永野海相・馬場蔵相）が南北併進の「国策の基準」を決定したのを受けて、関係諸省間で決定した「第二次北支那処理要綱」に記された「国防上必要ナル軍需資源（鉄、石炭、塩等）」の説明として付録に記された六つの資源であった。すなわち、①鉄鉱石と石炭とくに強粘結炭、②工業用塩と石油、③棉花と羊毛、の三グループ六点の資源である。ただし、この区分は山本氏によるもので、原史料には、一・鉄礦、二・「コークス」用炭礦、三・塩、四・棉花、五・液体燃料、六・羊毛、と記されている。「石油」は、「北支就中山西省に於ける石炭を利用し、我方の技術及資本の援助に依り石炭液化事業を推進す」ることを指し、「棉花」については、「先づ河北山東両省に於ける棉花の改良増産を図り逐次之を山西其他に及ぼすものとす。改良増産は農民の自覚と北支当局の指導奨励に俟つべきも我方よりも所要の資金及技術的援助を与ふるを要す。尚所定方針に従ひ興中公司の設立すべき棉花倉庫公司及運輸公司をして棉花の取引運輸業に関し産棉事業の発達の為協力せしむ」とある。(81)

これらは、河北省とチャハル省から国民政府勢力を後退させた直後の一九三五年七月に支那派遣軍が作成した「新政権の発生に伴ふ経済開発指導案」において、新たな経済権益の獲得を「交通、鉱物資源（石炭）、農村問題及其他の順序」で行うとし、そのために満鉄に依頼して行った華北経済調査の結果を踏まえたものであった。支那駐屯軍は、一九三四年八月に参謀本部支那課長から転任した酒井隆大佐が、同年一〇月に満鉄総務部長に宛てて華北の重要資源の調査を依頼する書簡をすでに送っており、翌三五年になって満鉄による大規模な調査が実現したのである。言い換えれば、それらの資源は、満州に乏しいことが判明した資源としてリストアップされたものではなく、支那駐屯軍が華北を支配した場合に獲得できそうなことが調査から判明した軍需資源を記したのである。(82)この資源調査でもっとも多くの人員が動員されたのは、鉱山班、鉄道班、港湾班であり、製塩業を含む工業班や、農業を含む経済班はほとんど調査ができなかったという。ただし、満鉄天津事務所は別途、冀東（河北省東部）の農村実態調査を実施している。(83)

満鉄調査部による大規模な資源調査が、それなりの成果を挙げたことは事実であるが、その調査の精度が必ずしも高くなかったことは、鮎川義介が東辺道の地下資源がきわめて豊富であるとの調査結果を信用して大失敗したという前述の事実から明らかである。決定的なのは、一九五九年に黒龍江省のハルビン近傍で発見されピーク時には五千万トンの原油を産出した巨大な大慶油田が、一九三二年三月から三四年一一月まで組織的に行われた国防資源調査にさいして発見できなかったことであろう。この時の調査は、①鉄鉱、②アルミニウム、③石油・オイルシェール、④石炭、⑤銀・鉛・亜鉛鉱、⑥雑鉱物の六班編成で実施され、第三班は軍人や軍嘱託の研究者が主要メンバーとなって過去にオイルシェールがあるという調査履歴のある箇所について再調査を行った。関東軍はそれによって満鉄の調査を基礎に速やかな結果を求めたようであるが、その結果、調査地は奉天省〔＝元・遼寧省〕・熱河省・吉林省に限定され、黒龍江省での調査は行われず、大慶油田のある地域は調査対象から外れてしまった。さらに、満鉄は一九三三年に鉱産物資源にとどまらない全般的な調査を吉林省東北部、熱河省、黒龍江省北部で実施したが、この時も大慶油田のある黒龍江省南部は対象から外されていた。それ故、満鉄の資源調査は、広大な満州全域を対象に徹底的に実施するという態勢とは程遠いものであったと言わねばなるまい。この時の調査地産出の頁岩油については、粗油の含有率が低く、いずれも事業化不能と判断された。こうして満州でのオイルシェール製造は、撫順炭鉱の油母頁岩によるものが一九三〇年から開始されただけにとどまった。ところが、一九三四年一〇月に、黒龍江省南部の松花江の三姓（現ハルビン市依蘭県）で偶然江底から油母頁岩が見つかり、江底調査の結果、石炭とともに含油率九％の頁岩が大量に存在することが判明した。満鉄では事業化の可能性を検討したところ、全体としての含油率の低さから莫大な赤字が出ると予想されたので諦めたのに対して、関東軍司令部は一九三七年一月に決定した液体燃料工業開発要綱において、四一年の頁岩油の生産目標を撫順を五〇万トン、三姓を三〇万トンと勝手に設定したが、三姓については全く実現されなかった。(84)

華北の資源問題として、さらに検討を要するのは、前述の「第二次北支那処理要綱」付録にある「棉花」をどう評価するかであろう。かつて名和統一氏が、「北支資源については、鉄、石炭其他鉱物とともに其の棉花が重要項目をなしてゐることは周知の通りである」[85]と指摘したのを受けて、杉原薫氏は、「日本の北支進出の最大の経済的動機はそこで産出される米棉種棉花の確保であり、それはまた上海の民族紡と国民党政府がそれに抵抗する最大の理由の一つでもあった。東アジア圏内部の綿業をめぐるこの主導権争いは、一九三七年における日中戦争勃発の最大の経済的背景であった」[86]と、西川博史氏の「綿業帝国主義論」と同様な議論を展開しているからである。確かに、名和氏が指摘するように朝鮮・満州での棉花増産事業が大きな限界を露呈し、それを補完すべく華北での棉作が注目され、満鉄の子会社社興中公司が中心となって棉花の改良・増産を試みていた。さらに日本紡績資本とくに三大紡系の大資本が、天津の民族紡を買収し、青島での工場新設を進めており、一九三六年秋の上海・青島の在華紡でのストライキと弾圧が、中国が対日抗戦に踏み切る一契機となったとも指摘されている[87]。しかし、そのことは、華北において日中全面戦争が始まる直接の背景としては重要であっても、華北に向けての日本の侵略拡大の最大の要因であったとは言えなかろう。支那駐屯軍が獲得しようと狙っていた「国防上必要ナル軍需資源」の中心は、あくまでも重化学工業の原料資源だったと見なければなるまい。

日本政府・軍部が推進した華北分離工作の動きは、前述のように中国がさまざまな地方政権に分裂しているという想定に立つものであったが、その想定が全くの誤りであることを示したのが、一九三五年一一月に国民政府が断行した幣制改革であった。この改革は、中央、中国、交通三銀行が発行する紙幣を法幣とし、それをもって各種銀貨・紙幣を回収し、さらに外国為替の無制限売買によって法幣の対外為替相場を安定させるものであった。改革にさいして、イギリス系などの外国銀行は、日本系銀行を別として、すべての手持ち銀貨を法幣に換え、銀国有化に協力した。一九三六年末にはほとんどの銀が回収され、日本系銀行も一九三七年三月の実業団訪中の機会に現銀を譲り渡した。国民政府は、一九三六年五月のアメリカとの協定により、七五〇〇万オンスの銀を売却して、三四〇〇万ドルの為替基金をアメリカに置き、どの国の通貨にもリンクせずに、法幣の対外価値の維持を図ることとした

のである。(88)

国民政府による幣制改革の成功は、一九三五年一一月から一斉に開始された華北資源調査に冷水を浴びせかける効果をもった。金融問題をテーマの一つとする乙嘱託班の経済班は、次のような「総括」を残して一九三六年三月をもって早々と調査を打ち切った。

昭和一〇年一一月三日、国民政府は幣制改革を断行し、之が実施を各地に通告し、北支の支那当局も亦之を遵守実行に着手した。此の幣制改革の通告は恰も乙嘱託班の設置後に発表せられ、これが為日本側の自主的乃至指導的立場よりみたる北支の通貨対策は全く封ぜられた姿となりて、従て経済班に於ても北支の通貨工作に関しては、之が立案を中止し、姑《しばら》く国民政府の幣制改革の推移を注視し、其の成績を調査する。(89)

国民政府は幣制改革の成功によって、中国の通貨発行権を掌握したわけで、そのことは政府が財界の協力を取りつけ、日中戦争の戦費調達を行うことを可能にさせた。「この幣制改革は実に蔣介石政権の戦時経済体制の根幹をなした」と評価される所以である。(90)

このように、日本独自の通貨政策を通じて、華北を経済面から日本の支配下に組み込もうとする構想が、国民政府の幣制改革により全面的に挫折した後、分離工作はしだいに軍事力の強化に依存する方向をたどることになった。一九三六年の二・二六事件の後に成立した広田内閣が同年四月の閣議で、支那駐屯軍の兵力を一七七一名から五七七四名へと一挙に三倍以上に増強し、司令官を関東軍並みに天皇が直接任命する親補職に格上げし、兵士も従来の一年交替制を永駐制に改編したことは、その動きを決定づけた。(91)この支那駐屯軍（＝天津軍）の増強の直接の狙いが、華北での関東軍の謀略工作の抑止にあったことは、石原莞爾が、「［支那］事変惹起の国内的原因」について、「中央部が関東軍の北支に手を出す事をどうしても止めさせ得なかった為に、遂に其対策として天津軍を増強しました事が今次事変の原因となった」と述べていることからも明らかである。参謀本部作戦課長に就任した石原は、関東軍と極東ソ連軍の兵力差に驚き、関東軍を対ソ戦備へ方向転換させる便法として支那駐屯軍の増強を試みたのであった。

この増強案は、一九三五年一二月から三六年一月にかけて急遽練り上げられたものと推定されているが、三六年一月の支那駐屯軍司令官宛の「北支処理要綱」の第五項に、「北支処理ハ支那駐屯軍司令官ノ任スル所ニシテ、直接冀察冀東両当局ヲ対象トシテ実施スルヲ本則トシ、且飽ク迄内面指導ヲ主旨トス。又経済進出ニ対シテハ軍ハ主動ノ地位ニ立ツコトナク側面的ニ之ヲ指導スルモノトス。……関東軍及北支各機関ハ右工作ニ協力スルモノトス」[93]とあるように、支那駐屯軍は単なる居留民保護の任務をはるかに超えて、北支分離工作を「指導」する特殊任務を帯びていた。駐屯軍の大増強は、中国政府に対して無断で行われたため、中国政府は厳しく抗議したが、日本側は兵力増強は「必要最低限」のものであると回答しただけであった。[94]しかし、支那駐屯軍の軍事的圧力が飛躍的に強化された状況の下で、北支分離工作が一層進むであろうことは明白であったから、中国民衆の抗日意識は著しく高まり、抗日救国会が全国で設立された。一九三七年七月の盧溝橋事件は、華北でのそのような高揚した軍事的緊張の中で起こったのである。[95]

注

（1）藤原彰「戦時体制」『国史大辞典』八（吉川弘文館、一九八七年）。

（2）橋本寿朗『大恐慌期の日本資本主義』（東京大学出版会、一九八四年）九五頁。

（3）清水洋二「農業と地主制」大石嘉一郎編『日本帝国主義史2　世界大恐慌期』（東京大学出版会、一九八七年）二五八—二六二頁。

（4）中村政則『昭和の歴史2　昭和の恐慌』（小学館、一九八二年）三〇七—三一八頁。

（５）三和良一「高橋財政下の経済政策」東京大学社会科学研究所編『ファシズム期の国家と社会２　戦時日本経済』（東京大学出版会、一九七九年）、のち、同『戦間期日本の経済政策史的研究』（東京大学出版会、二〇〇三年）所収。
（６）中村政則前掲『昭和の歴史２　昭和の恐慌』三二九頁。
（７）今村武雄『日本宰相列伝８　高橋是清』（時事通信社、一九六五年）。
（８）同上、一九八―一九八頁。
（９）リチャード・Ｊ・スメサースト、鎮目雅人・早川大介・大貫摩里訳『高橋是清　日本のケインズ――その生涯と思想』（東洋経済新報社、二〇一〇年、原著、二〇〇七年）。
（10）同上、三四〇―三四二頁。
（11）今村武雄前掲『高橋是清』一八二―一九七頁。
（12）池田成彬『故人今人』（世界の日本社、一九四九年）二四六頁。もっとも、そのような高橋評をもつ池田成彬について、松浦正孝氏が、「池田は、『財政政治家』としては卓越していたが、政治には『素人』であった。……政界における池田への評価は常に『財政政治家』としてのものであった」（同『日中戦争期における経済と政治――近衛文麿と池田成彬』東京大学出版会、一九九五年、二六三頁）と述べていることは興味深い。
（13）スメサースト前掲『高橋是清』二七五―二七八頁。
（14）高橋是清『随想録』（千倉書房、一九三六年、中央公論新社、二〇一〇年）中央公論新社版一五一―一五二頁。
（15）同上、二二頁。
（16）スメサースト前掲『高橋是清』二四九頁。
（17）井出英策『高橋財政の研究――昭和恐慌からの脱出と財政再建への苦闘』（有斐閣、二〇〇六年）。
（18）同上、二六七頁。
（19）表17では、陸軍省の「国防充備費他」として国防充備費、航空部隊其他改編費、兵備改善費の合計額、海軍省の「艦艇製造費他」として艦艇製造費、水陸整備費、航空隊整備費、艦船整備費、軍備品整備費の合計額を示した。なお、特別会計は、陸軍造兵廠、陸軍製絨廠、海軍工廠、海軍火薬廠、海軍燃料廠に関する歳出額である。
（20）藤原彰『日本軍事史』上巻、戦前編（日本評論社、一九八七年）、二〇四頁。
（21）外務省編『日本外交年表竝主要文書』下巻（原書房、一九六六年）、三四四頁。
（22）高村直助『近代日本綿業と中国』（東京大学出版会、一九八二年）一九八―一九九頁。
（23）同上、一二七頁。

(24) 石井修『世界恐慌と日本の「経済外交」——一九三〇—一九三六年』(勁草書房、一九九五年)四一—五八頁。
(25)『鐘淵紡績会社　第九四回株主総会速記録』大阪大学附属図書館所蔵。
(26)『大日本紡績連合会月報』第四九七号、一九三四年二月。
(27) 石井修前掲『世界恐慌と日本の「経済外交」』五六—五七頁。
(28) 籠谷直人『アジア国際通商秩序と近代日本』(名古屋大学出版会、二〇〇〇年)第六章。
(29) ピーター・J・ケイン、アンソニー・G・ホプキンズ、木畑洋一・旦祐介訳『ジェントルマン資本主義の帝国Ⅱ』(名古屋大学出版会、一九九七年)。
(30) 籠谷直人前掲『アジア国際通商秩序と近代日本』二八三頁。
(31) 村山高『世界綿業発展史』(日本紡績協会、一九六一年)四九二頁。
(32) 杉山伸也「日本の綿製品輸出と貿易摩擦」同、イアン・ブラウン編著『戦間期東南アジアの経済摩擦——日本の南進とアジア・欧米』(同文舘出版、一九九〇年)。
(33) 石井修前掲『世界恐慌と日本の「経済外交」』一六六頁。
(34) 西島恭三『事業王・津田信吾』(今日の問題社、一九三八年)九〇頁。
(35) 石黒英一『大河——津田信吾伝』(ダイヤモンド社、一九六〇年)一七一—一八六頁。
(36) 同上、一三九頁。
(37)「日印通商条約廃棄問題と綿業・人絹業対策座談会」『東洋経済新報』第五五〇号、一九三三年五月、二三—四六頁。
(38) 石井修前掲『世界恐慌と日本の「経済外交」』一六七頁において、その主旨が紹介されている。なお、ここでは鐘淵紡績を本社の所在地に即して東京系紡績としたが、同紡績の本社は設立当初から東京工場にあったとはいえ、実際の営業活動は兵庫工場を中心として全国規模で展開されており、武藤山治社長と津田信吾社長は兵庫県在住であった。しかし、三井銀行との関係などを含めて東京財界とのつながりも強かった面があり、同紡績を簡単に東京系とも、関西系とも割り切ることはできない。
(39) 堀和生『朝鮮工業化の史的分析』(有斐閣、一九九五年)三四頁。
(40) 金洛年『日本帝国主義下の朝鮮経済』(東京大学出版会、二〇〇二年)一〇一—一一九頁、なお、植民地朝鮮の経済成長と所得分配については、金洛年編『植民地期朝鮮の国民経済計算　一九一〇—一九四五』(東京大学出版会、二〇〇八年)を参照せよ。
(41) 金子文夫「朝鮮産業政策の形成」原朗編『近代日本の経済と政治』(山川出版社、一九八六年)。
(42) 高橋泰隆『日本植民地鉄道史論——台湾、朝鮮、満州、華北、華中鉄道の経営史的研究』(日本経済評論社、一九九五年)一〇一頁。

(43) 姜在彦編『朝鮮における日窒コンツェルン』（不二出版、一九八五年）三一、一四七頁。
(44) 同上、一八七—二〇八頁。
(45) 堀真清編著『宇垣一成とその時代——大正・昭和前期の軍部・政党・官僚』（新評論、一九九九年）一七三頁。
(46) 金洛年前掲『日本帝国主義下の朝鮮経済』一二四—一二五頁。
(47) 林采成『戦時経済と鉄道運営——「植民地」朝鮮から「分断」韓国への歴史的経路を探る』（東京大学出版会、二〇〇五年）。
(48) 堀和生前掲『朝鮮工業化の史的分析』第六章。一九四一年一二月、朝鮮窒素は日本窒素に合併された。
(49) 金洛年「植民地期台湾と朝鮮の工業化」堀和生・中村哲編著『日本資本主義と朝鮮・台湾——帝国主義下の経済変動』（京都大学学術出版会、二〇〇四年）一五六頁。
(50) 涂照彦『日本帝国主義下の台湾』（東京大学出版会、一九七五年）三二六—三四四頁。
(51) 由井常彦「概説」『日本経営史3　大企業時代の到来』（岩波書店、一九九五年）一二頁。
(52) 北波道子『後発工業国の経済発展と電力事業——台湾電力の発展と工業化』（晃洋書房、二〇〇三年）第一、二章。資金調達と大口需要に関する具体的分析は、湊照宏『近代台湾の電力産業——植民地工業化と資本市場』（御茶の水書房、二〇一一年）第一、二、三章、参照。
(53) 疋田康行「戦時経済統制と独占」中村政則編『体系・日本現代史4　戦争と国家独占資本主義』（日本評論社、一九七九年）。
(54) 東洋経済新報社編『昭和産業史』第一巻（東洋経済新報社、一九五〇年）、二一八頁。
(55) 住谷悦治『台湾紀行』（松山高等商業学校商経研究会、一九四一年）三七頁、涂照彦前掲『日本帝国主義下の台湾』一二七頁。
(56) 小林英夫「一九三〇年代後半期以降の台湾「工業化」政策について」『土地制度史学』第六一号、一九七三年。
(57) 原朗「資金統制と産業金融——日華事変期における生産力拡充政策の金融的側面」『土地制度史学』第三四号、一九六七年、同「一九三〇年代の満州経済統制政策」満州史研究会編『日本帝国主義下の満州——「満州国」成立前後の経済研究』（御茶の水書房、一九七二年）、同「「満州」における経済統制政策の展開」安藤良雄編『日本経済政策史論』下巻（東京大学出版会、一九七六年）、なお、「満洲国」経済へのマクロ経済的接近としては、山本有造『「満洲国」経済史研究』（名古屋大学出版会、二〇〇三年）が優れた考察を行っている。
(58) 四宮正親『日本の自動車産業——企業者活動と競争力　一九一八—七〇』（日本経済評論社、一九九八年）第四章。
(59) 角田順編『石原莞爾資料——国防論策篇』（原書房、一九七一年）一八六、一八〇頁。
(60) 『満州・五箇年計画立案書類　第二編第一巻　鉱工業部門概要』（満鉄調査部、一九三七年一二月、龍渓書舎、一九八〇年復刊）。
(61) 原朗前掲「「満州」における経済統制政策の展開」二九〇頁。

(62) 鈴木邦夫編著『満州企業史研究』(日本経済評論社、二〇〇七年) 七一四—七三八頁。
(63)『満州・五箇年計画立案書類　第二編第七巻　自動車工業関係資料』(満鉄調査部、一九三七年一二月、龍渓書舎、一九八〇年復刊)。
(64) 安藤良雄編著『昭和経済史への証言』上巻 (毎日新聞社、一九六五年)、二七九—二八一頁。
(65) 原朗前掲「「満州」における経済統制政策の展開」二六四—二六六頁。
(66) 宇田川勝『日本財閥経営史　新興財閥』(日本経済新聞社、一九八四年) 七三—七七頁。
(67) 同上、六六—六七頁。
(68) 以下、浅田喬二「満州農業移民政策の立案過程」満州移民史研究会編『日本帝国主義下の満州移民』(龍渓書房、一九七六年) による。
(69) 加藤聖文「満州移民計画の形成と「国策化」」『歴史評論』七一九号、二〇一〇年。
(70) 例えば、上笙一郎『満蒙開拓青少年義勇軍』(中公新書、一九七三年)、高橋泰隆『昭和戦前期の農村と満州移民』(吉川弘文館、一九九七年)、白取道博『満蒙開拓青少年義勇軍史研究』(北海道大学出版会、二〇〇八年)。
(71) 安井三吉『柳条湖事件から盧溝橋事件へ——一九三〇年代華北をめぐる日中の対抗』(研文出版、二〇〇三年) 一二二—一二三頁。
(72) 江口圭一『十五年戦争小史』(青木書店、一九八六年) 八四頁。
(73) 永井和『日中戦争から世界戦争へ』(思文閣出版、二〇〇七年) 四一—四二頁。
(74) 荒川憲一『戦時経済体制の構想と展開——日本陸海軍の経済史的分析』(岩波書店、二〇一一年) 一〇三頁。
(75) 内田尚孝『華北事変の研究——塘沽停戦協定と華北危機下の日中関係 一九三二—一九三五年』(汲古書院、二〇〇六年) 一五四頁。
(76) 安井三吉前掲『柳条湖事件から盧溝橋事件へ』一六一—一六六頁。
(77) 秦郁彦『盧溝橋事件の研究』(東京大学出版会、一九九六年) 一二頁。
(78) 久保亨『戦間期中国〈自立への模索〉——関税通貨政策と経済発展』(東京大学出版会、一九九九年) 一五七頁。
(79) 山本有造前掲『「満洲国」経済史研究』一二—一三頁。
(80) 松村高夫「満州国成立以降における移民・労働政策の形成と展開」満州史研究会編『日本帝国主義下の満州——「満州国」成立前後の経済研究』(御茶の水書房、一九七二年) 二四三頁。
(81)『現代史資料8　日中戦争』(みすず書房、一九六四年) 三七〇—三七一頁。

(82)中村隆英『戦時日本の華北経済支配』(山川出版社、一九八三年)一三一三一頁。
(83)小林英夫『満鉄調査部の軌跡　一九〇七―一九四五』(藤原書店、二〇〇六年)一五七―一七五頁。
(84)山本裕「事業化された調査――資源・鉱産物調査とオイルシェール事業」松村高夫・柳沢遊・江田憲治編『満鉄の調査と研究――その「神話」と実像』(青木書店、二〇〇八年)。なお、戦前期日本の石油消費のピークは、一九三七年の官民合計五〇〇万トン台であった。
(85)名和統一『日本紡績業と原棉問題研究』(大同書院、一九三七年)三五三頁。
(86)杉原薫『アジア間貿易の形成と構造』(ミネルヴァ書房、一九九六年)一二七頁。
(87)高村直助前掲『近代日本綿業と中国』二二七―二三一頁。
(88)小林英夫「日中戦争史論」浅田喬二編『日本帝国主義下の中国――中国占領地経済の研究』(楽遊書房、一九八一年)二七―四一頁、なお、中国幣制改革を国際的視点から分析した共同研究として、野沢豊編『中国の幣制改革と国際関係』(東京大学出版会、一九八一年)がある。
(89)小林英夫前掲『満鉄調査部の軌跡』一六八―一六九頁。
(90)岡田酉次『日中戦争裏方記』(東洋経済新報社、一九七四年)一三―一四頁、島崎久彌『円の侵略史――円為替本位制度の形成過程』(日本経済評論社、一九八九年)一四九頁より再引用。
(91)松崎昭一「支那駐屯軍増強問題」上『国学院雑誌』第九六巻第二号、一九九五年、二三頁。
(92)石原莞爾「回想応答録(昭和十四年秋)」角田順編『石原莞爾資料　国防論策』(原書房、一九七一年)四三五頁。
(93)外務省『日本外交年表竝主要文書』下巻(原書房、一九六六年)、三二三頁。
(94)松崎昭一前掲「支那駐屯軍増強問題」二三頁。なお同論文は、増強軍の編成が二・二六事件への軍人の関与とつながりがあるという興味深い分析を行っている。
(95)盧溝橋事件について詳しくは、秦郁彦前掲『盧溝橋事件の研究』、安井三吉前掲『柳条湖事件から盧溝橋事件へ』を参照。

終章　帝国主義日本の挫折
――「政治的資本主義」の末路――

以上、一九三七年（昭和一二）七月七日の盧溝橋事件の勃発までで、本書の本論は終わりとする。政治外交史的には、盧溝橋事件から日中全面戦争に至る過程で語るべきことは多いが、[1]「日本型ブルジョアジー」を中心とする国民が何故戦争を防ぐことができなかったかを問題とする本書の狙いからすると、ここで筆を置くことも許されるであろう。第7章、第8章で見たように、満州事変を画期に日本ブルジョアジーの戦争への姿勢は大きく転換し、とくに紡績業者の場合の満州問題への態度は「逆転」とも言うべきものであった。やや視野を広げて、大阪財界の動向を見ても、第7章第四節で触れたように、一九二八年一月に発足した大阪自由通商協会が、東京海上前専務取締役平生釟三郎を中心として民政党内閣を支持する活動を行い、三一年三月にはメンバーの有力な一部が大阪軍縮促進会を結成した。だが、同年九月の満州事変に対しては、大阪自由通商協会の幹部会が軍部の「自重」を求める見解をもっていたにもかかわらず、対外的には沈黙を守り、陸軍の働きかけによって軍事研究会への参加を繰り返すうちに意見が変化し、翌三二年一月には平生が、「列国が関税政策を改めねば日本は侵略主義に出ざるを得ない」という主張を表明したのであった。[2]

さらに、財界の頂点に位置する三井財閥は、合名理事長団琢磨が一九三二年三月に血盟団によって暗殺された後、同年四月には政府の強い要請に応えて三井・三菱両財閥折半負担による「満洲国」への二千万円の借款供与を行うとともに、三三年一一月には三千万円の寄付によって社会事業団体三井報恩会の設立計画を発表するなど、政治的・社会的姿勢の転換をアピールした。(3) 三菱財閥においては、一九一六年に合資社長に就任した岩崎小弥太が、二〇年の三菱鉱業訓示において「我々は国家より斯くの如き生産といふ重大なる任務を委託せらるるのであるから『国家の為にする』と云ふことが事業経営の最終の目的であり、此の目的のために最善の努力をすることが我々の理想でなくてはならぬ」と述べ、三菱商事の綱領のトップに「所期奉公」を掲げたことが示すように、国策協力が不変の方針であった。(4) 住友財閥に至っては、住友家当主と経営最高幹部らが「住友財閥をひとつの国家機関と考えて、住友を国家の発展に寄与せしめるということに全力を傾注した」(5) とまで評価されている。第7章第二節で引用した小倉正恒の満州事変への対応についての慎重論もあいまいな性格をもっており、住友の動向を関西ブルジョアジー一般と同一視することは適当ではない。(6) それ故、満州事変が勃発した一九三一年の年末の日本財界においては、関東、関西を問わず、戦争への阻止勢力はほとんど壊滅状態に陥ったと言わねばなるまい。

日中戦争とアジア太平洋戦争を通じて帝国主義日本の膨張は極点に達するとともに、多大の被害を占領地・植民地の人々と本国の国民に与えつつ挫折するわけであるが、その過程も本書の対象外になる。その理由は、戦時経済と占領地支配は、これまでの本書のような分析方法では把握できないことと、最近、そうした対象に関する優れた実証研究(7)が数多く出版されており、それらの成果を吸収した上で論ずる余裕が今のところないためである。ただ、今まで述べてきた事実、とくに第4章で論じた第一次世界大戦の画期性に対応する日本政府と軍部の総力戦体制構築の遅れを思い起こせば、中国に加えて米英も相手とするアジア太平洋戦争に勝利する見通しが全くなかったことは明らかであるし、中国との戦いにしても日本陸軍が抱いていたような短期間の戦闘で勝利できるという「一撃論」が成り立たないほどに中国の軍事力と経済力が強化されつつあったことは第8章第四節に記した国民政府の幣制改革の成功などから推察可能であろう。

本書を通じて筆者が問題としたことは、一言でいえば、帝国主義日本の政治と経済の関係であり、政治の一部である軍事と経済の関係であった。その関係の日本的固有性を明らかにするために、第1章「「日本型ブルジョアジー」の系譜とエートス」では近世日本にまで遡って、経済活動を担当する町人＝商工業者が、政治との関係を如何に意識していたかを石門心学に即して検討し、そこでは経済価値はしだいにその位置を高めつつも政治価値に従属していたこと、それは経済活動の価値が、人々の生活に役立つというそれ自体の役割によって評価されるのでなく、政治支配者に仕える限りでのみ評価されたためであることを指摘した。そうした石門心学に見られる政治価値の優位は、近代日本において経済価値を高めようとした福沢諭吉や渋沢栄一の場合にも基本的に貫かれていたというのが第1章の結論であった。そして、このことは日本の帝国主義のあり方をも大きく規定した。

すなわち、第2章「外資排除による産業革命と日清戦争」と第3章「早熟的資本輸出と植民地帝国の形成」では、帝国主義日本の対外膨張戦略には、通説の言うように軍事的要因が強く働いていたとはいえ、その根底には、資本輸出入という経済的要因がさまざまな形で存在し、重要な意味をもっていたことを強調した。なぜならば、一八七〇年代以降の近代帝国主義諸国が互いに競争・協調しながら世界分割・再分割を進めて行くさいの暗黙のルールとして、いきなり軍事力を行使することは認められず、貿易や投資という経済面での活動が不平等条約のもとで行われ、そうした経済活動をめぐって発生したトラブルについて軍事力が行使され、植民地化が進むという世界史的状況があり、日本の行動もそのような共時的状況によって規定されていたからである。もっとも一八八〇年代中葉のベルリン会議以降は帝国主義国が相談して自由貿易は相手国内での通商の自由を含むといった勝手な解釈を作り上げ、それへの抵抗を「トラブル」と見做して領土支配を広げるといった露骨な軍事力の行使が目立つようになったことも留意しなければならない。一八八五年の日清間の天津条約も朝鮮への派兵のルールを朝鮮抜きで定めた点でベルリン会議と類似していた。いずれにせよ、近代帝国主義の世界においては、経済力の果たす役割が格段に大きくなり、それだけに、経済の担い手と政府・軍部との関係がしばしば緊張した。日清戦争前の日本政府は、対外従属への過剰なまでの危機意識をもって外資を排除し自力経済建設の路線を追求したが、日清戦後の朝鮮支配にさいして王妃暗殺という暴力的方法で失敗した後は、貿易と投資という経済関係を通じての関係の深化に努めた。国内資産家を総動員しての京釜鉄道建設は、資本輸出という国際ルールに則った朝鮮経済の支配であったが、そうした朝鮮に固着化した経済利害への執着こそが、満州の鉄道権益にこだわるロシアとの交渉を決裂させた大きな要因であった。ロシアとの戦争となると、日本の経済力の限界を超えた軍事力の準備が必要であり、そうした負担に当初抵抗していた東京商業会議所会頭渋沢栄一は、政府に押し切られるや、一変して政府の支援のもとでの京釜鉄道建設に邁進した。こうして経済力の限界を超えた過大な軍事力をもった帝国主義日本は、帝国主義ロシアとの日露戦争に運よく勝利し、後発ながら大規模な植民地帝国と化したのである。

第一次世界大戦は、日露戦争とは異なる新兵器と輸送手段によって、世界史上未曾有の規模で戦われた。第4章「第一次世界大戦への対応とその限界」は、同大戦において、自動車・戦車・飛行機・潜水艦といった新兵器が出現しただけでなく、大砲・小銃・軍艦などの旧兵器も大きく改良され、戦争のあり方が大きく変化したこと、それを支えたものが耐久消費財である自動車を生産するという重化学工業の新段階であり、総力戦体制であったことを指摘し、そうした事実について、日露戦争を通じて自信過剰に陥った日本の軍部は、全く不十分な認識しかもたなかったことを強調した。総力戦というのは、軍人だけが頑張っても駄目な戦争であり、経済人が戦争経済を十全に支えることがきわめて重要な役割を果たすが、日本軍部の総力戦に対する認識は、軍部の要求に応じて経済人が文句を言わずに協力しさえすれば良いという政治＝軍事の論理が先行する考えであり、経済固有の論理は重視されなかった。そのため、日本の総力戦体制は、自動車を中心とする耐久消費財を製造する先端的な重工業生産力の創出に失敗した。軍部を中心とする総力戦体制作りは、一九二〇年代には、機械戦に備えて機械工業の発展を積み重ねていくという肝心の「物的資源」面の準備よりも、在郷軍人会や青年団組織を介する国民の軍隊化という「人的資源」面の準備で成果を挙げ、満州の鉄鉱石・石炭など従来型の重工業のための地下資源の排他的確保に力を注ぐことになったのである。

しかし、第5章「一九二〇年代の対外膨張戦略(1)　在華紡路線」と第6章「一九二〇年代の対外膨張戦略(2)　満鉄路線」で検討したように、関東軍と満鉄による満州支配の拡大は、民族的統一を推し進める中国側の激しい抵抗を生むことになった。民間ブルジョアジーによる中国への資本輸出としては、上海租界を中心とする地域での在華紡の活動が伸びつつあり、その活動は不平等条約による労資関係への非合理な介入などを除けば、民族紡との間での競争的共存の可能性もあった。少なくとも「満鉄路線」との比較では、「在華紡路線」は、中国経済の収奪だけでなく発展の条件ともなる可能性を秘めていたと言えよう。日貨ボイコットの主たる原因は満州における利権をめぐる対立にあったと見るべきで、そうした契機と無関係に民族紡が在華紡による圧力を回避するために政治的に仕組んだものとするのは事実に反するように思われる。その意味では、在華紡の利害は、客観的には、石橋湛山の唱える満蒙放棄論と響き合う性格のものであった。

そうした日本紡績ブルジョアジーの利害からすれば、満州事変の勃発は、未曾有の激しい日貨ボイコットを生み、工場閉鎖も生じかねない危機的事態であった。第7章「満州事変への日本ブルジョアジーの対応」は、かかる事態に対する日本財界の対応を検討し、大阪財界とくに紡績ブルジョアジーの中には、喜多又蔵のように軍部支持の強硬論者もいたが、飯尾一二のように当初かなり厳しく関東軍の行動を時代錯誤として批判する論者もあったこと、しかし、事変の拡大が政府と宮中によって事後承認されるにつれて、批判は抑えつけられ、表面から姿を消したことを明らかにした。そこには一旦政府・宮中の意向が定まると、それまで政府批判をしていた経済人も口を閉じてしまうという政治優位のエートスが存在したと言わねばなるまい。

第8章「準戦時体制下における対外膨張」では、まず、赤字国債の日銀引受けという妙案によって軍備拡張と景気回復を図った高橋是清蔵相について、帝国主義者説と平和主義者説が対立しているが、高橋は時期によって考えが変化しており、その時々の政府の方針を忠実に遂行する点で「一貫性」があるという評価を試みた。経済に詳しい彼もまた政治価値優位の下にあるという限界をもっていたのである。この時期の「満洲国」の建設に並行して、イギリス・インド綿業の利害とそれを圧倒する日本綿業の利害を、英日両国政府が如何に抑え込むかが問われたのが日印会商であった。そこでは、満州問題での国際的孤立を避けたいという日本政府の意向と、インド投資の利益の本国還流というシティの利害を守りたいというイギリス政府の意向が働き、両国綿業の利害を抑えた形での妥協が成立した。しかし、その後も、世界経済のブロック化はとどまることなく、市場開拓に苦労する関東の綿業資本家の中には、東洋市場への回帰の方向を強め、そのためには軍部と手を握ろうという意見が、津田信吾や宮島清次郎から出され、関西の紡績資本家もそれに追従した。関東軍は、「満洲国」経済の重化学工業化を図り、鮎川義介による壮大な実験を生むが、杜撰な資源調査と外資頼みの計画のために実験は失敗する。そして、華北分離工作を進める支那駐屯軍による経済開発の試みも、国民政府の幣制改革によって挫折せしめられた。それ故、華北分離のためには強権的な軍事発動しかなくなるが、それは国民政府と中国共産党の双方を相手とする全面戦争に発展せざるをえなかったのである。

こうして、関西紡績ブルジョアジーを中心とする日本財界は、中国との不平等条約を廃棄して、対等の貿易・投資関係を通じて、お互いにギブ・アンド・テイクの関係を取り結ぶという合理的路線を築くことができないまま、中国の犠牲においてアメリカとの世界最終戦の準備をするという、軍部と政府の時代錯誤の幻想に立脚した非合理的路線に追随した。何故、日本のブルジョアジーは、そのように、自己の固有の経済的利害を政治の世界にストレートに反映させることができなかったのであろうか。本書の分析を通じて判明したことは、近世日本における政治価値の優位という価値体系が、近代日本におけるブルジョアジーのエートスとしてしぶとく生き続け、日本資本主義はドイツに類似した「政治的資本主義」としての特徴を色濃く帯びていたことであった。例えば、日清戦後の渋沢栄一は、過大で攻撃的な軍備拡張に一旦は反対しつつも、商業会議所連合会では横浜正金銀行の高橋是清の反論にあって政府への連合会建議を断念し、その後は政府の支援を求めつつ朝鮮鉄道建設に尽力し、軍拡路線に鞍替えした。満州事変勃発時の紡績ブルジョアジーは、満州での領土侵略に反対の意向をもちながら、それをあえて共同で表明するだけの踏ん切りがつかず、政府と宮中が関東軍の暴走を事後承認すると、しだいに批判の矛を収め、日印会商後は東洋市場への回帰を強めながら軍部支持へと転換した。そして、かつては二十一カ条要求を批判した高橋蔵相は、満州事変期には一変して政府と軍部の要求に応えて満州事変費と軍拡費を捻出し、最後にはその経済的限度を主張したために二・二六事件の犠牲となった。高橋蔵相の殺害は、軍部が経済の論理に関して如何に無知で非合理的な発想しかできないかを天下に暴露した。

そのさい留意すべきことは、政治価値の優位と言うときに、近世・近代日本では政治価値が究極的には天皇の権威という個別的な人間に属する政治価値であって、「天命」や「人権」といった普遍的な政治価値ではないこと、そのことが、経済価値の主張を貫いて政治価値を相対化し批判することを困難にさせていたことである。軍部の対外戦略が経済合理性から見て如何におかしなものであっても、それが天皇の権威のもとで政府の方針として確定してしまうと、それを批判し続けて修正させることはきわめて困難であった。そのため、軍部主導の非合理なアジア侵略路線が対外戦略を引っ張ったとき、日本ブルジョアジーはそうした路線を阻止する声をあげることがないまま、無謀な戦争に協力した(8)。総力戦段階の日本においては、経済人の客観的役割が未曾有の高まりを示したのと反比例するかのように、彼らが自らの合理的判断に立って対外戦略について発言する主観的役割が著しく低下した。こうして、日本における「政治的資本主義」の末路は、とくに近隣諸国の人々に多大な犠牲を強いた上での、無残な敗北でしかなかったのである。

ここで問題となるのは、本書の分析対象がもっぱらブルジョアジーに絞られて、労働者・農民の立場を代表する政党などの主張を無視していることであろう。この点は、本書の試みが、従来の研究が主として左翼政党の反戦活動の研究に偏っていたことへの反省に基づく補完作業だったためであり、他意はないことをお断りしておかねばなるまい。ここでのブルジョア・デモクラシーの研究は、広い意味でのソーシャル・デモクラシーの研究にも資するところがあろう。なお、本書がヴェーバーの「政治的資本主義」という用語を使い、その対極のタイプとしての「合理的資本主義」を相対的に高く評価したことは、「合理的資本主義」ならば帝国主義にならないという主張をしているわけでは決してないことも言っておく必要があろう。この問題を全面的に論ずるためには、英米型の帝国主義の性格と発生経路をどう位置付けるかを含めた議論が必要であり、ここでは論ずるだけの用意がない。おそらく、それは、経済的合理性そのものの吟味を、人々の生活の観点から試みることによって果たされるであろう。いずれにせよ、第一次・第二次世界大戦の歴史的性格を論ずるためには、参加諸国の資本主義体制についてもその諸類型を問題としなければならない。そのさい「合理的資本主義」の吟味は、東西冷戦下の戦後日本において、政治・軍事価値が低下しつつ、経済価値のみが野放図なまでに膨張したことの意味を分析するためにも役立つであろう。私にとっての次の課題としたい。

注

(1) 江口圭一『十五年戦争小史』(青木書店、一九八六年)、秦郁彦『盧溝橋事件の研究』(東京大学出版会、一九九六年)、加藤陽子『満州事変から日中戦争へ』(岩波新書、二〇〇六年)参照。

（2）広川禎秀「自由通商主義から領土拡張主義へ――自由通商協会をめぐって」岸俊男教授退官記念会編『日本政治社会史研究』下巻（塙書房、一九八五年）、および滝口剛「民政党内閣と大阪財界（1）（2）」『阪大法学』第五七巻第四号、二〇〇七年、第五八巻第五号、二〇〇九年。

（3）松元宏『三井財閥の研究』（吉川弘文館、一九七九年）二四二頁。

（4）岩崎家伝記刊行会編『岩崎小弥太伝』（一九五七年刊、東京大学出版会、一九七九年復刊）一八九―二〇一頁。

（5）瀬岡誠『近代住友の経営理念――企業者史的アプローチ』（有斐閣、一九九八年）二一九頁。

（6）一九四〇年に住友本社経理部長から企画院へ移った小畑忠良（一八九三―一九七七）は、「住友と関西財界の関係はいかがでしたか」という質問に対して、「それはねえ。関西財界というものはひとつにまとまっておりませんでしたな。戦争前は大阪財界、大阪商工会議所とか、大阪工業会とか何とかいうのは、住友とは別のグループになっておった」（安藤良雄『昭和経済史への証言』中巻、毎日新聞社、一九六六年、一二三頁）と回顧している。

（7）最近のものだけでも、例えば、原朗・山崎志郎編著『戦時日本の経済再編成』（日本経済評論社、二〇〇六年）、鈴木邦夫編著『満州企業史研究』（日本経済評論社、二〇〇七年）、春日豊『帝国日本と財閥商社――恐慌・戦争下の三井物産』（名古屋大学出版会、二〇一〇年）、山崎志郎『戦時経済総動員体制の研究』（日本経済評論社、二〇一一年）、柴田善雅『戦時日本の金融統制――資金市場と会社経理』（日本経済評論社、二〇一一年）、山本有造『「大東亜共栄圏」経済史研究』（名古屋大学出版会、二〇一一年）、山崎志郎『物資動員計画と共栄圏構想の形成』（日本経済評論社、二〇一二年）などがある。

（8）問題となるのは、「抵抗」が困難なことと、無謀な戦争に「協力」することとの間の相違であろう。仮に「抵抗」を諦めざるをえなかったとしても、宮中・政府・軍部の対外戦略が、経済的に見て非合理で賛成しがたかった場合に、どこまで「協力」するかは原則的には別次元の事柄である。日本ブルジョアジーの多くは、非合理だと思いつつも結局は戦争に積極的に「協力」した。その原因の一つは、彼らの抱く経済価値の内容が、近世の商人が抱いた経済価値と大差ないものであり、経済活動の価値を労働の価値にまで突き詰めて評価するところまで至らなかったことにあろう。それは、商人活動と生産活動の違いから生ずる違いであったと言っても良い。近世・近代の日本では、アダム・スミスが主張したような生産的労働こそが国富の源であるという価値観は乏しく、ジョン・ロックのように人がその労働によって獲得した私有財産を守ることが国家権力の本来の役割であるとする価値観もなかったのであり、それ故に、国家権力が戦争という暴力的＝非合理的行為によって他国領土を獲得することを批判し続けることができなかったように思われる。

あとがき

本書の成り立ちを振り返ってみると、そこではさまざまな方々との幸運な出会いと学問的な交流が重なっていた。本書の最初の構想と、出来上がった内容とはかなり違ってきているが、その背後には幾つかの偶然の出会いが働いている。東京大学大学院経済学研究科を一九九八年三月に定年退職した後、東京経済大学経営学部に勤めた一〇年間の私個人の仕事は、担当講義科目である日本流通史についての勉強と、同大学図書館所蔵の京都両替商の経営文書の分析の二つに集中しており、もともとの専門領域であった産業革命期や両大戦間期の経済史研究からは遠ざかっていた。ところが、東京大学に在職中の私のところに中国社会科学院から留学し、帰国後北京大学歴史学部に勤めた王新生教授の招きによって、二〇〇五年三月と二〇〇七年五月に同学部において近代日本経済史の講義をする機会が与えられた。そのとき、日本帝国主義の問題を扱い、在華紡による「綿業帝国主義」と満鉄・関東軍による「資源帝国主義」について説明したが、それぞれの立ち入った内容、とくに満州事変を日本のブルジョアジーが何故阻止できなかったのかという問題については、聞き手を納得させる説明ができなかった。同様な知識の欠如は、東京大学の私のところで博士号を得て台湾に帰り、国立交通大学に勤めていた黄紹恒教授の招きによって、二〇〇八年五月と二〇〇九年九月に台湾中央研究院と台湾師範大学で講演や講義をした際にも痛感した。それは、従来の研究史を私が十分吸収できていないためでもあったが、研究そのものも肝心の部分について空白であることがしだいに分かり、自分で調べるしかないと思うようになった。

そこで、中西聡氏との共編著『産業化と商家経営——米穀肥料商廣海家の近世・近代』(名古屋大学出版会、二〇〇六年）の編纂時に知り合った同出版会の三木信吾氏と相談して、二〇〇八年一〇月に『両大戦間期の日本帝国主義――経済と社会』と題する書き下ろしの帝国主義史の出版計画を立てたときは、在華紡と満鉄の関連に注目しながら満州事変・日中戦争の必然性を解明し、同時に「経済人の戦争責任」についても論じることにしたのである。しかし、「経済人の戦争責任」をどのように検討すれば意味のある議論になるかについては、なかなか見当がつかなかった。そのときに、たまたま、かつて東京経済大学の歴史編纂の仕事をしていた際に史料室で閲覧した同大学の創設者大倉喜八郎の手稿『心学先哲叢集』の復刻作業に協力することとなり、石田梅岩のいわゆる石門心学について勉強していて出会ったのが、アメリカの社会学者ベラー氏の『日本近代化と宗教倫理』（未来社、一九六六年）であった。ベラー氏は、近世から近代の日本社会が政治価値優位の社会であり、経済価値はしだいに重要性を高めるが、あくまで政治価値に従属していたとし、近代日本の経済人は、自分の経済活動が人々の役に立つことによって価値があるのではなく国家の役に立つことによってはじめて価値があると考える点で、石田梅岩の説くところと同質だと論じていた。そこで、私は、経済人の戦争責任という場合も、彼らが、生産＝労働に基礎付けられた経済合理性を国家権力による戦争を含む政策に対してどこまで主張しえたかを具体的なデータに即して調べてみようと考えたのである。こうした把握方法は、権力に対する経済人の政治姿勢をそれだけ抜き出して考察するのでなく、政治・経済・社会・文化からなる個々人の全価値体系（エートス）の中で経済価値の貫徹が如何になされるかを問題とする点で、総合的把握としての長所を発揮できるように思われた。もっとも、そのためには、当人の経済活動の価値評価だけでなく政治価値などの内容もそれぞれ問題としなければならないが、本書では必ずしも十分な掘り下げはなされなかった。このようなエートス論を媒介とする形で経済史と政治史を架橋する試みが、本書においてどこまで成功したかは、読者の判断に委ねるほかはない。

こうして、二〇一〇年七月の日本植民地研究会全国大会（立教大学）が、韓国併合百周年に際して「日本の植民地支配をどのように捉えるのか――帝国支配の共時性と固有性」を共通論題として掲げたとき、私は帝国主義を世界史的観点から捉えなおす企画の一環として「帝国主義日本の膨張戦略」と題する報告を行い、帝国主義支配を進める際の暗黙のルールたる資本輸出入を軸に考察するとともに、「日本型ブルジョアジー」の政治従属的エートスのあり方を指摘した。同年八月に、三木氏と具体的な執筆の打合せを行ったときには、書名も『帝国主義日本の膨張戦略と挫折』という本書に近いものとなり、七章構成の目次もほぼ出来上がった。同年九月にイタリアでの世界遺産関連の会議に出席した後、一〇月から翌二〇一一年九月までの一年間は、ほとんどの時間を本書の執筆に費やした。その間、大東文化大学経済研究所の中村宗悦教授の研究グループや同大学東洋研究所の兵頭徹教授の研究グループの客員研究員として研究の便宜を図っていただき、研究会で報告を行い議論できたこと、とくに大杉由香准教授が私の草稿を巨細にわたって吟味し有益なコメントをして下さったことに感謝したい。また、二〇一一年六月の日本学士院月例会第一部会と同年八月の地方金融史研究会夏季合宿での私の報告に対して、参加諸兄姉から厳しい批判を頂戴したことについても感謝したいと思う。

本書の執筆のための文献・史料採訪に際しては、東京大学総合図書館、同大学経済学図書館、同大学大学院法学政治学研究科附属近代日本法政史料センター（明治新聞雑誌文庫）、同大学社会科学研究所図書館、同大学東洋文化研究所図書館、国立国会図書館、東京経済大学史料室、大東文化大学図書館、大阪大学附属図書館、神戸大学経済経営研究所政策研究リエゾンセンターに、とくにお世話になった。紹介の労を取って下さった大阪大学経済学部の阿部武司・沢井実両教授、神戸大学経営学部の桑原哲也教授（当時）に、厚くお礼申し上げる。また、個人所蔵史料としては、名古屋大学経済学部の中西聡教授を中心とする愛知県半田市の肥料問屋萬三商店（小栗三郎家）の共同調査において閲覧した、満鉄社債の募集関係史料を利用した。小栗家の御当主にも謝意を表したい。なお本書の刊行に際しては、二〇一二（平成二四）年度の日本学術振興会科学研究費補助金（研究成果公開促進費）の交付を受けたことを記しておく。

今年（二〇一二年）は、一九七二年の日中国交回復四〇周年であり、中国国営テレビＣＣＴＶでは、日中関係二千年の歴史を「日本文明」という題で放映する準備を進めており、近現代史の部分のシナリオには相当厳しい日本帝国主義批判が盛り込まれる可能性がある。そうしたアジア諸国との緊張を孕んだ状況の下で、われわれ日本人としてまず必要なことは、帝国主義日本の歴史全体を振り返り、何故侵略戦争を防げなかったかを冷静に反省することであろう。本書が、そのために幾らかでも役立つことを願って止まない。

本書は、帝国主義日本の全体像を扱うものではなく、主としてその対外活動について論じたものであり、何故にそうした対外活動が生じるかを説明するためには、帝国主義世界の状況を究明すると同時に、それとの関わりで、帝国主義日本の経済的実体をなす資本主義日本の特徴的な構造を改めて究明しなければならない。その際、終章で留保したように、本書で扱った「政治的資本主義」の対極をなす英米型の「合理的資本主義」の帝国主義の評価をどのようにするかが問われることになろう。妻摩耶子にますます助けられての私の体力・知力が許すならば、七〇歳代後半の仕事として、本書を補足するためのそうした研究を行うと同時に、第二次世界大戦後の資本主義日本の歴史構造の分析へと進みたいと願っている。

二〇一二年五月一日　新緑に包まれた寓居の書斎にて

石井寛治

《著者略歴》

石井《いしい》 寛治《かんじ》

1938 年生

1965 年　東京大学大学院経済学研究科博士課程単位取得退学

東京大学大学院経済学研究科教授，東京経済大学経営学部教授を経て

現　在　東京大学名誉教授，日本学士院会員

著　書『日本蚕糸業史分析』（東京大学出版会，1972 年）
『近代日本とイギリス資本』（東京大学出版会，1984 年）
『日本経済史〔第 2 版〕』（東京大学出版会，1991 年）
『大系日本の歴史 12　開国と維新』（小学館，1993 年）
『情報・通信の社会史』（有斐閣，1994 年）
『日本の産業革命』（朝日選書，1997 年）
『近代日本金融史序説』（東京大学出版会，1999 年）
『日本流通史』（有斐閣，2003 年）
『経済発展と両替商金融』（有斐閣，2007 年）ほか

帝国主義日本の対外戦略

2012 年 8 月 10 日　初版第 1 刷発行
2012 年 11 月 10 日　初版第 2 刷発行

定価はカバーに
表示しています

著　者　石　井　寛　治

発行者　石　井　三　記

発行所　一般財団法人　名古屋大学出版会
〒 464-0814　名古屋市千種区不老町 1 名古屋大学構内
電話(052)781-5027/FAX(052)781-0697

Printed in Japan

印刷・製本 ㈱太洋社

ISBN978-4-8158-0707-8

乱丁・落丁はお取替えいたします。

人名索引

あ　行

か　行

さ　行

た　行

ま　行

や　行

ら　行

わ　行

事項索引

あ 行

か 行

さ　行

た　行

な　行

は　行

ま　行

や　行

ら・わ行